KB232465

대입
자기소개서
추천서

대입
자기소개서
추천서

박종석 외 지음

이담 Books

머리말

    고등학교 3학년은 자기소개서를 쓰기에 급급한 시기이다. 수능에 전념해도 부족한 시간인데, 자기소개서(이하 자소서)에다 추천서까지 챙겨야 한다. 시간적 여유를 얻기 위해 전문가(?)의 손길을 빌리다 보니, 경제적 손실뿐 아니라 진실까지 외면하는 비교육적 현실이 되고 말았다.

    자소서에 자신의 삶과 교육 과정의 진실성을 담아야 함에도 자신의 글쓰기 과정의 부족과 시간을 이유로 대필(代筆)해야 하는 것 또한 현실이다. 가치 있는 교육 활동이 역설적이게도 가장 가치 없는 교육 활동으로 전락한 시점에서 학생들을 평가하는 현실에 어떤 경고장이 발부되어야 한다고 본다. 그러나 우리의 교육 현실에서 이러한 경고장은 받지 말아야 한다는 점에서 모두가 동의할 것이다. 이 경고장을 받지 않으려는 방법을 모색하고자 이 책을 출판하는 것이다.

    따라서 이 책에서는 학생 스스로 자소서를 쓸 수 있는 방법을 정리할 필요가 있다고 전제하고, 또한 담임교사 스스로 추천서를 쓸 수 있는 안내서 같은 역할을 자처하고 나선 것이다. 그리고 교사들의 교과 지도와 함께 입시 업무와 동시에 진학 지도에 따른 추천서 쓰기가 부담감을 가중시키는 것이 사실이다. 한 학생의 추천서만 해도 몇 군데 작성하기 때문에 상당한 시간과 열정을 요하는 것이 사실이다. 그래서 담임들은 대체로 학생의 자소서를 보고 몇 가지 내용을 추가하여 작성하거나 평소 관찰한 내용을 작성하는 경우가 많았다. 그래서 전국 각지에 계시는 고등학교 교사들과 함께 자소서와 추천서에 대한 심도 있는 논의 끝에 학생 스스로 자소서를 쓸 수 있는 방법과 교과와 관계없이 교사 스스로 추천서를 쓸 수 있는 방안에 대한 고민 끝에 이 책을 출판하게 된 것이다. 여기에는 학생 스스로 쓴 자소서에다 정교하게 더 쓸 수 있는 방법을 소개하고자 했다. 또한 이 책은 교사들에게 두려움 없이 추천서 작성에 임할 수 있도록 안내 역할을 하는 내용을 담았다.

『명문대가 뽑아주는 대입 자기소개서 · 추천서』는 매우 세밀하고 구체적으로 작성할 수 있는 예들을 들었기 때문에 도움을 줄 것이다. 또한 교사들의 추천서 작성 방법에 관한 사항들도 매우 실질적이기 때문에 고3 담임뿐만 아니라 추천서를 쓰는 교사들에게도 도움이 될 것이다. 또한 더 많은 대학과 자소서와 추천서의 사례를 들어 직접적인 도움이 되고자 하였다. 스스로 자신에 대해 소개하는 소개서를 쓴다면, 이는 글쓰기의 효율성과 삶의 진실성을 담는다는 가치가 있다. 이를 실현할 방법이 어렵기 때문에 하나의 방향을 제시하고자 이 책을 출판하는 것이다.

끝으로 수험생들에게 추천서를 쓴 선생님과 후배들에게 도움이 되고자 자신의 실질적인 자소서를 보내준 대학 선배님께 다시 한번 감사드린다. 모쪼록 이 책이 수험생, 교사, 학부모에게 도움이 되어 입시에 대한 부담감을 조금이라도 줄여 줄 수 있다면 서로가 행복할 것이라 생각한다.

2013년 봄
저자 일동

자기소개서를 쓸 때 흔히 저지르는 실수는
교과목 성적 등급, 수상경력,
부모의 이력·직업, 가족관계 등을 단순 나열하는 것이다.
그보다는 학교와 전공 선택에 영향을 미친 사건과 경험을
가려 뽑아서 기술해야 한다.

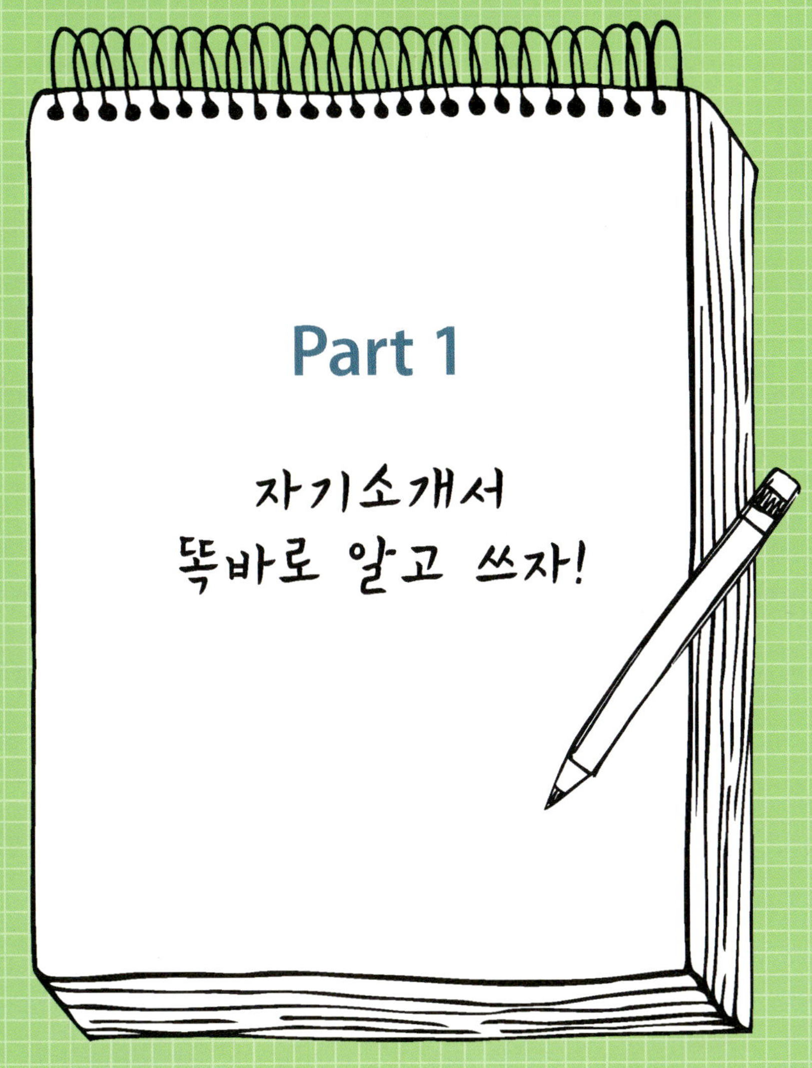

Part 1
자기소개서
똑바로 알고 쓰자!

01 *자기소개서 알기*

대학마다 자기소개서에서 요구하는 항목은 대체로 5~7개 정도이다. 그 가운데 공통적으로 중요한 항목을 나누어서 이를 어떻게 쓰면 대학에서 요구하는 방법을 충족시켜 줄 것인지를 살펴보자.

대학에서 요구하는 자기소개서를 보면, 한결같이 '의미 있는' 내용과 자신에게 끼친 '영향' 관계를 요구한다. 이러한 내용을 통해 학생의 성장 환경과 문제 해결력과 학습에 대한 잠재능력을 알고자 하는 것이다. 논리적인 전개와 호소력 있는 표현이 있는 자기소개서는 이른바 '느낌'이 확 온다. 어떻게 해야 이런 '느낌'이 있는 자기소개서를 쓸 것인지 지원자라면 누구나 고민하는 내용이다. 그래서 수도 없이 고쳐 써 보지만 자신이 보기에 만족스럽지 않다.

자기소개서를 쓸 때 많은 학생이 입학사정관제는 교내활동의 충실성과 봉사의 경우 지속성, 또 자신이 한 활동들의 미래 비전과의 연관성만을 중요하게 본다고 생각해 이에 지나치게 얽매이곤 한다. 물론 맞는 말이다. 하지만 '충실성, 지속성, 연관성' 자체보다 중요한 것은 내 삶에 끼친 '의미'[1]라는 사실이다. 다음 학생의 글을 읽어 보자.

1_김도연(서울대학교 자유전공학부 합격), 「내 인생 최대의 프로젝트」, 한국대학교육협의회, 2011, 10쪽.

　　모의유엔은 첫째, 스스로 해 나가는 공부의 즐거움을 알게 한 소중한 경험이었습니다. '포스트 교토체제의 수립방안'이라는 주제를 놓고 실제 모의유엔이 열리기 전 수많은 사이언스지와 이산화탄소 감축에 관한 논문을 찾아 공부하며 기존 교토체제의 수정방안을 고민하고, 도서국 현지인들과 지속적으로 메일을 통해 교류했습니다. 한 달 가까이 하나의 사안에 몰입하며 공부하자 단순히 영어 공부를 위해 읽어 오던 국제 신문에 국제정치나 환경과 관련한 기사가 나오면 더욱 열심히 읽고 스크랩하게 되었으며, 자연스레 국제정치나 세계적 인물들에 대한 관심도 높아졌습니다. 또한 협의체 대표로서의 역할을 다하기 위해 환경 관련 논문이나 기사들을 밤낮으로 수집하며 정보 공유에 앞장서고, 기존에 협의되었던 교토 프로토콜에 대한 이해를 높이기 위해 독학으로 경제공부를 하고 있는 저를 발견할 수 있었습니다.

　　저의 크고 작은 변화들은 학업에 한정되지 않았습니다. 세계적으로 소외받는 도서국 연합체의 외교관 역할을 맡게 된 것은 또 다른 배움의 기회였습니다. 세계 이산화탄소 배출량의 1%도 차지하지 않으면서 누구보다 이산화탄소 감축을 위해 힘쓰는 현지인들은 제게 진정한 글로벌 리더의 덕목인 세계시민의식을 보여 주었습니다. 그들을 보며 저 또한 나 자신보다는 세계 전체를 위해 힘쓰는 사람이 되겠다는 다짐을 했습니다. 또한 세계의 난민 및 기아문제의 해결을 위해 UNHCR과 국제법상의 환경난민의 지위 수정방안에 대해 논의하는 과정 속에선 도서국들의 처지에 대한 진정한 공감을 통해 앞으로 수정해 나가야 할 국제적 여론방향을 고민하는 계기가 되었고, 협의체 대표로서 밤새도록 결의문 협상을 하는 과정 속에선 협동 능력을 배울 수 있었습니다.[2]

　　자기소개서에서 말하는 '의미'가 어떤 것인지를 위 글을 통해 이해할 수 있을 것이다. 이런 '의미' 속에는 학생의 부단한 노력과 열정이 들어 있음은 두말할 필요가 없다. 그럼 자기소개서를 충실하게 쓰기 위해서는 무엇을 해야 하는가? 차근차근 살펴보자.

2_김도연, 위의 책, 10~11쪽.

자기소개서 작성법

▪ 지원 대학 홈페이지 방문하기

　지금 우리나라에는 4년제 대학이 약 200여 개, 전문대학이 150여 개가 있다. 모든 대학이 좋은 학생을 뽑고자 한다. 이 수많은 대학은 다 같아 보이지만 사실 설립자들이 대학을 세운 목적이 제각각 다르다. 건학 이념이 다르기 때문에 당연히 대학이 기르고자 하는 인재상이 다르다. 그에 따라 뽑고자 하는 학생들의 특성 또한 다를 수밖에 없다. 그렇기 때문에 자기소개서를 작성하기 전에 반드시 대학의 홈페이지를 방문해 몇 가지 정보를 확인해 보아야 한다.

　첫째는 대학 소개 항목에서 대학의 건학 이념과 인재상을 확인하자. 그리고 그 대학 총장의 인사말을 살펴보자. 건학 이념을 통해 그 학교를 세운 이유를 확인해야 한다. 그리고 대학마다 요구하는 인재상이 다르다. 이를 통해 어떤 학생을 뽑고자 하는지 알 수 있다. 그리고 나서 지원 대학의 건학 이념과 인재상을 자기소개서와 어떻게 연결시킬 수 있는지 생각해야 한다.

　둘째는 대학의 장학 프로그램과 진학 후 커리어 프로그램을 확인하자. 이것은 자신의 미래를 그리는 데 필요하다. 즉, 진학 후 학업 계획과 향후 진로 계획을 세우는 데 참고할 수 있다. 대부분의 대학은 학부에서 외국 대학과 교환 학생 프로그램을 운영하고 있고, 또 동시 학위 프로그램을 운영하는 대학도 있다. 그러므로 대학의 커리어 프로그램은 진학 후 학업 계획을 세우는 데 매우 중요하다.

　셋째는 진학하려는 학과의 홈페이지를 방문해서 교육과정과 교수진을 살펴보고, 학과 홈에 연결된 학과 동아리의 활동을 확인하자. 같은 학과라도 전공 분야가 다양하게 나뉜다. 예를 들면 국어국문학과라도 크게는 국어학 분야와 국문학 분야로 나눌 수 있다. 세부 전공으로 따지자면 국어국문학과도 더 많은 세부 전공으로 나눌 수 있다. 그러므로 자신의 학업 계획을 작성하기 위해서는 반드시 학과의 교과 과정을 확인해서 무엇을 배우는지 확인해야 한다. 그리고 교수진이 어떤지, 학과 동아리에는 어떤 것이 있는지 살펴보도록 하자.

▪ 자소서 작성의 근간, 학생부 분석하기

3학년 1학기를 마칠 때쯤이면 담임선생님들께서 학생부를 한 부씩 출력해서 주신다. 만약 아직 받지 못하였다면 담임선생님께 가서 한 부 얻도록 하자. 아무리 양이 적어도 5쪽은 넘을 것이다. 그리고 담임선생님과 학교에서 학교생활기록부에 신경을 좀 많이 쓴 학생이라면 10쪽을 넘어 20쪽이 되는 학생도 있을 것이다.

첫 장부터 꼼꼼히 살펴보자. 진로 희망 항목에 지금 자기가 지원하는 학과와 관련되는 사항이 적혀 있다면 문제가 되지 않는다. 그런데 만약 1학년 시절에 지원 학과와 관계없는 항목이 적혀 있다면 한 번 더 생각해 보자. 입학 사정관이나 면접관이 질문한다고 가정해 보자. 왜 자신이 진로 희망을 바꿨는지 말이다. 이 과정에서 내가 이 학과에 진학해야 하는 이유를 더 절실하게 생각할 수 있다. 단순히 '좋으니까 가고 싶습니다'가 아니라 '이러이러해서 이 학과에 꼭 진학하고 싶습니다'라는 것을 확인할 수 있어야 한다.

그리고 봉사활동 항목, 과목별 성적과 세부 능력과 특기 사항 등에서 자기소개서에 쓸 것이 있는지 찾아보도록 하자. 자신이 몰랐던 것을 찾아낼 수 있으니 말이다. 예를 들어 국문학과에 지원하려는 학생이 국어 관련 성적이 꾸준하게 향상되었다거나 그 과목에서 했던 활동 중에 잊고 있었던 활동을 찾을 수도 있다. 독서 활동 항목도 꼼꼼히 살펴보자. 여기서도 지원 학과와 관련된 독서활동 기록을 찾아낼 수도 있고, 이것을 지원 동기에 쓸 수도 있으니 말이다.

▪ 지피지기면 백전백승! 자기 자신 분석하기

자기소개서를 작성하기 전에 자신의 삶을 한번 되돌아보자. 사람은 의외로 자기 자신을 잘 모르는 경우가 많다. 그래서 자기소개서를 쓰려면 막연하게 느껴진다. 자신의 삶을 되돌아보는 과정을 통해 자신의 잠재 능력과 비전을 확인할 수 있고, 꼭 대학 진학만이 아니라 미래의 삶을 계획하는 중요한 계기를 마련할 수 있다.

자신의 지난 삶을 돌아보는 과정을 통해 자신이 왜 그 학교, 그 학과에 진학하려고 하는지, 그리고 지원 동기가 될 만한 경험을 생각해 보자. 대학 입학에 쓰이는 자기소개서이기 때문에 아무래도 고등학교 시절의 활동이 더 중요하다. 그러니 고등학교 시절은 꼼꼼하게 생각해 보아야 한다. 고등학교에 입학한 다음에 있었던 일들을 시간 순서대로 찬찬히 생각해 보고 하나씩 종이에 적어 보자(마인드맵 같은 방법을 활용하면 더 많은 아이디어를 얻을 수 있다). 관계가 없어 보이는 일이라도 전부 다 적어 보자. 다 적었다면 그중에 지원하는 학과에 관련되어 보이는 일들을 추려 내자. 이렇게 추려 낸 것들은 자기소개서의 성장배경, 지원동기, 학업계획 등을 쓸 때 뼈대가 되는 것들이다.

▪ 자신의 미래를 그려 보기

고등학교 3학년 학생이라도 자신의 꿈을 말하라면 아직은 막연하다. 예를 들어 '경제학을 공부하여 펀드 매니저가 되겠다'는 식이다. 이런 정도는 누구든지 말할 수 있다. 다른 이들과의 차별성을 위해서라도 자신의 막연한 꿈을 대학 홈페이지에서 확인한 정보, 자신의 삶을 되돌아본 것과 연결시켜 구체성을 갖추도록 해야 한다.

고등학교 진로와 직업 시간에 한번쯤은 자신의 미래를 그리는 일을 해봤을 것이다. 10년, 20년 이후를 구체적으로 상상해 보라. 자신의 꿈을 구체적으로 그려 보면 자신이 왜 그 대학에 합격해야 하는지 그리고 대학에서 무엇을 공부하고, 졸업 이후 어떻게 살아야 하는지 어렴풋하게 보일 것이다. 그것을 대학의 교육 프로그램과 연결시켜서 작성해 보라. 구체적으로 생각해야 자기소개서의 학업 계획과 진로 계획을 작성하는 데 유용하다.

▪ 전체를 꿰뚫는 주제 담은 개요 작성하기

구슬이 서 말이라도 꿰어야 보배라고 했다. 구슬을 꿰기 위해서는 구슬을 꿰는 줄이 있어야 한다. 자기소개서도 역시 마찬가지다. 자기소개서 전체를 관통하는 하나의 주제가 있어야 한다. 자신의 삶 전체를 표현할 수 있는 하나의 키워드를 생각해 보자. 그 키워드를 중심으로 자기소개서를 엮어야 다른 이들과 차별화할 수 있다.

이제까지 자신의 삶을 돌아보고, 향후 진로 계획까지 생각한 것을 연결해 자신의 스토리를 구성해 보라. 대학에서 요구하는 항목을 살펴보면 성장과정, 지원동기, 학업과 진로 계획이다. 이를 통해 학생의 잠재 능력과 발전 가능성을 살펴보려는 것이다. 이를 충족하기 위해서는 단순히 이것저것 나열하는 식으로는 입학사정관과 면접관을 감동시키기 어렵다. 그런 자기소개서는 나중에 기억도 잘 나지 않는다. 그렇기에 하나의 주제를 가지고 스토리를 만들어야 한다.

그리고 개요를 작성해서 항목들이 서로 겹치지 않도록 해야 한다. 항목마다 500자에서 1,000자까지 글자 수가 정해져 있다. 그런데 같은 내용이 들어간다면 짧은 글 속에서 자신의 모든 것을 보여줄 수 없게 된다. 자신의 장점과 특성을 모두 보여줄 수 있도록 개요를 작성해야 한다.

■ 실제로 써보기

쓸 때 주의할 점은 자세히 쓰는 것이다. 입학사정관들이나 면접관들이 보는 자기소개서의 수를 생각해 보라. 한 사람당 적어도 수십 장씩은 볼 것이다. 그러니 추상적인 말을 나열해서는 안 된다. 구체적인 사실과 경험을 쓸 때만 기억에 남게 된다. 그러니 하나를 쓰더라도 꼼꼼하게 써야 한다.

그리고 자신의 활동을 과장하지 말아야 한다. 아주 작은 사실을 침소봉대해서 대단한 것으로 포장하면 외려 역효과를 낼 수 있다. 그러니 솔직담백하게 써야 한다. 단, 꼭 입학하고 싶다는 열정을 보여 줘야 한다. 단순히 학교의 이름값이나 남들이 좋아하는 학과라거나 학과의 전망이 밝아서가 아니라 자신이 정말로 그 학과에 관련된 일에서 열정을 쏟아낼 수 있는 사람임을 보여 줘야 한다.

■ 쓰고 난 후 고쳐 쓰기로 꼼꼼히 점검하기

다 쓰고 나면 소리 내어서 읽어 보라. 읽어 가는 과정이 자연스럽지 않고 뚝 끊기는 느낌이 나는 곳은 다시 써야 한다. 그리고 고쳐 쓰기는 제출하는 그 순간까지 끊임없이 계속해야 한다. 고쳐 쓸 때 주의할 점은 다음과 같다.

첫째, 문장을 짧고 간결하게 써야 한다. 고등학생들이 쓴 글을 읽어 보면 공통적으로 몇 가지 실수가 보이는데 대표적인 것이 문장을 길게 쓰는 것이다. 문장을 길게 쓰면 주어와 서술어의 호응이 맞지 않아 어색하다. 그러니 문장을 짧고 간결하게 써야 한다. 그래야 자기가 하고 싶은 말을 정확하게 전달할 수 있다.

둘째, 쉽고 명확하게 써야 한다. 자신의 뜻을 정확하게 전달하기 위해서는 정확한 단어를 써야 한다. 그런데 가끔 자신도 잘 모르는 어려운 개념이나 용어를 마구 쓰는 경우가 있다. 그것이 그 문장에 정확하게 맞아떨어지면 문제가 없겠지만 그렇지 않다면 표현력이 부족하거나 모르는 것을 아는 척하는 것으로 보일 수 있다. 그러니 필요한 용어를 정확하게, 아는 말로 쉽고 명확하게 써야 한다.

그리고 마지막으로 맞춤법에 어긋나는 것은 없는지, 띄어쓰기가 잘못된 것은 없는지 살펴보아야 한다.[3] 아주 작은 실수이지만 치명적으로 작용할 때도 있기 때문이다.

다음은 구체적으로 자기소개서에 필요한 항목들을 어떻게 기술하면 좋은가에 대해 알아보자.

3_모 대학은 교사가 작성하는 추천서 유의 사항에 이런 말을 넣어 두었다. "맞춤법은 사소한 것이지만 성실성에 대한 문제입니다. 그러니 유의하여 주십시오." 맞춤법과 같은 기본 사항을 틀리면 성실하지 않게 보일 수 있다는 말이다.

성장 배경 잘 쓰는 법

　　최근 대학에서는 지원자의 단순하고 포괄적인 성장과정을 요구하기보다는 구체적인 내용의 항목을 제시하여 성장과정과 관련된 지원자의 숨겨진 특성, 자질 등을 파악하고 있다. 다음의 예들은 대학에서 요구하는 자기소개서의 사항들이다.

- 자신의 성장과정과 이러한 환경이 자신의 삶에 미친 영향에 대해 기술하시오. (한국대학교육협의회)
- 성장과정이나 일상생활에 근거하여 자신의 성격, 가치관, 태도 등이 잘 설명될 수 있도록 기술하시오.
- 자신의 삶에 영향을 미친 가장 중요한 사건이나 경험을 설명하고, 그것이 자신의 가치관 혹은 인생관에 어떠한 영향을 주었는지를 기술하시오.
- 지원자의 삶에서 경험했던 가장 큰 위기와 좌절 상황이 무엇이었는지 쓰고, 그것을 극복하는 과정에서 새롭게 발견한 가치에 대해 기술하시오.
- 가정환경(성장과정, 생활여건 등), 학교 및 지역 환경, 고등학교 시절에 겪은 어려움 등 자기소개에 도움이 될 만한 사항이 있는 경우, 그 내용을 구체적으로 기술하시오.

　　따라서 어린 시절부터 현재까지의 성장과정을 연대순으로 단순히 늘어놓거나, 자신과 관련된 가족상황을 장황하게 늘어놓은 자기소개서는 바람직하지 않다. 위에 제시된 대학별 구체적 항목을 바탕으로 다음과 같은 점에 유의하여 미리 생각하고 준비하여 자신의 성장과정을 잘 표현해야 한다. 이것을 바탕으로 각 대학에서 요구하는 구체적 항목에 부합하는 내용을 기술하면 효과적이다. 물론 자기소개서는 면접의 기초 자료로 활용되기 때문에 반드시 사실에 근거하여 자신만의 언어로 '나'에 대해 솔직하게 드러내는 글이라는 점을 명심하고 기술해야 할 것이다.

■ **고등학교 기간을 중심으로 작성하라**

어린 시절부터 현재까지의 성장과정이 아닌 고등학교 기간 중의 생활을 중심으로 자신의 성장과정을 기술하여 강조하는 것이 효과적이다. 대학에서는 자기소개서를 통해 지원자의 자질과 학업능력을 확인하고, 그 대학에서 수학할 수 있는 능력이 있는지를 판단하고자 하기 때문이다.

<u>고등학교 2학년 여름방학</u>, 특수 교육을 전공하는 누나와 함께 특수아 어린이집에 봉사활동을 하러 갔습니다. 수영 도우미 역할을 하게 되었는데 제가 돌보게 된 아이는 'ㅇㅇ'라는 아이였습니다. 다운증후군을 가졌지만 밝은 성격을 가진 아이였습니다. 처음에는 내가 ㅇㅇ를 위해 무엇인가 해주어야 한다는 생각을 가지고 있었습니다. 그래서 ㅇㅇ를 대할 때 의무감이라는 벽이 생긴 것만 같았습니다. 그러나 ㅇㅇ가 제 손을 잡으며 "형, 나혼자서 다 할 수 있어요, 그냥 같이 재미있게 놀아요"라고 말했을 때 제가 여태껏 장애인에 대해 잘못 생각하고 있었다는 것을 깨달았습니다.

<u>내가 고등학교 3학년이 되어서</u> 처음으로 가장 뛰어난 아이들과 공부할 수 있었던 곳이 바로 공교육 논술학교였다. 각 학교의 뛰어난 아이들과 토론을 하고 글을 쓴다는 것이 나에게는 상당한 자극이 되었다. 또한 나에게 자만하지 말고 더욱 열심히 하라는 채찍질도 되었다. 공교육 논술학교 반장을 하면서는 토론을 주도하고 친구들의 의견을 듣고 나의 잘못된 생각을 바로잡기도 하였다. 그곳은 나의 부족한 점을 바로잡을 수 있게 해주었고, 유연한 사고와 협의의 중요성을 부각시켜 준 중요한 곳이다.

■ **생활기록부 단순 나열은 NO!**

학교생활기록부에 기록되어 있는 내용을 자기소개서에 그대로 인용해서는 안 된다. 예를 들어 학교생활기록부에 있는 수상경력을 단순하게 나열하거나, 교과목의 성적 등급, 행동 및 종합 특성들을 인용하여 적고 끝내는 지원자가 많다. 그러나 대학에서는 학교생활기록부, 수능 성적 같은 전형 자료들로는 알 수 없는 지원자의 숨겨진 특성, 자질 등을 자기소개서를 통해 확인하고 싶어 한다. 따라서 학교생활기록부나 증빙서류의 사실적인 기록이 뜻하는 지원자의 특성과 자질을 중심으로 서술하는 것이 효과적이다.

단순한 사실을 늘어놓기보다는 본인의 수상경력이 전공을 학습하는 데 어떤 도움을 줄 수 있는지, 경시대회를 준비하며 구체적으로 어떤 영역을 공부하고 노력했는지, 이를 통해 어떤 부분을 더 계발하고 발전시킬 수 있었는지를 기술하는 것이 필요하다. 그렇다고 객관적인 근거 없이 자신의 주관적 판단에 근거를 둔 감정적인 글을 써서는 안 된다. 자기소개서의 내용은 객관적인 자료(타당한 근거 자료나 일화 등)를 중심으로 논리적이고 일관성 있게 전개되어야 한다. 객관적인 시각으로 자신을 바라보면서 균형 있게 작성하는 것이 중요하다.

저는 ○○시 과학탐구토론대회에 나가서, 비록 장려상에서 그쳤지만, 창의적인 사고의 시작인 도전 정신과 탐구 정신, 그리고 리더십의 시작인 책임감과 자신감을 얻을 수 있었습니다.

이 대회에서 저는 '지구온난화와 우리 고장'이라는 주제를 탐구했습니다. 익숙했지만, 여태 해보지 못했던 주제였기에 접근하기가 까다로웠습니다. 하지만 도전 정신을 가지고 ○○대학교 도서관, 보건환경연구원을 방문하고 자료를 수집하는 과정에서 '서리 일수와 지구온난화의 관계'라는 접근 경로를 찾게 되었고, 이에 관한 실험 계획을 세웠습니다. 그리고 그 계획에 맞게 실험기구세트를 직접 제작하고 실험을 행하는 과정에서 저는 탐구 정신을 배울 수 있었습니다.

▶ 학교생활기록부에 기록되어 있는 내용을 자기소개서에 그대로 나열한 경우

(전략) 저는 중2 때부터 속력이라는 개념에 거부감을 느끼고 물리 공부하는 것을 기피했고, 외우기식으로 고1 때까지 점수를 겨우 유지시키다가 고2가 되자 '물리'라는 과목은 외우기식의 방식으로는 통하지 않게 되었습니다. 하지만 포기할 수가 없었습니다. 앞으로 또 물리 말고 어떤 어려운 과목이 등장할지 모를 일이고 여기서 포기한다면 다른 것들도 할 수 없을 것이라는 느낌을 받았기 때문에 저는 열심히 물리 공부를 하게 되었고, 결국 고등학교 2학년 기말고사에서는 '물리 I' 과목에서 전교 2등을 하게 되었습니다. 그리고 제가 가장 좋아하는 과목은 화학입니다. 특히 간호학부에 진학하기 위해 고등학교 2학

년 때부터 혼자서 '화학Ⅱ'를 준비했으며, 3학년 때에는 심화반에서 심화된 내용을 공부하고 있는 중입니다. 그렇게 과학 공부를 하면서 전 학기 과학 평균 1.44등급을 했습니다. 또 앞으로 글로벌 시대의 준비를 위해 영어 공부를 꾸준히 틈틈이 하여서 전 학기 영어 평균 1.33등급을 달성했습니다. 이러한 노력의 결과로 〈○○시 중·고등학생 수학·과학 경시대회〉 '화학' 부문에서 은상을 입상하였습니다.

봉사활동에 있어서는 '○○봉사단'이라는 동아리에 들어서 미래의 노인 전문 간호사의 예행연습을 위해 비록 1년 동안이기는 하지만 시립노인병원에서 활동을 하였고, 그곳에서 어르신들을 어떻게 대해야 하는지 치매 어르신께서 어떤 행동을 하실 때 어떻게 대처해야 하는가를 배웠습니다.

- **단순한 가족 소개 NO!**

성장과정과 가정환경을 기록할 때 부모의 이력이나 직업, 생활환경, 가족관계 등만을 써서 자신에 대한 소개가 아니라 부모님이나 가족을 소개한 것을 가끔 보는데, 이는 바람직하지 않다. 지원자가 처한 환경에서 자신이 어떻게 성장했는지에 중점을 두어 서술해야 한다. 자신의 삶이나 전공 선택에 영향을 미친 중요한 사건과 경험, 가정환경 및 지역 환경에서 비롯된 어려움 등에 초점을 두어 솔직하고 구체적으로 써내려가야 할 것이다.

'◇◇◇병'으로 2학년 2학기 초에 휴학을 했습니다. 저는 6개월의 휴학을 도약의 기회로 삼았고, 건강관리와 병행해서 저의 꿈을 찾아 나섰습니다. '내가 진정으로 하고 싶은 것이 무엇인가?' 이 질문에 대해 끊임없이 혼자 묻고, 혼자 답했습니다. 신소재 분야, 신약 개발 분야, 순수 과학 분야, 컴퓨터 보안 분야, 컴퓨터 프로그래밍 분야 등에 대해 알아보고, '과연 나의 적성에 무엇이 맞는가?'에 대해 고찰했습니다. 단기간에 저의 진정한 적성과 꿈을 찾는다는 것을 어불성설이라고 할지도 모르겠지만, 저는 저의 꿈을 발견했습니다. '네트워크 보안 전문가.' 크래킹에 피해를 입은 적이 있던 저는 다시는 저와 같은 피해자가 생기지 않도록, 제 꿈을 향해 달려가겠습니다.

'움츠린 개구리가 멀리 뛴다'라는 말과 같이, 저는 이번 휴학을 계기로 'AI 보안 솔루션을 개발할 네트워크 보안 전문가'라는 가장 값진 꿈을 얻었고, KAIST에서 도약할 것입니다.

▪ 학업 이외의 경험과 자신의 성장과의 연관성을 기록하라

학업 이외의 활동영역에 대한 경험 및 경험과 자신의 성장과의 연관성을 기록해야 한다. 고등학교 재학 기간 중 학업 이외의 활동 영역(사회봉사 활동, 교내 · 외 클럽 활동, 단체 활동, 취미 활동, 문화 활동)에서 가장 소중했던 경험을 소개하고, 이러한 경험이 자신의 성장에 어떤 도움을 주었는지 기술한다. 여기에 목표를 위해서 지금까지 노력한 과정도 곁들이면 좋다. 또한 학교, 학급의 임원이 아니면서도 작은 일이라도 학급을 위해 자신이 적극적이고 주도적으로 해결한 내용도 기재하면 좋다.

고등학교 1학년 때, 제9회 ○○과학탐구 대회를 통해 한 달간 '그린 홈에 적용 가능한 방안 탐구'라는 주제로 탐구활동을 하였습니다. 조원들과 함께 협의하여 이끼를 이용한 중수처리장치를 고안해 냈습니다. 구상단계에서는 아주 가능성이 높아 보였으나 실제 실험을 해보니 생각했던 바와 같이 실험 장치를 만들기도 어려웠고 여러 가지 변인을 통제하는 데 큰 어려움을 겪었습니다. 결국 실험은 만족스러운 결과를 얻을 수 없었고 실패를 맛보았습니다. 비록 성공적인 결과를 얻지는 못했지만 조원들과 함께 한 달간 탐구를 하면서 팀워크의 중요성을 배웠고, 고등학교 생활에서 쉽게 경험할 수 없는 탐구활동을 해보며 정밀한 실험의 어려움에 대해 다시 한번 생각해 보게 되었습니다.

고등학교 생활 중 가장 흥미 있었던 활동은 '○○○' 동아리 활동이었습니다. 저는 고등학교 과학 수업은 이론 위주라 조금은 지겨울 것 같다고 생각하였습니다. 하지만 ○○○은 저에게 축제나 축전 준비를 하면서 다양한 실험을 직접 해볼 수 있는 기회를 주었고 여러 과학 관련 체험활동, 즉 화학시험연구소 견학, 상하수도처리시설, 보건환경연구원 견학을 통해 과학에 대한 흥미와 관심을 키울 수 있게 해주었습니다. 특히 축전과 축제에서 아이들이 제가 실험해 주고 설명해 주는 것에 신기해하고 기뻐하는 모습을 보면서 보람을 느낄 수 있었습니다.

　저는 어린 시절 주로 산을 뛰어다니고 계곡에서 수영을 하고, 여름에는 ○○해수욕장에서 수영을 하고 지냈습니다. 그래서인지 맑고 쾌활하며 낙천적인 성격을 지녔습니다. 중학교 때부터는 공부 때문에 늘 놀지는 못했지만 산 밑에 있는 학교라 창밖엔 나무가 많고 집에 오는 길에 산으로 오고 저수지를 지나오기도 하며 자연을 늘 곁에 두고 지냈습니다. 무슨 인연인지 우리 고등학교는 바로 바다 옆입니다. 야자 끝나고 나오면 짠 내가 나고, 영어듣기 때마다 왜 그렇게 뱃고동이 울리는지 답답할 땐 바닷길로 등교를 하기도 하는 등 저에게 좋은 추억이 되었습니다.

　저희 가족은 할머니, 부모님, 오빠 저 이렇게 화목하게 지냈습니다. 어린 시절부터 읽는 것을 좋아했고 어머니께서 여러 좋은 세계명작을 추천해 주셨습니다. 아버지께서는 인자하시고 자상하시지만 잘못을 했을 때는 엄격히 혼내시기도 하셨습니다. 부모님께서 제가 고등학교 때는 맞벌이를 하셔서 할머니께서 밥을 해주셨는데, 할머니가 늘 저희와 같이 사셔서 할머니는 저에게 친구가 되어 주시기도 하고, 지혜를 가르쳐 주시기도 하였습니다. 오빠와는 6살 차이가 나서 싸우지 않고, 저를 주로 이해해 줍니다. 제가 가장 영향을 많이 받은 분은 어머니입니다. 공부를 하기 전에 기본이 되어야 한다며 바른 몸가짐을 가지라고 해주시고, 저를 전적으로 믿어 주고 뒤에서 도와주십니다. 어머니가 집에서 독서를 많이 하셔서 저도 자연스레 독서를 좋아하고 즐기게 되었습니다. 어머니와는 늘 대화를 하는 편으로 저를 위해 조언, 충고해 주시는 최고의 친구입니다.

위 학생의 성장 배경을 정리해 보면 다음과 같다.

✿ 자신에 대한 소개
　－ 어린 시절
　－ 중학교 시절
　－ 고등학교 시절

✧ 가족에 대한 소개

　－ 어머니, 아버지, 할머니, 오빠, 어머니

　위 학생은 자신의 성장배경을 가족, 지역 및 학교 환경에 대해 쓰고 있다. 어린 시절은 해수욕장 옆에서 살았고, 중학교는 산 밑에 있고, 고등학교는 바다 옆이라고 서술하였다. 즉, 지역 및 학교 환경에 대해서 서술한 것이다. 그런데 문제는 이런 지역 및 학교 환경이 자신에 미친 영향이 매우 추상적이다. '맑고 쾌활'하고, '자연을 가까이 두고', '좋은 추억'이 되었다고 쓰고 있는데 이렇게 써서는 지역 환경과 자신의 성격 사이에 인과관계가 성립하지 않는다. 지역 환경과 자신의 성장이 구체적으로 연결되는 지점이 없기 때문이다. 이런 성장 배경을 읽고는 단순히 '아, 바다 근처에서 자랐구나' 하는 정도밖에 알 수 없다. 그리고 자연환경이 자신이 지원하는 전공과 관계되는 지점도 없어 매우 아쉽다.

　가정환경을 소개하면서 자신의 가족을 소개하고 있다. 그런데 학생의 글을 보면 단순히 가족을 나열하는 정도에 그치고 있다. 그리고 개요를 작성하지 않았는지 주제 문장인 첫 문장과 그다음 문장들의 순서도 서로 맞지 않는다. 첫 문장에서는 나이순에 따라 할머니, 부모님, 오빠를 말했으면서도 그다음엔 어머니, 아버지, 할머니, 오빠, 다시 어머니에 대해서 이야기하고 있다. 글에 일관성이 부족해 보인다.

　가족에 대한 소개도 매우 일반적이다. 쓰고 있는 단어가 '화목, 자상, 인자, 대화, 충고'인데 이런 단어는 누구나 쓸 수 있는 말이다. 대외적으로 자신의 성장 배경인 가족을 소개하는 글인데 이렇게 쓰지 않는 사람이 누가 있겠는가? 너무나 일반적인 단어를 써서 자신의 가족만이 지닌 특성이나 그런 특성이 자신에게 미친 영향을 제대로 보여 주지 못하고 있다. 자신만이 지닌 특성을 보여 줘야 할 글에서 아무것도 보여 주지 못하는 상태가 되어 버린 것이다.

　그리고 한 가지 더 아쉬운 점을 지적하자면 문장을 바르게 쓰지 못한 것이 눈에 띈다. 예를 들면 '야자 끝나고 나오면 짠 내가 나고, 영어듣기 때마다 왜 그렇게 뱃고동이 울리는지 답답할 땐 바닷길로 등교를 하기도 하는 등 저에게 좋은 추억이 되었습니다'와 같은 문장이다. '영어듣기 때마다 왜 그렇게 뱃고동이 울리는지'와 그다음의 '답답할 땐 바닷길로 등교를 하기도 하는'은 바로 연결되어서는 안 되는데 연결해 놓았고, 또 그다음의 '좋은 추억'도 적절하지 않다. 영어듣기 평가 시간에 뱃고동이 울려서 방해를 받았는데 이것이 좋은 추억일 수는 없는 것이다. 자신이 하고 싶은 말이 많아서 쭉 이어 쓰다 보니 문장이 길어져 오히려 어색한 문장이 되어 버린 것이다.

인성 영역 잘 쓰는 법

이 항목은 2013학년도 대학입시부터 새로 신설된 항목이다. 학교폭력에 대한 사회적 관심이 높아지면서 신설된 항목으로 대학입시[4]에서도 지원자의 인성을 고려하겠다는 의지가 드러난 항목[5]이다. 이 항목은 어떻게 보면 쓸데없는 항목일 수 있으나 달리 보면 지원자의 생활태도와 대인관계를 정확하게 알 수 있는 주요한 항목이다.

다음은 주요 대학들의 인성 영역 항목이다.

- 학교생활 중 배려, 나눔, 협력, 갈등 관리 등을 실천한 사례를 들고 그 과정을 통해 배우고 느낀 점을 구체적으로 기술하시오. (신설, 한국대학교육협의회)
- 고등학교 생활 중 (1) 배려와 나눔, (2) 협력과 갈등 관리를 실천한 사례를 <u>각각</u> 들고, 그 과정을 통하여 배우고 느낀 점을 구체적으로 기술하시오(띄어쓰기 포함 1,000자 이내).
- 학교생활 중 배려, 나눔, 협력, 갈등 관리(어려움과 극복과정) 등을 실천한 사례를 들고 그 과정을 통해 배우고 느낀 점을 구체적으로 서술하시오.
- 고등학교 재학 중 타인을 배려한 경험의 사례를 들고, 지원자에게 미친 영향을 구체적으로 기술하시오(띄어쓰기 포함 500자 이내).
- 지금까지의 삶에서 주위 사람(친구, 가족, 교사 등)과 있었던 가장 심각한 갈등상황 및 이를 해결한 과정에 대하여 설명하고, 그 경험이 자신에게 끼친 영향에 대하여 기술하시오.

4_자기주도적 학습전형을 실시하는 자율형 사립고, 외국어고, 과학고와 같은 특수목적고 등의 고등학교 입학 전형에도 이 항목이 신설되었다.

5_한국대학교육협의회는 한국대학입학사정관협의회(회장 안상헌) 및 입학사정관제 정부 재정지원 66개 대학과 함께 최근 심각한 사회문제로 대두되고 있는 학교폭력 문제를 해결하고, 바른 인성을 갖춘 학생을 선발하기 위해 2013학년도 입학사정관 전형에서 학생들의 인성평가를 강화할 계획이라고 밝혔다.

이 항목에서 주요 대학들은 한국대학교육협의회에서 제시한 네 가지 중에서 한 가지를 묻는 대학도 있고, 네 가지 모두를 물은 대학도 있다. 설명은 한국대학교육협의회에서 제시한 것을 중심으로 해보자. 한국대학교육협의회에서 제시하고 있는 것은 배려, 나눔, 협력, 갈등 관리의 네 가지이나 어떤 대학에서 나누어 제시한 것처럼 배려와 나눔, 협력과 갈등 관리 이렇게 크게 두 항목으로 나눌 수 있다.

▪ 배려와 나눔

배려는 요즘 강조되고 있는 창의인성 교육의 인성 영역 중 인간관계 덕목의 하나로 제시된 것이다. 한국과학창의재단에서는 배려를 "다문화, 다학문 등의 다양성을 받아들이고, 상충되는 의견과 합의에 이르는 것"이라고 설명하고 있다. 창의인성 교육에서 설명하는 배려에는 크게 보면 협력, 갈등 관리까지 포함되어 있다고 볼 수 있다. 그러나 보통 우리는 배려를 '다른 사람을 도와주고 편안하게 해주는' 것 정도로 생각하고 있다. 한국대학교육협의회에서 협력과 갈등 관리 항목을 따로 제시한 것을 보면 우리가 보통 생각하고 있는 배려의 의미로 쓴 것이라고 보아도 무방하겠다. 국어사전에서는 배려를 "도와주거나 보살펴 주려고 마음을 씀"이라고 정의하고 있다. 그리고 나눔의 경우 여러 가지 뜻이 있지만 "즐거움이나 고통, 고생 따위를 함께함"이라는 뜻이다. 이 둘을 모두 적용하면 나눔과 배려는 '다른 사람을 도와주거나 다른 사람의 고통이나 고생을 함께하는 것'이라고 할 수 있겠다. 주변 친구들과의 관계를 통해서 나눔과 배려를 실천할 수도 있고 또 봉사활동을 통해서 실천할 수 있는 것으로 보인다.

저는 2학년 때 영어 멘토링 활동을 했습니다. 영어를 잘 못하는 반 친구들에게 영어를 가르쳐 주는 활동인데 처음에는 저도 학생이어서 무엇을 어떻게 해야 할지를 잘 몰랐습니다. 그래서 영어 선생님께 제가 어떤 활동을 하는 것이 좋겠는지 여쭈어서 수업시간에 배운 영어를 같이 복습하고, 쪽지시험을 통해 확인하기로 하였습니다.

3월부터 매주 한 번씩 만나서 두 시간씩 같이 공부를 하였는데 처음에는 제가 일방적으로 가르쳐 주는 것이었습니다. 그렇게 하다 보니 친구들의 참여도가 떨어졌습니다. 그래서 친구들이 적극적으로 참여하도록 방법을 바꿨습니다. 학교 시험을 치기 전에는 같이 시험범위를 읽어 보고 중요한 내용을 점검하였습니다. 학교 시험을 치고 나서 전보다 오른 성적에 좋아하는 친구를 보며 저도 덩달아 좋았습니다. 멘토링 활동이 다 끝나고 나서 친구가 제게 롤링페이퍼를 만들어 주었을 때 얼마나 뿌듯했는지 모릅니다. 멘토링 활동을 돌아보면 제가 친구에게 일방적으로 가르친 것만은 아니었습니다. 그 과정에서 제 영어 성적도 올랐고, 정신적으로 많이 성장하였던 것 같습니다.

■ 협력과 갈등 관리

갈등이란 "칡과 등나무가 서로 얽히는 것과 같이, 개인이나 집단 사이에 목표나 이해관계가 달라 서로 적대시하거나 충돌함. 또는 그런 상태"라는 뜻이다. 갈등에는 개인 간의 갈등도 있겠지만 중요한 것은 사회적·집단적 갈등이다. 보통 갈등이라고 하면 좋지 않다고 생각하지만 갈등에는 순기능도 있다. 갈등은 사회구조적인 문제에 대한 관심을 높여서 문제를 해결하고, 사회응집력을 높이는 순기능이 있다. 그러나 이러한 갈등을 효과적으로 관리하지 못할 경우, 사회가 분열하고 국가 발전이 더뎌진다. 몇 해 전 한국 사회의 사회적 갈등 비용이 연간 300조 원에 이른다는 보고서[6]가 발표된 적도 있다. 우리나라 한 해 예산에 맞먹는 금액이다.

이런 상황에서 사회적 갈등을 해결하고, 협력을 이뤄낼 수 있는 인재를 육성하는 것은 한국 사회에 대단히 중요한 일이다. 한국대학교육협의회가 인성 영역에서 협력과 갈등 관리를 제시한 것도 이런 사회적 배경이 바탕에 깔려 있다고 보아야 할 것이다. 고등학생이 주로 겪을 수 있는 갈등의 상대는 부모, 교사, 친구이다. 이 항목에서는 지원자가 이들과의 사이에서 발생한 갈등 상황에 어떻게 대처하였으며, 그 결과를 통해 이루어낸 것이 무엇인지를 적는 것이 필요하다.

1학년 때 우리 반은 아이들의 욕설과 고성으로 조용한 날이 없었습니다. 몇몇 목소리가 큰 학생들은 선생님까지 무서워하지 않았고 자기들 마음대로 행동했습니다. 저는 이런

6_삼성경제연구소, 「한국의 사회갈등과 경제적 비용」(박준 수석연구원 외 3명), 2009년.

상황을 해결하기 위해 선생님께 '학급 일기'를 쓰자고 제안했습니다. 일기에는 반 친구들이 그동안 서운했던 점과 힘든 점을 적고 돌려가면서 보도록 했습니다. 이렇게 학급 일기를 쓴 지 몇 달이 지나자 친구들은 상대방의 입장과 상황을 조금씩 이해했고, 마찰도 줄었습니다. 그리고 2학기에는 선생님과 학급원 모두가 힘을 합쳐야 하는 학교 행사에서 우리 반은 당당히 2위를 했습니다. 이것을 통해 처음부터 문제 학생은 없으며, 소통과 배려, 관심이 부족하기 때문이라는 사실을 깨달았습니다.

■ 실제 사례

2학년 때부터 친구와 함께 '○○센터'에서 봉사활동을 했습니다. 거기에서 지내는 아이들과 운동도 하고, 놀이도 하였습니다. 그중에서 가장 기억에 남는 것은 ◇◇이와 같이 수학 문제를 푼 것입니다. ◇◇는 저와 동갑이고 고등학교에 다니지만 정신연령은 초등학교 저학년에 머물러 있었습니다. ◇◇이가 방학숙제라면서 같이 하자고 들고 온 숙제는 다름 아닌 초등학교 3학년 수학 문제집이었습니다. ◇◇이는 특히 시계문제를 어려워했고, 저는 ◇◇이가 문제를 잘 풀 수 있도록 더 쉽게 설명하려고 했습니다. 이 일을 겪고 나서는 저는 제게 사소한 것이라도 다른 이에게는 중요할 수도 있다는 것을 깨달았습니다. 또한 작은 것이라도 서로 나누면 더 커지고 이런 작은 것들이 모여 더 나은 사회가 될 수 있다는 생각을 하였습니다.

2학년 때 학교 축제를 준비하는 기간이었습니다. 반 친구들의 호응이 미적지근해 주제를 정하는 것부터 난항이었고, 연습할 때 일부 친구들은 연습에 비협조적이어서 어려움을 겪었습니다. 축제 전날 약속 시간에 모이기로 했는데, 친구들은 10분이 지나서야 느릿느릿 들어왔습니다. 반장과 저는 화가 났지만 왜 우리가 지금 연습을 해야 하는지 설명하고 친구들을 독려했습니다. 나중에 친구들이 '너는 공부만 할 줄 알았는데 연습을 굉장히 열심히 해서 놀랐다'는 말을 하기도 했습니다. 저는 이 일을 통해 어느 사회에서나 적극적인 사람도 있지만 비협조적인 사람도 있고 두 집단을 모두 이끌기 위해서는 나부터 솔선수범하는 모습을 보여야 한다는 것을 알게 되었습니다.

위 학생이 작성한 인성 항목을 분석해 보면 다음과 같다.

✦ 나눔과 배려
　　– 2학년 때의 봉사활동
✦ 작은 나눔을 통하여 더 나은 사회로 협력과 갈등 관리
　　– 축제 준비 과정에서 겪은 일
　　– 솔선수범하는 자세가 필요함.

쓴 글을 읽어 보면 큰 무리 없이 무난하다. 먼저 나눔과 배려에서 봉사활동을 한 것을 예로 들었다. 몇 년 전만 해도 봉사활동이라고 하면 동사무소 등에서 일손을 도운 것이 다반사였으나 그동안 의식이 많이 달라져 상위권 대학에 지원하는 학생이라면 이런 정도의 봉사활동은 어느 정도 갖추었으리라고 예상할 수 있다. 내용도 자세하게 썼고 큰 문제는 없는 것으로 보인다. 다만 입학사정관의 경우 자기소개서에 쓴 내용과 학교생활기록부를 대조하여 확인하므로 이 봉사활동이 꾸준하게 이루어진 것이라면 더욱 좋겠다.

두 번째 협력과 갈등 관리 항목에서 학교 축제를 준비하면서 겪은 일을 썼다. 그 과정을 통해 남들을 이끌어 나가기 위해서는 솔선수범하는 자세가 필요하다는 점도 이끌어 내었으므로 역시 무난하게 보인다. 그러나 구체적인 갈등이 드러나지 않은 점은 약간 아쉬움이 있다. 친구들의 비협조적인 태도를 드러내기는 했으나 지원자와의 구체적인 갈등 양상은 드러나지 않았다.

사실 갈등과 같은 부정적인 요소를 명확하게 드러내기는 쉽지 않다. 과거에 있었던 일을 돌이켜 보고 그것을 글로 쓰는 일 자체가 고통스러운 일이다. 게다가 자기소개서에 부정적인 일을 썼을 경우 과연 좋은 인상을 줄 수 있을 것인가에 대한 염려도 많기 때문이다. 또 갈등과 그 갈등을 해결하는 과정에서 지원자가 성장한 모습을 드러내는 것 또한 매우 어려운 일이다. 고등학생의 생활에서 매우 인상적이면서도 교훈적이고 아름다운 결말을 얻은 갈등을 가진 학생이 많지는 않을 것이다. 그러므로 우리는 이 항목에서 정석대로 갈 수밖에 없다고 본다. 자신이 겪었던 일

을 솔직하게 드러내는 것 이외에 다른 특출한 방법은 없다. 그러므로 이 항목을 어떻게 더 좋게 쓸 것인가에 집중하지 말고, 자신을 진실하게 드러내고, 그 과정에서 자신이 느낀 점을 쓰도록 하자.

지원 동기 잘 쓰는 법

이 항목은 말 그대로 왜 그 학교의 그 학과에 진학하고자 하는지를 쓰는 곳이다. 제일 먼저 할 것은 이 항목에서 요구하는 사항이 무엇인지 분석하는 일이다. 질문을 제대로 이해하지 못하면 엉뚱한 답을 쓸 수 있기 때문이다. 자기소개서를 작성하는 일은 한두 시간에 할 수 있는 일이 아니다. 수능을 대비해야 할 소중한 시간을 쓰는 것이다. 많은 시간과 노력을 기울여서 작성하는데 엉뚱한 답을 쓴다면 보통 손실이 아니다. 그러니 질문부터 제대로 이해해야 한다. 다음은 주요 대학들의 지원 동기 항목이다. 한번 살펴보자.

- ✤ 지원 동기와 지원한 분야를 위해 어떤 노력과 준비를 해왔는지 교내·외 활동 중 본인에게 가장 의미가 있다고 생각되는 활동을 기술하시오(한국대학교육협의회).
- ✤ 지원동기와 진로 계획을 중심으로 본교가 지원자를 선발해야 하는 이유에 대하여 기술하시오.
- ✤ 본교가 지원자를 선발해야 하는 이유를 본교에 대한 지원동기와 지원전공을 중심으로 기술하시오.
- ✤ 지원동기와 지원한 분야를 위해 어떤 노력과 준비를 해왔는지 기술하시오.
- ✤ 본교를 선택한 이유 및 앞으로 4년간 본교에서 하고 싶은 것이 무엇인지 기술하시오.

학교별로 요구하는 내용이 조금씩 다르기는 하지만 대체로 비슷하므로 대학교육협의회에서 나온 공통 양식을 가지고 설명해 보자. 요구하는 것이 무엇인가? 첫째는 '지원 동기', 둘째는 '지원한 분야를 위해 기울인 노력과 준비가 무엇이냐' 하는 것이다. 특히 둘째 항목에서는 '노력과 준비의 구체적 활동'을 적어야 한다. 이른바 스펙이 많지 않다고 실망할 것 없다. 이 항목에서 중요한 것은 '얼마나 많은 활동'에 참여했는지가 중요한 것이 아니라 자신이 '얼마나 열정을 가지고 참가했는지'가 중요하기 때문이다.

▪ 지원 동기는 구체적으로 서술하라

　전공을 선택한 동기가 되었던 경험을 전공 분야와 관련한 활동을 연결 지어 써야 한다. 전공 학과에 지원하고자 하는 계기가 고등학교 이전에 있었던 일이고, 그때 이후로 꾸준히 준비해 왔다면 좋은 평가를 얻을 수 있다. 그러나 고등학교 때의 일이라도 상관은 없다. 입학사정관들도 학생 시절의 꿈이 계속 바뀔 수 있다는 것을 알고 있기 때문이다. 이때 생활기록부를 통해 인과관계를 확인할 수 있는 내용이 들어가면 더 좋다.

　어릴 적 과학상자 대회에 참가했던 적이 있었습니다. 조립설명서에서 무엇을 만들지 고민하다가 복사기를 만들기로 결정하고 순서에 따라 조립하여 만들기 시작했습니다. 하지만 복잡한 과정으로 인하여 수없이 시행착오를 반복하다가 제한된 시간 안에 만들기가 어려울 것 같아 포기하고 싶었지만 이를 악물고 여러 가지 궁리를 하였습니다. 연결이 어려운 부품들은 연결이 쉬운 단순한 부품으로 바꾸고 불필요한 너트와 볼트는 줄이면서 노력한 끝에 주어진 시간에 만들 수 있게 되었습니다. 시상식 때 효율적으로 잘 만들었다는 칭찬과 함께 은상을 받게 되었습니다. 이때부터 우리의 삶에 편리함을 주는 산업기기들에 대하여 흥미와 관심을 가지는 계기가 되었습니다.

▪ 참가활동의 동기와 과정, 그리고 평가를 적어야 한다

　자기가 참여한 활동을 순서대로 나열하기만 해서는 좋은 인상을 줄 수 없다. 왜 그 활동을 하게 되었으며, 어떻게 진행되었고, 그 활동을 통해 내가 얻은 것은 무엇인가를 써야 한다.

　○○○○ 과학 영재 교육은 전기공학에 관심이 깊었던 제가 '연구'라는 것을 직접 해 볼 수 있었던 소중한 경험이었습니다. 실험복을 입고, 실험 계획을 직접 구상해서 수행했던 많은 실험 중에서 태양광 전지를 만들었던 실험이 가장 기억에 남습니다. 첫 번째 도전

에서 금속 접합 부분에 납땜질을 제대로 하지 못해 실패했는데 힘들게 재료를 다시 구해 시도해볼 수 있는 기회를 얻을 수 있었습니다. 첫 번째 실험의 실패 원인을 찾고 분석하고 이를 바탕으로 다시 만들어 성공적인 결과를 얻을 수 있었습니다. 태양광 전지가 작동할 때의 그 희열과 짜릿함은 지금도 저를 움찔거리게 만들 정도로 대단했습니다. 연구하고 개발하는 것에 즐거움을 느꼈을 뿐만 아니라 이론에 뛰어나다고 해서 다른 것에도 뛰어난 것이 아니라는 것 또한 느낄 수 있었습니다. 이런 경험들은 새로운 것을 연구하고 개발하는 혁신적 연구원이라는 제 진로를 구체화하는 데 많은 도움을 주었습니다.

▪ 실제 사례

고등학교에 올라와서 저는 교지를 받아 보게 되었습니다. 그것은 하나의 신선한 충격이었습니다. 교내의 소식을 전하고 여러 유용한 정보와 누군가의 이야기를 다른 사람들에게 전달하는 것은 너무나도 매혹적으로 제게 다가왔습니다. 장래희망을 신문기자로 정하고 이 학과에 지망하게 된 동기는 이런 사소하지만 제 흥미를 끈 교지입니다. 앞에서 말씀드렸듯이 제 꿈은 신문기자입니다 그중에서도 전 세계를 누비는 지구촌의 기자가 되고 싶습니다. 이를 위해 저는 ◇◇Times라는 영자신문 기사를 가지고 해석도 해보고 기사내용에 대한 나의 생각 적기와 같은 활동을 통해 세계무대에서 활동하기 위한 영어 실력과 신문기사에 대한 이해 두 마리의 토끼를 잡으려고 노력했습니다. 더욱이 제 고등학교 생활에서 최고의 활동이라 자부하는 지역신문 ○○일보의 청소년 기자단에 참여하여 기자님들이 신문기사를 작성하는 모습을 견학하기도 하고 기삿거리가 될 만한 소재 찾기, 정확한 기사를 위한 자료조사 및 인터뷰, 그리고 기사를 직접 작성함으로써 기자란 정말 매력적인 직업이구나 하는 꿈에 대한 확신을 얻었습니다.

위 학생의 지원 동기 항목을 살펴보면 크게 두 가지이다.

✿ 지원 동기

　　– 고등학교 1학년 때 받아본 교지

✿ 노력과 준비

　　– 영자 신문 The Teen Times 활동(영어 실력 향상과 신문 기사 이해)

　　– ○○일보 청소년 기자단 활동

　전체적으로 무난하게 쓴 글이다. 그런데 꼼꼼하게 살펴보면 몇 가지 문제를 지적할 수 있다. 첫째, 문장이 자연스럽지 않다. 세 번째 문장은 우리말 어순과는 좀 다르다. 전체 문장의 주어인 '제'가 문장 뒤쪽에 있다. 자연스러운 우리말 문장은 주어가 맨 앞에 제시되고 서술어가 맨 뒤에 나오는 형식이다. 그러니 이 문장을 자연스럽게 고치려면 전체 주어인 '저'를 맨 앞으로 가지고 와서 '저는 교내의 소식을 전하고 여러 가지 유용한 정보와 누군가의 이야기를 다른 사람들에게 전달하는 것이 너무나도 매혹적이었습니다' 정도로 바꾸어야 한다. 나머지 문장도 역시 마찬가지이다.

　둘째, 문장이 간결하지 않고 번잡하다. 앞쪽의 문장은 짧게 썼다. 그런데 맨 마지막 문장은 아주 길어서 네 줄이 한 문장이다. 200자 원고지로 따지면 거의 한 장이 한 문장인 셈이다. 문장이 너무 길면 읽는 사람도 숨이 차게 된다. 그러니 몇 개의 문장으로 짧게 나누어 써야 한다. 그리고 첫 문장의 '받아 보게 되었습니다'와 같이 번잡하게 쓸 필요 없다. '받아 보았습니다'로 간결하게 써야 한다.

　셋째, 내용의 구체성이 부족하다. 보통 교지를 받으면 대충 넘기며 보다가 만다. 그리고 다시 한 번 보지 않고 한쪽에 둔다. 심지어 학생들은 받는 날 바로 휴지통에 버리기도 한다. 그런데 그 교지를 가지고 자신의 장래가 결정되었다면 그만큼 자기에게 준 뭔가가 있다는 것인데 그것이 없다. 받아본 교지의 어떤 기사가 그렇게 다가왔는지 써야 한다. 그리고 영자 신문이나 ○○일보 청소년 기자단 활동도 마찬가지다. 기사를 써보았다고 했으니 자신이 작성한 기사가 무엇인지 그중 가장 중요한 기사는 무엇인지 썼으면 훨씬 더 좋았을 것이다.

　넷째, 활동에 평가가 부족하다. ○○일보 활동을 보면 과정은 자세하게 나와 있다. 신문사 견학, 소재 찾기, 자료 조사, 인터뷰, 기사 작성하기 등 여러 가지 활동을 썼다. 그런데 그 활동이 자신에게 남긴 의미는 '기자란 정말 매력적인 직업'이라는 것뿐이다. 그 활동의 의미가 '매력적'이라는 단어 하나로 축약되어 있는데 조금 부족해 보인다. 그 과정을 통해 자신이 얻은 것, 의미 등을 썼으면 더 좋은 지원 동기 항목이 되었을 것이다.

입학 후 학업 계획과 향후 진로 계획 잘 쓰는 법

　　이 항목은 입학 후 공부를 어떻게 할 것이며 졸업 이후에 어떻게 할 것인지를 적는 항목이다. 그런데 사람의 미래란 정해져 있지 않아서 5년 후 어떻게 바뀔지 알 수 없다. 그럼에도 불구하고 이 항목을 요구하는 이유가 무엇인지 생각해 보라. 정해진 목표가 있어야 무엇을 준비해야 하는지 알게 된다. 즉, 무엇을 어떻게 공부해야 할지 스스로 찾아 공부하게 되는 것이다. 요즘의 대학에서 요구하는 인재는 주는 대로 받아먹는 사람이 아니다. 스스로 찾아 나가고, 만들어 가는, 말 그대로 자기주도적이고 창의적인 인재를 요구한다. 그 연장선상에서 이 항목을 요구하는 것이다. 이 점을 명심하고 대학에서 요구하는 것을 분석해 보자. 주요 대학의 입학 후 학업 계획과 향후 진로 계획은 다음과 같다.

- ✤ 입학 후 학업 계획과 향후 진로 계획에 대해 기술하시오(한국대학교육협의회).
- ✤ 지원자가 본교에 입학한 후 이루고 싶은 장래 목표와 이를 이루기 위한 계획을 구체적으로 기술하시오.
- ✤ 본교 지원동기와 향후 학업 및 진로 계획에 대하여 기술하시오(1,000자 이내, 띄어쓰기 포함).
- ✤ 자신의 관심 분야 및 앞으로의 진로 계획(예: 20년 후 자신의 모습)이 무엇인지, 이를 위해 고교시절에 어떠한 노력을 해왔는지 구체적으로 기술하시오(띄어쓰기 포함, 1,000자 이내 작성).

　　이 항목 역시 대학마다 조금씩 다르기는 하지만 대체적인 내용은 같다. 우선 한국대학교육협의회에서 제시하는 공통 항목을 가지고 설명해 보자. 요구하는 것은 두 가지이다. 첫째는 학업 계획, 둘째는 향후 진로 계획이다. 학업 계획에는 어떤 공부를 할 것인지가 포함되어야 하겠다. 그리고 향후 진로 계획에는 대학 졸업 이후에 어떤 분야에서 어떤 일을 하고 싶은지가 포함되어야 할 것이다. 이 항목을 작성하기 위해 다음 활동을 해보자.

▪ 어떤 활동을 통해 내 목표를 실현해 나갈 것인지 구체적으로 밝혀라

이 항목은 지원자가 꿈을 구체적으로 어떻게 실현해 나갈지를 봄으로써 지원자가 자기주도적으로 학업을 해나갈 힘이 있는지를 살펴볼 수 있다. 그리고 지원자의 발전 가능성, 그리고 해당 전공 분야의 인재상과 맞는지를 확인할 수 있다. 해당 대학의 커리어 프로그램과 연결 지을 수 있다면 더욱 좋은 인상을 입학사정관에게 줄 수 있을 것이다.

그리고 학업 계획을 쓸 때 전공에 대한 관심과 열정을 보여 줄 수 있도록 해야 한다. 경영학과에 진학해서 공부를 열심히 한다가 아니라 경영학과의 어떤 공부를, 어떻게 할 것인지 보여 주어야 한다. 이를 통해 자신의 발전 가능성을 보여 줘야 한다. 그렇다고 해서 자신도 잘 모르는 전문용어를 남발하지 않도록 주의하자. 그 학과에 진학하고자 결정하였다면 그 분야의 관련 서적 한두 권 정도는 읽었을 것이다. 그 읽은 것을 바탕으로 학업 계획을 세밀하게 작성하는 것이 필요하다.

○○대학교는 지식과 그의 응용이 잘 융합된 교육에, 명실 공히 최고의 대학이라 생각합니다. 강의 시간에 배운 지식이 실제 현장에서 어떻게 진행되는지 경험할 수 있는 공학지식 실무응용 인턴십 프로그램이 잘 마련되어 있고 학부생 때부터 주체적 연구 경험을 쌓을 기회가 많은 등 국내 최고의 교육 환경을 갖추고 있다는 것을 알고 있습니다. 기회가 주어진다면 최고의 환경에서 최선을 다해 배우고 익힐 뿐 아니라 다양한 프로그램에 적극 참여하여 창의적으로 노력하는 학생이 되도록 최선을 다할 것입니다. 또한 인문학 수업 수강을 통해 다양한 분야를 이해하기 위한 노력도 소홀히 하지 않겠습니다. 이러한 노력은 제가 테슬라와 같은 세기의 과학자가 되는 데 큰 힘이 될 것입니다.

- **진로 계획을 세울 때는 구체적이어야 한다. 그리고 사회적 가치를 확인하라**

졸업 이후의 진로 계획은 구체적일수록 좋다. 그리고 자신이 하고자 하는 일의 사회적 가치를 생각해 보자. 진로 계획이 구체적일수록 좋다. '우리나라를 대표하는 외교관이 되고 싶습니다'보다는 '우리나라에 심대한 영향을 끼치고 있는 주변 4대 강국과의 외교를 담당하는 외교관이 되기 위해 이러이러한 활동을 열정적으로 하고 싶습니다'라고 말하는 것이 훨씬 더 좋아 보인다.

또 요즘 우리나라에서 하도 '돈, 돈, 돈' 하니 모든 가치가 돈에 매여 있다. 그러나 모든 일의 가치를 돈에 두는 것은 바람직하지도 않을뿐더러 대학에서 키우고자 하는 인재상에도 어긋난다. 대학은 단순히 돈을 잘 버는 사람을 키우고자 하는 것이 아니다. 그러므로 자신이 나중에 하고자 하는 일의 사회적인 가치를 생각해 보라. 우리는 혼자 살아가는 것이 아니며 지금 이 순간도 수많은 다른 사람과 함께 살아가고 있다. 그러므로 자신이 하고자 하는 일의 사회적 가치를 구체적으로 확인하고 이를 향후 진로 계획에 반영하는 것은 매우 중요한 일이다.

최근 우리나라의 핸드폰 제조 기술이 발달함에 따라 그에 따른 수익도 많이 증가했지만 그만큼 기술 로열티로 나가는 돈도 증가했다는 얘기를 들었습니다. 핸드폰뿐 아니라 IT 같은 우리의 주력 업종에서도 이런 현상이 일어나고 있다고 들었습니다. 전 앞으로 우리나라가 우리의 기초 기술로 제품을 만들어 판매하고 오히려 외국에서 우리의 기술을 가져가 로열티로 돈을 벌어들이는 날을 꿈꾸고 있습니다. 그러기 위해 공학 중에서도 기초 분야 격인 기계공학을 전공하고자 하는 것입니다. 제가 연구한 작은 기술이 훌륭한 제품을 만들어 내어 사람들의 생활을 편하게 할 수 있다는 그만한 기쁨은 없을 것입니다.

- **실제 사례**

저는 입학 후 세계를 누비는 기자가 된다는 꿈을 실현하기 위해 노력할 것입니다.

첫째로 세계무대를 위해 부족한 영어 능력을 보충하기 위하여 텝스, 토익 등의 공인 영어 시험을 준비하는 동아리나 스터디 클럽에 가입하여 공부할 것이며 회화를 위해 미국에 계시는 할머니 댁에 방문할 예정입니다.

둘째로 당연하겠지만 제가 전공으로 할 신문방송학을 우수한 성적으로 이수할 것입니다. 신문기자가 되기 위하여 신문방송학의 공부는 제 자신에게 좋은 바탕이 되어 줄 것입니다.

셋째로 심리학 계통, 세계 역사와 관련된 학문을 공부할 것입니다. 생생한 기사를 위해서라면 인터뷰를 해야 할 경우도 많이 있습니다. 그러한 상황에서 인터뷰 대상자의 심리를 더욱 잘 이해할 수 있다면 좀 더 좋은 인터뷰를 할 수 있다고 생각했기 때문입니다. 세계 역사의 경우 훗날 다른 나라를 누비고 그 나라를 이해하여 정확한 기사를 쓰기 위해서는 그 나라의 문화와 역사를 안다는 것이 중요할 것이라 판단하였습니다.

대학 졸업 이후에는 국내의 신문사에 취직하여 실전 현장의 경험을 쌓아 외국의 파견 기자가 되거나 외국의 신문사에 취직하여 제 꿈을 실현하고 싶습니다.

위 학생의 계획을 살펴보면 크게 다음의 두 가지이다.

✦ 학업 계획
　- 영어 공부(공인 영어 시험, 그리고 할머니 댁 방문)
　- 신문방송학 공부
　- 심리학, 세계 역사학 관련 공부
✦ 향후 진로 계획
　- 국내 신문사 취업 이후 외국 파견
　- 외국 신문사 취업

위 학생은 요구하는 사항 두 가지를 다 쓰기는 했지만 약간 부족하게 보인다. 첫째, 학업 계획과 향후 진로 계획 가운데 학업 계획에 너무 치중되어 있다. 향후 진로 계획은 단 한 문장이다. 학업 계획을 여러 가지로 너무 많이 썼기 때문이다. 향후 진로 계획이 신문기자가 되는 것으로 끝이다. 절반은 되지 않더라도 한 문장으로 끝낼 것은 아니다. 신문기자가 된 이후의 계획이 없고, 그 일의 사회적 가치가 담겨 있지 않다. 신문기자도 취재하는 분야가 여럿이다. 한 사람이 모든 분야를 취재하는 것이 아니다. 정치 분야, 사회 분야, 교육 분야, 국제 분야, 경제 분야 등 무수히 많다. 그리고 취재 활동과 기사 작성을 통해 자신이 보여 주고자 하는 것이 없다. 단순히 신문기자가 되는 것에서 끝이다. 그래서 뭔가 부족해 보이는 것이다.

둘째, 학업 계획에서도 순서가 잘못되었고, 구체적이지 못하다. 학업 계획에 맨 처음 올라 있는 것이 영어 공부이다. 영어 영문학과에 지원하려는 학생이면 당연히 영어 공부가 처음이어야 하겠지만 이 학생은 두 번째 항목의 신문방송학 공부가 맨 처음에 오는 것이 적당하다. 그리고 신문방송학 공부 계획도 '제 자신의 좋은 바탕이 될 것'이라는 추상적 수준에서 머물고 있으니 인상적일 수 없다. 신문방송학의 어떤 부분을 어떻게 공부할 것인지가 없다. 그리고 대학 신문의 기자가 되겠다든지, 언론사의 대학생 기자단이 되겠다든지 하는 구체적인 내용이 들어 있었으면 더욱 좋았을 것이다. 물론 이때 지원하고자 하는 대학의 신문 이름을 알아보고 쓴다면 더 인상적인 지원자가 될 수 있을 것이다.

셋째, 학업 계획에 필요 없는 항목이 들어 있다. 예를 들면 '영어 회화를 공부하기 위해 미국에 있는 할머니 댁을 방문할 예정'이라는 것이 과연 도움이 되겠는가 하는 생각이 든다. 없어도 되는 항목이 아닌가 한다. 그리고 심리학 계통, 세계 역사 공부를 하겠다는 것도 전공 공부나 장래 희망과의 연관성이 부족해 보인다. 해외 파견기자가 되겠다면 구체적으로 어떤 지역에서 취재 활동을 하겠다거나 어떤 국제 문제를 중점적으로 다루겠다는 것 없이 단순히 심리학 공부나 세계 역사 공부를 하겠다는 것은 추상적인 수준일 뿐이다. 사실을 보도하는 것이 기자의 중심 활동이지 다른 이를 분석하는 것이 기자의 중심 활동은 아니다. 그러므로 기자가 되기 위해 심리학 공부를 하는 것은 전공 연관성이 약간 부족해 보인다. 또 세계는 200여 개 국가로 이루어져 있다. 그 많은 나라 중 어느 나라의 역사를 공부하겠다는 것인가? 구체성과 결합하지 못한 항목은 필요가 없어 보인다. 자신이 하고 싶은 일을 막연하게 만들어 버린 것이다. 그러니 구체적으로 연결시켜야 한다.

개인의 장단점 잘 쓰는 법

　남들보다 뛰어나다고 생각하는 자신의 장점(특성 혹은 능력)과 보완·발전시켜야 할 단점을 기술하고 그것을 극복하기 위한 노력을 말하도록 함으로써, 지원자가 다양한 관점을 이해하는 능력과 타인을 배려하려는 의지를 갖고 있는지, 자신이 선택한 분야에서 장래에 요구하는 능력을 창출해낼 수 있는가에 대한 평가를 할 수 있는 항목이다. 특히 이 항목에서는 무엇보다도 자신만의 이야기를 '자기의 목소리'로 담아낼 수 있는 진실성이 요구된다. 자신을 미화시키고 과장하거나 자신에 대해 포장해서는 안 된다. 지원자가 쓴 자기소개서는 구술·면접의 자료로도 활용되므로 객관성과 진실성에 바탕을 둔 글이어야 한다. 그렇다면 어떻게 써야 좋은 평가를 받을 수 있을까?

■ 장점을 드러내 자신을 소개하는 능력이 필요하다

　자신의 장점을 최대한 부각시켜야 하지만 그렇다고 해서 자신을 지나치게 미화하면 오히려 신뢰성이 떨어진다. 그러므로 자신의 장점과 특성을 자신의 말로 솔직하게 써야 한다. 그리고 단점을 쓰라는 항목에 대해서는 망설일 수밖에 없다. 그러나 자신이 가지고 있는 단점에 대해서도 진솔하게 기술하고, 그것을 극복하기 위해 어떤 노력을 하고 있는지를 진술하면, 오히려 장점으로 부각될 수 있다.

　나는 부모님으로부터 <u>자신에게 주어진 일을 책임감 있게 스스로 해결하도록 교육받았다.</u> 두 분이 모두 직장일로 바쁘셨기 때문에 숙제나 공부는 혼자서 하는 일이 많았다. 이 과정에서 자연스럽게 문제 해결능력이 길러진 듯하다.

　중학교 때, 아버지의 회사일로 미국에서 공부할 수 있는 기회가 생겼다. 한국에서 중학교 2학년 1학기까지의 과정을 마치고, 미국으로 가서 고등학교 2학년 1학기까지 공부했다. 한국에서의 학년보다 높은 학년으로 시작했기 때문에 처음에는 어려움이 많았다. 하지만 어릴 때부터 길러진 문제 해결능력 덕분에 쉽게 적응할 수 있었고 수업을 비롯한 여러 학교 활동에서 좋은 결과를 얻을 수 있었다.

나의 공부 방식이 다른 친구들과 다른 점이 있다면 사교육에 의존하지 않았다는 점을 들 수 있다. 사교육을 받지 못할 만큼 형편이 어렵거나 부모님이 사교육을 반대하신 것도 아니지만 학원에 다니는 상당수의 학생들을 보면서 그러한 교육이 나에게는 필요가 없다고 판단했다. 나는 최대한 객관적인 정보와 나름의 분석을 토대로 어떤 선택을 하려고 노력한다.

내가 생각하는 나의 최고 장점은 해야 한다고 생각하는 일은 책임감 있게 수행하려고 한다는 점이다. ○○○○에서 수료한 일반화학 강의와 겨울방학 때 혼자 공부한 물리2에서 좋은 성적을 얻을 수 있었는데, 이는 꾸준한 노력 덕분이다. 미국에서는 밴드부에서 플루트를 맡았는데 여러 달 동안의 집중적인 연습으로 몇 년 동안 불어 온 학생과 비슷한 수준에 이르렀다는 평을 받은 적도 있다. 이러한 경험들은 어떤 일을 하겠다고 마음먹으면 최상의 결과를 얻어 내려는 꾸준한 노력의 결과이다.

■ 학업 이외에 자신의 성격이나 재능을 쓰면 좋다

이때 자신이 가지고 있는 열정과 어려움에도 쉽게 굴복하지 않는 도전 정신과 창의성 등을 기술하면 좋은 인상을 줄 수 있다. 특히 이 항목을 작성할 때 자신이 지원한 전공 분야가 요구하는 인재상과 연결하여 쓴다면 더 좋은 인상을 줄 수 있을 것이다.

제가 가지고 있는 여러 장점 중 하나는 바로 끝없는 호기심입니다. 저는 주위의 사소한 사물이나 현상들에 대해 항상 '왜?'라는 호기심을 가집니다. 그것은 책 읽기 중에도 마찬가지입니다. 그리고 이 호기심을 단지 궁금한 것에서 끝내 버리지 않고 그것에 대한 답을 찾기 위해 여러 수단과 방법을 동원하곤 합니다. 주말에 도서관에 가서 4~5시간씩 책을 찾아 가면서 궁금증을 해결하는 것은 예사입니다. 이런 경험들 중 가장 기억에 남았던 것은 바로 '우주에는 수백억 개의 별이 있다고 하는데 지구의 밤은 왜 이렇게 어두울까?'라는 의문에 대한 답이었습니다. 저는 이 의문에 대한 답을 도서관에서 한참 동안 책을 뒤진

후에야 알 수 있었습니다. 우주에 수백억 개의 별이 있다고는 하지만 별들이 내는 빛이 아직 지구에 도달하지 않았기 때문에 밤하늘이 낮처럼 그렇게 밝지는 않다는 것이었습니다. 그리고 여기에 더해 만약 지구에서 아주 멀리 떨어진 별이 폭발해서 사라진다고 해도 그 빛이 우리에게 도착하지 않은 이상 그 별이 우리에게는 다른 별과 마찬가지로 건재해 보인다는 것도 알 수 있었습니다. 저는 다양한 방법으로 의문을 해결하려 하였을 뿐만 아니라, 그 의문을 해결하는 과정에서 의문에 대한 답과 그 외의 다른 많은 사실에 대해 알 수 있었습니다. 이런 경험들이 저의 발전을 가능하게 했다고 생각합니다.

지금까지 인류가 발전할 수 있었던 것은 '왜 그럴까?' 하는 작은 호기심을 바탕으로 이루어졌다고 해도 과언이 아닙니다. 과거 연금술사들이 '돌을 금으로 만들 수는 없을까?'라는 의문으로 시작했던 실험은 비록 돌을 금으로 만드는 데에는 실패했지만 화학의 발전에 놀라운 기여를 하였고 더불어 유용한 신물질도 개발함으로써 현재의 우리 삶을 좀 더 윤택하게 하였습니다. 저는 저의 이 호기심들이 저의 미래에 보다 큰 발전을 가져올 것이라 확신합니다.

■ 실제 사례

새로운 도전정신과 배우는 자세

시골에서 생활한 저는 주위 사물과 자연에 대한 호기심이 많아 다니던 초등학교에서 '엉뚱한 아이'로 통했는데, 그게 우연히 과학을 담당하시는 선생님 눈에 띄어 과학 실험 대회를 대비한 여러 가지 실험을 하며 2년 정도를 과학실에서 살다시피 한 적이 있습니다. 그때 같은 조였던 다른 두 명의 친구들과 함께 전국 대회에서 '소리에도 에너지가 있는가'를 주제로 실험하여 금상을 받았습니다. 그때 과학실에서 보냈던 2년 남짓의 시간은 저에게 아직도 좋은 추억으로 남아 있습니다.

저는 특별히 내성적인 성격은 아니지만 친구를 사귀는 데 시간이 조금 오래 걸리고 처음 만나는 친구들 사이에서는 적극적으로 나서지 못합니다. 이런 저의 단점을 극복하기 위해서 고등학교 때는 '○○'이라는 천문 동아리 활동을 했습니다. 생긴 지 얼마 되지 않은 동아리였기에 학교 축제와 같은 행사를 치르기 위해서는 다른 학교의 친구들을 만나 의논하는 경우가 많았습니다. 이러한 공동의 프로젝트를 여러 사람과 함께 기획, 연출하면서 사람들을 만나는 것에 자신감이 생겼고, 보다 적극적인 성격으로 바뀌게 되었습니다. 2학년 때 동아리의 회장을 하게 되었는데, 이때 후배들을 지도하는 과정에서 제게 부족했던 지도력을 가지게 된 것도 동아리 활동을 통해 얻은 또 하나의 수확이라고 할 수 있습니다. 회장을 하면서 여러 선배와 친구, 후배들을 좀 더 깊이 있게 이해할 수 있었고, 비록 작은 규모의 모임이지만 모임을 이끌어 가는 위치에서 저의 생각을 키울 수 있었습니다.

위 학생의 글을 분석해 보면 크게 두 가지이다.

✦ 장점-호기심
　– 초등학교 시절의 별명과 과학 실험 대회
✦ 단점과 극복 사례
　– 내성적인 성격
　– 동아리 활동을 통해 적극성과 리더십을 기름.

위 학생은 자신이 가지고 있는 장점과 단점을 잘 썼다고 할 수 있다. 첫째, 장점과 단점 모두 자신의 경험을 바탕으로 작성하였다. 초등학교 시절의 별명, 그리고 과학 실험 대회의 구체적인 과제명까지 제시하여 자신의 장점인 '호기심'과 '도전 정신'을 드러냈다. 그리고 단점인 '내성적인 성격'을 어떤 과정을 통해 '적극적인 성격'으로 바꾸게 되었는지를 구체적으로 그리고 있다. 그 과정을 통해 부가적으로 '리더십'까지 기르게 되었고, '다른 사람을 이해하는 마음'까지 가지고 있다는 것을 자연스럽게 썼다. 이렇게 구체적 경험을 통해 자신의 장점을 드러냄으로써 글을 읽는 사람이 머릿속에 학생의 특성을 구체적으로 그릴 수 있다.

둘째, 위 학생은 자신의 장단점을 자신이 지원한 전공 분야와 관련하여 씀으로써 일석이조의 효과를 거두고 있다. 자신이 가지고 있는 과학에 대한 호기심과 도전 정신을 연결함으로써 전공 분야가 요구하고 있는 인재상과 맞아떨어진다.

한 가지 아쉬운 점을 지적하자면 학생이 들고 있는 '호기심'과 '도전 정신'이 초등학교 시절에 있었던 일이라는 것이다. 고등학교 시절까지 꾸준히 지속되었다는 것을 보여 주었다면 더욱 좋았을 것이다. 물론 다른 항목을 통해 자신의 특성을 드러내고 있다면 큰 무리는 없겠다.

추천서는 지원자의 교내·외 교육 활동에 대해 심층적이고, 다면적인 측면을 볼 수 있도록 교사들이 작성해야 한다. 그런데 교사들은 추천서 작성에 적잖은 부담을 가지고 있는 것이 사실이다. 적게는 1년에서 많게는 3년 동안 지원자의 교육 활동을 지속적으로 관찰해야 하고, 지원자에 대한 개인적인 대화, 그리고 이를 바탕으로 한 학생만의 특성에 대한 분석도 있어야 한다. 추천서는 지원자의 지원 전공에 부합하는 특성을 중심으로 하되, 학업 수행 능력과 비교과 활동 등을 뒷받침할 수 있는 자료이다. 가령, 책임감, 성실성, 준법성, 자기주도성, 리더십, 협동심, 나눔과 배려 등과 같은 특성들을 파악하여 추천서를 작성해야 한다. 이러한 추천서를 작성하는 교사들에게 조금이나마 흐름을 파악할 수 있도록 정리해 보았다.

02 자기소개서 쓰기

자기소개서 작성에서 학생들은 '어떻게 쓸 것인가'를 몰라 힘들어하는 것이 사실이다. 여기서는 일반적으로 작성하는 자소서의 기본적인 원칙만을 안내하는 것이 아니라 매우 구체적이고 세밀한 부분을 실례를 들어 설명할 것이다. 실제 사례를 들고 이를 바탕으로 작성 요령을 설명하기 때문에 학생들이 스스로 작성하는 데 도움을 줄 것이다. 각각의 사례를 직접적으로 설명하기 때문에 학생들이 힘들어하는 부분을 구체적 항목별로 도움을 받을 수 있다.

대학마다 자소서가 조금의 차이는 있으나 대동소이(大同小異)하다. 같은 내용이라도 어떻게 기술하느냐에 따라 학생의 교과 및 비교과 활동의 크기가 달라져 학생의 합격 여부에 영향을 미친다. 따라서 학생 교육 활동의 열정과 의지, 신뢰도 측면에서도 정밀하고 폭넓은 내용을 기술하는 것은 중요하다. 다음 학생의 예를 통해 살펴보자. 그리고 대학별, 학과별 자소서 작성 내용에 차이가 있기 때문에 계열을 나누어 설명하였다.

설명방법은 구체적인 항목 설정 → 사례 → 사례의 문제점 지적 → 문제점 수정 후, 완성으로 적겠다.

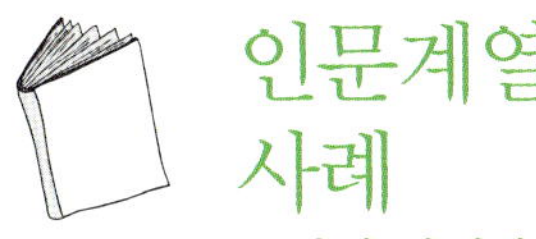

인문계열
사례
고려대 경제학과(내신 1.3 정도)

1. 고등학교 재학 기간 동안 교내·외에서 자기주도적으로 꾸준히 수행한 활동(학습활동 및 교과 외 활동 등) 중 본인의 우수한 성과가 나타난 활동과 그 결과를 얻기 위한 노력을 3개 이내로 기술하시오(활동별 200자 이내로 기술).

▶ 학급반장

저의 단점을 극복하기 위해 학급반장 선거에 출마하여 당선되었으나 반장의 권위를 인정받지 못하였습니다. 그래서 수학학업 도우미 활동, 학습 분위기 흐트리는 친구와 친해지기 위해 함께 운동하기 등의 노력으로 친구들의 수학 성적이 오르고 각종 반 대항 행사에서 1등을 휩쓸었습니다. 저의 역할에만 충실했던 제가 지금은 주변의 참여를 적극 유도할 줄 알게 되었습니다.

▶ 인문학 독서 수업

청소년의 사회에 대한 깊이 있는 이해를 돕는 곳인 '인디고서원'에서 수업을 받았습니다. 매주 교육, 인권, 경제 등의 다양한 책을 읽고 글을 쓰며 의견을 나누는 과정에서 기아문제, 학생인권 등 많은 사회현상을 알게 되었고 이를 바라보는 비판적인 안목도 기를 수 있었습니다. 또한 이러한 경험으로 각종 교내·외 독서 관련 대회에서 수상하게 되었습니다.

▶ 수학노트

1학년 1학기 때 내신 2등급을 받은 뒤 저만의 수학노트를 작성하였습니다. 수업을 듣고 문제를 풀며 중요하거나 헷갈리는 개념, 틀렸던 문제, 문제를 풀며 터득한 내용을 정리하며 반복 학습을 하였습니다. 이러한 노력의 결과로 내신에서 문, 이과 통틀어 전교 1~2등을 유지하고, 3학년 모의고사에서도 항상 백분위 98% 이상을 유지하고 있습니다.

▪ 위의 세 가지 활동 중, 자신에게 가장 의미 있다고 생각되는 활동 하나를 선택하여 활동의 동기, 과정 및 결과, 자신에게 미친 영향 등을 구체적으로 기술하시오(띄어쓰기 포함 700자 이내).

　내성적이고 남 앞에 나서기를 꺼렸던 저의 단점을 극복하기 위해 변화를 해야 한다는 생각으로 2학년 학급반장 선거에 출마했습니다. 반장 경험이 있는 성격 좋고 리더십 강한 친구가 라이벌이었지만 출마 소견에서 저의 강점인 학업 도우미, 1학년 때 학급 열쇠를 담당한 성실성과 책임감, 그리고 대가족에서 얻은 가족 간의 배려심을 통해 학급 일에 최선을 다할 수 있다는 점을 강조했습니다. 결국, 1표 차로 반장이 되었으나 예상외의 결과라 그런지 초기에는 반장의 권위를 인정받지 못하였습니다. 그래서 틈만 나면 수학학업 도우미로 활동하고 학습 분위기 흩트리는 친구와 친해지기 위해 점심시간에 같이 운동을 하기도 했습니다. 친구들의 수학 성적이 오르고 두루 친해지면서 반장으로 인정받고 보다 쉽게 역할을 수행할 수 있었습니다. 친구들의 신뢰를 얻고자 노력한 시간이 쌓여 우정과 단결심으로 뭉친 학급이 만들어졌고 그 속에서 자신감을 느끼고 적극적인 태도로 바뀌는 저를 찾을 수 있었습니다. 각종 반 대항 행사에서 1등을 휩쓸었고, 그때의 리더십을 인정받아 3학년 때도 반장이 되어 학급회의를 주도하여 학습 분위기를 개선하고 있습니다. 이러한 경험으로 저의 역할에만 충실했던 제가 지금은 주변의 참여를 적극 유도할 줄 알게 되었습니다. 무엇보다도 중요한 것은 나눔과 배려, 희생이 저의 리더십을 향상시키는 원동력이 되었습니다.

2. 고등학교 생활 중 (1) 배려와 나눔, (2) 협력과 갈등 관리를 실천한 사례를 각각 들고, 그 과정을 통하여 배우고 느낀 점을 구체적으로 기술하시오(띄어쓰기 포함 1,000자 이내).

　교내 봉사 동아리인 '○○봉사단'에서 1학년 때는 부원으로, 2학년 때 부장으로 활동하며 배려와 나눔, 협력과 갈등 관리를 모두 경험하였습니다.
　2학년 때 성인 정신지체가 대부분인 장애인 복지 시설인 '동향원'에서 봉사활동을 하면서 배려와 나눔의 정신을 배웠습니다. 시험기간을 제외한 일정대로 청소, 식사배급 및 정리, 거동이 불편하지 않도록 배려하기 등의 봉사활동을 하였습니다. 많은 장애인이 생활하고 있는 그곳에 처음 들어섰을 때 막연한 두려움 때문에 적응하기가 쉽지 않았습니다. 하지만 함께 시간을 보내며 그분들에게도 장래 희망이 있고 서로 장난치는 모습이 나와 다르지 않다고 머리로만 인식했던 것을 가슴으로 느낄 수 있었습니다. 이러한 경험이 없었더라면 저는 아직도 그분들에 대한 편견을 가지고 있었을 겁니다. '동향원'에서의 경험은 저에게 모든 사람은 똑같이 존중받아야 하는 존재라는 사실을 깨닫게 해주었습니다. 저보다 약하고 도움이 필요한 곳에 이제는 마음을 열고 다가갈 수 있게 되었습니다.

'○○봉사단' 동아리 부장이 되면서 체계적인 활동과 기획, 부원들의 관리와 운영을 하면서 협력을 이끌어 내고 갈등을 해결하였습니다. 학년 초 부서를 정하는 과정에서 부원들 간에 화합하지 못하고 서로의 생각만 내세우는 문제가 있었습니다. 그래서 기존 회원과 신입 회원에 알맞은 부서, 수월한 일과 까다로운 일을 분류하여 합의점을 도출하는 토의시간을 충분히 가졌습니다. 결국 부서 배정은 희망을 최대한 고려하되 시간의 여유가 있는 신입회원이 까다로운 부서를 맡기로 했고, 1년 동안 부서 간 협력하에 봉사활동은 원활하게 잘 이루어졌습니다. 갈등을 해결하고 협력을 이끌어 내기 위한 소통의 시간이 길어지더라도 그 과정은 공동의 일을 해나가는 데 있어 필수적인 요소이었습니다. 부서장 간, 부서원 간의 의견을 주고받는 협력 과정이 갈등을 해결하고, 결국은 동아리를 운영하는 데 결정적인 역할을 하게 된다는 것을 깨달았습니다.

3. 지원 분야와 자신이 어떤 면(흥미, 적성, 소질 등)에서 부합한다고 생각하는지를 기술하고, 지원을 위한 준비과정과 향후 포부에 대해 기술하시오(띄어쓰기 포함 1,000자 이내).

제가 사는 곳은 최대 공업도시로 무역 규모가 1,000억 달러를 넘길 정도로 기업의 생산, 무역, 금융 등 경제활동이 활발한 곳입니다. 이러한 환경에서 자란 저는 경제 관련 소식을 자주 접하였고 경제학을 전공하신 아버지께서 어려운 내용을 쉽게 설명해 주셨기에 경제에 흥미를 느끼게 되었습니다. 이러한 흥미와 더불어 경제학을 공부하기 위한 모든 영역의 공부에도 자신이 있고, 특히 수학, 사회 과목에서 좋은 성적을 받아 경제학도로서의 준비를 착실하게 하고 있다고 생각합니다. 또한 인문학 수업을 들으며 다양한 영역에 걸쳐 사회 전반을 파악하는 안목을 길러 왔습니다.

경제학을 배워가기 위해서 가장 먼저 한 일은 교내 경제 동아리에 참여한 것입니다. 경제 동아리에서 경제퀴즈, 경제토론 등의 활동을 하며 기초적인 경제 개념을 차츰 알게 되었습니다. 또한, 한국은행에 견학하며 한국은행의 역할과 기능, 금융시장 및 투자에 대한 이해를 높일 수 있었습니다. 이러한 활동을 하며 기초적인 지식이 부족하다고 판단하여 "틴틴경제", "경제학은 무엇을 말할 수 있고 무엇을 말할 수 없는가?" 등의 기본 경제 서적을 읽었습니다. 이와 더불어 읽은 "센코노믹스"에서 기아문제를 해결하기 위한 저자의 노력을 보며 평등하고 정의로운 경제학을 꿈꾸게 되었습니다.

저는 경제학 커리큘럼이 잘 갖춰진 고려대학교에서 미시·거시 경제학과 국제경제 및 금융지식 등의 경제이론 및 전문지식을 습득하고자 합니다. 또한 현대사회는 정치적 요소와 국제 간 관계가 경제와 밀접하므로 정치외교학을 부전공으로 선택하여 공부하고자 합니다. "왜 세계의 절반은 굶주리는가"라는 책에서 '세계는 이렇게 부유한 적도 없지만 이렇게 가난한 적도 없다'라는 구절을 읽었습니다. 지구 한편에서는 넘치는 부를 주체하지 못하지만, 다른 한편에서는 하루를 벌어 살아갑니다. 저는 고려대학교에서 쌓은 학문적 역량을 바탕으로 경제적 효율성의 추구뿐만 아니라 공평한 분배에도 초점을 맞추어 양자가 공존할 수 있는 경제학 연구에 이바지하고 싶습니다.

4. 다음 세 질문 중 하나를 선택하여 □ 안에 ∨표를 한 후 작성하시오(띄어쓰기 포함 1,000자 이내).

□ 자신에게 가장 큰 영감을 준 것(사람, 사물, 사건 등)은 무엇이며, 그것이 자신의 삶에 어떠한 영향을 주었는지 기술하시오.

☑ 자신의 강점과 약점은 무엇이며, 강점이 가장 잘 드러났던 사례를 기술하시오.

□ 현재 자신이 학업 이외에 가장 관심이 있는 것은 무엇이며, 왜 관심이 있는지 기술하시오.

저의 강점은 목표를 달성하고자 노력하는 끈기이고 약점은 한 목표에 지나치게 집착하여 주변을 돌아보지 않는 것입니다.

강점을 가장 잘 드러냈던 것은 학업 열정이었습니다. 입학하기 전 반편성 고사에서 반 5등도 하지 못했습니다. 작은누나가 '일반고에서 이 정도의 성적으로는 대학 가기 어렵다'는 말에 충격을 받고 공부를 해야겠다고 결심했습니다. 야자시간에 일반 교실에서 집중하여 공부하기란 정말 어려웠습니다. 공부에 열중하기 위해서라면 성적이 상위권인 학생들만 모여 공부하는 특별실에 들어가야 했습니다. 그래서 첫 번째 목표를 특별실 입실로 정하였습니다. 마침 제가 학급 열쇠 담당이라 특별실이 마치는 시간까지 교실에서 혼자 남아 나만의 학습 플랜 공부방법인 노트 작성으로 전 과목을 단계별로 누적 학습하는 방법에 누적적 복습에 매달렸습니다. 그 결과, 중간고사 때 반 1등으로 도약하여 특별실에 들어갈 수 있었습니다. 그다음 2학년 때는 상위 1.5%에 해당하는 학생을 뽑아 운영하는 정독실에서 지금까지 공부에 매진하고 있습니다.

두 번째 목표는 영어경시대회 도전이었습니다. 중2 때부터 혼자 영어 공부를 해왔기 때문에 영어실력을 평가할 기회가 없었습니다. 그래서 1학년 때 영어경시대회에 참가했으나 중간도 미치지 못하는 성적으로 떨어졌습니다. 실망감을 뒤로하고 2학년 영어경시대회 입상을 목표로 노력하였습니다. 부족했던 어휘와 문법 부분을 집중적으로 공부하였고 결국 다음 해에 장려상을 받을 수 있었습니다.

강점이 항상 긍정적으로 작용한 것만은 아니었습니다. 공부에 집착되어 성격 개선, 친구 관계에 소홀하였습니다. 이런 점을 깨닫고 이 또한 강점으로 극복하기 위해 2학년 때 반장에 도전하고, 반장 역할을 충실히 해 가며 약점을 개선하려 했습니다. 또한 학급 대항 축구 대회 때 반 친구들과 우승하겠다는 집념으로 연습에 매진했습니다. 끈기라는 강점을 학업뿐만 아니라 다른 분야에도 발휘함으로써 저의 부족한 점을 메워 가려는 노력을 지금도 하고 있습니다.

위 학생은 내신 성적은 좋은 편이나 모의고사 성적이 비교적 안정되지 못한 상황이다. 그래서 수시를 지원하였지만 최종적으로 수능 우선선발로 합격한 학생이다. 세 차례의 원고 수정 후 위와 같은 원고를 지도교사와 함께 마무리하였다.

자연계열
사례

1. 지원동기와 지원한 분야를 위해 어떤 노력과 준비를 해왔는지 교내생활을 중심으로 기술하시오.

　초등학교 4학년 때, 수학 점수를 40점 받아 충격을 받았습니다. 그날 집에 울면서 돌아와 어머니께 수학 공부를 해야겠다며 문제집을 사 달라고 했습니다. 당시 시리즈 학습지인 '기초탄탄'을 통해 수학에 대한 기초를 배웠고, 6학년 때는 경시대회까지 나가 입상하면서 수학에 대한 자신감과 관심을 가지게 되었습니다. 이때 학습한 창의력의 심화 학습 문제, 공간 지각을 이용하는 도형 문제는 고등학교 수학을 이해하는 데 도움이 되었습니다. 수학에 대한 흥미와 지적 호기심 때문에 고등학교에 와서는 수학 동아리 [f(x)]를 만들기도 했습니다. 저희 동아리에서는 3학년 모의고사 기출문제를 한 주 동안 풀어 와서 가장 많이 틀린 문제를 칠판에 적고 한 명씩 돌아가며 자기가 푼 방식에 대해 설명하였습니다. 동아리 학생들이 삼각함수를 이용해서 최댓값을 구하는 것이 보통이었지만 저는 1학년 때 배운 '코시–슈바르츠 부등식'을 적용해서 풀이하는 방안을 제안하여 동아리 반원들과 공유하였습니다. 1학년 때 수학경시대회에서 최우수상(1/463)을 수상할 정도로 수학에 대한 자신감이 있었습니다. 2학년 1학기까지는 1등급을 유지하였으나, 2학년 2학기 때는 2등급을 받았습니다. 3학년 1학기 중간고사 때는 수학의 등급이 4등급을 받았지만 저의 수학에 대한 자신감이 오히려 수학을 가볍게 생각했었다는 점을 깨달았습니다. 수학교육과에 진학하게 된다면 반드시 실력을 쌓아서 수학에 대한 자신감을 회복할 것입니다. 저는 교내 멘토링 활동을 통해서 동급생에 대해 학습 및 고민 상담을 해주었습니다. 제가 멘토가 되어 두 명의 멘티와 활동을 하였습니다. 가상으로 선생님 역할을 해볼 수 있는 좋은 기회였습니다. 이러한 경험을 바탕으로 수학을 어려워하는 학생들에게 그 과정을 어떻게 극복해야 하는지를 이해시킬 수 있습니다. 수학교육학과에서 높은 수준의 수학을 배워서 깊이 있는 수학을 가르치고 싶습니다. 저의 수학 실력을 갈고닦는 과정의 한 부분이 수학교육과를 가는 것입니다.

2. 입학 후 대학생활과 향후 진로 계획에 대해 기술하시오.

　대학 입학 후 저는 다음과 같은 대학 생활을 할 것입니다. 첫째로 영어 공부를 할 것입니다. 수학교육과에 입학했다면 수학 공부를 우선시해야 하는 것은 당연합니다. 저는 거기에서 더 나아가 영어 공부를 할 것입니다. 그 이유는 수학을 더 깊이 있게 공부하기 위해서입니다. 다른 나라의 수학책을 통해 수학에 대해 새로운 시각으로 바라볼 수 있고 더 많은 수학적 지식을 쌓을 수 있기 때문입니다. 더 궁극적인 목적이 있다면 제가 수학교사가 된 후 해외 국제학교에서 근무하기 위한 기본을 쌓기 위해서입니다. 수학교사가 된 것에서만 만족하는 것이 아니라 국제학교에서 근무하면서 외국에 있는 대학원을 다니며 지속적으로 저의 수학 실력을 기르기 위해 노력할 것입니다. 두 번째로 대학교 3학년 때 야학교사로 봉사활동을 할 것입니다. 1, 2학년 때는 교육과정을 충실히 수행하여 대학수학에 대한 기본적 지식을 쌓을 것이고 3학년 방학 때는 소외지역에 있는 학생들을 가르치고, 또한 수학 이외에도 멘토로서 학생들의 학업 상담을 해주는 봉사활동을 할 것입니다. 최종적으로는 제가 수학에 대해 공부를 하면서 쌓은 저만의 방식을 토대로 제 이름을 건 수학책을 집필할 것입니다. 제가 수학교사로서 하나의 사명감을 가지고 있다면 그것은 바로 수학은 결코 어렵지만은 않은, 심지어 게임처럼 재미있다고 느낄 수 있는 학문 중 하나라는 것을 학생들에게 깨우쳐 주고 싶습니다. 셋째, 초등학교 때부터 고등학교 때까지 과거의 수학자들이 발견한 수학적 원리를 배워 왔습니다. 그 이면에 어떠한 과정이 있었고 수학사에 기여한 바가 무엇인지를 배우고 싶습니다. 또한 과거부터 현재에 이르기까지 수학교육이 어떻게 발전해 왔는지 수학교육사에 관해서도 배우고 싶습니다. 위와 같은 저의 계획을 실현하려면 우선 대학에서 배운 실력으로 임용고사라는 장벽을 넘어야 하고, 또 국내에서 일정 기간 동안 실력을 쌓아야 한다는 것을 알고 있기 때문에 열심히 주어진 교육 과정을 최선을 다해서 생활할 것입니다.

3. 학교생활 중 배려, 나눔, 협력, 갈등 관리 등을 실천한 사례를 들고 그 과정을 통해 배우고 느낀 점을 구체적으로 기술하시오.

    학급 학생들 사이에는 서로의 생각 차이로 어울리기 어려운 반 친구들이 많았습니다. 특히, 학업 문제와 부모님의 무관심으로 마음의 병이 든 친구가 있었는데, 저는 먼저 다가가 친구와 많은 이야기를 나누었습니다. 힘들어하는 친구에게 "희망적인 메시지를 전달하고 싶어서 '꿈꾸는 다락방'을 읽어라"고 한 말이 기억 남습니다. 그 친구는 현재 저와 같은 반에서 열심히 자신의 꿈을 이루기 위해 노력하고 있습니다. 그런 모습을 보고 저의 작은 관심이 긍정적 변화를 가져올 수 있다는 사실을 알았습니다. 또 제가 멘토가 되어 두 명의 멘티와 활동을 하였습니다. 먼저 이 활동을 해야겠다고 생각한 계기가 있습니다. 제가 가상으로라도 선생님 역할을 해볼 수 있는 좋은 기회라고 생각했습니다. 멘토링을 어떻게 해야 하는지에 대한 정확한 지표가 없었기 때문에 친구들과 의논하여 무엇을 할지를 정했습니다. 멘티가 가장 부족해하는 과목인 수학을 집중적으로 계획을 세워 모르는 문제는 제가 가르칠 미래의 학생이라고 생각하고 최대한 쉽게 이해하도록 가르쳐 주었습니다. 저는 이 활동에서 제가 평소 수학을 푸는 것과 수학을 쉽게 전달하는 것에는 큰 차이가 있다는 것을 느꼈습니다. 중증장애 아이들을 재활 치료하는 '혜진원'이라는 곳에서 중학교 3학년 때부터 친구들과 함께해온 '웃음 가족 봉사단'의 활동을 했습니다. 봉사 활동을 시작할 무렵, 과연 제가 남에게 도움을 줄 수 있는 의미 있는 봉사활동을 할 수 있을지가 의문이었습니다. 그래도 부딪혀 보자는 마음으로 '혜진원'을 찾아가게 되었습니다. 제가 '혜진원'에서 맡은 일은 바닥 닦기와 창문 닦기, 그리고 점심시간이 되면 아이들 급식 보조 역할이었습니다. 내가 아닌 남을 위해 무엇인가를 한다는 것이 이렇게 의미 있는 일인지를 알게 되었고, 평소 나를 도와주었던 많은 사람들에게 고마워할 줄 모르고 너무 당연하게 생각해 왔던 나 자신을 한 번쯤 다시 뒤돌아보게 되었습니다.

4. 본인의 어떠한 점이 학교생활우수자에 부합하는지 구체적 사례를 통해 기술하시오.

저는 수학에 대한 지적 호기심이 많습니다. 그래서 수학 동아리를 만들어서 학습할 정도로 수학에 대한 탐구심이 있다고 생각합니다. 또한 교내 멘토링 활동을 통해서 동급생에 대해 학습 및 고민 상담을 해주었기에 학생에 대해 이해할 수 있는 경험을 했습니다. 또 한 가지 중요한 일은, 후배가 선배를 알아보지 못하고 지나치게 행동했던 일이 있었습니다. 상급생과 후배 사이의 갈등이 커져 있어, 학생들 사이에 심각한 고민거리가 되었습니다. 후배를 바르게 충고하였고, 동급생에게 역시 상담과 고민을 들어주어 원만하게 해결한 일은, 요즘처럼 심각한 학생들 사이의 갈등 문제를 해결하는 노력을 했습니다. 문제 당사자인 두 학생은 현재 학교에서 잘 적응하여 열심히 공부하고 있습니다. 제가 교사가 된다면, 저의 이러한 소중한 경험이 교육 현장에서 잘 실행될 것이라 생각합니다. 저는 중증장애 아이들을 재활 치료하는 '혜진원'이라는 곳에서 중학교 3학년 때부터 친구들과 함께해온 '웃음 가족 봉사단'의 활동을 통해 봉사의 의미를 알았습니다. 교사가 되어 제가 경험한 봉사활동의 가치를 제가 가르치는 학생들과 함께 봉사활동을 하면서 공유하고 싶습니다. 교사로서 학생을 이끌어야 하기 때문에 리더십은 반드시 필요하다고 생각합니다. 저는 두 번의 학급 반장, 동아리 부장, 체육대회 우승 등과 같은 일에 최선을 다해 리더십의 의미를 알았습니다. 저희 부모님은 교사이십니다. 저는 교사는 학생들에 대한 이해와 관심이 무엇보다도 중요하다고 교사인 부모님으로부터 자주 들어 왔습니다. 교사로서 갖추어야 할 소양은 전공 지식, 학생에 대한 이해심, 교사로서 리더십, 그리고 사회인으로서의 봉사 정신 등이 필요하다고 생각합니다. 저는 학교생활을 하면서 이러한 경험을 쌓았다고 생각합니다. 저의 부족한 경험과 지식을 쌓을 수 있는 대학 교육이 필요하다고 생각합니다.

위 학생의 면접 사항은 다음과 같다.

▶ 자신을 소개해 보라

답변: 이름, 소속을 밝히면서 이 학과에 입학할 수 있다는 열정을 보여 주기 위해 왔다고 대답하였다.

TIP: 자소서에 근거하여 자신감 있고 열정적인 모습을 보여 주는 것이 좋다.

▶ 교사의 조건이 무엇인가?

답변: '학생과 교사의 열린 마음 자세'에 대하여 언급하였다.

TIP: 자소서에서 이에 해당하는 조건들을 기술했음에도 불구하고 답변은 이와 달랐다. 자소서의 내용 일치 여부를 논리적으로 설명했다면 좋았다는 판단이 된다.

▶ 코시 슈바르츠 부등식에 대해 설명해 보라

답변: 아는 범위 내에서 성실히 대답하였다.

TIP: 면접관이 요구하고 있는 것은 전공교과와 관련한 자소서 내용을 확인하는 것이다. 자소서에 썼던 것이 거짓이 아니라는 것을 증명할 정도로 충분한 지식을 숙지하고 있어야 한다.

위 학생의 교내 · 외 활동은 다음과 같다.

▶ 수학 동아리

수학경시대회 반에서는 기출문제를 풀고 선생님이 풀이하는 방식으로 활동을 했습니다. 문득 수학 문제를 다른 친구들은 어떻게 풀었는가가 궁금했고 같이 공유해 보고 싶었습니다. 그래서 2학년 때 수학 동아리를 만들게 되었습니다. 저희 동아리에서는 3학년 모의고사 기출문제를 한 주 동안 풀어 와서 가장 많이 틀린 문제를 칠판에 적고 한 명씩 돌아가며 자기가 푼 방식에 대해 설명하였습니다. 동아리 학생들이 삼각함수를 이용해서 최댓값을 구하는 것이 보통이었지만 저는 1학년 때 배운 '코시–슈바르츠 부등식'을 적용해서 풀이하는 방안을 제안하여 동아리 반원들이 공유하였습니다.

▶ 봉사활동

중증장애 아이들을 재활 치료하는 '혜진원'이라는 곳에서 중학교 3학년 때부터 친구들과 함께해온 '웃음 가족 봉사단'의 활동입니다. 봉사활동을 시작할 무렵, 과연 제가 남에게 도움을 줄 수 있는 의미 있는 봉사활동을 할 수 있을지가 의문이었습니다. 그래도 부딪혀 보자는 마음으로 '혜진원'을 찾아가게 되었습니다. 제가 '혜진원'에서 맡은 일은 바닥 닦기와 창문 닦기, 그리고 점심시간이 되면 아이들 급식 보조 역할이었습니다. 평소 나를 도와주었던 많은 사람들에게 고마워할 줄 모르고 너무 당연하게 생각해 왔던 나 자신을 한 번쯤 다시 뒤돌아보게 되었습니다.

▶ 과천과학관 과학 캠프

평소 책을 통해서만 과학을 접하다 보니, 수백 년간 과학자들에 의해 밝혀진 과학적 사실이지만 직접 그 사실들을 실험해 보고 싶다는 생각을 했다. 그래서 과학캠프에 참가했다. 특히 생명공학의 양면성을 다룬 '식탁 위의 생명공학'이라는 강의는 인상적이었다. 강의가 끝난 후, 예쁜 꼬마 성충을 이용한 주화성 실험을 하였다. 주화성은 가장 원시적인 감각이라 할 수 있는 후각기관을 이용해 자신에게 이로운 화학분자와 해로운 화학분자를 구별함으로써 생존을 유지하는 데에 아주 중요한 현상이라는 사실들을 알 수 있어, 지식의 경험적 사실들을 확인할 수 있었다.

▶ 교내 멘토링

교내 멘토링이란 같은 반 내에서 멘토·멘티가 되어 활동하는 것입니다. 제가 멘토가 되어 두 명의 멘티와 활동을 하였습니다. 제가 가상으로 선생님 역할을 해볼 수 있는 좋은 기회였습니다.

▶ 독서릴레이

시교육청에서 주최하는 '독서릴레이'에 참가하였습니다. 반 학생들과 함께 책 10권을 돌려 가며 읽고, 독서감상문을 시교육청 홈페이지에 쓰는 활동입니다. 열심히 활동한 끝에 우수상을 받을 수 있었습니다.

▶ 공교육 논술

2012년 4월 21일부터 7월 28일까지 매주 토요일 시교육청에서 실시하는 공교육 논술학교에서 여러 상위 대학의 논술 기출문제 분석 및 작성을 하였습니다.

▶ 축제

반 학생들과 함께 댄스공연을 하고 먹거리 행사에 참여하였으며 축제 후 뒷정리에 참여하여 축제 공로상을 수상하였습니다.

▶ 선행상

환경미화 평가 때 학급의 청소를 마무리하고 매주 토요일 스스로 교실 청소와 분리수거를 하였고 체육대회와 체력검사 시 남아서 뒷정리를 하였습니다.

▶ 시교육청 명사 초청강의

○○광역시청 2층 대강당에서 정재승 교수님의 '과학과 예술의 행복한 만남'이라는 주제로 한 강연을 들었습니다.

▶ 수학 심화학습

2학년 1학기 수학 심화학습 특강을 들었습니다. 수 I 에서 수열, 무한급수, 무한등비급수에 대한 심화 문제를 풀었습니다.

대학에서 요구하는 사항은 반드시 지켜야 한다. 그리고 그 내용이 제대로 기술되었는지도 꼼꼼하게 살펴보아야 한다. 다음 글 (가)는 전체 내용이 파악되나 자소서에서 요구하는 사항과는 다소 거리가 있다. 그래서 (나)처럼 옮겨 보면 근접해 있다는 것을 알 수 있다.

(가) 수정 전

저는 수학에 대한 지적 호기심이 많습니다. 그래서 수학 동아리를 만들어서 학습할 정도로 수학에 대한 탐구심이 있다고 생각합니다. 또한 교내 멘토링 활동을 통해서 동급생에 대해 학습 및 고민 상담을 해주었기에 학생에 대해 이해할 수 있는 경험을 했습니다. 또 한 가지 중요한 일은, 후배가 선배를 알아보지 못하고 지나치게 행동했던 일이 있었습니다. 상급생과 후배 사이의 갈등이 커져 있어, 학생들 사이에 심각한 고민거리가 되었습니다. 후배를 바르게 충고하였고, 동급생에게 역시 상담과 고민을 들어주어 원만하게 해결하는 노력을 했습니다. 저는 중증장애 아이들을 재활 치료하는 '혜진원'이라는 곳에서 중학교 3학년 때부터 친구들과 함께해온 '웃음 가족 봉사단'의 활동을 통해 봉사의 의미를 알았습니다. 교사가 되어 제가 경험한 봉사활동의 가치를 제가 가르치는 학생들과 함께 봉사활동을 하고 싶습니다. 교사로서 학생을 이끌어야 하기 때문에 리더십은 반드시 필요하다고 생각합니다. 저는 두 번의 학급 반장, 동아리 부장, 체육대회 우승 등과 같은 일에 최선을 다해 리더십의 의미를 알았습니다. 특히 학교 축제에서 수학동아리 부장이었던 저는 '런닝맨 in 성광'이라는 아이디어를 내어 부원들로부터 동의를 얻어 게임을 준비하게 되었습니다. 수학의 즐거움을 주기 위해 요즘 인기 있는 예능 프로그램인 〈런닝맨〉을 보고 이 게임에 접목했습니다. ㉠ 이런 활동은 저의 기획력과 새로운 아이디어를 생각할 수 있는 힘이라 생각합니다. 저희 부모님은 교사이십니다. 교사는 학생들에 대한 이해와 관심이 무엇보다도 중요하다고 교사인 부모님으로부터 자주 들어 왔습니다. 교사로서 갖추어야 할 소양은 전공 지식, 학생에 대한 이해심, 교사로서 리더십, 그리고 사회인으로서의 봉사 정신 등이 필요하다고 생각합니다. 저는 학교생활을 하면서 이러한 경험을 쌓았다고 생각합니다. 저의 부족한 경험과 지식을 쌓을 수 있는 대학 교육이 필요하다고 생각합니다.

(나) 수정 후

저는 수학에 대한 지적 호기심이 많습니다. 그래서 수학 동아리를 만들어서 학습할 정도로 수학에 대한 탐구심이 있다고 생각합니다. 또한 교내 멘토링 활동을 통해서 동급생에 대해 학습 및 고민 상담을 해주었기에 학생에 대해 이해할 수 있는 경험을 했습니다. 저는 중증장애 아이들을 재활 치료하는 '혜진원'이라는 곳에서 중학교 3학년 때부터 친구들과 함께해온 '웃음 가족 봉사단'의 활동을 통해 봉사의 의미를 알았습니다. 두 번의 학급 반장, 동아리 부장, 체육대회 우승 등과 같은 일에 최선을 다해 리더십의 의미를 알았습니다. 특히 학교 축제에서 수학 동아리 부장이었던 저는 '런닝맨 in ○○'이라는 아이디어를 내어 부원들로부터 동의를 얻어 게임을 준비하게 되었습니다. 수학의 즐거움을 주기 위해 요즘 인기 있는 예능 프로그램인 〈런닝맨〉을 보고 이 게임에 접목했습니다. ㉡ 그리고 환경미화 평가 때 학급의 청소를 마무리하였고, 체육대회와 체력검사 시 남아서 뒷정리를 하여 선행상을 받았습니다. 생물이 2학년 때 4등급에서 생물 개념 노트 정리 및 기출 문항을 분석하는 노력을 통해 2등급까지 올랐고, 1학년 때 배운 공통과학 내용이 2학년이 되면서 심화 과정에서 화학이 상당히 어렵게 느껴졌고 결국 중간고사 때는 낮은 점수를 받았지만 가장 까다로운 '기체의 성질'의 개념과 원리를 찾아서 노트에 정리하면서 기출 문항까지 연결해 노트에 붙이는 자기주도적인 학습을 통해 기말고사 때는 높은 점수를 받았습니다. 2학년 1학기 수학 심화학습 특강을 들었습니다. 수Ⅰ에서 수열, 무한급수, 무한등비급수에 대한 심화 문제를 풀었습니다. 시교육청에서 주최하는 '독서릴레이'에 참가하였습니다. 반 학생들과 함께 책 10권을 돌려 가며 읽고, 독서감상문을 시교육청 홈페이지에 쓰는 활동입니다. 열심히 활동한 끝에 우수상을 받았습니다. 또 2012년 4월 21일부터 7월 28일까지 매주 토요일 시교육청에서 실시하는 공교육 논술학교에서 여러 상위 대학의 논술 기출문제 분석 및 작성을 하였습니다.

㉠부분을 ㉡으로 바꾸었다. 수정한 이유는 대학에서 요구하는 항목에서 다소 벗어나 있기 때문이다. 스스로의 학교생활 활동에 대해서 과대평가하는 것도 좋아 보이지 않는다. 학생이 한 일에 대해 평가는 입사관이 할 수 있도록 해야 한다. 대학에서 평가하고자 하는 학생의 잠재력을 제대로 평가받을 수 있도록 자소서를 구성해야 한다. (가)는 자신의 이야기보다는 부모님의 이야기를 하고 있다. 이는 자소서 본래의 취지에도 부합하지 않는 것이다. 오히려 (나)처럼 고쳐야 대학이 학생의 잠재력을 볼 수 있을 것이다.

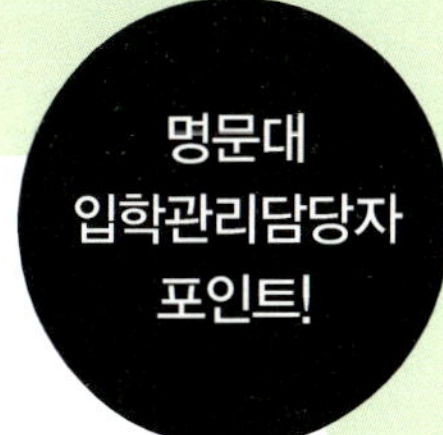

서울대학교 입학관계자

"큰 물고기를 잡으려다 보면 대하소설이 된다. 수필 쓰듯이 작은 에피소드부터
풀어라. 그리고 '시작은 창대하고 결론은 흐지부지한 경우'는 금물이다."
이는 처음부터 추상적이고 거창한 이야기만 늘어놓지 말고 구체적이고,
매우 사실적인 활동을 기술하라는 의미이다.

고려대학교 입학관계자

"자기소개서를 수천 개 읽다보면 첫 번째 줄만 봐도 소설인지 진실인지 티가 난다."
대학에 합격하기 위해 자신의 잠재력을 과장되게 기술하는 것은 오히려 신뢰를 잃는다.

경희대학교 입학처장

"대부분의 학생이 책이나 TV를 보면서 지금의 꿈을 키워왔다는 식으로 이야기한다.
한마디로 식상하다. 본인의 단점이 드러나더라도 자신의 외모, 성격, 인생사 등이
드러나는 자신만의 이야기가 중심이 돼야 한다."
교과 및 비교과 활동에서 남들과 다른 자신만의 경험과 사고를 표현하는 것이 좋다.

한국외국어대학교 책임입학사정관

"의대에 지원한다고 가정해 보자. 그냥 남들을 돕기 위해 의사가 되고 싶다기보다는,
이 대학 병원은 화상전문병원으로 화상 치료에 전문성이 있다. 나는 화상으로
고생하는 어린이들을 위해 봉사활동을 한 적이 있다. 그 일을 계기로 이 대학 의대를
진학하고자 마음먹었다고 하는 것처럼 구체적으로 기술하는 것이 좋다."
많은 입사관들이 구체적이고 실질적인 교과 및 비교과 활동을 강조하고 있다.
교과학습시간을 제외하고 나름대로 계획을 세워 비교과 활동을 다방면으로 탐색하여
계획적이면서 집중적으로 하는 것이 좋다.

서강대학교 입학처장

"모범 답안을 찾기보다는 과장하지 말고 진술하게 쓰되 활동과 수상경력을
단순하게 나열하거나 감정에 호소하는 글은 피해야 한다."
원인과 결과를 중심으로 자신의 잠재적인 학습과정을 기술하여
신뢰감과 잠재적인 가능성을 판단하도록 기술하는 것이 좋다.

연세대학교 입학처장

"대학들은 학생들에게 원하는 답을 질문을 통해 정확하게 제시하고 있다. 모범답안처럼
만들거나 자신의 얘기를 강조하다 질문에서 원하는 내용을 놓치는 경우가 적지 않다."
일명 '사오정 소개서'라는 것인데, 요구하는 내용에 대해 집중적으로
자신의 교과 활동 및 비교과 활동을 강조하여 표현하는 것이 좋다.

선택한 전공에 대한 관심과 열정을
아낌 없이 보여주어야 한다.
수상경력이 있으면 좋지만 없어도
적극적으로 활동한 내용을 쓰면 된다.

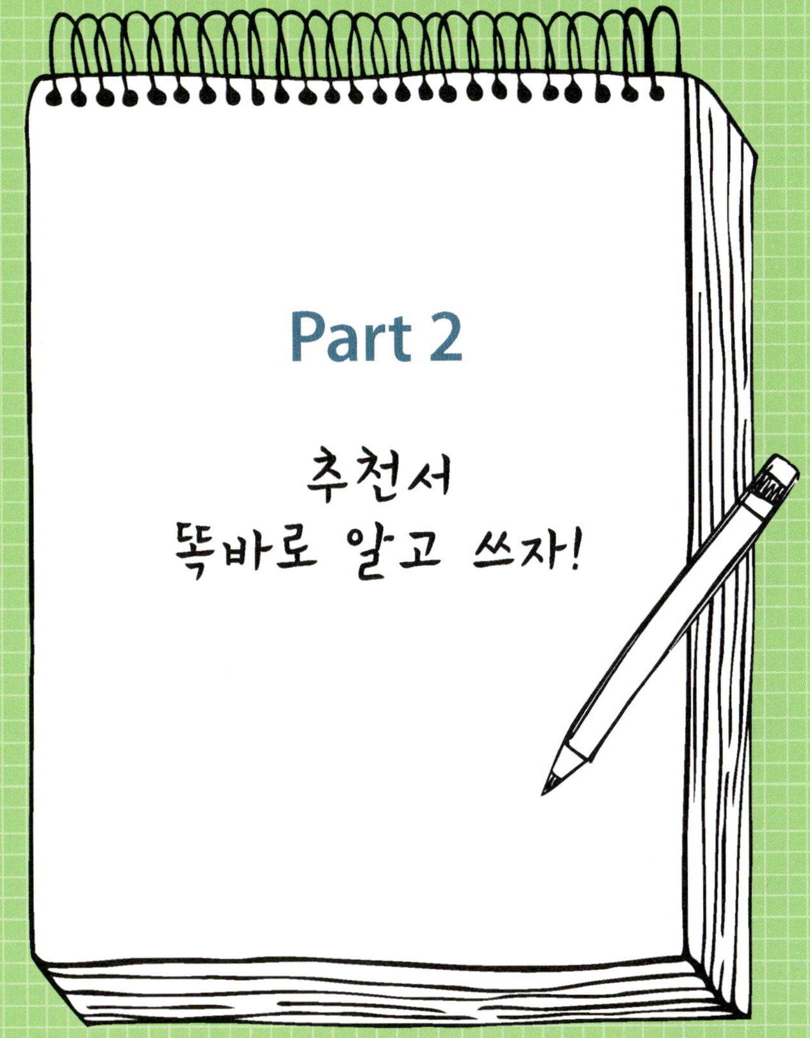
Part 2
추천서
똑바로 알고 쓰자!

01 추천서 알기

 추천서는 지원자의 교내·외 교육 활동에 대해 심층적이고, 다면적인 측면을 볼 수 있도록 교사들이 작성해야 한다. 그런데 교사들은 추천서 작성에 적잖은 부담을 가지고 있는 것이 사실이다. 적게는 1년에서 많게는 3년 동안 지원자의 교육 활동을 지속적으로 관찰해야 하고, 지원자에 대한 개인적인 대화, 그리고 이를 바탕으로 한 학생만의 특성에 대한 분석도 있어야 한다. 추천서는 지원자의 지원 전공에 부합하는 특성을 중심으로 하되, 학업 수행 능력과 비교과 활동 등을 뒷받침할 수 있는 자료이다. 가령, 책임감, 성실성, 준법성, 자기주도성, 리더십, 협동심, 나눔과 배려 등과 같은 특성들을 파악하여 추천서를 작성해야 한다. 이러한 추천서를 작성하는 교사들에게 조금이나마 흐름을 파악할 수 있도록 정리해 보았다.

# 지원자의 잠재력을 구체적으로 작성하라

추천서는 대학마다 다소 차이가 있을 수 있으나, 각 항목에서 요구하는 내용을 매우 구체적 사례를 바탕으로 작성하는 것이 학생 지원자에 대한 신뢰감을 높일 수 있다.

지원자가 물리2를 선택한 것은 좀 더 어려운 과목에 도전해서 높은 성취를 얻기 위함이었습니다. 과학은 서로 관련성이 있다는 생각으로 화학, 생물, 지구과학도 충실히 공부했고, 이렇게 학업에 열의를 다하면서도 틈틈이 시간을 내어 체력을 유지하기 위해 땀이 적절히 배일 정도로 달리기를 해왔습니다. 이런 노력으로 지원자는 다양한 성과를 표면적으로 드러냈습니다. 신입생 예비학습 평가에서 40위를 했던 지원자는 전국연합학력평가에서 1학년 때 대략 10위, 2학년 때 대략 5위, 3학년 때는 1~2위 정도를 유지했습니다. 특히 수학의 경우 1학년 때는 80위 정도였으나 3학년에 와서는 최상위권을 유지하고 있습니다. 2학년 말의 기흉(공기가슴증)으로 인한 입원(2009.10.15~20)과 탐구대회 준비, 그리고 3학년 초 기흉 재발로 인한 수술과 입원치료(2010.04.06~22, 06.28~07.01, 07.30~08.02)에 따른 심리적 부담과 시간 소모에도 불구하고 이렇게 성적을 유지한 것은 지원자의 매우 높은 잠재력을 보여 줍니다.

지원자의 지원 동기를
뚜렷하게 써 신뢰감을 얻어라

추천서는 신뢰감이다. 그래서 지원자의 지원 동기를 추천서에서 밝혀 줌으로써 대학에서 판단하는 데 영향을 줄 수 있는 것이다.

2학년 말, 기흉으로 인한 입원은 지원자의 인생의 목표를 의과학 쪽으로 돌리는 결정적인 계기가 되었습니다. 부모님은 내심 의대 진학을 희망하셨지만 지원자의 뜻을 존중해 주셨고, 본인도 의사에 대한 매력을 갖긴 했지만 과학, 공학에 더 관심이 많았습니다. 그래서 다양한 가능성을 열어 놓고 학업에 열중하면서 과학 관련 활동과 경시대회 출전을 통한 경험과 실적물을 얻고, 대학수학능력시험에서 고득점을 얻어 서울대학교에 진학하는 것을 목표로 하고 있었습니다. 그런데 다른 사람들에게는 가볍게 지날 수 있는 기흉이라는 질병이, 지원자에게는 사고와 재발 등 좋지 않게 진행되어 장기간 학교수업에 참여하지 못하는 큰 공백을 만들었고, 국제대회에 참가하여 자신의 창의적 산출 능력과 발표력을 확인할 수 있었던 중요한 기회까지도 앗아갔습니다. 게다가 퇴원 후 3학년 1학기 1회 지필고사를 치렀고, 결과도 좋지 않았습니다. 모의고사에서도 공백기로 인해 감각이 떨어져 스스로 실망스러운 점수를 받았습니다. 그런 상황에서도 어떻게든 추락하지 않고 다시 꿋꿋하게 일어서 그동안의 공백을 반드시 메우고 꼭 서울대학교에 합격할 것이라고 다짐했습니다. 뿐만 아니라 의예과에 진학하여 아픈 사람들에게 도움을 주어야겠다는 강한 의지를 갖게 되었습니다.

학습에 대한 지원자의 열의를 기술하라

　지원자의 학습 부분은 객관적인 학업 수준의 지표이다. 그래서 뛰어난 부분, 혹은 변화했던 부분, 발전했던 부분을 상세하게 기술하여 지원자의 학업에 대한 열의를 판단할 수 있도록 기술하는 것이 좋다.

　생물은 응시하지 않았기 때문에 모의고사 점수를 직접 가늠하기는 어렵습니다. 하지만 생활기록부상의 생물 점수는 지원자가 생물과목에도 얼마나 큰 관심을 가지고 공부했는지를 보여 줍니다. 본교의 과학탐구계열의 학생들은 교육과정 속에서 자신의 수능 선택과목과 관계없이 물리Ⅰ·Ⅱ, 화학Ⅰ·Ⅱ, 생물Ⅰ·Ⅱ, 지구과학Ⅰ·Ⅱ를 모두 공부합니다. 현재 우리나라의 선택 중심의 교육과정과 특수한 대학입시환경 속에서도 이런 틀을 고집한 이유는 과학 전반에 대한 기초를 탄탄히 닦아 놓은 상태에서 전공과목을 공부해야 더 멀리 더 높게 나아갈 수 있다는 신념이 있었기 때문입니다. 이런 교육의 본질을 강조하는 교육환경 속에서 지원자는 자신의 대학수학능력시험 선택과목뿐만 아니라 생물 수업에도 진지하게 적극적으로 참여했습니다. 그 결과 생물Ⅱ를 선택한 학생들 못지않은 높은 성취를 보였습니다. 모의고사에서 생물을 선택했더라면 충분히 만점을 획득했을 것입니다.

# 비교과 활동에도 지원자의
특성이 드러나도록 기술하라

특히 봉사활동의 의미를 구체적으로 기술하여 미래의 지도자가 되어도 훌륭한 심성을 갖추고 있음을 부각하여, 지원자의 나눔과 배려심을 강조해야 한다. 오늘날과 같이 학교폭력이 심각한 상황에서 이러한 가치를 실천하는 지원자의 모습을 강조할 필요가 있다.

지원자는 학업과 과학탐구활동, 그리고 친구들, 선후배 간의 관계를 맺어 가고 정을 나누는 가운데서도 자신에게 주어진 시간을 활용해서 지속적으로 부모님과 함께 노인요양시설 금강원과 금강노인복지센터에 방문하여 치매에 걸린 어르신들을 씻겨 드리고 말벗도 해 드리고, 식사 수발도 해 드리는 봉사를 실천하였고, 꾸준히 국제구호단체와 연계한 USCF동아리 회원으로 활동하면서 용돈을 모아 월 3,000원이라는 돈이지만, 받는 이에게는 큰 도움이 될 수 있는 기부를 해왔습니다. 지원자의 도움을 받는 아이는 엘살바도르의 '산드라'라고 합니다.

기본 항목 외에 지원자의 추가 장점을 기술하라

　　대학에서는 기본 항목 외에 '지원자 평가에 고려할 만한 사항'을 자유롭게 기술하기도 한다. 따라서 기본 항목보다 까다로울 수 있다.

　　본교는 50년 전통의 자율형 국립학교로서 근로, 자립, 화애라는 교훈을 바탕으로 학년당 6학급 정원의 180명의 학생들이 전원 기숙사 생활을 하는 비평준화 일반계 고등학교입니다. 본교의 교육 목표는 '수준 높은 교육, 실력 있는 학생'을 기치로 건강인—몸과 마음이 튼튼한 조화로운 학생, 도덕인—신의효 정신을 가진 행동이 바른 학생, 자주인—스스로 문제를 해결하고 자기주도적인 학생, 배려인—타인을 배려하고 이해심이 많은 학생, 실력인—미래사회에 대처할 창의력 있는 학생을 기르는 데 있습니다.

　　학교의 특색과 자랑은 교육부지정 상설연구학교(국립)로 현장교육 개선을 선도하는 학교, 졸업생 대다수가 최상위권의 우수한 대학에 진학하는 전국 제일의 명문학교, 선발된 우수교원들의 맞춤지도로 수준 높은 교육을 실현하는 학교, 욕설·싸움·따돌림·결석생 없는 학교라는 것입니다. 또한 전원이 학교 기숙사 내에서 생활하여 24시간 공부할 수 있는 학교이고, 모든 담임교사가 학급에 남아 학생들을 지도하여 사교육비가 전혀 들지 않는 공교육이 살아 있는 학교입니다.

　　학생들 전원이 기숙사 생활을 하는 만큼, 틈틈이 과학아카데미, 토요문학회, Math-age, 하우리, 등불, 울림, 청, 뿌리, 파피루스 등 다양한 동아리 활동이 자생적이며, 자유롭게 활동하며 전통을 이어가고 있습니다. 매년 최소한 10명 이상이 서울대학교에 진학하는 것은 물론 200여 명의 졸업생 중 100여 명 이상이 서울 소재 대학에 진학하고 있으며 의학 계열로도 30여 명 이상이 진학하는 인재 양성의 요람이 되고 있습니다. 연간 각종 장학금이 2억 원(2010년도 지급액) 이상으로 우수학생들에 대한 지원이 잘 갖춰져 있고, 학교 주변에 위해 업소가 없고 봉황산 중턱의 숲과 어우러진 공원 같은 학교입니다.

　　본교의 과학탐구계열의 교육과정에서는 3개 학급의 학생들이 심화선택과목으로서 수학

Ⅰ·Ⅱ, 미분과 적분, 확률과 통계, 물리Ⅰ·Ⅱ, 화학Ⅰ·Ⅱ, 지구과학Ⅰ·Ⅱ, 생물Ⅰ·Ⅱ를 모두 이수함으로써 이과 기본 과목을 충실히 학습하도록 하기 때문에, 졸업 후 어떤 학과에 진학하더라도 빠르게 적응하고 능력을 발휘할 수가 있습니다. 실제로 많은 학생이 의대, 한의대, 자연대, 공대 등에 진학하여 1등 장학금을 수혜하고 있습니다.

이 모든 교육 활동은 인성교육을 근간으로 학력 신장을 통해서 미래사회의 유능한 동량을 육성하는 것이 본교의 교육방침이자 긍지입니다.

# 지원자와 사적인 상담 활동을 통해서 지원자의 특성을 파악하라

객관적인 생기부 외에 지원자의 특성을 파악하는 방법 중 하나가 지원자와 직접 면담이다.

이를 통해 지원자의 특성을 파악하면 역시, 구체적이면서도 신뢰감을 줄 수 있다.

지원자는 어릴 때 전력공사에 근무하시는 아버지의 영향으로 자연스럽게 컴퓨터를 접하고 조작하고 탐구할 수 있었습니다. 부모님은 원칙은 있으셨지만, 공부하라는 강요 없이 허용적인 분위기에서 자녀를 양육하셨고, 초등학교 때까지 지원자는 자기가 하고 싶은 상상과 다양한 경험을 할 수 있었습니다. 중학교 2학년 때 좋은 선생님을 만나 좋은 이야기를 듣고 쉽고 재미있게 영어 공부를 하면서 공부에 흥미를 느끼기 시작했습니다. 그때부터 지는 게 싫어 학교시험 공부를 열심히 했고, 중학교 영재교육원에서 여러 가지 실험을 해보면서 과학에 대한 흥미도 느끼게 된 것입니다. 지원자의 학업 성취도가 탁월하고 컴퓨터 공학에 깊이 관심을 갖는 것은 모두 이렇게 자연스럽게 스스로의 선택에 의해 이루어진 것인 만큼 대학 진학 이후에도 흔들림 없이 한계점 없이 성장할 것이라고 생각합니다.

그러나 무엇보다도 중요한 것은 교사들이 추천서를 쓸 수 있도록 지원자의 교과, 비교과 활동을 충실히 이행해야만 이 모든 것이 가능하다는 사실을 학생들은 명심할 필요가 있다. 추천서는 지원자의 자소서에 대한 보증수표이자, 지원 대학과의 영구적인 계약서이다. 그렇기 때문에 추천서만의 미사여구로는 결코, 지원 대학에 대한 꿈을 이룰 수 없다는 점을 명심해야 한다.

02 추천서 쓰기

추천서는 자기소개서와 함께 전형 과정에서 지원자의 특성을 검증하는 중요한 요소이므로 교사들은 추천서 작성에 적잖은 부담을 지게 되는 것이 사실이다. 그러나 평소 지원자에 대한 관찰과 지원자와의 대화, 그리고 이를 바탕으로 한 특성 분석이 선행되어 있다면 생각보다 쉽게 작성할 수 있다. 추천서는 지원자의 모든 것을 보여 주는 서류가 아니라 지원자의 지원 전공에 부합하는 특성을 중심으로 하되, 학업 수행 능력을 뒷받침할 수 있는 주변 특성들을 함께 보여 주는 서류이다. 그러므로 전체적인 초점을 잘 유지하는 것이 중요하다.

추천서 작성 시 유의할 점은 미사여구를 동원한 추상적인 장점의 나열이 아니라 구체적 사례를 바탕으로 한 특성의 기술이 되어야 한다는 것이다. 실제로 대학들은 추천서 각 항목에서 구체적 사례를 바탕으로 지원자의 특성을 설명하도록 요구하고 있다. 그리고 대학들은 기본적으로 추천서의 진실성 여부를 중시한다는 점을 기억해야 한다. 표절 검증 프로그램 등을 활용해 표절 여부를 가려내기도 하므로, 사실만을 근거로 작성하여야 하며 이전에 작성한 내용을 일부 그대로 옮겨 적는 오류를 범하지 않도록 해야 한다. 일부 대학들은 사정관 전형을 통해 입학한 재학생들의 대학 생활 자료와 해당 학생의 입학 당시 추천서 자료를 통합 검증한 데이터베이스 자료를 바탕으로 추천 교사들에 대한 신뢰도 점수를 부여하여 이후 전형에 반영한다는 방침을 발표한 바도 있다. 개성적이고 수준 높은 추천서 작성의 정공법은 학생의 특성에 대한 이해와 분석을 바탕으로 모범이 될 만한 추천서 사례들을 잘 살펴보는 일이라고 할 수 있다.

인문계열
사례
이화여자대학교 초등교육과 추천서(이화사정관 전형)

1. 지원자의 학업 관련 영역에 대하여 "V"로 표기하고, 평가에 고려할 만한 사항이 있는 경우, 사례 또는 그렇게 평가한 이유를 기술하시오(글자크기 10, 500자 내외).

평가항목	평가대상			평가 불가	미흡	보통	우수함	매우 우수함	탁월함
	3학년 전체	계열 전체	학급 전체						
1) 학업성취도	☐	☐	☐	☐	☐	☐	☐	☑	☐
2) 수업참여도	☐	☐	☐	☐	☐	☐	☐	☑	☐
3) 분석능력 및 논리력	☐	☐	☐	☐	☐	☐	☐	☑	☐
4) 창의력	☐	☐	☐	☐	☐	☐	☐	☑	☐
5) 학습발표력	☐	☐	☐	☐	☐	☐	☑	☐	☐

　　지원자는 수석으로 입학했지만 특목고에 가지 못했다는 실망감과 부모님의 뜻인 검사가 적성에 맞지 않아 진로 결정에 어려움을 겪었습니다. 그러나 1, 2학년 담임이었던 저와 많은 상담 끝에 초등학교 교사로 꿈을 확정하고 즐겁게 공부하여 3학년에 와서는 성적도 향상되었습니다.

　　지원자는 이동 수업 때 항상 맨 앞자리에 앉습니다. 공부를 잘하는 상위권이지만 수업 수준에 관계없이 항상 주목하고 밝은 얼굴로 대답을 잘하기 때문에 모든 교사가 수업을 이끌어 나가는 데 큰 도움을 받습니다. 2학년 때에는 제가 지도하는 논술반 수업에 참여하였습니다. 한 번도 과제물을 거른 적이 없었고 토론하고 분석하는 일들을 즐겼습니다.

　　1학년 때 저희 반은 자기 목소리가 큰 학생들이 많아 유난히 시끄러웠습니다. 부반장이었던 지원자의 제안으로 저희 반은 '학급 다이어리'를 쓰게 되었습니다. 다이어리에는 저마다의 불만과 오해, 사과의 말들로 채워져 갔고 새로운 소통 문화가 된 '다이어리 쓰기'로 2학기로 가면서 학급의 팀워크는 눈에 띄게 좋아졌습니다.

1번은 지원자의 학업영역에 대한 추천자의 평가에 대한 물음이다. 그러나 아쉽게도 '창의력'에 대한 의견으로 학급다이어리 쓰기를 제안한 사례를 들어 학업영역과는 다소 거리가 있는 내용을 담았다. 이는 오히려 아래의 인성영역에 대한 내용으로 적절할 듯하다. 그리고 학업성취도 측면에서 3학년이 되어서 성적이 향상된 부분은 약간의 계량화된 수치를 제시하면서 비교했더라면 좋았을 것이다. 또한 논술반 수업 참여 부분에서 '분석능력 및 논리력'을 설명할 수 있는 간단한 사례를 들 수 있다면 내용이 더욱 충실한 추천서가 될 것이다.

2. 지원자의 인성 및 대인관계에 대하여 "V"로 표기하고, 평가에 고려할 만한 사항이 있는 경우 사례 또는 그렇게 평가한 이유를 기술하시오(글자크기 10, 500자 내외).

평가항목	평가대상			평가 불가	미흡	보통	우수함	매우 우수함	탁월함
	3학년 전체	계열 전체	학급 전체						
1) 책임감	☐	☐	☐	☐	☐	☐	☐	☑	☐
2) 성실성	☐	☐	☐	☐	☐	☐	☐	☑	☐
3) 준법성	☐	☐	☐	☐	☐	☐	☐	☑	☐
4) 자기주도성	☐	☐	☐	☐	☐	☐	☐	☑	☐
5) 리더십	☐	☐	☐	☐	☐	☐	☐	☑	☐
6) 협동심	☐	☐	☐	☐	☐	☐	☐	☑	☐
7) 나눔과 배려	☐	☐	☐	☐	☐	☐	☐	☑	☐

지원자는 현재 10시 이후 또는 주말에 자습실(정독실)의 실장입니다. 하루도 빠지는 날이 없기 때문에 담당 선생님께서 지원자를 임명하신 것입니다. 정독실은 항상 깨끗하고 분위기가 좋은데 이것은 지원자의 솔선수범과 책임감에서 비롯된 것입니다. 또한 학

급의 절전도우미로 활동 중입니다. 이동수업 등의 상황에서 항상 마지막에 교실을 나서며 선풍기, 에어컨, 실내등을 끄고 확인합니다. 교장선생님의 교내 순회 때 문단속과 절전을 잘하는 반으로 칭찬을 받을 만큼 지원자의 성실함과 책임감은 탁월합니다.

지원자의 리더십은 외형적인 힘 있는 리더십이 아니라 자기 주변으로부터 퍼져 나가는 자연스러운 리더십입니다. 3년간 부반장, 총무, 부반장을 지냈지만 무엇을 맡게 되건 온화하고 정직한 이미지로 자연스럽게 학급의 팀워크를 이끌어내 왔습니다. 학급의 문제 상황을 전달할 때도 되도록 중립적으로 양측의 입장을 지혜롭게 전달하려 합니다. 누구든 앞에 없다고 해서 함부로 얘기하지 않는 성숙함은 교사조차도 반성하게 합니다. 대견한 학생이 아닐 수 없습니다.

지원자의 정독실 실장 활동과 관련하여 솔선수범과 책임감을 추상적으로 강조한 부분과 반장으로서의 리더십을 설명한 부분은 사실상 사례가 빠진 의미 부여에 머물렀다는 점이 아쉽다. 의미 부여 부분을 줄이고 간단한 사례를 함께 소개하는 것으로 보완할 필요가 있다. 다만, 글자 수 제한이 있으므로 간략한 서술이 요구된다는 점을 유의해야 한다.

3. 지원자를 이화사정관 전형에 추천하는 이유를 지원자의 교과 및 교내 · 외 활동에서 나타난 우수역량을 중심으로 기술하시오(글자크기 10, 500자 내외).

지원자는 역사에도 관심이 많아 2학년 때 국사편찬위원회에서 주관한 '우리 역사 바로알기 대회'에서 우리 고장의 위인 박제상에 대하여 연구 조사하여 중고등부 동상을 수상하였습니다. 우리 지역 학생으로는 유일한 입상이었습니다. 비록 동상이지만 많은 선생님들이 축하해주었는데, 후에 선생님들의 책상 위에 음료수와 감사의 메모를 올려놓아 감동을 주기도 했습니다. 지원자는 어린이들에게 우리 역사를 재미있게 가르치는 선생님이 되겠다는 생각을 가지고 있습니다.

지원자는 1학년 때 수학을 2, 4등급을 받고, 이후 수학 공부에 대한 대단한 투지를 불태웠습니다. 3년간 지원자의 수학 선생님이신 현재 담임선생님은 여고에서 수학 문제 질문을 그렇게 많이 하는 학생은 처음이라 하십니다. 오답노트 관리도 꼼꼼하게 하여 모범 사례로 소개하기도 하셨답니다. 결국 2학년 이후 지금까지 수학 내신은 항상 1등급이고 전국연합평가에서도 단 한 차례 2등급을 제외하고는 1등급을 유지하고 있습니다. 지금도 선생님은 수학 공부의 성공 사례로 지원자를 소개하고 계십니다.

이 문항에서는 소재를 자유롭게 선택할 수 있다. 우리 역사를 재미있게 가르치는 선생님의 자질을 언급한 내용은 무난해 보인다. 그러나 두 번째 문단에서 수학 공부의 성공 사례를 소개한 것도 큰 문제는 없겠으나 가능하면 지원자의 지원 전공이 초등교육이므로 미래 교사로서의 역량을 보여 주는 내용으로 소재를 찾아보는 것도 좋을 듯하다. 예를 들면 교우들 간에 이루어지는 학습 멘토링 사례 같은 것이다. 사정관전형의 포인트는 1차적으로 전공 부합도에 있기 때문이다.

자연계열
사례
포스텍 물리학과 교사추천서(일반전형)

■ **학업역량 부문**

▶ 체크리스트는 생략

1. 지원자의 학업역량에 대해 구체적으로 기술하여 주십시오. 다른 학생들과 차별화된 이 학생만의 특징이 잘 드러나도록 적어 주시기 바랍니다(띄어쓰기 포함, 1,000자 이내 작성).

　① 지금부터 전개할 내용은 한 치의 거짓이나 과장됨 없는, 객관적인 시각으로 본 지원자의 모습입니다. 지원자는 언제나 문제집을 손에서 놓지 않고 있는 다른 학생들과 달리 쉬는 시간에 친구들로 둘러싸여 있을 때가 많고, 청소시간에는 청소에 열중하고 그 남는 시간에는 또 친구들과 함께 지내기를 좋아합니다. 자습 시간이나 수업시간 외의 시간에 책을 들고 있는 모습을 보기 힘들기 때문에 모두들 의아해합니다. "사교육을 받지도 않은 녀석이 학교에서도 저렇게 여유만만한데 어떻게 그 성적이 나오지?"라고 말입니다. ② 생물Ⅱ 수업 중 연관과 교차 관련 등의 고난이도 문제들을 제공한 경우 문제 풀이 속도가 다른 학생들에 비해 현저히 빨랐습니다. 한 번 공부한 내용에 대한 암기력 또한 좋습니다. 다만 단점은 관심 외의 분야에 대한 집중력이 오래 지속되지 못한다는 점입니다. 이런 점은 전 과목의 내신을 골고루 잘 받아야 하는 고등학교 현실에서 불리하게 작용하기 때문에 1학년 때부터 고민해 왔으며, 지금까지도 노력 중입니다. 그러나 이것처럼 과목별 집중력의 차이가 존재하는 점은 대부분의 수험자에게 해당하는 점이라고 여겨집니다. 그러나 지원자의 관심 분야, 특히 진로와 관련된 과목에 대한 집중력과 그 성취도는 남다릅니다. 예를 들어 2학년 여름방학부터 시작하여 약 3~4개월에 걸쳐 물리Ⅱ를 혼자 공부했고, 이 결과 3학년 1학기 모의고사에서 1등급을 받았으며, 또한 2012학년도 ○○광역시 물리경시대회에서 금상(2위)을 수상했다는 사실은 우리가 주목해야

할 점입니다. 그리고 수리 과목을 선수 학습 없이 학교 수업과 스스로 학습을 통해서만 1등급을 거의 유지하거나 2012년 6월 대수능모의 평가에서 백분위 점수 99점을 받았다는 사실 또한 주목해야 할 부분입니다. 이는 진로에 대한 열정과 높은 집중력이 발휘된 결과라고 볼 수 있으며, 또한 빠른 두뇌 회전이 가능하다는 사실을 뒷받침해 주는 근거입니다. 그러므로 사교육 없이 철저히 자기주도적으로만 진행해온 학습 능력과 학업 발전 가능성은 제 교육 경력을 통틀어 최우수에 속한다고 자신 있게 말할 수 있습니다. 지원자가 이제 원하는 학과에서, 원하는 분야를 공부하게 될 경우 그 잠재력을 비로소 빛을 발할 것입니다.

위 글은 크게 ①과 ②의 두 부분으로 나눌 수 있다. 우선 문단을 구분하는 것이 좋겠다. 중심 내용별로 문단을 구분해 주는 것은 읽는 이에 대한 서비스로서 가독성을 높여 주는 효과가 있기 때문이다.

①의 첫 문장에서 밝힌 추천서 내용의 진실성에 대한 언급은 추천서 첫 페이지에 나오는 서약을 되풀이하게 되는 것이고 또 어쩌면 당연한 내용이므로 삭제하는 것이 좋겠다. 더불어 ①에서 아쉬운 점은 지원자의 남다른 특성을 언급하면서 추천인의 관점에서의 의미 부여가 약해 보인다는 것이다. 지원자의 여유로운 성품과 상황에 맞는 선택과 집중의 태도 등을 강조하는 해석을 붙인다면 좋겠다.

②는 구체적인 사례를 열거하며 지원자의 특성을 잘 설명하였으나, 자세히 보면 두 가지 내용이 혼재해 있음을 알 수 있다. 하나는 수학과 물리 분야에서의 집중력과 성취 사례 부분이고, 하나는 관심 분야가 아닌 경우에 보이는 단점 사례 부분이다. 이 경우 일단 장점 사례를 일목요연하게 제시하고 덧붙이는 내용으로 단점 사례를 간략히 언급한 다음, 대학에 진학한 후 전공 분야에서의 발전 가능성을 언급하며 마무리하는 것으로 수정하는 것이 좋겠다.

▪ **개인적 특성 부문**

> ▸ 체크리스트는 생략

2. 지원자의 학업역량에 대해 구체적으로 기술하여 주십시오. 다른 학생들과 차별화된
   이 학생만의 특징이 잘 드러나도록 적어 주시기 바랍니다(띄어쓰기 포함, 1,000자 이
   내 작성).

① 올해로 19년째 교편을 잡고 있어 그동안 많은 학생을 보아 왔지만 지원자처럼 명석한 두뇌와 월등한 학습 능력을 가졌음에도 불구하고 급우들과의 친화력이 높고 급우들 일에 대한 진심 어린 염려까지 하는 학생을 본 적이 없습니다. 보통 이 여러 가지 중 하나라도 제대로 가지기 힘듭니다만 지원자는 이 모두를 가진 학생이라고 할 수 있습니다. 보통 공부에 열중하는 학생들의 교우관계는 좁거나 혹은 별로 형성되어 있지 않기 마련인데 지원자는 그 점에서 다릅니다. 지원자는 본인의 멘티가 아니라도 친구들이 학습 도움을 요청하면 언제든지 받아들여 주고 학습 멘토의 역할을 기꺼이 해왔습니다. 그 일을 즐겁게 해왔으며 멘티들의 해당 과목의 성적 또한 눈에 띄게 향상하기도 했습니다. ② 얼마 전 야간자습 종료 5분 전에 반 학생들 대부분이 일어나 가방을 챙기며 어수선했던 적이 있었다고 합니다. 전에는 없었던 일이라 지원자는 순간 당황하여 어찌할 바를 몰랐다고 합니다. 그다음 날 아침에 반 학생들 앞에서 전날의 일에 대한 자신의 솔직한 심정을 털어놓으며 급우들에게 좋은 분위기를 이어 가자며 호소하자 이에 급우들은 그 자리에서 바로 각자 개인적인 사과를 하며 앞으로 잘하겠다며 서로 다시 다짐을 했다고 합니다. 지원자가 만일 평소에 급우들 일에 다소 무심했던 반장이었다면 이와 같은 개인적인 다짐을 이끌어 내지 못했을지도 모릅니다. 이 일을 알게 된 이유는 그날 아침에 급우들과 이야기를 끝내고 내게 와 상세하게 전했기 때문입니다. 이야기를 전한 이유는 전날 저녁에 어수선했던 이야기를 다른 선생님으로부터 전해 듣게 되면 담임선생님이 분명히 흥분할 것이고, 새로 마음잡기로 한 급우들의 약속은 스스로의 노력으로 지켜지기도 전에 깨질지도 모른다는 생각을 미리 했기 때문입니다. 이로써 위 지원자는 학생과 교사와의 소통까지 유도했다고 할 수 있습니다. 지원자는 친구의 일을 내 일처럼 생각하

고, 사람 간의 소통을 중요시하며, 나보다는 우리를 소중히 여길 줄 아는 현명한 학생입니다.

위 글 역시 ①과 ②의 내용을 중심으로 문단을 구분하는 것이 좋겠다. ①에서는 지원자의 '품성'과 '나눔과 배려'를 중심으로, ②에서는 지원자의 '리더십/팀워크'와 '의사소통 능력'을 중심으로 내용 전개가 이루어지기 때문이다.

①에서 지원자의 멘토 역할에 대한 소개가 있었는데, 이는 아마도 학교 차원의 프로그램에 참여한 활동으로 보인다. 물론 학교생활기록부에 이와 관련한 내용이 나타나 있겠지만, 글의 완결성을 고려하여 멘토링 프로그램 과정에서 있었던 사례임을 밝혀 준다면 읽는 이의 상황에 대한 이해를 도울 것이다.

②에서 반장으로서 학급의 문제 상황을 슬기롭게 잘 해결해 나간 장면을 소개하며 마지막에 담임선생님을 포함한 모든 사람과의 소통 능력까지 부각시킨 것은 추천자의 예리한 소재 선정이라 할 수 있다.

3. 지원자를 이해할 때 특별히 참고할 만한 사항(창조성, 도전정신, 도덕성, 가정환경, 학교환경 등)이 있다면 기술하여 주십시오(띄어쓰기 포함, 1,000자 이내 작성).

① 위 지원자의 첫인상은 좋은 편이 아닙니다. 웃음기 없는 뚱한 표정, 우물거리는 말투, 특히 질문할 때면 정색하는 습관 등, 호감을 불러일으키지는 못하는 면이 많습니다. 그러나 이것은 숫기 없는 성격 탓이지 다른 이유는 없습니다. 그렇지만 편안한 분위기에서 어느 정도 같이 있어 보면 총기 넘치고 발랄한 면을 금방 발견할 수 있습니다. ② 지원자는 지적 호기심이 매우 강하며, 알아내고 싶은 내용이 생기거나 하고 싶은 실험이 있으면 선생님께 달려가거나 친구들을 모아 직접 실험을 통해 결과를 확인해야만 하는 성격입니다. 스펙을 위해 실험 후 여러 가지 근거 자료를 남겨 두거나 할 만큼 약은 구석도 없습니다. 호기심을 충족시킬 만한 활동을 하는 것만으로 만족할 뿐, 그것을 넘어 꼼꼼히 자료를 챙겨 두지 못하는 지원자의 성향은 답답하기도 합니다. 사실 그

래서 더 신뢰가 가는 학생이기도 합니다. ③ 3학년 때는 반장 후보로 나섰기에 조용히 불러서 이야기를 나누었습니다. 학업에만 열중해야 하는데 힘들지 않겠냐고 물었더니 본인에게 부족한 리더십을 한번 길러 보고 싶기도 하고, 책임감 있는 위치에 있으면 학습에 대한 마음가짐이 더 다져질 것 같다는 말과 함께 반장과 학업 두 분야에서 다 최선을 다해 보이겠다는 다짐을 보여 더 이상 아무 말도 하지 않았습니다. 그 후 반장이 되었고, 특유의 소통력과 친화력으로 인해 생각보다 반장으로서의 역할을 매우 잘해 내었으며 현재는 급우들의 맏언니와 같은 존재이기도 하고 분위기메이커이기도 할 정도로 중요한 존재가 되었습니다. 다만, 3학년 1학기 기말고사 시험에서 자기 기량을 발휘하지 못한 채 내신 점수가 많이 하락해 버렸습니다. 혹시 반장 역할 때문에 힘든 탓 아니냐고 질문했더니, '그렇게 생각하지 않는다, 본인이 집중하지 못한 탓이다. 다시 그때로 돌아가더라도 다시 반장으로 나섰을 것'이라고 하더군요. 그때 한 번 더 느꼈습니다. 지원자는 큰 세상을 만나면 더 큰 그릇이 되겠다고……. 지원자를 담을 큰 세상을 포항공대가 열어 주지 않으시겠습니까?

위 글은 지원자의 장점만을 열거하기보다는 단점일 수 있는 특성들을 소개하며 교사로서 발견한 지원자의 발전 가능성을 기술하고 있다는 점에서 훌륭하다. ①에서 자칫 비호감을 살 수 있는 특성들에 대해 적절히 변론한 점, ②에서 집중력은 강하지만 단순한 성격임을 지적하며 그러나 그것을 오히려 인간미로 해석해 낸 점, ③에서 성적 하락의 원인을 반장 역할 부담일 수 있다는 교사의 변론과 스스로의 집중력 부족이라는 지원자의 겸손한 태도를 자연스럽게 연결한 점이 돋보인다. 다만, 지원자의 지원전공에 대한 관심과 집중력을 간접적으로 보여줄 수 있는 사례를 일부 더 소개하였어도 좋았을 것이다.

엄격한 부모 밑에서 책임감 있게 자라났다는 식의 글이야말로
가장 피해야 하는 자기소개서다.
최대한 구체적으로 써서
읽는 사람이 학생의 특성을 떠올릴 수 있어야 한다.

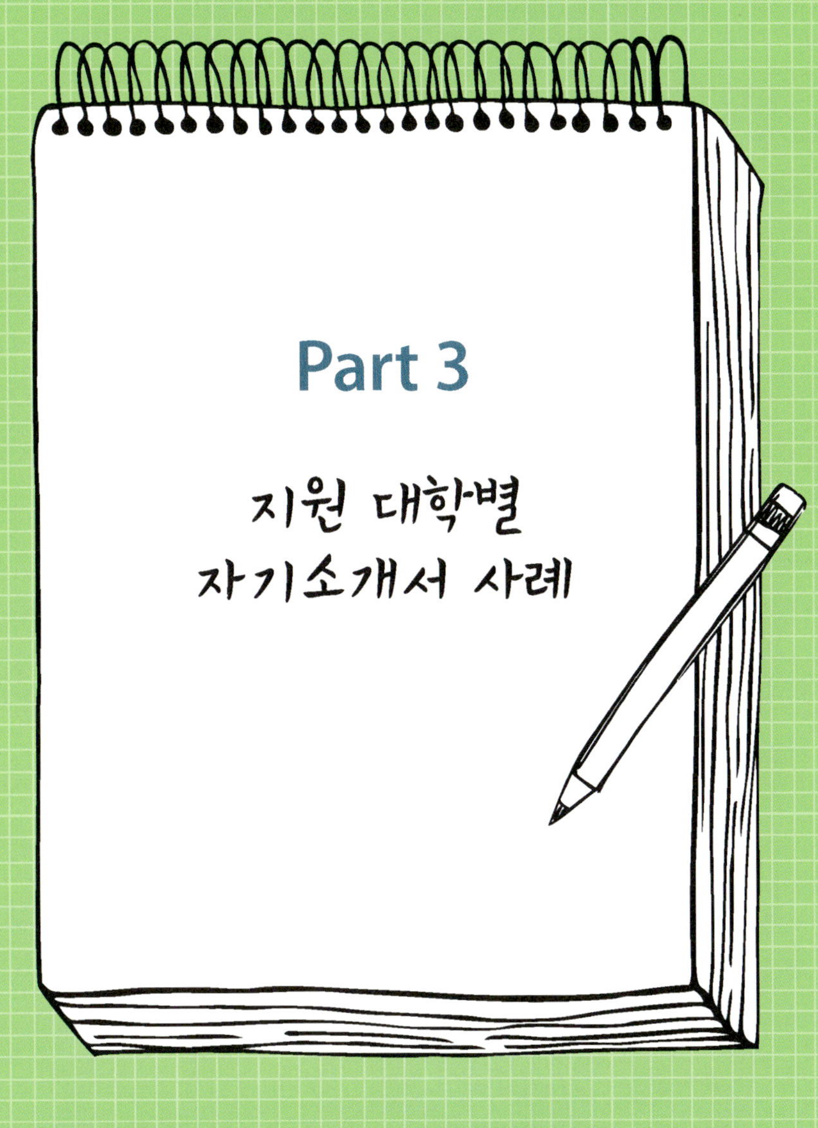

Part 3
지원 대학별
자기소개서 사례

01 서울대학교 합격 자기소개서

이 장에는 수험생들에게 실제적인 도움이 될 수 있도록
많은 대학의 지소서와 추천서의 사례들을 담았다.

스스로 자신에 대해 소개하는 소개서를 쓸 때는
글쓰기의 효율성과 삶의 진실성을 담아야 한다.

이를 실현하는 방법이 어렵기 때문에 하나의 방향을 제시하고자 이 장을 마련하였다.

 사례 **1**

1. 지원동기와 진로 계획을 중심으로 서울대학교가 지원자를 선발해야 하는 이유를 기술하여 주십시오.

▶ 띄어쓰기를 포함하여 1,000자 이내로 작성해야 합니다.

저는 인터넷이나 게임 속 가상현실 또한 하나의 '사회'라고 생각합니다. 평소 웹서핑을 하면서 혹은 인터넷 게임에 빠졌던 경험 등을 통해 사회란 사람이 부대끼며 사는 공간 그 자체라고 생각했기 때문입니다. 특히 온라인게임 속 세상에서도 경제활동과 경제의 흐름이 있다고 생각했고 아직까지 충분히 논의되지 못한 부분이라는 점에서 흥미를 느꼈습니다. 이를 바탕으로 인터넷 공간과 같은 작은 사회단위의 경제적 활동 등에 대해서 분석하는 경제학 교수라는 비전을 세우게 되었고 경제학을 비롯한 다양한 사회학 분야의 체계적인 공부가 필요함을 느꼈습니다.

서울대학교에 진학하기 위해서 가장 노력한 것은 학업입니다. 다양한 소양을 갖추기 위해 교과과정의 모든 과목을 고르게 공부했고 다방면의 독서를 했습니다. 경제학과에 진학하기 위해서 꾸준히 경제 분야의 책을 읽었고 경제신문을 스크랩하며 사회의 경제문제에 관심을 가졌습니다. 경제학 공부에는 수학적 소양이 필요한데, 입시의 불리함을 감수하면서까지 자연계열 수리(가)형을 공부했고 얼마 전의 모의평가에서 좋은 결실을 거두었습니다. 학업 이외에도 봉사 동아리를 통해서 지역사회에 기여하는 법을 배웠고 독서토론 동아리의 회장을 맡아 다양한 주장과 갈등을 중재하는 리더십을 배웠습니다. 교내 총무부장으로서 친구들을 위해 봉사하는 기회도 얻었습니다. 부끄럽지만 이러한 관점에서 저는 서울대학교가 원하는 학생상에 가깝다고 생각합니다.

만약 서울대학교에서 공부할 기회가 주어진다면 경제학 공부에 흠뻑 빠져 보고 싶습니다. 학부과정에서는 기본적인 사회학적 소양과 경제학적 사고를 배우고 싶습니다. 특히 미시경제학 강의를 통해 개인과 기업의 의사결정을 체계적으로 분석하는 데 기초가 되는 안목을 키우고 싶습니다. 학부과정을 넘어서도 동 대학원에서 계속 공부를 해 나가며 경제학 교수라는 비전을 향해 정진하겠습니다. 하지만 앞만 보기보다는 주위를 둘러볼 줄도 아는 학생이 되겠습니다. 성장과정에서의 위기를 극복한 경험을 토대로, 공부에 어려움을 겪는 후배들을 위한 멘토링 활동에 참여하고 싶습니다. 서울대학교에서 그 희망을 실현하고 싶습니다.

2. 고등학교 재학 기간 또는 최근 3년간(단, 초등학교, 중학교 재학 기간 제외) 지적 호기심을 가지고 학업능력을 향상시키기 위해 노력한 내용을 기술하여 주십시오.

▶ 띄어쓰기를 포함하여 1,000자 이내로 작성해야 합니다.

읍에 살면서 영어에 대한 관심과 공부 할 기회가 상대적으로 부족했습니다. 하지만 중3 때 〈심슨 가족〉이라는 만화영화를 보기 시작한 것은 영어에 대한 필요성을 느끼게 된 최초의 계기입니다. 다른 사람이 올린 번역에 의존하는 건 불편하고 번거로웠지만 그렇다고 자막 없이 보자니 하나도 알아듣지 못해 어려움을 겪었습니다. 이를 통해서 영어가 단순한 시험과목이 아니라 의사소통의 도구라는 것을 깨달을 수 있었고 그 필요성을 느끼게 되었습니다.

특히 어휘력이 많이 부족했습니다. 여태껏 영어에 소홀했었기에 다른 친구들과의 이미 벌어진 격차에 절망하기도 했었지만 "늦었다 생각할 때가 가장 이른 때다"라는 말을 항상 떠올리면서 긍정적인 희망을 잃지 않았습니다. 이때는 단순하게 영어어휘를 100번씩 써 가며 공부했습니다.

고교 입학 후 더 효율적인 공부법을 고민했고 영어를 잘하는 친구들과 선생님들께 어휘 암기에 대한 비법을 구했습니다. 이때 접두사, 어근 등을 활용해 단어의 원리를 파악하는 법을 배웠습니다. 꾸준한 노력으로 첫 모의고사에서 1등급을 받고 '할 수 있다'는 자신감을 얻었습니다. 하지만 여기에 안주하지 않고 발음연상법, 스토리 만들기 등 좀 더 효과적인 암기법을 찾을 수 있었고 어휘력에 자신감이 생겼습니다.

하지만 정작 만화의 대사를 알아듣기는 쉽지 않았는데, 일상생활에서의 축약어, 은어와 같은 어휘가 그 원인이었습니다. 그래서 2학년 겨울방학 때는 교육청에서 개설한 '심화영어'를 수강하였습니다. 울산 지역의 뛰어난 친구들과 함께 인터넷, 뉴스 등의 미디어를 통해 살아 있는 영어를 접할 수 있었습니다. 또한 에세이를 쓰거나 영어토론활동을 하면서, 무작정 어휘를 암기하기보다는 오히려 상대방의 말을 문맥 속에서 파악하는 것이 더 중요하다고 느꼈습니다.

고3 때는 큰아버지의 소개로 Christy라는 외국인을 만났는데, 영어로 의사소통하는 데 많은 도움을 주었습니다. 필리핀으로부터 이주해온 그녀를 통해서 다른 나라의 문화를 간접 경험할 수도 있었고 실제로 영어로 이야기하고 듣는 것에 익숙해질 수 있었습니다.

호기심으로 시작된 지난 3년간의 영어 공부를 통해 경시대회에서 상을 받거나 TEPS 성적을 성취했다는 것도 물론 가치 있습니다. 하지만 그보다도 스스로의 필요에 의해 계획을 세우고 공부법을 찾아가는 경험은 앞으로의 학업에도 큰 버팀목이 될 거라 생각합니다.

3. 고등학교 재학 기간 또는 최근 3년간(단, 초등학교, 중학교 재학 기간 제외) 학내외 활동 중 가장 의미가 있다고 생각하는 활동을 3개 이내로 기술하여 주십시오.

▶ 학교생활기록부에 기록되어 있지 않은 내용은 반드시 증빙서류를 첨부해야 합니다.

▶ '의미 있는 이유'는 활동별로 띄어쓰기를 포함하여 700자 이내로 작성해야 합니다.

▶ '활동기간' 및 '활동횟수' 기재 예시: 2011년 3월~2012년 5월(총 1년 2개월) 주 2회, 2011.03.02~2011.03.20(총 19일)/활동횟수(수시), 2011년 4월 20일/활동횟수(1회)

1) 고교생 경제 한마당 준비

경시대회를 준비하게 된 계기는 대학진학이라는 진로에 대한 진지한 생각보다는 단순히 제가 좋아하는 경제를 잘할 수 있다는 자신감 때문이었습니다.

경제 공부는 우선 교과서를 바탕으로 했습니다. 가볍게 교과서를 읽은 뒤 목차를 나름대로 재구성해서 경제노트를 만들었습니다. 단순히 나열식인 줄 알았던 경제 교과서의 목차가 나름의 체계성과 논리성을 가졌다고 알게 되었습니다. 경제활동에 대한 정의로 시작해서 소비자, 기업, 정부 각 경제주체의 의사결정을 설명한 뒤 이를 통해 국가전체의 경제흐름을 서술하는 논리의 물줄기를 따라 체계적으로 공부했습니다.

제가 경제학에 매료된 이유는, 경제학은 이론을 통한 현실 설명력이 뛰어나다는 것이었습니다. 교과서를 통해 접한 이론이 현실에서 어떻게 적용되는지 궁금해서 신문을 활용했습니다. 신문스크랩 기사를 단지 오려 붙이는 것이 아니라 요약 정리해서 노트에 기록했습니다. 이때 관련 경제 이론과 기출문제를 같이 두면서 논리적으로 어떻게 현상을 설명하는지에 주목해 보았습니다.

일본 대지진과 같은 큰 이슈는 국사시간에 배운 기사본말체라는 방법을 본떠 봤습니다. 대지진이 가져오는 정치적·경제적 영향력과 국내외의 대응을 찾아보는 과정을 통해서 경제논술을 쓰는 데 필요한 분석력을 키울 수 있었습니다.

학교에 경제과목이 개설되어 있지 않아서 어떻게 공부해야 할지 막막했었지만 순간순간의 필요에 대응하면서 공부 방향을 잡아 나갔기에 수상의 영예를 안을 수 있었습니다.

2) 두미르(독서토론 동아리) 활동

부모님의 지도 덕분에 어렸을 때부터 독서는 늘 생활의 일부였습니다. 1학년 때는 계절별 독후감상대회에 참여하면서 스스로 읽고 싶은 책을 찾아 읽는 습관을 키웠습니다. 그해 겨울에는 보다 수준 있는 책을 읽고 싶다는 생각을 했고 독서토론 동아리 '두미르'를 만들었습니다. 10명 남짓의 부원과 2~3주에 1권의 책을 읽고 국어과 연구실에서 각자의 감상 및 의견을 교환하였습니다. 기억에 남는 토론은 지식인의 사회적 책무를 다룬 책 "나는 고발한다"를 읽고 모였을 때입니다. 저는 사회적 부조리에 대해서 지식인은 고발해야 할 의무가 있다고 주장했지만, 고발로 인한 보복이 예상되는 상황에서의 강요는 지나친 것이라는 반대의견에 부딪히면서 당황했던 기억이 납니다. 교내 · 외 독서 관련 대회나 논술대회에서 수상한 것도 중요하지만 스스로 자기의견을 표현하거나 비판하는 능력을 키울 수 있었다는 점에서 의의를 찾고 싶습니다.

교외활동 중에서 기억에 남는 것은 부원들과 인디고서원 북페어에 참여한 것입니다. 참가를 위해서는 단순히 표를 구매하는 것이 아니었습니다. 도서관에 모여 지정도서를 읽고 '가치'에 대한 질문에 답을 하는 과정을 통해 참가자격을 얻을 수 있었습니다. 북페어 일정 중에서도 컨퍼런스에 참가했습니다. 비록 통역기를 통해서였지만, 세계적 시민운동가들과 함께 토론하며 우리가 지향해야 할 '가치'를 찾는 과정은 제 삶에서도 어떤 가치를 추구해야 하는지 자신에게 묻는 계기가 되었습니다.

3) 교내 학생회 활동

1학년 땐 학급반장을 하였습니다. 그러나 행정적인 일에는 열심이었지만 친구들과 교류하는 데는 서툴렀습니다. 지나치게 원칙만 내세웠고 제 할 일만 하다 보니 '차가운 반장'이라는 낙인이 찍혔습니다. 결국 반 친구들과 종종 마찰이 생기기도 하였습니다. 종업식 날 공로상을 받는데 무언의 야유가 들리는 듯 부끄러웠고 고개를 들지 못했습니다. 자신을 바꾸고 싶었지만 잘 되지 않아 좌절했을 때였습니다.

2학년이 되면서 차가운 이미지를 벗기로 결심했습니다. 무조건 공부만 하기보다는 당시 인기 있던 탁구 등 운동을 통해 친구들에게 먼저 다가갔고 성격 또한 활기차게 바뀌는 경험을 했습니다.

작년의 실패를 반성하는 차원에서 대부분의 학생들이 기피하는 2학년 환경부를 지원했습니다. 가장 낮은 위치에서 친구들과 학교를 위하겠다는 마음으로 교내의 모든 쓰레기를 분리수거하는 역할을 맡아 교내 환경 정화활동에 솔선수범하였습니다.

3학년 때는 마음을 단단히 먹고 학생회에 출마하였는데 그간의 노력을 인정받았는지 총무부장에 당선되었습니다. 특히 축제를 준비했던 것이 기억에 남습니다. 형식적이었던 축제의 활성화를 위해서 어떻게 해야 할지 학생회의를 통해 의견을 교환했습니다. 동아리 활동이 여태껏 미흡했다는 의견을 따라서 축제를 동아리별 부스 전시회인 1부와 학생들 스스로 구성하는 공연 형식의 2부로 이원화했습니다. 학교에 밤늦게까지 남아 준비하면서 축제라는 큰 행사에 대한 책임감, 친구들과 함께 나아가는 협동심을 배울 수 있었습니다.

3년간의 학생회 활동을 통해 거창한 리더십을 배웠다기보다는, 내적으로 성장하며 다른 사람을 위하는 마음을 가질 수 있었습니다.

4. 다음 주제 중 자신에게 해당하는 주제를 선택하여 구체적으로 기술하여 주십시오.

▶ 띄어쓰기를 포함하여 1,000자 이내로 작성해야 합니다.

☐ 자신의 장단점이나 특성
☑ 특별한 성장과정이나 가정환경(생활여건 등)
☐ 고등학교 시절 겪었던 어려움과 그것을 극복하기 위한 노력

부끄럽지만 한때 심하게 방황을 했던 적이 있습니다. 아버지께서 하시던 개인사업이 불황을 겪으면서 중1 때 나쁜 길로 빠지기 시작했습니다. 지금 생각하면

우습지만 불량한 차림새를 하고 우르르 몰려다니는 것이 멋있다고 생각했습니다. 탈선은 심해졌고 학생으로서 하면 안 될 행동을 하고 다녔습니다. 사고를 칠 때마다 여기저기 용서를 구하러 다니시는 부모님의 가슴에 못을 박은 채…….

하지만 주위의 끊임없는 관심과 애정으로 중3 여름 무렵부터 철이 들기 시작했습니다. 용기를 내어서 여태 저지른 모든 잘못에 대해, 사람들을 찾아가 용서를 빌었습니다. 용서받지 못한 날에는 밤새도록 현관문 앞에서 무릎 꿇고 빌었던 적도 있었습니다.

신뢰를 회복하는 가장 빠른 방법은 공부였습니다. 최초의 자발적인 공부는 영어였는데, 영어로 된 만화를 자막 없이 보고 싶다는 단순한 이유 때문이었습니다. 차근차근 목표를 달성하면서 공부하는 즐거움을 깨닫기 시작했습니다. 결국 공부는 누군가가 시켜서 하는 게 아닌, 스스로의 필요에 의한 것이라는 것을 절실히 느꼈습니다. 고등학생이 된 이후로도 학원에 다니지 않고 좋은 성적을 거둘 수 있었던 배경에는 이런 깨달음이 바탕에 깔려 있었기 때문이라고 생각합니다.

고등학교에 입학해서는 다른 과목도 스스로 공부하기 시작했습니다. 다른 친구들보다 조금 늦게 시작했기에 가끔은 위축될 때도 있었습니다. 하지만 이에 연연해하지 않고 "늦었다고 생각할 때가 가장 빠르다"라며 항상 '할 수 있다'는 긍정적인 마음을 잃지 않으려고 노력했습니다. 공부에 매진한 결과, 첫 중간고사에서 전교 1등이라는 성적으로 자신을 비롯한 주위 모두를 깜짝 놀라게 할 수 있었습니다. 우수한 성적을 바탕으로 장학금도 받았고 학교대표로 EBS 〈장학퀴즈〉에도 출연할 수 있었습니다. 이는 전국에 자신의 변화와 성장을 알릴 기회였습니다.

이러한 저만의 경험담을 통해서 다른 후배들에게 '하면 된다'는 자신감을 주었고 역경극복 사례로서 시교육청 표창장을 받을 수 있었습니다.

5. **고등학교 재학 기간 또는 최근 3년간(단, 초등학교, 중학교 재학 기간 제외) 읽었던 책 중 자신에게 가장 큰 영향을 준 책을 3권 이내로 기술하여 주십시오.**

> ▶ '선정 이유'는 도서별로 띄어쓰기를 포함하여 500자 이내로 작성해야 합니다.

> ▶ '선정 이유'에는 단순한 내용 요약이나 감상보다는 읽게 된 계기, 책에 대한 긍정적 또는 부정적 평가, 이 책이 자신에게 준 영향을 중심으로 기술하면 됩니다.

1) 철학의 문제들(버트런드 러셀 저, 박영태 역, 이학사)

철학을 포함한 모든 학문에 임할 때의 자세를 깨우쳐 준 책입니다. 독서토론 동아리에서 철학에 대한 호기심 차원에 읽어 보기로 결정했습니다. 사실 '도대체 이런 관념론, 인식론 따위를 어디다 써먹는다는 말이지?'라며 책을 읽는 내내 불만이었습니다. 토론활동 시간을 통해 불만을 표현했고 일부 부원들은 이를 지지했습니다.

하지만 제 생각이 짧았습니다. 문제는 실용성만을 추구하는 자세에 있었습니다. "철학은 컴퓨터를 고치거나 주가를 올려줄 수는 없다. 그러나 수학을 떠올려 봐라. 그것과 마찬가지로 논리적 사고력의 토대를 제공해 주며 현상을 비판적이고 날카롭게 분석할 수 있는 힘을 키워 주는 학문이다"라는 토론 선생님의 말씀이 크게 와 닿았습니다. 철학은 그런 의미에서 가장 유용한 학문이었고 모든 학문의 기초가 되는 것이었습니다.

이는 비단 철학만이 아니었습니다. 경제학을 포함한 다른 사회과학을 바라볼 때도 단기적 실용성에 초점을 두지 않게 되었습니다. 오히려 사회현상에 대한 비판적, 합리적 분석력을 키우는 데 그 목적이 있다고 보게 되었습니다.

2) 멋진 신세계(올더스 헉슬리 저, 이덕형 역, 문예출판사)

'경제학이 추구하는 합리성, 효율성이 과연 무조건적인 진리인가?'를 궁금해했고 읽게 되었습니다.

솔직히 신세계를 보고 정말 당혹스러웠습니다. 무한한 효율성의 세계. 정치 ·

경제적 안정이 있는 세계. 모든 사람이 자신의 능력에 맞게 일하며 행복을 느끼는 세계. 이는 우리 인간이 궁극적으로 지향하던 이상세계라고 생각했습니다. 적어도 표면적으로는.

하지만 그 '멋진 신세계'는 제가 생각하던 유토피아가 아니었습니다. 오히려 인간다움을 모두 잃어버린 회색빛의 죽은 사회라고 생각했습니다. 적어도 저는 그런 사회에서 살고 싶지 않았습니다.

'도대체 무엇이 잘못되었을까?'를 주제로 고민했습니다. 그리고 합리성으로만 세상을 바라보는 잣대, 효율성만을 목표로 하는 태도 등이 원인이라고 생각했습니다. 물론 소설이 가정하고 있는 사회는 극단적인 사례지만 제게 경각심을 주기에는 충분했습니다. 합리성을 추구하는 경제학을 공부하면서도 인간미 넘치는 세상을 만들기 위해 앞으로 노력할 것이라고 다짐했습니다.

사례 2

1. 지원동기와 진로 계획을 중심으로 서울대학교가 지원자를 선발해야 하는 이유를 기술하여 주십시오.

> ▶ 띄어쓰기를 포함하여 1,000자 이내로 작성해야 합니다.

18세 소녀의 다부진 꿈, 나를 넘어 세계로

제가 후원하는 월드비전 책자에서 재능 기부에 대한 기사를 보았습니다. 어느 디자이너의 간단한 그림엽서 하나만으로도 한 소녀는 진심에서 우러나오는 미소를 짓고 기뻐하고 있었습니다. 저는 사소한 재능 하나가 남에게 큰 행복이 될 수 있다는 것을 깨달았습니다. 그래서 저도 재능기부를 실천해서 한국을, 나아가 세계를 변화시키겠다고 다짐했습니다. 이름도 국적도 모르는 그 소녀가 저에게 꿈과 목표를 준 것입니다.

처음에 디자인을 선택한 이유는 그저 무엇을 만들고 구상하는 것을 좋아했기 때문이었습니다. 하지만 이제 제 꿈이자 목표는 공업 또는 시각 디자이너가 되어 전 세계를 돌아다니며 저의 재능이 필요한 사람에게 도움을 주는 것입니다. 이 꿈을 이루기 위해 서울대 디자인학부에서 저의 재능을 갈고 닦고자 합니다. 저는 제품, 그래픽, 사진 등 여러 분야의 디자인에 관심이 있는데, 서울대학교에서 제공하는 다양한 디자인을 접하고 전문적으로 배우며 제게 맞는 진로를 찾아나갈 계획입니다.

저는 미술을 배운 적은 없지만 항상 디자인에 흥미를 갖고 있었고, 창의성과 잠재능력이 남다르다는 말을 종종 듣곤 했습니다. 어릴 때부터 생일선물로 받은 카메라로 이것저것 찍기 시작했고, 원하는 사진을 오려서 콜라주 만들기, 입고 싶은 옷 그리기, 편지지 직접 꾸미기 등이 일상 취미였습니다. 또한 디자인에 대해 더 알기 위해 체험학습을 신청하여 디자인과 교수님들을 만나기도 했습니다. 이러한 경험이 저의 미적 감각을 키웠다고 생각합니다.

제겐 디자인으로 세계를 변화시킬 것이라는 확신이 있습니다. 또 이를 실천하기 위한 자세와 영어 실력을 갖추고 있습니다. 원어민 수준의 영어로 의사소통할 수 있을 뿐만 아니라 TEPS 922점, TOEIC 980점 등의 공인 점수를 가지고 있고, G20 영어 모의 정상회의에 참가해서 세계 문제에 대해 토론하기도 했습니다. 그래서 저는 서울대학교를 발판 삼아 세계적인 디자이너라는 꿈을 이룰 수 있을 거라 믿습니다.

2. 고등학교 재학 기간 또는 최근 3년간(단, 초등학교, 중학교 재학 기간 제외) 지적 호기심을 가지고 학업능력을 향상시키기 위해 노력한 내용을 기술하여 주십시오.

▶ 띄어쓰기를 포함하여 1,000자 이내로 작성해야 합니다.

"모든 학문의 기초인 언어 능력을 높이기 위해"

저는 초등학교 시절을 호주에서 보냈습니다. 호주에선 일과 중에 영어를 사용했고 따로 국어를 공부할 기회도 없었습니다. 그래서 국어 실력이 뒤처지면 어쩌나 걱정했지만, 중학교에선 비교적 많은 언어 능력이 요구되지 않아 별 문제 없이 생활했습니다. 하지만 고등학교에서 첫 언어 시험을 본 후 좌절감을 맛보았습니다. 중학교 때와는 달리 한자 어휘도 늘어났고, 짧은 시간 내에 문제를 풀어야 하는 압박감이 있었습니다. 저는 이것을 극복하기 위해 쉬는 시간, 독서 시간을 이용해 책을 읽었습니다. 우선 읽는 속도를 향상시키기 위해 제가 좋아하는 분야의 책을 읽었는데, 하루에 2권 이상씩 읽기도 했습니다. 그 결과 저는 모의고사 언어영역에서 꾸준히 1등급을 유지했습니다.

한편 저는 1학년 때 학교에 적응하지 못해 방황한 적이 있는데, 그때 수업과 공부에 집중을 못 해서 자연스레 학교성적이 떨어지기 시작했습니다. 하지만 꿈이 생긴 후 이제는 정신을 차려야겠다는 생각이 들었고, 일단 모든 학문에 필수적인 국어 과목의 성적을 올리기로 다짐했습니다. 그래서 저는 수업 때 배운 문학작품들을 공책에 정리했습니다. 작품의 주제, 특징을 정리하고 인물 간의 관계도를 그려 보는 등 저만의 방법으로 정리하였는데, 이러다 보니 문학에 흥미도 생기고 수업시간에도 더 열심히 듣게 되었습니다. 그 결과 2학년 때 내신이 6등급에서 3등급으로 상승했습니다.

또한 영어시간에 선생님이 한글로 설명해 주시는 말들이 이해가 안 될 때가 종종 있었습니다. 저는 이를 극복하기 위해 이해가 안 되는 단어가 나오면 영영사전과 영한사전을 둘 다 찾아보아 한글 뜻과 영어 뜻을 함께 정리하여 공부했습니다. 영영사전은 뜻이 풀이되어 나오는 경우가 많기 때문에 문맥상 의미도 더 잘 이해할 수 있었습니다. 이로써 저는 해외에서 배운 영어와 다른 한국식 영어 교육과정에 적응했고, 외국어 모의고사 1등급과 내신 상위권을 놓치지 않은 동시에 국어 어휘력도 높아졌습니다.

3. 고등학교 재학 기간 또는 최근 3년간(단, 초등학교, 중학교 재학 기간 제외) 학내외
활동 중 가장 의미가 있다고 생각하는 활동을 3개 이내로 기술하여 주십시오.

▶ 학교생활기록부에 기록되어 있지 않은 내용은 반드시 증빙서류를 첨부해야 합니다.

▶ '의미 있는 이유'는 활동별로 띄어쓰기를 포함하여 700자 이내로 작성해야 합니다.

▶ '활동기간' 및 '활동횟수' 기재 예시: 2011년 3월~2012년 5월(총 1년 2개월) 주 2회,
2011.03.02~2011.03.20(총 19일)/활동횟수(수시), 2011년 4월 20일/활동횟수(1회)

1) 영어신문 동아리(DOES)

영어신문 동아리(DOES)의 주된 활동은 매년 2회 영자신문을 발간하는 것입
니다. 영어신문은 동아리원들이 각자 2개 정도의 기사를 준비해서 담당 선생님
들의 작업을 거쳐 만들어집니다. 저는 항상 제가 직접 영어신문 편집에 참여하
고 싶다는 생각을 했었습니다. 디자인과 구성에도 관심이 많았고 선생님들이 밤
늦게까지 고생하시는 걸 알았기 때문에 동아리 부회장으로서 선생님들을 돕고
싶었습니다. 그래서 담당 선생님께 제 의사를 말씀드리고 신문 부편집장으로 편
집에 참여하게 되었습니다. 편집 자체를 처음 해본 것이었기 때문에, 모든 게 새
로웠습니다. 표지 디자인과 사소한 레이아웃만 하면 되는 건 줄 알고 시작한 일
이었는데, 기사들 검토하기, 인쇄소에 다니며 디자이너와 의견 맞추기, 동아리
원들에게 연락하기 등 할 일이 생각보다 많아 처음엔 버거웠습니다. 하지만 점
점 편집하는 일에 빠져 시간이 가는 줄도 모르며 신문 제작을 끝냈습니다. 신문
을 받았을 때 표지에 제 이름이 쓰여 있는 것을 보고 자기 이름으로 만들어진 물
건이 생기면 얼마나 기쁘고 뿌듯한지 몸소 체험했습니다. 그 신문으로 도내 신
문경연대회에서 은상을 타기도 했습니다. 저는 신문 부편집장을 맡으며 디자이
너가 되고 싶다는 생각을 더 간절히 하게 되었습니다.

2) 적정기술 동아리(ATM)

2학년 겨울방학 때 새로운 동아리 활동을 할 수 있는 기회가 생겼는데, 미술
동아리와 적정기술 동아리(ATM) 사이에서 갈등하다가 저는 ATM을 골랐습니

다. 저는 적정기술을 그때 처음 접했는데, 적정기술이란 주로 빈곤층을 위해 사용되는 간단한 기술과 디자인을 이용하는 기술이었습니다. 이 동아리를 고른 이유는 제가 순수 미술보다는 무엇을 제작하고 만드는 것에 더 관심이 있기 때문이었습니다.

총 10회에 걸쳐 활동을 했는데, 개발도상국에 대해 조사하고 그곳에 필요한 물건을 디자인해서 직접 만드는 것이 목적이었습니다. 여러 가지 아이디어가 나왔지만 저희는 Q드럼을 개량한 W드럼과 길이 조절이 가능한 슬리퍼를 디자인하고 간단한 모형을 만들었습니다. 그리고 교내 동아리 활동 발표대회에서 은상을 탔습니다. 저는 이 동아리 활동을 통해 디자인에 대한 흥미를 일깨우고 디자인을 전공하고 싶다는 꿈을 더 확고히 꾸게 됐습니다. 또한 조를 짜서 활동하는 과정에서 협동심을 배웠습니다.

동아리 활동이 끝난 후에는 적정기술에 대한 흥미가 생겨 적정기술에 대한 책도 사서 읽어 보았습니다. 그리고 적정기술재단 대표 홍성욱 교수님도 만나서 적정기술에 대해 자세히 들을 수 있었습니다. 교수님을 만난 후 꼭 현금이 아니더라도 굶주리는 아이들에게 도움을 줄 수 있는 방법이 많다는 걸 깨닫고 세계적인 디자이너가 되어 남에게 도움을 주겠다고 다짐했습니다.

3) 3학년 체육대회

교복 입은 시절의 마지막 체육대회를 통해 저는 많은 것을 배웠습니다. 저는 발야구 선수로 체육대회에 출전하게 되었습니다. 그런데 선수가 정해진 당시 저희 반 팀은 한두 명의 아이들 빼고는 실력이 다들 그럭저럭한 선수들로 구성되어 있었습니다. 그리고 그때쯤 점수가 높은 피구조차 예선에서 탈락돼서 반 아이들은 체육대회를 포기하고 우리끼리 놀자는 분위기였습니다.

하지만 저희 발야구 팀은 지더라도 즐겁게 최선을 다하자는 마음으로 매일 시간을 쪼개어 연습하였습니다. 그런 맹연습 끝에 저희 반은 발야구 결승까지 올라가게 되었습니다. 그리고 저희 반의 마지막 응원구호는 '즐겨!'였습니다. 비록 발야구에서 1등은 못 했지만, 저는 열심히 해준 발야구 팀원들에게 고마움과 감동을 느꼈습니다.

또한 체육대회 전에 부상자도 많고 학년 간의 트러블도 있어서 침울해진 학급 분위기를 부반장으로서 살리려고 노력했고, 저와 반장과 반 아이들 서로서로의 격려로 모든 걸 극복하였습니다. 그리고 처음엔 포기할 것만 같았던 저희 반이 단체줄넘기 1등, 팔씨름 1등, 단거리 1등, 줄다리기 2등, 계주 2등, 발야구 2등 이라는 결과를 얻고 준우승을 하게 되었습니다.

체육대회를 통해 포기하지 말고 끝까지 해보면 분명 좋은 결과가 나타나리라 는 것을 깨달았습니다. 그리고 얼마 남지 않은 대학 입시에 부담감이 컸는데 주 눅 들지 않고 최선을 다할 수 있게 되었습니다.

4. 다음 주제 중 자신에게 해당하는 주제를 선택하여 구체적으로 기술하여 주십시오.

▶ 띄어쓰기를 포함하여 1,000자 이내로 작성해야 합니다.

☐ 자신의 장단점이나 특성
☐ 특별한 성장과정이나 가정환경(생활여건 등)
☑ 고등학교 시절 겪었던 어려움과 그것을 극복하기 위한 노력

"포기할 수 없는 꿈, 디자인"

저는 고등학교에 진학할 때 분명한 꿈이 없었고, 단지 과학이 사회보다 좋다 는 이유로 자연계를 택했습니다. 2학년이 되니 이젠 목표를 찾아야 할 것 같아 서 입시 관련 선생님께 찾아가서 직업에 대해 여쭤 보기도 하고, 대학교 홈페이 지에 들어가서 학부별로 과를 찾아보기도 했습니다. 저는 제가 자라온 과정, 취 미와 적성 등을 고려해 제가 평생, 가장 잘할 수 있는 것이 디자인이라고 생각해 디자인학부를 선택하게 되었습니다.

그런데 교과 공부 중심이고 전원 기숙사 제도인 학교에서 미술을 하기란 절대 쉽지 않은 일이었습니다. 미대 입시를 잘 아시는 선생님도 없었을뿐더러, 대부

분의 미대 입시가 실기를 보는데 우리 학교에서 자습을 빼고 미술학원을 다닌다는 것은 불가능해 보였습니다. 하지만 저는 한 번도 디자인을 포기하겠다는 생각을 하지 않았습니다. 어떻게 하면 이 학교에서 내가 원하는 것을 이룰 수 있을까 고민하던 중 비실기 전형을 알게 되었습니다. 실기를 안 보는 대신 성적과 창의성을 보는 전형이었습니다. 평소에 자유롭고 독특한 사고를 지니고 있던 저이기에 저는 이 전형에 희망을 걸고 공부하기 시작했습니다.

또 그저 공부만 해서는 안 된다는 것을 깨닫고 미술적 소양을 기르기 위해 대전 시립미술관이나 서울에서 여는 전시회에 틈틈이 방문하였습니다. 3학년이 되어서는 담임선생님께 제 진로희망을 말씀드리고 양해를 구해 체험학습을 내어 디자인 교수님들을 만나 보았습니다. 공부가 중요한 시기임에도 불구하고 자습시간, 식사시간을 쪼개어 공주대, 한밭대를 방문하여 학생들이 제품 만드는 것도 직접 보고 교수님들과 디자인에 대해 얘기도 하면서 디자인에 한발 가까워지게 되었습니다. 또한 유명 주얼리 디자이너와 이메일을 주고받으며 디자이너라는 직업에 대해 자세히 알게 되었습니다. 덕분에 저는 제 꿈에 대한 의지를 더 굳게 다지게 되었습니다.

5. 고등학교 재학 기간 또는 최근 3년간(단, 초등학교, 중학교 재학 기간 제외) 읽었던 책 중 자신에게 가장 큰 영향을 준 책을 3권 이내로 기술하여 주십시오.

▶ '선정 이유'는 도서별로 띄어쓰기를 포함하여 500자 이내로 작성해야 합니다.

▶ '선정 이유'에는 단순한 내용 요약이나 감상보다는 읽게 된 계기, 책에 대한 긍정적 또는 부정적 평가, 이 책이 자신에게 준 영향을 중심으로 기술하면 됩니다.

1) 김연아의 7분 드라마(김연아 저, 중앙출판사)

2010년 겨울, 우리나라는 동계올림픽에서 세계신기록을 세운 김연아 선수 열풍으로 떠들썩했습니다. 저도 김연아 선수에게 열광하는 국민 중 한 명이었습니다. 그러던 어느 날 "김연아의 7분 드라마"를 접하게 되었고, 단지 그 유명한 김연아의 책이라는 이유로 책을 읽기 시작했습니다.

아무 기대 없이 시작한 책이지만, 이 책은 제가 방황하던 고1 시절을 버티게 해준 원동력이 되었습니다. 당시 처음 경험하는 야간 자율학습에 집도 자주 못 가고 주말조차 하루 종일 자습하는 환경이 익숙지 않아 전학 갈 생각까지 할 정도로 그 상황에서 벗어나고 싶었습니다. 하지만 이 책을 접한 후 힘들고 포기하고 싶을 때마다 잘나가는 김연아 선수도 제대로 된 아이스링크 하나 없는 현실 속에서 시작한 건데, 훨씬 나은 상황에 처해 있는 나는 무엇을 두려워하고 숨어 있는 건지 반성했습니다. 그리고 성공한 김연아 선수를 보며 희망을 가졌습니다. 그렇게 이 책이 힘이 되어 저는 슬럼프를 이겨 냈고, 지금의 저로 성장했습니다.

2) The Present(by Spencer Johnson, Doubleday)

"Learn from the Past, Be in the Present, Plan for the Future." 이 책에 나오는 스펜서 존슨의 유명한 어록입니다. 또한 이것은 제가 삶에 적극적으로 참여하도록 계기를 마련해준 문구이기도 합니다. 전 "선물"을 읽으며 공감되는 구절이 나올 때마다 책에 포스트잇을 붙였는데 다 읽고 보니 책이 포스트잇투성이였습니다. 그만큼 "선물"은 저에게 많은 깨달음을 안겨 주었습니다.

그중 제 삶을 가장 변화시킨 것은 '현재에 집중하라'는 구절입니다. 저는 항상 무언가를 하면서도 어제의 실수에 대해 고민하고 또 미래에 대해 걱정하며 살아왔습니다. 저는 자주 그런 쓸데없는 생각을 하며 시간을 허비하곤 했는데, "선물"을 읽은 후 1분 1초를 중요하게 생각하니 이런 시간을 줄이고 시간을 아끼게 되었습니다. 또한 매 순간에 집중하는 노력을 하다 보니 자습 시간, 친구와 얘기하는 시간 등 일상 하나하나가 뜻 깊은 시간이 되었습니다.

3) 적정기술이란 무엇인가(김정태 · 홍성욱 저, 살림)

저는 교내 적정기술 동아리에서 활동한 후 적정기술에 대해 더 깊이 알고자 이 책을 읽게 되었습니다. 이 책은 적정기술의 기본서로, 적정기술을 소개하는 책입니다. 하지만 저는 이 책을 그저 설명글이 아닌 나중에 제가 하고 있을 일에 대한 책이라고 생각하며 읽었습니다. 덕분에 자칫 딱딱하고 재미없게 느껴질 수 있는 책을 빠르게 정독할 수 있었습니다.

　한국에서는 적정기술이 비교적 많이 알려지지 않았는데, 저는 대부분 미국에서 개발된 적정기술을 보며 한국에도 널리 보급시키고 싶다는 마음이 들었습니다. 분명 우리나라엔 인재들이 많은데, 남을 위한 일을 하는 인재는 그리 많지 않다는 사실이 안타까웠습니다. 이 책에선 적정기술을 '소외된 90%를 위한 디자인'이라고 일컫습니다. 이 책을 읽으며 디자인이 미적 가치로만 추구될 것이 아니라 이렇게 남을 위해 쓰일 수 있다는 것을 세상에 알리고 제가 그 90%를 위해 쓰임이 될 수 있는 사람이 되리라고 다짐했습니다.

1. 지원동기와 진로 계획을 중심으로 서울대학교가 지원자를 선발해야 하는 이유를 기술하여 주십시오.

▶ 띄어쓰기를 포함하여 1,000자 이내로 작성해야 합니다.

　저는 고등학교에 올라와서 명확하지 않은 꿈으로 인해 오래 방황했습니다. 그러다가 2학년 때 생물을 배우게 되면서 단지 어떤 기능이 있고 어떤 현상들이 일어난다는 정도로만 막연하게 알던 것들이 실제로는 복잡하고 거대한 생명 메커니즘을 구성하며 유기적으로 맞물려 돌아가고 있다는 것에 경이로움을 느꼈고, 곧 생물이란 과목 자체에 빠져들게 되었습니다. 그에 따라 자연스레 생명을 연구하는 직업을 가지고 싶어졌습니다. 이런 생각이 더욱 구체화된 계기는 봉사활동이었습니다. 사회에서 고립된 분들을 많이 만날 수 있었는데, 다른 분들보다도 다리를 저시거나 화상을 입으시는 등 신체가 불편하신 분들이 더 위축되어

계시는 모습이 제 눈에 띄었습니다. 제가 그분들이 고립되어 가는 사회·구조적인 분위기를 바꿀 수는 없지만, 좋아하는 분야에서 연구하여 그분들에게 도움을 드릴 수 있다면 정말 보람찰 것이라고 생각했습니다.

그렇게 관심을 가진 분야가 바이오시스템·소재학부의 Bio-mechanics였습니다. 인공뼈나 관절, 피부조직 등의 개발기술들을 충분히 상용화될 수 있을 만큼 발전시키거나 현재 존재하는 기술들을 응용하여 좀 더 낮은 가격에 실용적인 것들이 만들어진다면 신체적으로 불편해도 경제적 여건이 좋지 않아 고통을 감내하며 살아가야 하는 이들에게 도움이 될 것이라고 생각합니다. 또한 이 분야 외에도 바이오시스템·소재학부에서 배우는 교과 통합적이고 실용적인 학문들은 제가 앞으로 연구를 해나가는 데 다방면으로 큰 도움이 될 것입니다.

저는 미래에 자신만이 아닌 소외되고 도움이 필요한 분들을 위해 살고 싶고, 그런 삶의 첫걸음은 이 분야의 최고의 지식을 겸비하는 것이라고 생각하기에 서울대에서 수학하게 된다면 전공과목을 완벽하게 소화하기 위해 노력할 것입니다. 또한 의학 분야의 책도 꾸준히 읽어 관련 지식을 채우며 외국의 첨단 지식을 쉽게 받아들일 수 있도록 영어 실력을 쌓는 데도 힘쓸 것입니다. 이미 많은 사례를 통해 제 꿈의 실현 가능성을 확인했고 저 또한 끊임없이 노력할 것입니다.

2. 고등학교 재학 기간 또는 최근 3년간(단, 초등학교, 중학교 재학 기간 제외) 지적 호기심을 가지고 학업능력을 향상시키기 위해 노력한 내용을 기술하여 주십시오.

▶ 띄어쓰기를 포함하여 1,000자 이내로 작성해야 합니다.

생물에 흥미를 가지고 나서 심화된 내용을 접해 보고자 교내 생물경시대회에 참가했고, 경시대회의 난이도 높은 문제들에 필요했던 방대한 지식과 다양한 사고방식은 저의 지적 호기심을 자극했습니다. 하지만 그 호기심을 채우기 위해서는 일단 교과에 충실하여 개념을 다지는 것이 우선이라고 생각해 개념을 익히는 데 치중했습니다. 그리고 2학년 2학기 교내 경시대회에 참가하여 최대한 개념에 충실하고 다양한 방면으로 접근해 보면서 즐겁게 문제를 풀었고 뜻밖에 상을 받아 겨울방학 도경시 1차 준비반에 참여하게 되었습니다. 그렇게 심화된 내용의 수업을 받으며 모르는 점은 친구들과 의견을 나누어 보거나 관련 자료를 찾고, 근육 운동 등 사진으로는 이해가 잘 안 가는 것은 영상을 찾아보기도 했습니다. 중간에 선택과목 고민으로 생물 공부를 잠시 놓았던 적도 있지만 꿈을 향한 열정으로 더 열심히 공부했고, 도경시 출전권을 획득할 수 있었습니다. 최종적으로 선발된 친구들과 대회를 준비하면서 지식을 공유하며 토론해 보는 것은 정말 즐거운 경험이었고, 그 경험 덕분인지 도경시에서 동상을 수상할 수 있었습니다.

한편, 수학에도 많은 관심을 기울였습니다. 이해가 안 가는 것은 직접 증명해 보고 노트 정리를 활용하였으며, 문제를 푼 다음에는 친구들이나 답지의 풀이와 비교해 보며 사고의 폭을 넓히고 앎의 즐거움 속에서 공부했습니다. 그런데 3학년이 되자 좋은 성적 유지에 대한 압박감을 느끼게 되고 더 열심히 공부하는 친구들의 모습을 보게 되자 쫓기듯이 공부를 하게 됐습니다. 그런 와중에 본 기말고사에서 첫 문제에서 막혀 버린 저는 당황한 나머지 극도로 긴장한 채 문제를 풀고 최악의 점수를 받았습니다. 그 충격이 이후의 시험에까지 영향을 미치자 이래선 안 된다고 생각하여 예전의 마음으로 돌아가 즐거운 마음으로 공부하려고 했고 7월 전국연합에서는 1등급을 유지할 수 있었습니다. 그 후부터는 주말에 시간을 내어 문제를 풀 때 막히더라도 당황하지 않고 침착하게 정해진 시간 안에 풀 수 있도록 연습하고 있습니다.

3. 고등학교 재학 기간 또는 최근 3년간(단, 초등학교, 중학교 재학 기간 제외) 학내외 활동 중 가장 의미가 있다고 생각하는 활동을 3개 이내로 기술하여 주십시오.

▸ 학교생활기록부에 기록되어 있지 않은 내용은 반드시 증빙서류를 첨부해야 합니다.

▸ '의미 있는 이유'는 활동별로 띄어쓰기를 포함하여 700자 이내로 작성해야 합니다.

▸ '활동기간' 및 '활동횟수' 기재 예시: 2011년 3월~2012년 5월(총 1년 2개월) 주 2회, 2011.03.02~2011.03.20(총 19일)/활동횟수(수시), 2011년 4월 20일/활동횟수(1회)

1) 동아리 활동(bio project)

　저는 자신이 선택한 하나의 주제를 스스로 연구해 보고 이를 토대로 글을 써 보는 활동을 하는 이 동아리에 매력을 느끼고 가입하였습니다. 하지만 이런 활동은 제가 몇 번 해본 적 없는 생소한 활동이었고 도전이었습니다. 자료를 찾다가 책에서 본 한 구절에 호기심이 생겨 주제를 에이즈로 과감히 바꾸고, 세부내용을 구성할 때에도 많은 교체가 있는 등 주제 결정 단계에서도 순탄하지 못했고, 결국 에이즈를 보는 두 가지 입장을 주제로 결정한 후에도 찾을수록 나오는 방대한 자료들을 정리하는 것은 커다란 난관이었습니다. 또, 글을 완성하기에는 동아리 활동 시간이 턱없이 부족해서 자습시간에 글쓰기와 공부를 병행하는 것이 부담스럽기도 했었습니다. 하지만 동아리 부원으로서 책임감을 가지고 활동하며, 새로운 사실을 알아 가는 기쁨과 스스로 이 모든 과정을 해결해 나가는 것에서 오는 성취감은 그러한 어려움들을 넘어서 제가 글을 계속 써 나갈 수 있는 원동력이 되었습니다.

　그리고 마침내 몇 번의 퇴고 끝에 글을 완성했을 때의 기쁨은 그동안의 힘듦을 모두 잊게 해주었습니다. 저만의 글을 썼다는 것에 자부심도 느낄 수 있었고 글을 쓰는 과정은 생물에 대한 관심을 더 키우는 계기가 되었습니다. 또한 동아리 편집장으로서 다른 친구들의 글을 읽어 보고 고칠 점을 얘기해 주며 의견을 나누는 과정을 통해 여러 주제에 대한 폭넓은 지식과 다양한 견해를 접할 수 있었습니다.

2) 합창 활동

　저는 합창단 '하람'의 창단 멤버로 활동했습니다. 하람은 노래를 즐기는 학생들이 자발적으로 모여 만들어진 동아리인 만큼, 단원들 모두가 열정적으로 활동했습니다. 그러나 하람에서 활동한 때는 제가 성적에 대한 불안감을 느끼고 있던 시기여서 계속 활동해도 될지 고민이 컸습니다. 하지만 다 같이 열정을 가득 담아 노래를 부르고 하모니를 이루어 나갈 때 느끼는 그 희열이 무엇보다 강했고, 또한 하람의 단장도 공부시간을 많이 뺏기지 않도록 배려해 주었습니다. 그런 열정과 배려는 저의 고민을 덜어 주었고 정말 즐겁게 노래할 수 있었습니다. 그렇게 즐겁게 노래한 결과는 첫 출전임에도 불구하고 예술고의 뒤를 바짝 쫓아간 도대회 2위라는 우수한 성적으로 나타났습니다. 또한 합창 활동은 제가 교내 합창경연대회에서 알토 파트장에 자원하는 계기가 되었습니다. 알토 파트는 사람 수가 적어 항상 소리를 키우라는 지적을 들었기에 초반에 분위기가 안 좋았습니다. 하지만 음악 선생님을 여러 번 방문하여 방법을 묻고, 적극적으로 친구들을 다독여 참여를 유도하며 차근차근 노래를 완성해 나갔습니다. 그러자 친구들도 열정을 느끼기 시작했고, 소리도 커져 나중엔 알토 진짜 잘한다는 칭찬도 들을 수 있었습니다. 그런 열정은 금상 수상이라는 결과로 나타났습니다. 이런 합창 활동은 제게 열정을 맘껏 분출할 때의 기쁨과 배려의 중요성을 느끼게 해 주었습니다.

3) 봉사 활동

저는 고등학교에 올라와서 형식적이지 않은 진정한 봉사활동을 할 수 있었습니다. 명주원에서는 장애인 분들과 바자회, 체육대회 등 단체 활동을 같이하면서, 남들보다 좋지 못한 조건 속에서도 순수함과 웃음을 잃지 않는 장애인 분들을 보며 많은 것을 배웠습니다. 독거노인 방문 때에는 결연을 맺은 할머니께 가서 대화를 나누고 필요한 물품을 드리는 활동을 주로 했는데 저희에게 당연한 것들이 할머니께는 그렇지 않다는 것을 점점 느끼게 되었습니다. 방이 어두워도 부담되는 전기요금 때문에 불을 안 켜시거나 연탄보일러가 고장 났는데도 도움을 청하지 못하시는 모습을 보았고, 조금만 더 있다 가라고 잡으시는 할머니의 외로움을 보았습니다. 무료급식 봉사도 마찬가지였습니다. 국수를 받으러 오시는 분들 중에는 눈이 안 보이시는 분도 계셨고 다리가 불편하신 분도 계셨습니다. 다들 어딘지 모르게 외로워 보이셨고 자꾸 말을 건네시는 분이 많았습니다. 작은 성의에도 계속 고맙다고 하시는 분들, 이런 좋은 일 하는 사람들에겐 복이 많이 들어오라고 네잎클로버를 한 움큼씩 따오시는 분들을 보며 평소 감사하다는 말보다는 불평을 먼저 하진 않았었는지 저 자신을 돌아보게 되었습니다.

이런 봉사활동은 '자신에게 주어진 것을 감사히 여기고 소중히 하라'는 당연하지만 지키지 못하던 삶의 지혜를 저에게 일깨워 주었고 자신을 돌아보고 반성하는 기회를 넘어서 꿈을 굳히는 계기가 되었습니다.

4. 다음 주제 중 자신에게 해당하는 주제를 선택하여 구체적으로 기술하여 주십시오.

▸ 띄어쓰기를 포함하여 1,000자 이내로 작성해야 합니다.

☑ 자신의 장단점이나 특성
☐ 특별한 성장과정이나 가정환경(생활여건 등)
☐ 고등학교 시절 겪었던 어려움과 그것을 극복하기 위한 노력

저는 중학교 때까지 친구관계도 나쁘지 않았고, 성격이 활달하다는 말도 많이 들었습니다. 다만 친구들에게 예민하다는 소리를 가끔 들었습니다. 그럴 때마다 "정말 그런가?"라고 반문해 보기도 하였지만, 그것이 크게 문제 된다고는 생각하지 않았습니다. 하지만 고등학교에 올라와 기숙사에서 서로 다른 성격을 가진 친구들과 생활하면서 저의 성격과 상대방에 대한 태도를 되돌아보는 때가 많아졌습니다. 그러면서 자연히 제가 상대방의 입장에서 생각해 보지 않았던 적이 많았으며, 어떤 때는 나도 모르는 사이에 상처받기 싫어서 상대방에게 상처를 주고 상대방을 밀어내었다는 것을 알게 되었습니다.

그런 것을 알게 된 뒤부터는 조금 더 다른 사람의 입장에서 생각하게 되었습니다. 내가 저 사람이었다면 어떤 기분이었을까, 저런 행동에는 뭔가 다른 이유가 있지 않을까 등의 생각을 하려고 항상 노력하다 보니 자연스레 상대방의 말을 경청하고 행동을 주의 깊게 관찰하게 되었습니다. 또한 고등학교에 올라와 발표활동을 많이 한 것도 저의 성격 변화에 큰 도움이 되었습니다. 제가 열심히 준비한 발표에 진심으로 격려해 주고 반응해 주는 선생님과 친구들 때문에 매사에 자신감이 생겼으며 무슨 일이든 지레 겁먹지 말고 한번 시도해 보자는 생각을 하게 되었습니다. 그렇게 먼저 상대방에게 다가가기 위해 노력하다 보니 다

른 사람들에게 더 공감할 수 있게 되었고, 누군가 잘못을 하더라도 무조건 비난하는 것이 아니라 왜 그랬을지 한 번 더 생각하게 되었습니다. 사고방식도 좀 더 긍정적으로 변했습니다. 하루는 중학교 친구랑 전화하다가 "너 좀 변한 것 같아. 옛날에는 좀 다혈질이었는데"라는 소리를 듣고 제가 변화하고 있다는 것을 느꼈습니다.

아직은 예전의 성격이 남아 가끔은 괜한 고민을 하며 우울해하고 제가 생각 없이 툭 던진 말들에 친구들이 상처를 받기도 합니다. 하지만 저는 스스로의 의지로 자신의 단점을 개선해 냈다는 자부심과 앞으로도 변화할 수 있을 것이라는 확신을 가지고 더욱 노력할 것입니다.

5. 고등학교 재학 기간 또는 최근 3년간(단, 초등학교, 중학교 재학 기간 제외) 읽었던 책 중 자신에게 가장 큰 영향을 준 책을 3권 이내로 기술하여 주십시오.

▶ '선정 이유'는 도서별로 띄어쓰기를 포함하여 500자 이내로 작성해야 합니다.

▶ '선정 이유'에는 단순한 내용 요약이나 감상보다는 읽게 된 계기, 책에 대한 긍정적 또는 부정적 평가, 이 책이 자신에게 준 영향을 중심으로 기술하면 됩니다.

1) 아주 중요한 거짓말(Serious Adverse Events)(실리아 파버 저, 씨앗을 뿌리는 사람)

저는 이 책을 Bio Project에서 활동할 때 자료를 찾아보다가 읽었습니다.

저자는 에이즈에 대해 일반적으로 알려진 사실들이 상당 부분 거짓이라고 주장하며 근거를 들고 있습니다. 제가 이 책을 읽으면서 놀란 점은 이런 주장을 하는 사람들이 소수가 아니고 이 주장이 등장한 지 꽤 오래되었는데도 사람들은 공신력 있는 단체에서 나온 정보라는 이유 하나만으로 지금 알려진 사실들을 맹목적으로 믿고 있다는 것이었습니다.

물론 이 책의 내용 또한 무조건 신뢰할 수만은 없지만, 저 또한 공신력 있는 단체에서 나온 정보는 어느 정도 정확할 것이라는 막연한 생각을 하며 다른 주장이 있는지도 모르던 사람들 중 하나였기 때문에 이 책은 저에게 큰 자극이었습니다. 또한 그동안 수동적으로 사는 경향이 있었던 제 자신을 반성하는 계기가 되었습니다. 이 책은 저에게 탐구하는 사람이라면 당연히 갖춰야 할 자세, 의문을 품고 끊임없이 생각하여 직접 연구해 보는 능동적인 자세를 일깨워 주었습니다.

2) 적정기술 그리고 하루 1달러 생활에서 벗어나는 법(폴 폴락 저, 새잎)

이 책의 저자는 적정기술 분야에서 성공사례를 일구어 내며 적정기술의 선구자라고 불리는, 국제개발사업(IDE)의 설립자입니다.

적정기술은 소외된 90%를 위한 디자인이라고 불리는 기술입니다. 저자는 적정기술 또한 하나의 비즈니스라고 주장하며 이런 정신 때문에 많은 비난을 받았지만, 그렇게 하는 것이 시설의 유지·관리가 더 잘 이루어진다는 것을 인식하여 자신의 신념대로 밀고 나간 결과 큰 성공을 이루어 냈습니다. 가난한 사람들을 소비자로 인식한 그의 도전적인 기업정신과 꿋꿋한 신념, 그리고 많은 나이에도 현지인들의 얘기를 듣기 위해 돌아다니는 그의 열정이야말로 제가 가장 본받고 싶은 것이었습니다.

지금은 이 책에 등장한 페달펌프 외에도 인공무릎관절 등 다양한 물건이 만들어졌다고 합니다. 앞으로는 이것들이 더 넓은 범위로 퍼져 나갈 것이고 생물학 분야에서도 많은 연구가 이루어질 것입니다. 저는 이 책을 통해서 제 꿈의 실현 가능성을 확인했습니다.

3) 8년의 동행(미치 앨봄 저, 살림)

기숙사 호실장 언니의 추천으로 읽게 된 책입니다. 저자가 어린 시절 은사였던 랍비와 과거 마약상의 삶을 청산하고 새로운 삶을 살고 있는 목사와 함께 지낸 시간을 정리한 에세이인데 상당 부분이 종교에 대해서 서술되어 있습니다. 평소에 종교에 대해 다소 부정적인 느낌을 가지고 있었는데 이 책에 나오는 두 사람은 진정한 종교인이란 이런 분들을 말하는 것이 아닐까 싶을 정도로 제가 실망했던 종교인들과는 많이 달랐습니다. 어떤 종교도 편견 없이 바라보고, 끊임없이 남을 위해 희생하고, 무엇보다 자신의 삶과 맺은 인연들을 진심으로 사랑하는 모습은 어느 누구도 쉽게 하지 못하는 것들이었고 제가 이상으로 삼고 싶은 모습이었습니다. 이 책을 읽고 종교라는 큰 틀의 일면만 보고서 전체를 부정적으로 인식한 제 자신을 반성하게 되었습니다. 또한 제 삶을 진심으로 사랑하는 것이 행복한 삶을 사는 길이라는 것을 배워 제 사고방식도 좀 더 긍정적으로 변화하였습니다.

사례 4

1. 지원동기와 진로 계획을 중심으로 서울대학교가 지원자를 선발해야 하는 이유를 기술하여 주십시오.

▸ 띄어쓰기를 포함하여 1,000자 이내로 작성해야 합니다.

치과의사로서 환자 진료와 의료 봉사활동을 활발히 해오시던 어머니의 바쁜 일상 때문에 저는 외할아버지와 외할머니의 많은 사랑을 받고 자랐습니다. 그러나 제가 초등학교 때 외할아버지께서 치매를 앓아 투병 생활을 하셨는데 설상가상으로 병간호를 하시던 외할머니마저 뇌졸중으로 쓰러지셔서 뇌사 상태가 되셨습니다. 할아버지의 치매가 더욱 심해져 불편을 느낀 아파트 주민들이 몇 차례나 항의를 하는 바람에 할아버지는 어쩔 수 없이 병원에 입원하였습니다. 하지만 의료기관도 할아버지, 할머니를 회복시키지 못해 결국 두 분은 많은 고통을 겪으시다 돌아가셨습니다. 두 분 치료에 온갖 노력을 다하시던 어머니는 큰 충격을 받아 오랜 기간 힘들어하셨고 저 역시 그토록 자상하시던 할아버지, 할머니의 전혀 다른 모습을 보고 정신 관련 질환의 무서움을 깨달을 수 있었습니다.

그때부터 저는 정신 질환을 치료하는 의사가 되어야겠다는 결심을 하였습니다. 정신과 의사가 되어 정신적으로 고통받는 사람들의 마음을 치유해 주고 더 나아가 그런 고통이 애초에 생기지 않는 밝고 건강한 사회를 만드는 것이 제 인생의 목표가 되었습니다. 하지만 정신과 의사라는 직업은 제가 꿈꿔온 것과는 많이 달랐습니다. 아직 밝혀지지 않은 많은 인체의 신비로 인해 정신이란 것을 쉽게 다루지 못할 뿐만 아니라, 치료 방법도 투약이 위주인 실상을 알고는 저의 꿈에 대해 다시 한번 생각해 보게 되었습니다. 그 결과 제가 진정으로 원하는 것은 정신 질환과 관련하여 아직 알려지지 않은 사실들을 발견하여 의학 발전에 이바지하는 것임을 깨달았습니다. 따라서 의대로 진학하는 것보다는 대학에서 생명과학 분야를 전공한 후 뇌과학 분야의 대학원에 진학하여 정신 관련 현상에 대해 본격적으로 연구해 저의 오랜 이상을 실현해야겠다고 결심하였습니다.

서울대학교에 입학하게 되면 인간에 대한 심층적 이해를 위해 철학과 심리학도 함께 배우며 서울대 생명과학부의 목표에 걸맞게 생명 탐구에 힘써 인류발전에 이바지할 수 있도록 열심히 노력하겠습니다.

2. 고등학교 재학 기간 또는 최근 3년간(단, 초등학교, 중학교 재학 기간 제외) 지적 호기심을 가지고 학업능력을 향상시키기 위해 노력한 내용을 기술하여 주십시오.

▶ 띄어쓰기를 포함하여 1,000자 이내로 작성해야 합니다.

깊이 있는 공부를 하지 않아도 좋은 성적이 나오던 중학교에 비해 고등학교에서는 모르는 부분이 있으면 그 다음 내용을 이해하는 데 어려움이 따랐습니다. 그래서 모르는 부분이 생기면 알 때까지 본질적인 질문을 하며 원리를 파헤치는 공부를 하게 되었습니다. 그러다 보니 다음 과정으로 넘어가지 못하고 지체되는 경우가 많았고 핵심이나 경향만 잘 알아도 성적을 낼 수 있는 모의고사 점수가 좋지만은 않았습니다. 그래서 깊이 있게 파고드는 공부 방법에 대해 회의감을 느끼고 다른 친구들처럼 암기 위주의 공부로 전환하려 하였습니다. 하지만 2학년 때 생물 선생님은 저의 판단이 틀렸음을 일깨워 주셨습니다. 선생님께서는 우리에게 정규 교육과정에서 다루지 않는 원리를 흥미롭게 설명해 주셔서 원리를 깨우쳐 가는 공부 방법이 틀리지 않았음을 확신하게 되었고 다른 과학 분야의 매력에도 빠지게 되었습니다.

수학도 예외는 아닙니다. 1학년 때만 해도 저는 아무리 오래 걸려도 한 문제를 놓고 풀릴 때까지 해결하려고 노력했습니다. 또한, 한 문제에 대해 여러 가지의 다른 풀이 방법이 없을까 찾아보려 했습니다. 그런 융통성 없는 공부 방법 때문에 단시간에 많은 문제를 풀어야 하는 내신 성적은 조금 안 좋았지만, 낯선 문제를 두려워하지 않게 되었고, 기초 실력이 다져지면 문제를 푸는 속도는 저절로 해결된다는 것을 알았습니다. 비교적 충분한 시간 안에 난이도 높은 문제를 풀어야 하는 교내수학경시대회에서 은상을 수상하고, 기본개념을 중시하는 국제수학자격시험에서 A등급을 받을 수 있었던 것은 그런 공부 방법의 영향이 아닌가 싶습니다.

중학교 때 별다른 선행 공부를 하지 않고 고등학교를 입학한 저는 처음에는 빠른 학교 진도를 따라가기도 벅찼습니다. 또 많은 선행학습을 한 친구들이 경시대회에서 입상하는 것을 보고 위축되기도 했습니다. 하지만 나에게 맞는 방식으로 공부하여 내 것으로 충분히 소화하면 결코 늦은 것이 아니라는 소중한 교훈을 깨닫고 3학년 때부터 공부하는 재미를 본격적으로 느끼기 시작했습니다.

3. 고등학교 재학 기간 또는 최근 3년간(단, 초등학교, 중학교 재학 기간 제외) 학내외 활동 중 가장 의미가 있다고 생각하는 활동을 3개 이내로 기술하여 주십시오.

▶ 학교생활기록부에 기록되어 있지 않은 내용은 반드시 증빙서류를 첨부해야 합니다.

▶ '의미 있는 이유'는 활동별로 띄어쓰기를 포함하여 700자 이내로 작성해야 합니다.

▶ '활동기간' 및 '활동횟수' 기재 예시: 2011년 3월~2012년 5월(총 1년 2개월) 주 2회, 2011.03.02~2011.03.20(총 19일)/활동횟수(수시), 2011년 4월 20일/활동횟수(1회)

1) 학급 반장 활동

고등학교 1학년이 되었을 때 저를 제외한 가족은 아버지의 해외 근무 때문에 모두 외국으로 떠나야 했습니다. 저는 국내에 홀로 남아 기숙사 생활을 하였는데 가족 없이 지내는 동안 외롭고 불편한 일이 많아 친구와 학교에 많이 의지하게 되었습니다. 조용한 성격이었던 저는 사교성이 늘었고 친구들에 대해 더 잘 이해하게 되었습니다. 또한 누구보다도 강한 자립심으로 나의 생활을 책임지는 모습이 친구들에게 듬직한 인상을 주었습니다. 3학년 때는 그러한 저의 생활력과 배려심을 믿어준 많은 친구의 추천으로 반장이 되었습니다. 하지만 모든 친구가 협조적이기만 한 것은 아니었습니다.

전국에서 모이고 재능이 다양한 급우들이라 이견과 갈등이 끊이지 않았기에 학업과 학급 일을 병행하는 것이 무척 버거웠습니다. 하지만 묵묵히 솔선수범하고 다른 의견에도 끝까지 귀를 기울이며 소통에 힘쓴 결과 비협조적이던 친구들이 협조하기 시작했습니다. 특히 소수지역 친구들에게 진정한 친구 역할을 하며 소외감을 덜어줌으로써 그 친구들이 학급 행사에 의욕적인 참여를 하도록 이끈 것이 가장 큰 보람이었습니다.

그 결과 우리 학교 전통 행사로 학급의 단합과 조화를 심사하는 구보경보대회에서 1등을 할 수 있었습니다. 제가 반장 경험을 통해 배운 것은 작은 역할이라도 하찮은 것은 없으며 전체가 조화를 이루었을 때 큰 성과와 가치가 발생할 수 있다는 것입니다.

2) 온누리 자원봉사 활동

교내 기숙사에서 생활하다 보니 한 달에 한 번 집에 갈 수 있는 시간이 주어집니다. 그때마다 저는 지역 자원봉사단원으로 명주원이나 소망공동체와 같은 지적장애인들이 생활하는 기관에서 봉사활동을 했습니다. 외국에서 생활하는 동안 장애인을 편견 없이 대하는 문화를 배웠기에 그들과 보낸 시간은 학업만큼이나 보람 있고 따뜻했습니다. 봉사활동 중에 어르신을 대할 때면 돌아가신 외할머니, 외할아버지를 생각하게 되어 더욱 열심히 하곤 했습니다. 봉사에 참여한 친구들 중 일부는 봉사활동 실적에만 관심을 쏟아 그런 모습이 그들에게 상처를 주진 않을까 염려스러워 저는 더욱 열심히 하려 노력했습니다. 봉사는 주로 일 대일로 짝을 지어 함께 산책을 하거나 노래를 부르거나, 농구를 했는데 매번 갈 때마다 파트너가 바뀌었습니다. 시험이 있어서 봉사활동을 못 할 때에는 제 이름을 기억하고 저를 찾는 친구가 있다는 얘기를 전해 들었을 때 가슴이 뭉클해지는 경험을 하기도 했습니다. 명주원에서는 우정의 표시로 감사패를 주셨습니다. 이들 장애인들은 표현을 자유롭게 하지 못할 뿐이지 감정과 인격이 있었습니다. 그리고 그들에게는 세상에 대한 간절한 기다림이 있다고 느꼈습니다. 어른이 되어서는 다른 역할로 그들을 찾게 되겠지만, 이 우정과 관심은 변하지 않도록 지켜 나가고 싶습니다.

3) 울림과학아카데미 물리조 활동

1학년 초에 저는 물리에 관심이 많았습니다. 처음 물리를 접했을 땐 무슨 얘기를 하는지 이해하기 어려웠는데 반복해서 개념에 대해 공부한 결과 다른 과목과는 다르게 딱딱 떨어지는 계산과 그래프에 매력이 느껴졌습니다. 그래서 선배들이 동아리를 홍보할 때 저는 물리 동아리에 들어야겠다고 생각했습니다.

가입 전에는 선후배 간에 물리에 대해 토론만 하는 줄 알았는데 가입하고 나서 보니 전교생을 대상으로 세미나와 전시회를 활발히 개최했습니다. 부조장으로 활동하며 자석을 이용한 롤러코스터를 만들어 운동량의 법칙을 설명했고, 전자의 존재를 보여 주는 음극선 실험을 하였습니다. 이론으로 공부하는 것보다 실험을 통해 원리를 이해했을 때 더 큰 성취감을 얻었으며 내가 아는 지식을 대중에게 전달하는 방법을 익히는 것도 매우 중요하다는 것을 알 수 있었습니다. 그리고 다른 과학 분야의 조원들과 협력하면서 과학 전반의 이해를 넓힐 수 있었고, 분야는 달라도 물리 · 화학 · 생물 · 지구과학이 서로 무관하지 않으며 각 학문이 서로 뒷받침되어야 완성도가 높아진다는 것을 깨달았습니다.

그렇게 많은 사람 앞에서 저의 지적활동을 보여 주는 전시회와 세미나를 한 것은 이때가 처음인데, 단순한 지식 전달을 넘어 사람들이 이해하기 쉽도록 행동이나 유머를 통해 발표하는 연습을 하여 상대의 입장에서 생각하는 법과 보다 효율적인 전달 방법이 무엇인지에 대해 배울 수 있었습니다.

4. 다음 주제 중 자신에게 해당하는 주제를 선택하여 구체적으로 기술하여 주십시오.

▸ 띄어쓰기를 포함하여 1,000자 이내로 작성해야 합니다.

☐ 자신의 장단점이나 특성
☑ 특별한 성장과정이나 가정환경(생활여건 등)
☐ 고등학교 시절 겪었던 어려움과 그것을 극복하기 위한 노력

저는 5남매의 맏딸로 태어났습니다. 유년 시절의 저는 내성적이고 어두운 성격을 가진 아이였다고 합니다. 한 가지 일에만 몰두하고 주변 상황을 신경 쓰지 않는 평범하지 않은 정서를 가지고 있었다고 합니다. 그래서 부모님께서는 제가 도시보다는 자연환경이 좋은 시골 마을에서 성장하는 것이 제 성격을 밝게 고치는 데 도움이 될 것으로 판단해서 작은 시골 마을에 정착하셨고, 어머니께서는 치과 진료와 더불어 지역영세민과 장애인을 돕는 의료 봉사활동을 하셨습니다. 그런 바쁜 생활 중에도 우리 가족은 여행을 많이 다녔는데, 그것은 낯선 환경과 넓은 세상에서 나의 위치를 발견하라는 어머니의 교육철학 때문이었습니다. 두 달간 가족이 미국대륙을 횡단한 일과 인도의 오지를 탐험한 배낭여행의 기억은 힘든 일이 있을 때 저에게 신선한 힘을 주곤 합니다.

아버지의 교환교수 근무로 미국에서 생활할 때 일입니다. 제가 다니던 초등학교 3학년 학급에 다운증후군을 가진 브렌트 라텔이라는 친구가 정상인 친구들과 함께 수업을 받고 있었습니다. 영어가 유창하지 않았던 당시의 저는 그 친구에게 더 감정의 교감을 느낄 수 있었기에 서로 묵언의 우정을 쌓아 가기 시작했습니다. 그 친구를 돕는 저의 행동을 통해 우정에는 언어의 우월감이나 문화의 서열이 없다는 것을 다른 친구들도 공감하여 반 친구들과 빠르게 친해질 수 있

었습니다. 짧은 2년이지만 오랜 외국생활을 한 아이 못지않게 잘 적응할 수 있었고, 국제 사회에서 사고의 자유와 개방성을 배웠으며, 남에게 다가가서 먼저 마음을 여는 자신감이 생겼습니다. 국내에 돌아와 중학생이 되어서도 저는 3년 내내 학급의 지적 장애인을 돌보는 봉사활동을 하였는데 그것은 어릴 때부터 동생을 돌보며 모범이 돼야겠다는 노력이 영향을 준 것 같습니다.

　고등학생이 된 지금 저는 누구보다도 밝고 긍정적이며 책임감이 강하다고 자부합니다. 또한 작은 일에는 쉽사리 도움을 받거나 의존하지 않으며 어려움이 있어도 포기하지 않고 끝까지 해내는 제 자신에게 보람을 느낍니다.

5. 고등학교 재학 기간 또는 최근 3년간(단, 초등학교, 중학교 재학 기간 제외) 읽었던 책 중 자신에게 가장 큰 영향을 준 책을 3권 이내로 기술하여 주십시오.

▸ '선정 이유'는 도서별로 띄어쓰기를 포함하여 500자 이내로 작성해야 합니다.

▸ '선정 이유'에는 단순한 내용 요약이나 감상보다는 읽게 된 계기, 책에 대한 긍정적 또는 부정적 평가, 이 책이 자신에게 준 영향을 중심으로 기술하면 됩니다.

1) 정신과 의사의 콩트(프랑수아 를로르 저, 북하우스)

　정신과 의사에 대해 관심이 많을 때, 저는 이 책을 검색하게 되었습니다. 각 환자와의 만남부터 치료과정까지 이야기식으로 풀어 나간다는 책의 논평을 보고 '바로 이 책이다!'라는 생각이 들었습니다. 이 책은 자폐, 조울증, 정신분열증, 광장공포증, 거식증과 같은 증상을 보이는 환자들의 사례를 제시한 후 환자의 질환에 대해 여러 가지 해석 방법과 현재까지 알려진 바들에 대해 설명하고 있습니다. 이 책에서 자폐아 뤽 이야기를 가장 재미있게 읽을 수 있었습니다. 생각보다 자폐 증상이 다양하다는 것과 주변의 노력을 통해 고칠 수 있다는 것이 흥미로웠습니다.

　하지만 책을 읽을수록 '정신 현상'에 대해 아직 밝혀진 바가 많지 않다는 것을 실감했습니다. 물론 제가 바라는 참된 의사의 모습은 환자와의 잦은 접촉과 대화를 통해 자율적인 심리치료를 제공하는 것이었지만, 의학이 과학의 도움 없이는 이루어질 수 없다는 점에서 어떤 학문이 나에게 필요한 준비 과정인지에 대해 생각하게 되었습니다.

2) 하리하라의 생물학 카페(이은희 저, 궁리)

학교에서 정기 구독하는 독서평설에서 맞춤아기에 관한 코너를 읽게 되었는데, 이는 '생물학 카페'의 일부였습니다. 몰리라는 불치병을 앓는 누나를 위해 태어난 아기 애덤은 여러 배아 중에서 선택적으로 태어난 아기라는 점에서 맞춤아기의 윤리적 문제가 되었습니다. 시험관 아기가 유전적 질환 치료의 극한 상황에는 필요하겠지만 선택받지 못한 배아의 처분은 엄연한 살인이라 생각합니다. 또한 생명의 탄생 역시 순수한 모태에서 비롯된 것이라야 그 존엄성의 절대가치를 가질 수 있다고 생각됩니다.

이 책을 읽고 진정한 과학인이 되기 위해선 실험과 창조에만 그치는 것이 아니라, 우리의 삶에 미치는 영향까지 고려해야 하고, 비판적 사고를 할 줄 알아야 한다고 느꼈습니다. 그리고 예전에는 기술 발전, 과학적 발견은 내가 감히 범접할 수 없는 수준이라 여겨 왔었는데, 이 책은 비판적 사고를 통해 불편함을 개선하고자 하는 의지를 가지면 좋은 과학자가 될 수 있다는 자신감을 제게 심어 주었습니다.

3) 인간과 유인원, 경계에서 만나다(진주현 저, 김영사)

1학년 도덕 수행평가를 통해 이 책을 접하게 되었습니다. 이 책은 고고학자인 루이스 리키와 침팬지의 어머니라 불리는 제인 구달의 생애와 업적에 관한 이야기입니다. 이들은 현재의 인간을 이해하기 위해 화석 인류를 찾아다니거나 침팬지와 자연에서 생활하는 등 자기 일에 끈기와 열정을 보입니다. 자신이 좋아하는 일이었기에 오지에서 생활해야 했음에도 불구하고 그 일에 일생을 바칠 수 있었던 그들의 모습을 통해 저는 저의 현재 생활과 미래에 대해 다시 한번 생각해 보게 되었습니다. 특히 당시 여성의 사회적 제한에도 자신이 좋아하는 일에 헌신하고 결국 그 공로를 인정받은 제인 구달을 보면서 간절히 원하면 무슨 일이든 해낼 수 있다는 자신감을 얻을 수 있었습니다. 처음엔 인류학이란 단어가 매우 생소했지만 문과 성향을 가지고도 이과 공부를 즐기는 저에게, 인류학 역시 인간을 인문사회적 방법과 자연과학적 방법으로 통합 연구하는 학문이라는 점에서 매우 친숙해졌습니다.

사례5

1. 지원동기와 진로 계획을 중심으로 서울대학교가 지원자를 선발해야 하는 이유를 기술하여 주십시오.

▶ 띄어쓰기를 포함하여 1,000자 이내로 작성해야 합니다.

중학교 때까지만 해도 저에게 공부란 흥미 없는 장난감에 불과했습니다. 대학은 물론 수능에 대해서도 진지하게 생각해본 적이 없었습니다. 집이 대치동에 있어 주변에 널린 게 학원인데도 잘 다니지 않았고, 고등학교도 적당히 지역고에 가겠지라는 생각을 했습니다. 하지만 지방의 기숙사 고등학교에 진학하게 되면서 학업에 큰 관심이 없던 저에게 인생의 전환점이 찾아왔습니다. 고등학교 입학 전 선수학습 당시 같은 반에 배정되었던 친구들은 중학교 생활을 헛되이 보낸 저와 달리 모두 확실한 목표를 갖고 자신의 꿈을 향해 나아가고 있었습니다. 그 모습을 보고 저는 '아, 내가 인생을 정말 헛살았구나'라는 생각을 하게 되었고, 그때부터 꿈을 찾기 위한 진정한 공부를 시작하였습니다.

사실 제가 재료공학 분야에 관심을 가지게 된 것은 정말 사소한 계기 하나였습니다. 고등학교 1학년일 때 극세사 이불이 유행했는데 어머니께서 기숙사 침대에다가 그 이불을 가져다주셨습니다. 그 이불이 처음 손에 닿았을 때 '아, 이런 느낌을 가진 소재도 있구나!' 하며 감탄하였고 이런 소재는 어떤 연구과정을 통해 어떻게 만들어지는지에 대해 호기심을 갖게 되었습니다. 이후 관심을 가지고 소재에 관련된 인터넷 기사나 신문기사, 책 등을 찾아보았고, 이 분야로 저의 진로를 굳힐 수 있었습니다.

밑에서도 언급하겠지만 저에게는 건선이라는 피부병이 있습니다. 이런 장애물이 재료공학 관련 분야에 대한 진로 계획을 설계하게 해준 중요한 계기가 되었습니다. 피부병을 앓으면서 몸에 가까이 닿는 소재인 섬유에 민감해졌고 관심을 갖고 관찰하게 되었습니다. 제 꿈은 현대 사람들이 많이 겪고 있는 피부병에 도움을 줄 수 있는 섬유와 소재를 개발하는 것입니다. 그러기 위해서 지금보다 더욱 높은 차원의 공부를 해 대학원이나 기업체의 연구원이 되어 신소재 개발을 통해 사람들의 고통을 덜어 주고 싶습니다. 1% 부족한 99%가 아닌 100%의 자신을 완성시키고, 나라를 위한 인재가 되기 위해 서울대학교의 교육이 필요합니다.

2. 고등학교 재학 기간 또는 최근 3년간(단, 초등학교, 중학교 재학 기간 제외) 지적 호기심을 가지고 학업능력을 향상시키기 위해 노력한 내용을 기술하여 주십시오.

▶ 띄어쓰기를 포함하여 1,000자 이내로 작성해야 합니다.

'고등학교에 들어와 공부해서 스펙을 쌓는 것이 아니라 중학교 때 공부한 것을 토대로 고등학교에서 스펙을 쌓는 거다'라는 말은 제가 고등학교에 들어와 뼈저리게 실감한 현실입니다. 우리 학교 학생들의 경우 중학교 때 높은 수준의 수학, 과학 교육을 받고 들어온 아이들이 많아 교내 경시대회에서 상을 받는 것이 도대회에서 상을 받는 것보다 어려운 수준입니다. 그래서 전 현재 제 실력의 부족함을 인정하고 대외적으로 보이는 것보다 자신의 기준에서 만족스러운 학업능력을 갖추자고 마음먹었습니다.

2학년 중반부터 하락하던 수학 모의고사 성적 때문에 2학년이 끝날 즈음엔 수학에 대한 자신감이 많이 떨어져 있었습니다. 모의고사를 볼 때마다 수리 시간이 두려웠고, 항상 결과는 만족스럽지 않았습니다. 더 이상 이러면 안 되겠다는 생각을 하고 2학년 겨울방학부터 스터디 플래너를 사용하기 시작했습니다. 그동안 무심코 버려 왔던 자투리 시간을 활용해 수학문제를 풀며 확실하지 않은 개념을 바로잡고 체계적으로 공부해 나갔습니다. 겨울방학이 끝날 즈음 자신감을 얻게 되었고, 3학년 3월에 보게 된 전국연합에서 수리 1등급을 맞는 기쁨을 맛보았습니다. 여기에 안주하지 않고 그 후로도 더욱 열심히 수학을 공부해, 6월 평가원 모의고사 때 수리 100점을 맞는 쾌거를 거두었습니다.

우리 학교에는 과학을 잘하는 아이들이 정말 많습니다. 화학도 예외는 아니라 저는 3학년 1학기 내신에 큰 기대를 걸지 않았습니다. 3학년이 되어 화학 II 공부를 하게 되면서 비록 수능과목 선택자는 아니지만 앞으로의 진로를 위해서 꼭 필요하다는 생각에 수업에 성실히 임하였고, 내신과 수행평가 대비도 다른 아이들보다 더 열심히 하였습니다. 수업 교재를 반복하여 읽어 보고 선생님께 질문하고 기출문제도 풀다 보니 어느새 성적과는 무관하게 새로운 지식을 습득하는 것에 몰두하고 있는 저를 발견했습니다. 그러다 보니 공부의 진도도 자연스레 나아가게 되었고, 1학기 내신도 만족스러운 성과를 얻을 수 있었습니다.

3. 고등학교 재학 기간 또는 최근 3년간(단, 초등학교, 중학교 재학 기간 제외) 학내외 활동 중 가장 의미가 있다고 생각하는 활동을 3개 이내로 기술하여 주십시오.

▶ 학교생활기록부에 기록되어 있지 않은 내용은 반드시 증빙서류를 첨부해야 합니다.

▶ '의미 있는 이유'는 활동별로 띄어쓰기를 포함하여 700자 이내로 작성해야 합니다.

▶ '활동기간' 및 '활동횟수' 기재 예시: 2011년 3월~2012년 5월(총 1년 2개월) 주 2회, 2011.03.02~2011.03.20(총 19일)/활동횟수(수시), 2011년 4월 20일/활동횟수(1회)

1) 노벨 과학 에세이 대회

고등학교 2학년 중반에, 화학 선생님의 소개로 노벨 과학 에세이 대회라는 것에 대해 알게 되었습니다. 곧 흥미가 생겨, 노벨 과학 에세이 교내 대회에 지원해 보기로 마음먹었습니다. 현재까지 노벨상을 받은 수많은 과학자 중에서 한 사람을 골라 주제를 정하기란 쉽지 않았습니다. 워낙 생소한 과학자들도 많았으며, 연구 주제도 제가 모르는 분야가 많았습니다. 하지만 이렇게 주제를 찾아가는 과정에서, 노벨상을 받은 과학자와 그 연구성과에 대해 알게 되는 귀중한 시간을 가졌습니다. 결국 저는 그 당시 외과 수술법에 대한 책을 읽고 알게 된 혈관 카테테르 법을 창시한 공로로 노벨 생리의학상을 받은 베르너 포르스만에 대해 쓰기로 결정했습니다. 초등학교 이후로 글쓰기를 거의 해보지 않은 저로서는 시작부터 험난한 고난의 길이었습니다. 또한, 기숙사 학교라는 공간에 한정되어 있다 보니 자료 찾기가 여간 힘든 게 아니었습니다. 결국 자료는 아쉬운 대로 학교 도서관을 최대한 이용하였고, 인터넷 백과사전을 열심히 찾아가며 한 글자 한 글자 최선을 다해 써내려 갔습니다. 결국 에세이를 완성해 냈을 때의 기쁨은 아직도 잊을 수 없습니다. 비록 미숙하긴 했지만, 혼자 힘으로 써냈다는 사실이 매우 자랑스러웠습니다. '하늘은 노력하는 자를 배신하지 않는다'는 말에 맞게, 저는 대회에서 은상을 수상하는 기쁨을 맛볼 수 있었습니다.

2) 교내 영어 토론 동아리 활동

고등학교 2학년이 되면서 저의 학교 원어민 선생님과 학생들이 공동으로 만든 영어 토론 동아리인 'Agora'에 가입하였습니다. 2주일에 한 번, 영어 특별실에 1, 2학년 동아리원들이 모여 미리 통보되었던 주제를 가지고 영어로 토론을 하였습니다. 주제로는 일상적인 것부터 시사적인 것까지 다양한 문제를 다루었습니다. 또한, 토론을 시작하기 바로 직전에 자신이 찬성팀에 속할지 반대팀에 속할지 알게 되었기 때문에, 양쪽 입장의 관점을 모두 조사해 와야 했습니다. 이로 인해 주제에 대한 편파적인 시선이 아닌, 보다 넓은 시야와 생각을 가지고 토론에 임할 수 있었습니다. 영어토론을 함으로써 영어 구술 능력도 신장되고 어휘능력과 표현능력도 더욱 기를 수 있었으며, 많은 사람 앞에서 떨지 않고 자신의 의견을 확실하게 발표하는 자신감도 얻을 수 있었습니다. 동아리 활동을 하면서 가장 기억에 남았던 활동은 학년 말에 개최된 교내 공개 토론이었습니다. 원래 동아리원들끼리만 모여서 토론을 했지만, 이날만큼은 동아리원 외의 다른 학생들도 저희의 토론을 참관할 수 있었습니다. 여느 때보다 크고 민감한 토론 주제를 다루게 되고, 지켜보는 눈들이 많아 평소 토론 때보다 긴장되었지만, 그때까지 쌓아온 토론실력을 발휘해 큰 실수 없이 토론을 마무리했습니다. 이 영어 토론 동아리 활동은 저의 영어실력 그리고 자신감을 길러준 유익한 시간이었습니다.

3) UNIST 캠프

고등학교 2학년 겨울방학이 시작되기 직전, 학교로 UNIST에서 겨울 캠프를 실시한다는 공문이 와 제가 학교 대표 격으로 참가하게 되었습니다. 전국 단위로 주최하는 캠프라 전국 각지에서 온 많은 아이들을 만나볼 수 있어, 또래의 아이들과 관심 분야에 대해 소통하고 의견을 나누며 사회성을 기르는 의미 있는 시간을 가질 수 있었습니다. 캠프 프로그램 중 한 가지 인상 깊었던 프로그램은 면접 체험이었습니다. 최근 들어 대학입시가 수시로 많이 바뀌고 있고 입학사정관제도도 증가하는 추세여서, 그것을 대비하는 차원에서 실시된 프로그램이었습니다. 입학사정관 두 분 앞에서 질문에 대답하며 면접이 어떤 방식으로 시행되는지, 답을 할 때 어떠한 태도를 취해야 하는지 알 수 있게 된 좋은 경험이었습니다. 또 다른 기억에 남는 프로그램은 학교 탐방입니다. 6개의 계열로 나누어진 학부 건물을 견학하며 보게 된 최첨단 연구 설비와 환경은 제 가슴을 뛰게 하였고 '아, 나도 언젠가는 저러한 연구시설들이 있는 환경에서 연구해 보고 싶다'는 생각이 들게 하였습니다. 이처럼 2학년 말에 다녀온 이 캠프는 제 꿈에 다시 한 번 기름을 부어 주어 더 타오를 수 있게 해준 계기가 되었고, 3학년 때 힘든 시기에 좀 더 참고 앞으로 한 발짝 더 나아갈 수 있게 해준 원동력이 되어준 의미 있는 캠프였습니다.

4. 다음 주제 중 자신에게 해당하는 주제를 선택하여 구체적으로 기술하여 주십시오.

▶ 띄어쓰기를 포함하여 1,000자 이내로 작성해야 합니다.

☑ 자신의 장단점이나 특성
☐ 특별한 성장과정이나 가정환경(생활여건 등)
☐ 고등학교 시절 겪었던 어려움과 그것을 극복하기 위한 노력

제게는 '건선'이라는 피부질환이 있습니다. 태어나서 초등학교 저학년 때까지 없다가 초등학교 4학년 말에 발병한 피부병입니다. 아토피처럼 간지럽지는 않지만, 그와 비슷하게 몸 여기저기에 빨간 반점 같은 것들이 올라오는 병입니다. 외관상 너무 보기 안 좋아 심할 때에는 여름같이 더운 날씨에도 불구하고 긴 바지, 긴팔 옷을 입고 다닐 수밖에 없었습니다. 그 때문에 초등학교 때부터 계속 치료를 받아 왔는데, 이러한 피부병은 난치성 질환이라 쉽게 낫지 않아 감수성이 특히 예민한 사춘기 때는 이것 때문에 많이 힘들었습니다. 그래서 중학교 때 제 소망은 '여름에 반팔, 반바지를 걱정 없이 입어 보기'였습니다. 겨울이 와서 긴팔, 긴 바지를 입게 되어도, 발진 부위에 옷이 스치며 좋지 않은 영향을 줍니다. 고등학교 1학년 겨울방학과 2학년 여름방학 때는 학업을 진행하기 힘들 정도로 심해져서 다른 아이들처럼 학교에 남아 있지 않고 집에 머무르면서 치료를 받는 수밖에 없었습니다. 지금은 많이 호전되었지만 현재까지 계속 대학병원을 다니면서 느낀 바가 많습니다. 저 말고도 치료를 받으러 오는 사람들 중에는 아기들도 많이 있는데, 3~4살 아이들도 있지만 정말 태어난 지 6개월도 되지 않은 신생아들도 많습니다. 치료를 받으면서 우는 아이들을 보면서 '저 아이들은 무슨 죄를 지었기에 저런 고통을 받나, 부모님은 얼마나 가슴이 아플까' 하는 생각을 많이 하였습니다.

흔히들 지금은 융합과학기술의 시대라고 합니다. 오로지 자신의 전공 분야 하나에만 전념하는 사람은 너무나도 빠르게 변화하는 시대에 따라가지 못합니다. 저는 재료공학과에 들어가, 소재나 재료 관련만 공부할 것이 아니라 생체의학 분야도 공

부하여, 저처럼 피부질환으로 고생하는 사람들을 위한 섬유 소재를 개발하고자 합니다. 요즈음 환경적 요인으로 인해 아토피 같은 피부질환을 갖고 태어나는 아이들이 많은데, 이러한 아이들과 그 외에도 다른 피부질환을 갖고 있는 사람들의 고통을 조금이라도 덜어 주고 싶습니다.

5. 고등학교 재학 기간 또는 최근 3년간(단, 초등학교, 중학교 재학 기간 제외) 읽었던 책 중 자신에게 가장 큰 영향을 준 책을 3권 이내로 기술하여 주십시오.

> ▶ '선정 이유'는 도서별로 띄어쓰기를 포함하여 500자 이내로 작성해야 합니다.
>
> ▶ '선정 이유'에는 단순한 내용 요약이나 감상보다는 읽게 된 계기, 책에 대한 긍정적 또는 부정적 평가, 이 책이 자신에게 준 영향을 중심으로 기술하면 됩니다.

1) 나는 신기한 물질을 만들고 싶다(김도연 · 조욱 저, 랜덤하우스)

고등학교 2학년 때, KIMS 재료연구소에서 주최하는 소재 공모전 공모 글을 작성하기 위해 학교 도서관에서 책을 찾던 도중 접하게 되었던 책입니다. 현재 계속 나오고 있는 신소재들 외에 이전에도 계속 존재했던 소재들에도 관심이 있던 저에게 충분히 흥미를 줄 만한 책이었습니다. 비록 오래전에 나온 책이긴 하지만 기숙사 고등학교라서 타 아이들에 비해 지식 획득에 제한이 많았던 저에게 이 책은 큰 도움이 되었습니다. 단순히 재료의 특성과 성질에 대해서만 나열해 놓은 것이 아니라 재료공학의 기술과 원리, 그리고 기술의 응용방향까지 알기 쉽게 제시해 주어 재료 공학 분야로 진로를 생각하고 있는 저에게 진로 계획과 방향을 다시 한번 더 구체적으로 생각할 수 있게 해준 의미 있는 책입니다.

2) 진실을 배반한 과학자들(윌리엄 브로드 · 니콜라스 웨이 저, 김동광 역, 미래M&B)

3학년 영어 수업시간에 선생님께서 나누어 주신 지문을 읽다가 '리센코 이론'이라는 학설을 접하게 되었습니다. 이론에 대한 설명이 나와 있지 않아 궁금하여 인터넷을 찾아보다가 이 책을 알게 되었습니다. 제목에서도 알 수 있듯이,

이 책은 과학자들이 어떻게, 왜 진실을 기만해 왔는지와 현대과학의 양면에 대해 낱낱이 파헤치고 있습니다. 책의 저자는 마지막에 '모든 과학의 전통적 과학관은 제대로 작동하지 않는다'고 결론짓습니다. 현대에 들어와서 과학은 막대한 자본 없이는 연구를 지속할 수 없게 되었고, 그 결과 순수한 목적으로 연구를 하지 않는, 실적 만연주의의 과학 사회가 되어 버리고 말았습니다. 이 책은 제가 현대과학의 구조적인 문제와 과학자들이 갖추어야 할 윤리의식에 대해 생각해 보게 해주었습니다. 작은 계기로 읽게 되어 제게 큰 깨달음을 준 이 책은, 미래에 제가 연구원이 된다면 취해야 할 태도 등에 대해 깊이 성찰할 수 있게 해준 소중한 책입니다.

3) 앵무새 죽이기(하퍼 리 저, 박경민 역, 한겨레)

남아공에 있던 초등학교 6학년 때, 영어 선생님의 권유로 읽게 되었던 책입니다. "To kill a Mocking bird"라는 제목으로 접한 이 책은 당시 제가 어리고 영어로 읽어서였는지 몰라도 1930년대 미국이 이랬구나 정도밖에 생각하지 않았던 걸로 기억합니다. 고등학생이 되어 거실 책장에 있는 '앵무새 죽이기'가 동일 제목의 소설임을 알게 되었고 다시 읽어 보게 되었습니다. 두 번째로 읽은 소설은 새로웠습니다. 어린 주인공의 때 묻지 않은 시선으로 본 근대 미국의 인종차별의 실상은 저에게 신선한 충격으로 다가왔고, 백인임에도 불구하고 흑인을 변호하기 위해 홀로 투쟁하는 주인공 아버지의 모습은 감동을 넘어 존경스러웠습니다. 다시 읽고 난 후 무지개 나라라고 불리지만 인종차별이 잔존하는 남아공에서, 선생님이 이 책을 권하신 이유를 깨닫게 되었습니다. 이 책은 저에게 인종차별뿐만이 아니라 어떠한 다른 종류의 차별이 제 안에 자리 잡고 있지 않은지 반성하게 해준 책이었습니다.

사례 6

1. 지원동기와 진로 계획을 중심으로 서울대학교가 지원자를 선발해야 하는 이유를 기술하여 주십시오.

▸ 띄어쓰기를 포함하여 1,000자 이내로 작성해야 합니다.

아픈 기억이 많았던 어린 시절에 의사 선생님은 믿음과 동경의 대상이었고, 그 때문인지 의대 진학이라는 목표를 세우고 고등학교에 입학하였습니다. 그러나 2학년이 되어 과학 탐구 대회에 참여하여 과학실험을 2달여간 체험하면서 하루하루가 즐겁고 행복했던 경험을 하게 되었습니다. 요오드 시계반응 실험을 할 때 예상했던 것보다 용액의 변색반응이 순식간에 일어나서 시간 측정에 실패하여 똑같은 실험을 3번이나 반복하며 긴장 속에 실험을 했던 일, 물리 실험을 할 때 단진자 실험을 하는데 중력가속도 값이 이론값보다 크게 나와서 패닉에 빠졌던 일 등 이론으로만 공부했던 사실들을 눈으로 보고 느끼면서 체험했던 과학의 신비로움은 저를 깊이 빠져들게 했습니다.

대회가 끝난 후, 저는 다시 한번 하고 싶은 일이 무엇이며 어떤 삶을 살고 싶은지 생각하게 되었고 고민 끝에 제가 평생 즐겁게, 잘할 수 있는 일은 과학 분야에서 새로운 사실들을 탐구하고 연구하는 일이라는 결론을 내렸습니다.

그 후로는 수학, 과학 분야의 학업에 열중하였습니다. 화학과 생물에 관한 심화내용을 학습하기 위해 화학 생물 토론 동아리 '띵커스'를 만들어 친구들과 함께 주체적으로 공부하였고, 특히 중학교 때부터 관심을 가졌던 분자생물학과 유전학에 대해 연구하고 싶었기에 관련된 책을 읽고 'ted'의 유전자에 대한 강의를 듣는 등 전공 분야 이해에 많은 노력을 하였습니다.

대학에 진학한 후에는 과목에 편중 없이 공부하여 학문의 기초를 닦고 제가 연구하고 싶은 분자생물공학에 대해 마음껏 공부할 생각입니다. 유전자는 미래에 많은 사람을 질병에서 벗어나게 할 열쇠라고 생각합니다. 게놈 프로젝트가 완료되었지만 아직 프로테오믹스 프로젝트를 비롯한 유전자 발현과 조절에 관한 연구는 갈 길이 멀기에 국내외에서 바이오칩과 유전자 발현 억제를 이용한 신약 개발, 유전자 치료를 통한 난치병 치료 분야에서 연구하고 싶습니다. 그동안 키워온 저의 꿈과 탐구심이 많은 이에게 희망이 되는 그날까지 노력하는 과학자로 최선을 다할 것입니다.

2. 고등학교 재학 기간 또는 최근 3년간(단, 초등학교, 중학교 재학 기간 제외) 지적 호기심을 가지고 학업능력을 향상시키기 위해 노력한 내용을 기술하여 주십시오.

▶ 띄어쓰기를 포함하여 1,000자 이내로 작성해야 합니다.

고등학교 생물1, 2는 교과내용이 과정보다는 결과 중심으로 서술되어 있어 늘 의문점이 많았습니다. 평소 궁금한 것이 있으면 적어 두고 고민하며 스스로 관련 도서를 찾아 답을 얻어 내고 풀리지 않는 것은 선생님께 여쭤 보는 공부를 해 왔기에 생물 또한 꾸준히 일반 생물학과 인터넷을 참고하여 궁금한 부분을 채워 나갔습니다. 가장 기억나는 것은 3학년 때 생물경시를 공부하면서 겸형적혈구빈혈증에 대해 공부한 것입니다. 친구들과 함께 경시대회 문제를 풀다가 아프리카에서는 겸형적혈구 헤테로인 사람의 빈도가 높고 그 이유가 겸형적혈구가 말라리아에 대한 저항성을 갖기 때문이라는 것을 알게 되었습니다. 그러나 어떻게 헤테로가 겸형적혈구를 가질 수 있는지 이해되지 않아 궁금증을 풀기 위해 인터넷을 찾아보다 겸형적혈구빈혈증은 헤테로는 산소가 희박한 경우 정상 적혈구가 겸형적혈구로 바뀐다는 사실을 알았습니다. 그런데 이것은 제가 알고 있던 우성, 열성의 개념과 맞지 않았고 또, 정상인 적혈구가 어떻게 특별한 상황에서 겸형적혈구로 바뀔 수 있는지도 의문이었습니다. 혹 특별한 환경이 열성 유전자의 발현을 촉진하는 것은 아닐까라는 생각을 해보았지만 추측일 뿐 선생님께 대학서적을 빌리고 RISS에서 관련 논문을 찾아봐도 제가 알고 싶은 내용을 찾을 수 없었습니다. 고민 끝에 고려대, 한양대를 비롯한 여러 교수님께 메일을 보냈지만 겸형적혈구를 연구하는 분이 계시지 않아 질문의 답을 얻을 수 없었습니다. 그 후 외국 사이트를 검색하여 자료를 찾고 다시 연세대 교수님께 메일을 보낸 끝에 궁금증을 풀 수 있었습니다. 오랜 노력 끝에 쌓은 지식들은 값진 것이었고 저에게 성취감과 함께 탐구하는 즐거움을 알게 했습니다. 또한 능동적으로 의문을 갖고 스스로 그 의문을 해결하는 공부를 꾸준히 하면서 과학적 추론 능력, 탐구력도 신장되었고 전체적인 현상을 이해하는 힘도 기르게 되었습니다. 덕분에 교내 생물경시대회에서 2학년 때 은상, 3학년 때 금상을 받았고 도대회에서도 동상을 받는 좋은 결과를 얻을 수 있었습니다.

3. 고등학교 재학 기간 또는 최근 3년간(단, 초등학교, 중학교 재학 기간 제외) 학내외 활동 중 가장 의미가 있다고 생각하는 활동을 3개 이내로 기술하여 주십시오.

▶ 학교생활기록부에 기록되어 있지 않은 내용은 반드시 증빙서류를 첨부해야 합니다.

▶ '의미 있는 이유'는 활동별로 띄어쓰기를 포함하여 700자 이내로 작성해야 합니다.

▶ '활동기간' 및 '활동횟수' 기재 예시: 2011년 3월~2012년 5월(총 1년 2개월) 주 2회, 2011.03.02~2011.03.20(총 19일)/활동횟수(수시), 2011년 4월 20일/활동횟수(1회)

1) 교내 동아리 '띵커스' 활동

화학, 생물의 심화학습을 위해 동아리 띵커스를 만들며 두 가지 의미를 담았습니다. 첫째 'think us'는 세상의 모든 사람을 생각하자는 의미로 장래에 각자 원하는 자리에서 일하게 되었을 때 고등학교 때 순수한 열정을 가지고 노력했던 우리를 기억하고, 세계의 많은 사람에게 도움을 주는 사람들이 되자는 뜻이고 두 번째 'Thinkers'는 주체적으로 생각하고 함께 토론하며 발전해 가는 사람이 되자는 의미입니다.

저희는 4개 조(줄기세포, 유전자재조합, 약물, 암)로 나누어 내용을 발표하고 토론하는 활동을 하였는데 저희 조에서는 유전자 재조합의 메커니즘과 미래에 대해 발표하였고 맞춤형 아기와 유전정보의 상용화에 대해 토론하였습니다. 2주 동안 발표를 준비하며 궁금한 내용에 비해 자료가 충분하지 않아 답답한 적도 있었지만 담당 선생님께 전공 서적을 빌리고 관련 자료를 인터넷에서 검색하는 등의 노력을 통해 스스로 배워 가는 즐거움을 알게 되었고 미래에 하고 싶은 연구에 대해 구체적으로 생각하는 계기가 되었습니다. 또한 다른 조의 발표를 통해 암을 통한 암의 치료 가능성, 하이브리도마에 대해 흥미를 느끼고 조사하는 등 동아리 활동을 하며 지식의 폭도 넓히게 되었을 뿐만 아니라 함께 생각을 나누며 더 넓은 시야를 갖게 되었고 타인의 의견을 수용하는 방법 또한 배웠습니다. 동아리 활동은 저에게 많은 것을 가르쳐준 소중한 시간이었습니다.

2) 다문화 어린이 고아원 '어린이 샘터' 봉사활동

2학년 초, 고향에 다문화 어린이 고아원이 있다는 것을 알게 되어 친구 아버님께 부탁드려 '어린이 샘터'를 방문하게 되었습니다.

어린이 샘터에는 30평 남짓한 집에서 원장님 한 분께서 11명의 아이들을 돌보고 계셨습니다. 원장님께서는 저에게 아이들에게 공부, 진로에 관한 멘토링을 부탁하셨고 그 후 한 달에 한 번씩 귀가할 때마다 친구와 함께 찾아가 고학년 아이들에게는 국어, 영어, 수학 수업을 했고 장래희망이나 가장 행복한 일에 대한 이야기를 나누었습니다. 또 어린아이들과는 함께 자전거를 타고 원장님께 혼날 정도로 같이 물놀이를 하면서 초등학생처럼 신 나게 놀았습니다. 갈 때마다 항상 환한 얼굴로 반겨 주고 먼저 다가와서 품에 안기는 아이들을 보면서 저도 마음이 깨끗해지는 것을 느꼈습니다.

가장 마음이 아팠던 것은 헤어질 때가 되면 가지 말라는 말은 못 하고 다음에 꼭 다시 오라는 말을 하는 아이들의 모습이었습니다. 자주 방문하다 보니 자연스레 아이들과 정을 붙이게 되었고 함께 수영장도 가고 추석에는 송편도 빚는 등 추억을 많이 만들었습니다.

'어린이 샘터' 봉사활동을 통해 봉사활동은 단지 주는 것이 아니라 함께 행복해지는 것이라는 걸 알았고 작은 봉사지만 실천함으로써 저 또한 행복해짐을 느껐습니다. 대학생이 되어서도 이 소중한 인연을 계속 이어가 저로 인해 아이들이 조금이라도 행복해질 수 있도록 노력할 것입니다.

3) 교내 합창 경연 대회

매년 학교행사로 학급 전체가 참여하는 합창경연대회는 반 친구들과 마음을 모을 수 있는 경험이었습니다. 처음에 자유곡을 선정할 때나 파트를 정할 때 각자의 의견이 맞지 않아 어려움이 있었습니다. 또한 정해진 연습시간이 따로 없어서 1시간의 식사시간을 쪼개 밥을 먹고 연습을 해야 했기에 체력적으로도 힘들었습니다. 그러나 고교시절의 마지막 합창대회라는 생각에 다 같이 힘을 합쳤습니다. 맞지 않았던 화음이 점점 맞아 가고 곡이 완성되어 감에 따라, 힘들지만 함께 노래 부르는 시간이 행복했습니다. 처음에 계속 목소리가 튀어서 노래 부르는 걸 꺼렸던 친구와 기숙사 샤워실에서 샤워를 하면서 함께 음을 맞추고 호실원 6명이 자기 전에 침대에 누워서 노래를 하다 사감 선생님께 벌점을 받고도 키득거리며 다시 소곤소곤 노래하는 등 즐거운 추억을 만들며 대회를 준비했습니다.

합창대회 날 모두 떨리는 마음으로 무대 위에 섰고 그동안 열심히 노력했던 만큼 한마음으로 노래하여 우리 반이 금상을 받았습니다. 노래가 끝나고 내려오면서 왜 학교에서 합창대회를 50년 동안 열어 왔는지를 알게 되었습니다. 한목소리로 모아지는 마음들이 예전보다 끈끈한 반의 우정을 만들었고 그 힘으로 함께 힘든 일도 헤쳐 나갈 수 있는 원동력이 만들어졌습니다.

그런 의미에서 합창대회는 제게 협동심을 알게 해준 좋은 경험이었고 친구들과의 돈독함을 더 견고히 해준 고마운 대회였습니다.

4. 다음 주제 중 자신에게 해당하는 주제를 선택하여 구체적으로 기술하여 주십시오.

▶ 띄어쓰기를 포함하여 1,000자 이내로 작성해야 합니다.

- ☐ 자신의 장단점이나 특성
- ☑ 특별한 성장과정이나 가정환경(생활여건 등)
- ☑ 고등학교 시절 겪었던 어려움과 그것을 극복하기 위한 노력

저는 부모님께서 맞벌이를 하셔서 중학교 때까지 조부모님께서 저를 키워 주셨습니다. 특히 저희 아버지를 비롯한 다섯 자녀를 모두 교사로 길러 내신 할아버지께서는 제게 올바른 길을 알려 주신 분이셨습니다. 늘 관대하셨지만 제가 거짓말을 하거나 약속을 어기면 여지없이 회초리를 드셨고 제가 잘못했다고 인정하는 만큼 종아리를 때리셨습니다. 맞을 때는 할아버지가 미웠지만 그런 할아버지의 가르침 덕분에 저는 신뢰와 정직함이 무엇보다 중요하다는 것을 자연스레 배웠습니다. 또한 어렸을 적부터 해주신 '남에게 필요한 사람이 되라'는 말씀은 제 마음 깊이 새겨져 저의 가치관이 되었습니다. 할아버지께서는 제게 아빠셨고, 스승이셨으며 중3까지 저와 함께한 사랑하는 할아버지셨습니다.

1학년 여름방학 때, 집에서 할아버지께서 위독하시니 빨리 내려오라는 연락이 왔습니다. 집으로 가는 차 안에서 태어나 처음으로 제발 아무 일이 없기를 간절히 기도했습니다. 그러나 제가 병원에 도착했을 때 할아버지께서는 이미 돌아가신 뒤였습니다. 장례식장에 앉아 정말 많이 울었습니다. 영안실에 내려가 할아버지의 모습을 보고 나서야 할아버지께서 돌아가셨다는 걸 실감했고 이제 다시 할아버지의 따뜻한 말씀도, 인자한 웃음도 보지 못한다는 생각에 무서웠습니다. 학교에 돌아와서도 할아버지의 빈자리가 너무 크게 느껴졌고 마음 한구석이 비어 버린 느낌에 공부에도 집중할 수 없었습니다. 그러나 혼자 자습실에 앉아 열심히 공부하는 모습을 보이는 것이 할아버지께 보답하는 길이라 생각하게 되었고, 2년 뒤 원하는 대학의 합격통지서를 들고 할아버지께 찾아가겠다고 다짐했습니다. 그 뒤 더 치열하게 공부하며 모든 일에 최선을 다했고 그 결과 학년 초보다 대외 모의고사 성적도 많이

상승하였고 모든 것에 긍정적인 자세로 임하다 보니 학교생활도 더욱 즐거워졌습니다. 가장 슬프고 힘든 순간이었지만 그때 얻은 단단한 마음이 고교시절의 어려움을 극복할 수 있는 힘이 되었고 앞으로도 제가 겪을 고비마다 흔들리지 않는 버팀목이 될 것입니다.

5. 고등학교 재학 기간 또는 최근 3년간(단, 초등학교, 중학교 재학 기간 제외) 읽었던 책 중 자신에게 가장 큰 영향을 준 책을 3권 이내로 기술하여 주십시오.

▸ '선정 이유'는 도서별로 띄어쓰기를 포함하여 500자 이내로 작성해야 합니다.

▸ '선정 이유'에는 단순한 내용 요약이나 감상보다는 읽게 된 계기, 책에 대한 긍정적 또는 부정적 평가, 이 책이 자신에게 준 영향을 중심으로 기술하면 됩니다.

1) 생명의 언어(프랜시스 콜린스 저, 해나무)

이 책은 저에게 미래의 꿈을 구체화시켜 준 책입니다. 게놈 프로젝트를 이끈 프랜시스 콜린스는 이미 유전자를 이용한 개인 맞춤 의학이 우리 앞에 와 있음을 명시합니다. 특히 개인 맞춤 약물 투여는 환자들에게 꼭 필요한 것이지만 현재 약물에 대한 유전적 인자들의 연구 불충분, 자료 보급 및 관리 지연 등으로 인해 실행되지 못하고 있습니다. 저는 이 분야의 연구가 약물 부작용으로 인해 고통을 겪는 이들에게 꼭 필요하다고 생각하여 약물유전체학에 대한 연구를 결심하게 되었습니다. 이 분야가 발전한다면 우리는 개인의 DNA 정보를 통해 각자에게 알맞은 약물과 투여량을 알 수 있을 것이고 이것은 의학의 진보를 이끌 것입니다. 저는 이 책을 읽으며 현재 의학과 생화학의 발전을 느낄 수 있었고 마치 새로운 세계에 눈을 뜬듯 의학 혁명에 매료되었습니다. 그리고 의학 혁명의 최전선에서 노력했을 과학자들처럼 저 또한 새로운 연구로 많은 이에게 도움을 주는 과학자로 성장해야겠다고 다짐하였습니다.

2) 생명의 윤리를 말하다(마이클 샌델 저, 동녘)

동아리에서 맞춤형 아기에 관한 토론을 한 뒤, 유전 공학에 관한 윤리적인 부분에 대해 아는 일이 중요하다고 생각하여 이 책을 읽었습니다. 샌델의 '유전자 조작으로 부모가 아이를 디자인하는 것은 도덕적으로 정당한가?'라는 질문은 저에게 유전자를 통한 의학의 윤리적 중요성을 알려 주었습니다. 저는 유전자 조작을 치료 외의 개인적 욕망 추구를 위해 사용하는 것에 반대합니다. 의학이 인간의 존엄성을 해치는 도구로 이용되는 것을 바라지 않기 때문입니다. 어떤 이들은 아이의 지능, 외모 등을 유전자 조작으로 증진시키는 일이 아이의 행복을 위한 일이므로 치료와 맥락을 같이한다고 주장합니다. 그러나 완벽한 인간은 없고 그렇기에 인간은 발전하고 진화하는 것이라 생각하기에 과학의 진보가 완벽에 가까운 개체를 만들어낼 수 있더라도 인간은 인간다움을 지키기 위해 노력해야 한다고 생각합니다. 이 책은 제게 과학 기술의 발전뿐 아니라 사회적인 책임을 생각하는 과학자로서의 자세를 생각하게 했습니다.

3) 시골의사의 행복한 동행 1 · 2(박경철 저, 리더스북)

저자가 만났던 환자들의 에피소드를 엮어 놓은 이 책은 제가 일상에 지쳐 도망가고 싶었을 때 저를 채찍질해 주었습니다. 교통사고 때문에 생사의 갈림길에서 오른쪽 다리를 절단한 27살 커리어우먼이 좌절을 이겨내고 당당하게 미니스커트를 입고 병원에서 나가는 모습, 돈이 없어서 죽어 가는 아이를 바라보며 기도밖에 해줄 수 없는 엄마의 모습 등을 보며 제가 힘들다고 말할 자격이 없다고 느꼈고 세상엔 고통 속에 사는 사람들이 너무나 많은데 안락한 삶을 누리고 있는 제가 부끄러웠습니다. 사실 그들의 고통은 대부분 그들의 탓이 아니고 우리 모두의 책임인데도 우리는 그들을 불쌍하다고만 치부할 뿐 그들에게 가해지는 칼날의 책임을 함께 지려 하지 않습니다. 저는 이 책을 읽으며 타인의 힘겨운 삶에는 무관심하고 사소한 일에 투정 부렸던 저를 반성하고 오늘의 삶을 사는 것에 감사했으며 이제 그들의 고통도 함께 나누는 사람으로 성장해야겠다고 다짐하였습니다.

1. 지원동기와 진로 계획을 중심으로 서울대학교가 지원자를 선발해야 하는 이유를 기술하여 주십시오.

▶ 띄어쓰기를 포함하여 1,000자 이내로 작성해야 합니다.

저는 어릴 때부터 막연히 의사가 되기를 꿈꿔 왔습니다. 숙모와 할아버지께서 암으로 돌아가신 후 쉽게 치유되지 않는 병을 앓고 있다는 것이 환자 자신뿐 아니라 가족 모두를 얼마나 힘들게 하는지 알았고, 이러한 사람들에게 웃음과 희망을 주는 의사가 되고 싶었습니다. 의사가 되기 위해 생물은 중요하다고 생각했기에, 저는 어느 과목보다 생물 공부를 열심히 했습니다. 하지만 보다 깊이 있는 생물 공부를 위해서는 화학적 지식이 필요할 때가 많았습니다. 생체 촉매인 효소는 화학에서의 반응속도와 연관을 짓고, 포화지방산과 불포화지방산의 차이점은 각각의 화학적 구조를 알면 이해하는 데에 많은 도움이 되었습니다. 이와 같이 화학과 생물이 융합될 때 서로를 이해하는 데에 훨씬 도움이 된다는 것을 깨달았습니다.

그러던 중 서울대학교 화학생물공학부에 대해 알게 되었습니다. 나노입자 응용기술, 줄기세포 기술연구 등 학부 교수님들의 기술개발 활동들이 여러 분야에 새로운 가능성을 열어 주고 있는 모습이 인상 깊었습니다. 다양한 화학물질들은 의공학적으로 많은 역할을 할 수 있었고, 이를 이용해 병의 진단과 치료를 효율적으로 할 수 있는 핵심적인 기술을 제공한다면 이 또한 환자를 살리는 길이라는 것을 알게 되었습니다. 여러 가지 첨단 지식과 기술을 공부함은 물론, 환자들에게도 간접적으로 도움을 줄 수 있는 학부의 모습이 저에게 잘 맞는다고 생각합니다.

제가 서울대학교 화학생물공학부에 진학하게 되면, 그동안 기른 학업능력(내신 계열 5위, 6월 모의평가 1위, 텝스 811점)을 바탕으로 우선 화학과 생물에 대한 깊이 있는 지식을 공부하고, 이 둘의 융합뿐 아니라 다른 공과대학의 학문과 연계될 수 있는 분야까지도 관심을 가지고 공부하고 싶습니다. 이후, 제가 공부한 지식과 기술이 삶의 질 개선은 물론 국가경쟁력 향상에도 기여할 수 있는 분야로 진로를 개척해 나갈 예정입니다. 장차 글로벌 인재로 거듭날 수 있도록 지식, 기술 면은 물론 인성적으로도 노력하고 최선을 다하는 성실한 학생이 되겠습니다.

2. 고등학교 재학 기간 또는 최근 3년간(단, 초등학교, 중학교 재학 기간 제외) 지적 호기심을 가지고 학업능력을 향상시키기 위해 노력한 내용을 기술하여 주십시오.

▶ 띄어쓰기를 포함하여 1,000자 이내로 작성해야 합니다.

저는 어릴 때부터 막연히 의사가 되기를 꿈꿔 왔습니다. 숙모와 할아버지께서 암으로 돌아가신 후 쉽게 치유되지 않는 병을 앓고 있다는 것이 환자 자신뿐 아니라 가족 모두를 얼마나 힘들게 하는지 알았고, 이러한 사람들에게 웃음과 희망을 주는 의사가 되고 싶었습니다. 의사가 되기 위해 생물은 중요하다고 생각했기에, 저는 어느 과목보다 생물 공부를 열심히 했습니다. 하지만 보다 깊이 있는 생물 공부를 위해서는 화학적 지식이 필요할 때가 많았습니다. 생체 촉매인 효소는 화학에서의 반응속도와 연관을 짓고, 포화지방산과 불포화지방산의 차이점은 각각의 화학적 구조를 알면 이해하는 데에 많은 도움이 되었습니다. 이와 같이 화학과 생물이 융합될 때 서로를 이해하는 데에 훨씬 도움이 된다는 것을 깨달았습니다.

그러던 중 서울대학교 화학생물공학부에 대해 알게 되었습니다. 나노입자 응용기술, 줄기세포 기술연구 등 학부 교수님들의 기술개발 활동들이 여러 분야에 새로운 가능성을 열어 주고 있는 모습이 인상 깊었습니다. 다양한 화학물질들은 의공학적으로 많은 역할을 할 수 있었고, 이를 이용해 병의 진단과 치료를 효율적으로 할 수 있는 핵심적인 기술을 제공한다면 이 또한 환자를 살리는 길이라는 것을 알게 되었습니다. 여러 가지 첨단 지식과 기술을 공부함은 물론, 환자들에게도 간접적으로 도움을 줄 수 있는 학부의 모습이 저에게 잘 맞는다고 생각합니다.

제가 서울대학교 화학생물공학부에 진학하게 되면, 그동안 기른 학업 능력(내신 계열 5위, 6월 모의평가 1위, 텝스 811점)을 바탕으로 우선 화학과 생물에 대한 깊이 있는 지식을 공부하고, 이 둘의 융합뿐 아니라 다른 공과대학의 학문과 연계될 수 있는 분야까지도 관심을 가지고 공부하고 싶습니다. 이후, 제가 공부한 지식과 기술이 삶의 질 개선은 물론 국가 경쟁력 향상에도 기여할 수 있는 분야로 진로를 개척해 나갈 예정입니다. 장차 글로벌 인재로 거듭날 수 있도록 지식, 기술 면은 물론 인성적으로도 노력하고 최선을 다하는 성실한 학생이 되겠습니다.

어머니께서 수학 선생님이셔서 어릴 때부터 수학을 좋아했습니다. 학원을 다니지 않고 생활 속에서 어머니께 배우는 수학은 매우 흥미롭고 신기했습니다. 그래서 고등학교 입학 후 수학 동아리(Math-age) 활동에 참여했습니다. 암호, 역설, 그래프 이론 등에 대한 세미나 활동과 교내 '파이데이' 행사는 제가 지속적으로 수학에 관심을 가지게 해주었습니다. 이 밖에도 동아리 선배들이 방학 때 주말마다 해주시는 수업을 열심히 듣고 복습하여, 부족했던 심화학습을 효과적으로 대신할 수 있었습니다. 자습시간에는 문제해결력을 기르기 위해 주어진 문제를 분석하며 관련된 개념을 정리하였고, 쉽게 인터넷 강의나 문제집 풀이에 의존하지 않고 혼자 사고하는 시간을 가졌습니다. 꼬박 3시간 동안 한 문제만 풀어 답을 맞혔던 적도 있고, 학교 수업 내용에서 좀 더 심화된 문제를 1시간 동안 고민하여 풀어내 친구들에게 알려준 적도 있습니다. 이러한 노력 덕분에 어려운 문제를 만났을 때 점차 주어진 시간 내에 고민하여 풀 수 있는 능력을 키울 수 있었습니다. 학교 내신 수학 부문에서 전교 1등을 한 적도 있을 정도로 꾸준히 좋은 내신 성적을 유지하고 있고, 전 학년 동안 수학 모의고사는 계속 1등급을 유지하고 있습니다. 교내 · 외 각종 경시대회에서도 수상하였습니다.

화학은 수학적으로 계산하여 결론을 도출하는 것이 많아 관심을 가지게 되었습니다. 계산을 통해 실생활에서의 반응이 자발적으로 일어나는지 그러지 않는지를 알아보는 것은 정말 신기했습니다. 하지만 관심이 있는 만큼 성적은 오르지 않아 걱정이 많았습니다. 그래서 저는 많은 문제를 풀기보다 같은 문제를 반복해서 풀면서 관련 개념을 정리하는 식으로 공부했습니다. 상대적으로 쉽다고 생각했던 문제도 다른 각도에서 반복해서 풀다 보면 처음에는 발견하지 못했던 문제풀이의 노하우를 발견하는 경우도 있었습니다. 이러한 노력들로 3학년 때는 화학 내신 성적이 많이 향상되었고, 모의고사에서도 꾸준히 안정된 점수를 받고 있습니다.

3. 고등학교 재학 기간 또는 최근 3년간(단, 초등학교, 중학교 재학 기간 제외) 학내외 활동 중 가장 의미가 있다고 생각하는 활동을 3개 이내로 기술하여 주십시오.

▶ 학교생활기록부에 기록되어 있지 않은 내용은 반드시 증빙서류를 첨부해야 합니다.

▶ '의미 있는 이유'는 활동별로 띄어쓰기를 포함하여 700자 이내로 작성해야 합니다.

▶ '활동기간' 및 '활동횟수' 기재 예시: 2011년 3월~2012년 5월(총 1년 2개월) 주 2회, 2011.03.02~2011.03.20(총 19일)/활동횟수(수시), 2011년 4월 20일/활동횟수(1회)

1) 생물 · 화학 동아리 '띵커스' 활동

2학년 겨울방학 때 교내 생물 · 화학 동아리 '띵커스' 활동을 했습니다. 의약품의 작용방식과 부작용에 대해 조사해 친구들에게 알려 주었는데, 특히 에이즈 발병과정과 관련된 치료제의 작용방식이 흥미로웠습니다. 발병과정마다 그 과정을 억제하도록 만들어낸 치료제의 작용과정은 생물학적 지식이 치료에 직접적으로 이용되는 사례를 처음 알아본 것이었습니다.

줄기세포, 암, 유전자 재조합기술 등에 대해서 공부하고 관련 다큐멘터리를 시청하는 과정에서는 줄기세포 기술이 루게릭병, 관절염, 당뇨병 치료 등에 성공적으로 이용되고 있는 사례를 보고 말로만 듣던 생명공학 기술의 유용성을 느껐고, 이러한 기술 발전의 필요성 또한 실감하게 되었습니다. 유전공학의 윤리성과 관련한 토론 과정에서는 개인의 유전정보 보호가 중요하기는 하지만, 개인의 입장만 존중하다 보면 기술 발전을 저해할 수도 있을 것이라는 사실도 깨달았고 따라서 두 가지 입장의 적절한 절충점을 찾을 필요가 있다고 생각하게 되었습니다. 또 장차 다양한 생명공학 기술이 발전함에 따라 이러한 문제점들을 원만하게 해결하는 것이 매우 중요할 것이라고 생각했습니다.

이 밖에도 동아리 활동을 하면서 많은 교과 외의 지식을 얻을 수 있었고, 교과 내용도 더 관심을 가지고 공부하게 되었습니다. 이러한 지식은 제가 3학년 때 충남 생물경시대회에 학교 대표로 출전하여 금상을 수상하는 데에도 많은 도움이 되었습니다.

2) 장애인 복지시설 봉사활동

중학교 시절, 외할머니의 팔순잔치를 대신해 대구의 한 공원에서 할아버지, 할머니 들을 위한 점심준비 봉사활동을 한 적이 있습니다. 생전 처음 해보는 일이라 어색하고 힘들었지만 그동안 느껴 보지 못했던 보람을 느끼고 봉사활동에 솔선수범하여 적극적으로 참여해야겠다는 다짐을 했었습니다. 그래서 고등학교 입학 후, 휴일을 이용해 지체장애인 복지시설 '명주원', '소망공동체'에 정기적으로 방문하기 시작했습니다. 함께 산책하기, 말벗 되어 주기, 식사보조, 목욕시키기 등의 활동을 반복적으로 했으나, 유달리 마음을 열지 않는 어린 친구가 있어 항상 안타까웠습니다. 항상 혼자였고 다가가도 피하기만 했습니다. 그래서 그 이후로는 방문하자마자 그 아이를 가장 먼저 찾아가 노래를 들려주기도 하고, 핸드폰 게임도 같이 하는 등 관심을 가져주자 몇 개월 후에는 환하게 웃으며 저를 반겨 주었습니다. 예전과는 달리 밝게 웃는 그 친구를 보며 봉사활동의 진정한 의미와 보람을 다시 한번 느끼게 되었습니다.

또한, 이 밖에 교내 동아리 'USCF'에서 월드비전을 통한 정기적 아동 후원, 동아리 '나래'의 회원으로 독거노인 방문 등의 봉사활동도 지속적으로 해오고 있습니다.

고등학교 시절 봉사활동의 소중한 경험을 통해 앞으로 사회에 나가서도 꾸준히 봉사활동을 해야겠다고 다짐하게 되었고, 앞으로는 제가 공부한 지식, 기술을 통해 남에게 도움을 주는 사람이 되고 싶습니다.

3) 노벨 과학에세이대회 준비 및 참가

저는 2학년 때, 노벨상을 받은 과학자들의 업적과 과학적 의미를 에세이로 작성하는 교내 노벨 에세이대회에 참가하여 은상을 받은 적이 있습니다. 이후, 한국과학기술한림원에서 주최한 전국 노벨과학에세이대회에 참가하게 되었고, 비록 동상에 그쳤지만 에세이를 작성하고 그 내용에 대해 면접받는 과정에서 많은 것을 얻을 수 있었습니다. 특히 3차 면접 및 시상식 때에는 평소 존경하던 교수님들을 직접 뵙는다는 긴장감에 교수님들의 질문에 만족할 만한 대답을 하지는 못했지만, 에세이 작성 시 책, 인터넷 등으로만 얻은 정보에 대한 오류를 바로잡을 수도 있었습니다. 또한 교수님들의 친절하고 쉬운 설명을 듣고 앞으로 대학에서 훌륭한 교수님들께 많은 가르침을 받으며 공부하고 싶다는 목표를 가지는 계기가 되었습니다.

에세이 작성 중에는 전공 서적을 비롯해 많은 책을 찾아보게 되었는데, 이는 대회가 끝난 후에도 관심 분야에 대해 도서관을 찾아 책을 찾아보는 것으로 이어졌습니다. 시간이 날 때마다 의·생물학 기술과 관련된 기사를 찾아보기도 했습니다. 이러한 활동을 통해 생물 관련 과목을 공부하는 데에 많은 도움이 됨은 물론, 장차 연구하고픈 기술 분야에 대한 관심과 지식 또한 얻을 수 있었습니다.

4. 다음 주제 중 자신에게 해당하는 주제를 선택하여 구체적으로 기술하여 주십시오.

▶ 띄어쓰기를 포함하여 1,000자 이내로 작성해야 합니다.

☐ 자신의 장단점이나 특성
☐ 특별한 성장과정이나 가정환경(생활여건 등)
☑ 고등학교 시절 겪었던 어려움과 그것을 극복하기 위한 노력

우리 학교는 전국 단위로 학생을 선발하기 때문에 학력이 우수한 학생들이 많이 입학하고 있습니다. 저는 중학교 시절 공부, 운동, 피아노 등을 남보다 잘한다고 생각했고, 어쩌면 모든 면에서 우월감에 빠져 있었습니다. 그러나 고등학교에 입학하고 보니 친구들이 공부는 물론 모든 면에서 다재다능하다는 사실을 알고 제 자신에 대해 큰 실망을 한 적이 있었습니다. 특히 1학년 때 치른 첫 중간고사에서 기대에 훨씬 못 미치는 점수를 받고 속상해 울기도 했고, 제 스스로 피아노를 잘 친다고 생각해 교내 합창대회 반주자에 지원했으나 다른 친구에게 반주자를 내주었으며, 중학교 체육대회 때는 줄곧 반 대표 계주 선수로 출전했었으나 고등학교 1학년 때는 이것마저도 출전하지 못했습니다.

이런 일들은 저에게 자괴감과 패배감을 안겨 주었습니다. 하지만 언제까지 여기에 머무를 수 없었고 그럴수록 의욕만 상실한다는 것을 알았습니다. 또한, 이를 극복하지 못하면 더욱 힘든 일이 닥쳤을 때 한 발짝도 앞으로 나아가지 못할 것이라는 생각에 현실을 인정하려고 노력했고, 더 이상 남들과 비교하며 힘들어하는 어리석음은 범하지 않기로 다짐했습니다. 그렇다고 주어진 여건에 무조건 굴복하려 하진 않았습니다. 긍정적이고 적극적인 사고로 최선을 다하자는 마음으로 자신감을 가지고 도전했습니다. 때로는 식사도 거른 채 공부에 몰입했고, 꼼꼼하게 계획을 세우고 그 계획에 따라 교과서를 모두 외울 정도로 열심히 공부한 결과, 몇몇 과목은 100점을 맞을 수 있었습니다. 또한, 교내 활동에도 보다 적극적으로 참여했습니다. 음악 수업 중, 개인 발표시간에 밤새 연습한 피아노 연주를 해서 친구들에게 나를 알릴 수 있었고, 2, 3학년 교내 체육대회 때에는

달리기 및 발야구 선수로 출전하여 저의 기량을 마음껏 펼칠 수 있었습니다. 언제 어디서나 주어진 환경에서 최선을 다하고 밝게 생활하다 보니 친구나 후배, 선생님들과의 관계도 훨씬 가까워졌고 자괴감을 극복하는 경험은 다른 학교생활에 있어서도 큰 도움이 되었습니다.

5. 고등학교 재학 기간 또는 최근 3년간(단, 초등학교, 중학교 재학 기간 제외) 읽었던 책 중 자신에게 가장 큰 영향을 준 책을 3권 이내로 기술하여 주십시오.

  ▶ '선정 이유'는 도서별로 띄어쓰기를 포함하여 500자 이내로 작성해야 합니다.

  ▶ '선정 이유'에는 단순한 내용 요약이나 감상보다는 읽게 된 계기, 책에 대한 긍정적 또는 부정적 평가, 이 책이 자신에게 준 영향을 중심으로 기술하면 됩니다.

1) 이중나선(제임스 왓슨 저, 최돈찬 역, 궁리)

고등학교 1학년 때, 충청남도 과학도서 독후감 쓰기 대회에 학교 대표로 선정되어 출전하였을 때 읽게 된 책입니다. DNA 이중나선의 발견 과정을 생물학자 제임스 왓슨이 일기 형식으로 서술한 책으로, 과학자들 간의 경쟁심 없는 협동연구가 매우 인상 깊었습니다.

왓슨과 크릭은 DNA 구조를 발견하는 과정에서 결정학자 제리 도나휴, 세계적인 생물리학자 로잘린드 프랭클린의 도움을 많이 받았습니다. 특히 프랭클린과 이들은 처음에 사이가 좋지 않았지만 이를 극복하고 DNA 구조에 대한 호기심으로 함께 자료를 공유하며 연구하는 모습이 인상적이었습니다. 또한, 왓슨과 크릭의 강력한 라이벌 라이너스 폴링의 아들 피터 폴링마저도 그들이 DNA 구조를 발견했을 때 진심으로 축하해 주는 모습을 보고 주변의 사람들을 경쟁자로 생각하고 혼자 공부하기를 좋아했던 제 자신을 반성하게 되었습니다. 또한, 동료뿐 아니라 경쟁자들과도 협동연구를 통해 성과를 공유하는 제 모습을 꿈꾸게 되었습니다.

2) 생명과학 교과서는 살아 있다(유영제 · 박태현 외, 동아시아)

이 책은 2학년 겨울방학 때, '띵커스' 동아리 활동을 하면서 우연히 읽게 된 책입니다. 생물에 관심이 많아 생명과학, 생명공학도 재미있는 학문일 것이라고만 생각했지만, 무엇을 연구하고 공부하는지는 자세히 알지 못하고 있었습니다. 그런데 이 책을 읽고 나니 생명과학, 생명공학이 구체적으로 어떻게 우리의 삶에 기여하는지 알 수 있었고, 그 진면목에 감탄하지 않을 수 없었습니다.

특히 교과서에서 피상적으로만 배워왔던 기본적인 지식들이 실제 생명공학에 유용하게 쓰이는 것을 알고, 생물 공부가 더욱 흥미로워졌고, 더 집중해서 공부할 수 있었습니다. 또한, 한편으로는 생명공학 연구에는 생물뿐만 아니라 화학이 생물학과 융합되는 것이 필요하다고 생각하게 되었고, 이를 계기로 화학 공부도 더 열심히 할 수 있게 되었습니다. 이 책은 제가 생명공학, 화학 분야로 진로를 결정하는 데에 크게 기여한, 의미 있는 책입니다.

3) 안철수의 생각(안철수 저, 제정임 편, 김영사)

학교 기숙사에서 생활하다 오랜만에 귀갓길에 들른 서점에서 안철수 교수님의 책을 보게 되었습니다. 안철수 교수님은 의학, 컴퓨터 백신, 경영 등 서로 다른 분야에서 큰 업적을 쌓으셔서 평소에 관심을 가지고 있었습니다. 요즘 대선 후보로 거론되면서 화제의 중심에 있는 교수님의 이 책은 대담 형식으로 구성되어 있는데, 제게 큰 감동을 준 부분은 인생에서 성공의 정의를 '삶의 흔적을 남기는 것'이라고 표현한 것과 굶주리는 아프리카가 아니라 대한민국 사회에서 공부할 수 있다는 것은 누군가에게 빚을 진 것이므로, 내가 받은 것을 다른 사회구성원에게 일부라도 돌려줘야 하는 책임을 느껴야 한다고 말씀하신 부분입니다.

저는 한때, 사회에 기여하는 것이 무슨 의미가 있는지 회의감을 느낀 적도 있었는데, 안철수 교수님의 이러한 말씀은 그때 저의 생각이 얼마나 어리석은 것이었는지를 깨닫게 해주었습니다. 또한, 장차 저보다 못한 처지에 있는 사람들을 배려하고 위하는 삶을 살아야겠다고 다짐하게 되었습니다.

1. 지원동기와 진로 계획을 중심으로 서울대학교가 지원자를 선발해야 하는 이유를 기술하여 주십시오.

▶ 띄어쓰기를 포함하여 1,000자 이내로 작성해야 합니다.

시사문제에 관심이 많았던 저는 수년 전부터 한국 사회를 뜨겁게 달구었던 한미 FTA 체결을 위한 논의과정을 면밀히 지켜보았습니다. 그 논의에서는 농산물 시장, 특히 쌀 시장 개방이 뜨거운 쟁점이었던 것으로 기억하고 있습니다. 저는 시골에서 농사를 지으시던 할아버지께서도 영향을 받지 않을까 염려되었고, 할아버지와 같은 농민에게 도움이 되는 일을 하고 싶었습니다.

이후 저는 우리 농산물을 이용한 식품을 개발하고 상품화해서 수출하는 식품회사를 창업하겠다는 비전을 가지게 되었습니다. 우리나라 반도체나 전자제품이 세계시장을 지배하고 있듯이, 장차 저는 우리 식품이 세계시장을 석권하는 시대가 올 것이라 확신합니다. 예를 들어 면역력을 증가시키는 김치의 효능은 아시아권에서는 이미 널리 알려져 있는 사실입니다.

대학교육이 지향하는 바는 각자 전문 분야의 발전을 선도하면서 동시에 상호 긴밀히 협력하여 인류의 발전과 행복에 공헌하는 다양한 유형의 리더 육성이라고 믿습니다. 기초학문, 응용과학, 산업계 등 여러 분야를 이끌어 갈 리더가 골고루 육성될 때 학계와 산업계 모두 지속적으로 성장할 것입니다. 특히 연구 활동을 지원하고 발견된 과학원리를 실생활에 활용하는 산업계 리더의 육성도 대학교육의 주요 목표라고 생각합니다. 저는 장차 과학적 전문지식과 이론적 배경을 갖춘, 우리 대학교가 자랑스러워할 식품산업계의 최고경영자가 될 것입니다.

경영자로서 기업의 방향성을 제시하고 통찰력을 발휘하기 위해서는 리더십 역량과 함께 관련 산업에 대한 전문지식이 필수적이라고 생각합니다. 저는 조직을 이끌어 갈 지도력을 갖추고 있다고 생각하며, 학교생활을 통해서도 그 자질을 인정받아 왔습니다. 이제 식품산업 분야와 관련된 과학적 지식을 체계적으로 학습하고 기업 경영에의 활용방안을 집중적으로 연구하는 기회를 갖고자 합니다. 저는 기초과학에 대한 최고의 전문지식을 가지고 있는 과학도 출신의 세계적 기업가가 되기 위하여 서울 대학교에 지원하였습니다.

2. 학업 능력이나 특기 능력을 중심으로 지원 모집단위와 관련하여 어떻게 노력해 왔는지 기술하여 주십시오.

▶ 고등학교 재학 경험이 없거나, 졸업한 지 오래된 경우에는 최근 3년간의 활동을 중심으로 기술하면 됩니다.

　세계적인 식품 수출기업의 최고경영자가 갖추어야 할 자질은 리더십, 전문지식 및 통찰력이라고 생각합니다. 저는 리더십을 위한 활동에 꾸준히 참여해 왔습니다. 중학교 재학 시 전교부회장과 전교회장을 역임했고, 고등학교에서도 전교부회장과 전교회장에 당선되는 등 4차례 연속 학생회 최고임원으로 활동했습니다. 저는 학생회 운영을 통하여 경영원리와 기법을 체득하기 시작했습니다. 하나의 예로 현안으로 남아 있던 자율학습실 운영시간 연장을 추진하여, 우리 학교가 일반 고등학교 중에서 서울대학교 진학률 1위를 달성하는 데 크게 기여하였다는 평가를 받기도 하였습니다.

　또한 리더십 육성을 위한 활동영역을 학교 밖으로 확대하여 강남구 관할 역삼 청소년수련원에서 운영위원회 부위원장으로 활동하였고, 최근에는 고려대학교에서 주최한 모의국회에서 교육과학위원회 부위원장으로 참여하여 최우수 부위원장상을 수상하기도 하였습니다. 또한 리더로서 사회적 책임을 다하기 위하여 참여한 봉사활동도 인정받아 교내 선행 부문 표창, 서울특별시 희생봉사 부문 서울학생상 등을 수상하기도 하였습니다.

　경영자에게 필요한 또 다른 자질인 전문지식과 통찰력을 키우기 위해서도 노력해 오고 있습니다. 저는 지난 8월 전국연합학력평가에서 진보상을 수상하는 등 일반과목 공부에도 열심이지만, 특히 유전학, 생화학 그리고 생물학에 관한 지식을 습득하기 위해서 노력하고 있습니다. 다양한 품종의 가공식품을 전시한 Korea Food Expo와 친환경농산물을 소개한 울진 Organic Expo에도 참석하였으며, GMO(유전자 변형 농산물)에 대해서도 관심을 가지고 있습니다. GMO는 예상하지 못한 유전학적 이상현상을 일으킬 수도 있지만, 세계 식량부족 문제 해결을 위한 대안이 될 수도 있는 것으로 보입니다. 아직은 많이 부족한 식품과 관련된 전문지식을 대학교 입학 후에 본격적으로 축적할 것이며, 장차 GMO 활용을 통해서 세계 식량부족 문제를 해결하고 인류에게 새로운 맛을 제공하는 식품회사를 창업해서 경영할 계획입니다.

3. 교내 · 외 활동 중 가장 의미 있다고 생각하는 활동을 5개 이내로 기술하여 주십시오.

▶ 학교생활기록부에 기록되어 있지 않은 내용은 반드시 증빙서류를 첨부해야 합니다. 단, 연구활동, 작품출판 등은 학교생활기록부에 내용이 기재된 경우에도 해당 실적물(또는 원본 대조필한 사본)을 제출하십시오.

▶ '의미 있다고 생각하는 이유'는 활동별로 띄어쓰기를 포함하여 500자 이내로 작성해야 합니다.

1) 선택서류명: 학생회 회장 임명장

2008~2009학년도 학생회 회장으로 활동하였습니다. 회장은 학생회 일을 총괄하는 권한을 보유하기 때문에 좋아 보이기도 하지만 다른 한편으로는 결과에 대한 최종 책임을 져야 하기 때문에 부담도 되었습니다. 학교 위상의 제고와 학습 환경의 개선을 위해서는 문제 상황과 변화 추세를 늘 관찰하고 분석해야 했습니다. 관심의 끈을 놓지 않는 생활을 지속하다 보니 항상 깨어 있는 삶에 익숙해지게 되었습니다. 또한 결과에 영향을 미치는 여러 요인을 자세히 분석하고 상호관계를 이해하려고 노력하다 보니 전략적인 사고능력도 많이 향상되었습니

다. 무엇보다도 조직 운영에서 사람의 중요성을 느꼈습니다. 모든 일은 결국 사람을 통해서 이루어지기 때문입니다. 다양한 성향과 이해관계를 가진 사람들을 각자의 재능에 맞게 배치한 후 그들의 적극적인 참여를 이끌어 내고 여러 가지 활동을 조정하면서 의도했던 결과를 성취해 나가는 과정에서 큰 보람을 느꼈습니다.

2) 선택서류명: 학생회 부회장 임명장

2007~2008학년도 학생회 2학년 부회장으로 활동하였습니다. 중학교 시절 학생회장을 하면서 축적한 경험을 활용하여 학우들의 폭넓은 지지를 이끌어낼 수 있었고 학생회 운영에도 적극적으로 참여할 수 있었습니다. 선배 임원들과 함께 학생회를 운영해 나가는 과정에서, 일을 추진함에 있어서는 직접적인 영향뿐만 아니라 파급 효과까지 폭넓게 고려하는 자세가 필요함을 느꼈습니다. 또한 평상시에 다른 사람들의 의견을 경청해서 마음속에 새겨 두는 습관을 키울 수 있었습니다. 학생회 활동기간 중 학교축제인 '한티축제' 개최 시 대외담당 업무를 총괄하면서 축제행사를 케이블TV M-net의 〈스쿨 오브 락〉 코너에 방영하도록 섭외하여 성공한 적이 있습니다. 학교 친구들이 새로운 경험에 너무 즐거워했고, 저는 고교시절 기억에 남을 일을 선물한 것 같아 보람을 느꼈습니다.

3) 선택서류명: 강남구 역삼청소년수련관 청소년운영위원회 위원 위촉장

2005.10~2008.12 사이 강남구청 관할 역삼청소년수련관의 청소년운영위원으로 활동했고 고등학교 2학년 때에는 부위원장을 역임하기도 하였습니다. 매월 1회 정기회의에 참석하여 청소년 문화의 건전한 육성과 관련된 의제를 선정한 후 현상을 분석하고 개선방안을 도출하였습니다. 효과가 있다고 판단되는 토론결과가 나왔을 때에는 정리하여 관할 구청에 제출하였고, 구청에서 주관하는 청소년 유해물 단속 캠페인에 참여하기도 하였습니다. 이 과정에서 저 스스로 더욱 건전한 시민의식과 성숙된 자세를 가져야 한다고 느끼게 되었으며, 학교생활에 국한되어 있던 저의 관심영역을 사회적 문제로까지 확대할 수 있었습니다. 또한 사회적 문제를 해결할 때에는 문제 발생의 근본 원인을 파악하고 약자의

입장도 충분히 배려하는 자세가 필요함을 느끼는 계기가 되었습니다.

4) 선택서류명: 고려대학교 모의국회 최우수부위원장상

고려대학교가 주최한 대한민국 청소년 모의국회에 교육과학기술위원회 부위원장으로 참여하였습니다. 고려대학교 정경대학 교수님으로부터 대한민국 국회의 조직과 입법절차 등에 대해 강의를 듣고, 이 진행규칙에 따라 입법활동을 진행하면서 민주적인 의사결정과정을 체험하였습니다. 제가 소속된 위원회에서는 '생명공학 산업의 국가적 차원 지원'과 '일제고사 실시'를 의제로 채택하여 모의국회를 진행하였는데, 저는 '생명공학 산업의 국가적 차원 지원' 의안을 발의하고 토론을 이끌었습니다. 모의국회 활동은 국회라는 새로운 세계를 간접적으로 경험하게 되는 계기가 되었습니다. 의정활동을 펼치면서 의안 발의와 토론 과정을 경험하고 사안들을 해결해 가는 과정에서 성취감과 유대감을 느낄 수 있었습니다. 또한 모의국회 활동을 통해서 사회문제 전반에 대한 관심과 참여의식을 높일 수 있는 계기가 되었습니다.

5) 선택서류명: 소망의 집 봉사활동

2007.9~2009.2 기간 중 양로원인 '소망의 집'을 정기적으로 찾아가서 봉사활동을 하였습니다. 의지할 곳이 없고 경제적 능력도 없는 노인들께서 집단 거주하는 곳이므로 소망이 없는 듯이 보이기도 하는 곳입니다. 가정적으로나 사회적으로 소외되어 있는 분들을 대할 때면 늘 마음이 편하지 않았습니다. 원내 청소하기, 마당 화초 가꾸기, 목욕시키기 등을 통해 부족한 일손에 도움이 되려고 했지만 마음 한구석은 언제나 허전함을 느꼈습니다. 이러한 과정에서 효과적인 봉사의 방법과 자세가 무엇인지 고민하였습니다. 사회복지기관 등에서 봉사활동을 할 때에는 단순한 물질적인 지원뿐만 아니라, 다른 사람의 입장에 서서 그분들의 진정한 필요를 이해하고 내면을 헤아려서 교감하는 '마음의 봉사'가 중요하다는 것을 깨닫게 되었습니다.

4. 다음 주제 중 자신에게 해당하는 주제를 골라 구체적으로 기술하여 주십시오.

▶ 띄어쓰기를 포함하여 1,000자 이내로 작성해야 합니다.

☑ 특별한 성장과정이나 가정환경(생활여건 등)
☐ 고등학교 시절 겪었던 어려움이나 좌절과 그것을 극복하기 위한 노력
☐ 지금까지 가장 의미 있었던 경험(고교 재학기간이 아니어도 됨)

뉴질랜드에 있는 초등학교에 편입하여 부모님과 떨어져 혼자서 생활하던 때가 있었습니다. 유치원 시절을 미국에서 보내긴 하였지만 부모님 곁을 처음으로 떠나서 외국학생들과 어울려 공부하는 것은 저에게는 상당한 도전이었습니다. 이런 상황에서 지참해 갔던 돈을 지갑째 잃어버리는 끔찍한 일이 발생하였습니다. 그 돈은 일상생활을 하는 데 필수적인 생활비였습니다. 점심식사와 일상 활동이 크게 제약을 받을 것을 생각하니 막막하기만 했습니다. 안정적인 생활환경과 부모님의 보살핌이 이때보다 그리웠던 적은 없었습니다.

한국에 계신 부모님께 부탁하여 추가로 생활비를 받는 방법도 생각해 보았습니다. 하지만 저의 부주의로 발생한 문제이므로 저 스스로의 힘으로 우선 해결해 보기로 결심하였습니다. 마침 출국 당시 선물로 넉넉히 준비해 갔던 한국 토산품과 학용품을 팔면 되겠다는 생각이 떠올랐습니다. 판매 가능성과 방법에 대해 밤새 고민한 끝에 결국 두려움을 이겨냈습니다. 저는 놀이를 하듯이 재미있게 이 물건을 팔아서 용돈을 마련하는 데 성공하였습니다.

태어나서 처음으로 '장사'라는 것에 성공한 이후, 저는 뉴질랜드 친구들과 더욱 적극적으로 어울릴 수 있게 되었습니다. 저의 존재가 St. Bernadette School에 널리 알려지게 되었고, 축구팀 선수로 선발되어 그 지역 축구대회에서 출전하였으며, 학교가 우승하는 데 결정적으로 기여하기도 하였습니다. 이러한 성공체험은 매우 어려운 상황에서도 결국 성공할 수 있다는 자신감을 가지고 적극적으로 도전할 수 있게 한 소중한 자산입니다.

5. 자신이 읽었던 책 가운데 자신에게 가장 큰 영향을 미친 책을 순서대로 3권 이내로 기술하여 주십시오.

▶ 읽은 시기와 상관없이(고교 재학기간이 아니어도 됨) 본인에게 가장 큰 영향을 미친 책을 선택하면 됩니다.

▶ '자신에게 미친 영향'은 단순한 내용 요약이나 감상보다는 처음 접한 시기, 읽게 된 계기, 선정이유, 책에 대한 긍정적 또는 부정적 평가, 이 책이 자신에게 미친 영향(변화)을 중심으로 기술하면 됩니다.

▶ '자신에게 미친 영향'은 도서별로 띄어쓰기를 포함하여 500자 이내로 작성해야 합니다.

1) 페르마의 마지막 정리(사이먼 싱 저, 박병철 역, 영림 카디널)

　제가 이 책을 선택한 이유는 이 책에는 앤드류 와일즈가 수세기 동안 최대의 난제였던 페르마의 마지막 정리를 증명하는 과정뿐만 아니라 수세기 동안 유명한 수학자들이 쌓아 왔던 수학적 이론들까지 담겨 있어 이 책을 읽음으로써 수학에 대한 깊은 사고를 할 수 있기 때문입니다. 이 책에서 가장 인상 깊었던 내용은 페르마가 페르마의 마지막 정리를 내놓고 메모에 "나는 경이적인 방법으로 이 정리를 증명했다. 그러나 이 책의 여백이 너무 좁아 여기 옮기지는 않겠다"고 한 부분이었는데 그 이유는 이 부분에서 페르마가 얼마나 천재적인 재능을 갖고 있는지, 그리고 자신의 풀이를 남에게 절대 알리지 않는 페르마의 폐쇄적인 면 등 페르마의 여러 가지 면모를 볼 수 있었기 때문이었습니다. 이 책을 읽고 나서 페르마의 마지막 정리를 증명하기 위해 노력했던 수학자들이 존경스러웠습니다.

2) 벌거벗은 경제학(찰스 윌런 저, 형선호 역, 황금가지)

　어려운 학술용어나 방정식으로 설명하고 있어 지루하거나 골치 아픈 학문이라고 생각되기도 하는 경제학을 실생활의 여러 사례를 들어가며 쉽고 편하게 설명한 책입니다. 경제학의 위대한 개념들을 소개하면서 그 구성요소들을 단순화하거나 완전히 벗겨 버린 책입니다. 그러면서도 경제학의 깊은 부분까지 짚고 넘어가서 저의 향후 비전인 기업 경영과 관련해서도 필요한 경제 공부를 하는 데 많은 도움이 되었습니다. 이 책은 경제생활에서 핵심이 되는 이론에 대한 치밀한 분석과 실생활과 관련된 실질적 조언을 결합하여 "어떻게 하면 가장 효율적으로 세상을 살아갈 수 있을까?"라는 경제학의 기본 문제와 함께 각종 경제 현안의 핵심을 파악할 수 있는 눈을 제공합니다. 사회생활을 할 때 가장 중요한 경제생활을 잘할 수 있도록 기본적인 개념 설명과 사례 제시를 통해 도움을 주는 책이라고 생각하며, 우리 이과생들도 다 같이 한 번쯤 읽어 보도록 권장하고 싶은 책입니다.

 사례 9

1. 지원동기와 진로 계획을 중심으로 우리 대학교가 특기자전형에서 지원자를 선발해야 하는 이유에 대하여 기술하여 주십시오.

▶ 띄어쓰기를 포함하여 1,000자 이내로 작성해야 합니다.

어릴 적 '뇌'에 대해 알게 되면서 몸을 움직이는 모든 활동에 의문이 생겼고 뇌과학자의 꿈을 갖게 되었지만 사람들의 죽음을 봐야 한다는 두려움 때문에 의학보다는 공학을 하고 싶었습니다. 하지만 친구의 사고를 겪고 장애복지시설 봉사활동을 하면서 그들에 대한 책임감을 느끼게 되었습니다. 본격적인 관심을 갖고 이것저것 찾다 보니 많은 뇌질환의 정확한 원인이나 치료법이 밝혀지지 않았음을 알게 되었고, 환자들에 대한 다큐멘터리를 보면서 인간의 몸에 대한 연구가 사람의 문제와 별개가 될 수 없음을 깨달았습니다. 그래서 '저들의 문제를 꼭 내가 해결해야겠다'는 목표가 생겼고, 의술과 의학을 모두 배워 사람을 치료하겠다고 다짐했습니다.

그 후 최고의 연구 및 학습 기반과 교수진, 학생들이 있고, 진료의사로서의 기능과 의학자로서의 연구적 측면 두 가지를 모두 강조하는 교육목표를 갖는 서울대학교 의과대학에 대한 진학 욕심이 점점 더 강해졌습니다.

서울대학교 의과대학에 입학하면, 기초과학을 배우는 예과 때는, 생물과 화학을 중심으로 의학을 하는 데 바탕이 될 기본기를 튼튼히 할 것입니다. 이 외에도 첨단기술의 결정체인 의료기기를 좀 더 잘 활용하기 위해 물리학을 수강하고, 컴퓨터와 정보기술에 관한 공부를 깊게 하고 싶습니다. 또 수강 과목을 좀 더 깊고 넓게 이해하고 전공영어에 익숙해지기 위해 영문으로 기록된 원서를 보조교재로 활용하여 기초영어와 전공 영어 공부를 틈틈이 하고, 의학이 사람을 대하는 학문인 만큼 철학과 심리학 관련 강의도 적극적으로 들을 것입니다.

본과 때는 교육과정에 충실하며 여러 분야의 기초의학과 임상의학을 편협하지 않고 폭넓게 공부할 것입니다. 틈틈이 의료봉사활동을 다니며, 의사로서의 올바른 가치관을 기를 것이고, 학술 동아리 활동을 통해 여러 가지 문제에 대해 연구해 보고, 저 스스로 해결책을 찾고 발표와 토론을 할 수 있는 기회를 얻고 싶습니다.

이렇게 10여 년간 수련한 후에는 신경과학연구소를 기반으로 연구 활동과 의료 활동을 하고 싶습니다.

2. 학업 능력이나 특기 능력을 중심으로 지원 모집단위와 관련하여 어떻게 노력해 왔는지 기술하여 주십시오.

▶ 고등학교 재학 경험이 없거나, 졸업한 지 오래된 경우에는 최근 3년간의 활동을 중심으로 기술하면 됩니다.

▶ 띄어쓰기를 포함하여 1,000자 이내로 작성해야 합니다.

저는 의과대학이라는 진학 목표를 정한 이후 기초를 탄탄히 하자는 생각과 일단 궁금하다 싶으면 반드시 알아내겠다는 근성으로 혼자서 생각하고 선생님을 쫓아다니며 질문했으며, 특히 수학이 좋아서, 며칠이 걸리더라도 증명해 보고 어려운 문제는 해결할 때까지 고민하며 매달렸습니다. 한 번은 선생님께서 문제집 한 권을 주시며 내일까지 풀어 오라고 하셨는데 처음엔 막막했지만 저도 모르게 빠져들어 모두 끝낼 수 있었습니다. 마지막 문제를 풀었을 땐 새벽 4시 반이었고 다음 날 하루 종일 수업을 서서 들어야 했지만, 그때의 성취감은 잊을 수 없습니다. 이렇게 노력해온 결과 내신시험과 모의고사에서 점점 더 좋은 점수를 받을 수 있었습니다.

수학과 과학에 대한 더 깊은 공부를 위해, 여러 대회나 체험활동에 참여하였습니다. 처음 참가한 성대 수학경시대회에서 고배를 마시고 문제점을 분석해 고쳐 나가며 이듬해는 입상할 수 있었고, 2학년 때 내신 준비를 하며 부족하다고 생각했던 지구과학과 화학 분야를 보충하며 경시대회에 참가하였습니다. 과학탐구대회 준비를 하며 이론만으로 배웠던 과학을 직접 응용해 보았고, 그 외에도 포스텍 이공계캠프와 바이오유스캠프에 참여하여 화학과 생물 분야에 대한 정보와 동향을 알게 되었습니다.

이 밖에도, 영어말하기 대회나 TEPS 시험을 통해 영어 기초를 닦았고, 틈틈이 독서활동을 하면서, 글짓기나 논술대회에 참가하면서 넓게 생각하고 아는 것을 표현할 수 있는 능력을 길렀습니다. 손재주가 없지만, 최선을 다해 전교생이 참가하는 미술실기대회에서도 입상했고, 의사는 체력이 되어야 한다는 생각에 하루에 1,000개씩 줄넘기를 하겠다고 계획한 후로는 비가 올 때나 아플 때나 스스로 독하게 채찍질하며 제가 계획한 일은 반드시 실천했습니다.

또한, 봉사동아리 활동을 하며 독거노인들을 돕기도 하고, 귀가할 때는 장애인 복지시설을 방문하며 봉사 실천을 해왔습니다.

짜임새 있고 확실한 생활을 위해 매일 계획을 세워 실천하는 노력을 했고, 힘들 때면 스스로에게 편지를 써 용기를 얻었습니다.

3. 교내·외 활동 중 가장 의미 있다고 생각하는 활동을 5개 이내로 기술하여 주십시오.

▸ 학교생활기록부에 기록되어 있지 않은 내용은 반드시 증빙서류를 첨부해야 합니다. 단, 연구활동, 작품출판 등은 학교생활기록부에 내용이 기재된 경우에도 해당 실적물(또는 원본 대조필한 사본)을 제출하십시오.

▸ '의미 있다고 생각하는 이유'는 활동별로 띄어쓰기를 포함하여 500자 이내로 작성해야 합니다.

1) 장봉해림원 봉사활동

정기적으로 다니는 정신지체 장애우들의 마을입니다. 이곳에 저희 가족과 결연을 맺은 가정에는 오빠라는 말을 제일 좋아하는 아저씨와 자꾸 어디서 왔냐고 물어 보시는 정 많으신 할아버지와 그 외 네 분이 더 살고 계십니다. 가끔 싸움이 나서 흉터도 많고, 먹는 것 등의 충동을 이기지 못해 젊은 나이임에도 불구하고 당뇨병을 앓고 계신 분도 있습니다. 하지만 섬이기에 병원 한 번 가는 것도 큰일인 이분들을 보면서 더 열심히 해서 좋은 의사가 되자는 다짐을 굳히곤 합니다. 그 누구보다 해맑고 따뜻하게 사시는 그분들이, 조금 더 건강하게 지내실 수 있도록 힘이 되고 싶습니다.

2) 철학연구반

소신 있는 의사가 되기 위해서는 인간과 생명에 관한 자신만의 철학을 갖고 있어야 한다고 생각했습니다. 그래서 선택한 계발활동 부서가 철학연구반입니다. 학교에서 철학자로 통하시는 지도교사 선생님의 가르침 속에서 제 지식과 관점이 얼마나 편협한지 알게 되었습니다. 서양철학을 배우면서 '존재'와 '실재'에 대한 철학자들의 오랜 고뇌를 조금이나마 느껴 보았고, 동양철학을 통해 '선'에 대한 제 가치관을 정립하는 데 많은 도움을 얻었습니다. 때로는 과학철학이나 의학에 관한 다큐멘터리를 보면서 선생님께 많은 걸 여쭈어 보았는데, 주로 생명과 인간, 그리고 미래의 의학도로서 제가 가져야 할 마음가짐에 관한 것이었습니다. 그때 선생님과 많은 대화를 하면서, 저는 인간과 생명, 그리고 생명의 소중함을 뜬구름이 아닌 저만의, 제가 공감할 수 있는 확실한 개념으로 정립시킬 수 있었습니다.

3) 환경봉사 동아리 '청'

저희 동아리는 결연을 맺은 지역 경로당을 주기적으로 방문해서 어르신들께 직접 배운 발마사지도 해 드리고, 매년 아나바다 장터를 열고 그 수익금으로 독거노인 가정을 방문해 도와 드리는 활동을 하고 있습니다. 특히 2학년 때 부회장으로 활동하면서 방문했던 할머니께는 편지도 받았는데, 삐뚤빼뚤한 글씨로 고맙다는 말을 몇 번이나 담겨 있는 그 편지는 제가 앞으로 어떤 사람이 되어야 할지 가르쳐 주는 이정표가 되었습니다. 이런 동아리 활동을 통해 자칫 이기적이 될 수도 있는 마음을 다잡고, 좀 더 겸손한 자세로, 좀 더 성실하게 학업에 임할 수 있는 동기를 부여받을 수 있었습니다.

4) 과학탐구대회 준비

공부를 하면서, 제가 고집이 세서 융통성이 부족하다는 사실을 알게 되었습니다. 번번이 한계를 느끼며 고민하던 중 과학 선생님께서 제게 과학탐구대회를 권유해 주셨습니다. 대회를 준비하며 문제를 해결하기 위해 여러 가지 방법을 생각해 내고, 직접 그 실험들을 설계해 보았습니다. 처음엔 제 생각의 틀에 갇혀서 너무 힘들었지만, 조금씩 더 새롭고, 더 간단한 방법을 생각해 냈을 때의 기쁨은 지금도 잊을 수가 없습니다. 하나의 상황에 대한 해결책이 꼭 하나가 아니고, 더 좋은 방법이 반드시 있을 것이라는 사실을 몸으로 느끼며, 유연하게 생각하고 받아들이는 법을 배울 수 있었습니다. 상황과 환자에 따라 최선의 방법을 생각해 내야 하는 의사의 길에 한발 더 가까워지는, 상보다 더 값진 것을 얻을 수 있었던 경험입니다.

5) 스키캠프 레크리에이션 MC

　저는 사람을 좋아하고 친구들을 즐겁게 해주는 것을 좋아합니다. 졸업 전 친구들에게 무언가 해주고 싶다는 생각에 레크리에이션 MC 오디션에 지원해서 프로그램을 진행하게 되었습니다. 참가자들과 전체적인 계획을 짜고, 학창 시절 멋진 마지막 캠프를 만들기 위해 고민하였습니다. 행사 당일, 전체 학생 앞에 서 있다는 사실에 눈앞도 캄캄해지고 목도 잠겼지만, 제가 정성껏 준비한 게임과 프로그램에 즐겁게 참여해 주고, 뜨거운 반응을 보내 주는 친구들 덕분에 성공적으로 진행할 수 있었습니다. 친구들이 웃는 모습을 보며 제 가슴은 두 배의 보람으로 가득 찼습니다. 앞으로 의사가 되어서도 저의 이런 재주를 살려, 힘들어하는 환자에게 웃음을 처방해줄 수 있는 그런 사람이 되고 싶습니다.

4. 다음 주제 중 자신에게 해당하는 주제를 골라 구체적으로 기술하여 주십시오.

　▶ 띄어쓰기를 포함하여 1,000자 이내로 작성해야 합니다.

　☐ 특별한 성장과정이나 가정환경(생활여건 등)
　☑ 고등학교 시절 겪었던 어려움이나 좌절과 그것을 극복하기 위한 노력
　☐ 지금까지 가장 의미 있었던 경험(고교 재학기간이 아니어도 됨)

　저는 과학고등학교에 가고 싶었습니다. 그때까지 하고 싶은 건 무슨 일이든지 해냈고, 조금만 노력하면 무엇이든 제 뜻대로 이루어졌기 때문에 과학고 진학에 조금도 의심을 하지 않았습니다. 하지만 늦깎이 준비생에게 현실은 냉혹했습니다. 어느 학원이나 절 받아준 곳은 없었고, 늦었다는 말뿐이었습니다. 충격을 받고 오기로 마음을 독하게 먹었지만 결과는 낙방. 자존심이 상해 사람들 앞에서는 아무렇지 않은 척했지만, 처음 겪는 실패의 충격으로 전 아무 생각도 할 수 없었습니다. 안 되겠다는 생각에 집에서 멀리 떨어진 지금의 학교에 입학했지만 과학고 콤플렉스는 쉽게 없어지지 않았습니다. 잘 나온 점수는 운에 불과한 것

처럼 느껴졌고, 점수가 잘 나오지 않으면 저도 모르게 '내가 뭐 그렇지'라고 생각하게 되었습니다. 시간이 갈수록 점수는 들쑥날쑥하며 떨어졌고, 그럴수록 제 콤플렉스도 심해져만 갔습니다.

그러던 중, 중간고사 기간에 전화가 한 통 왔습니다. 같이 특목고 준비하던 친구들이 사고를 당했다는 전화였습니다. 한 친구는 그 자리에서 목숨을 잃었고, 한 친구는 골반이 뒤틀려 큰 수술을 받아야 한다고 했습니다. 믿을 수가 없어 부모님께 전화해 보았지만 똑같은 말뿐이었습니다. 몇 달 전까지 유일하게 서로의 꿈을 믿고 격려해 주던 친구를 잃으면서, 제가 할 수 있는 건 아무것도 없다는 사실이 너무 화가 났습니다. 그때까진 죽음이 두렵기만 했지만, 어차피 아무것도 하지 못하는 너 자신에 대해서 화를 낼 거라면 무언가 해볼 수 있는 능력을 갖추어야 되지 않겠냐는 생각을 하게 되었습니다. 의사가 되겠다는 뚜렷한 목표가 생기자 과거를 생각할 여유가 없어졌고, 오로지 공부를 하는 그 시점과 제 목표에 매진했습니다. 그전까지는 공부도 다른 활동도 소극적으로 한 발씩 뺐던 제가, 해야겠다는 일이 생기자 학업에도 그 외 활동에도 스스로 놀랄 만큼 능동적으로 최선을 다해 임할 수 있었습니다.

목표를 위해 겸손한 자세로 후회 없을 만큼 끊임없이 노력했고, 이제 제 꿈을 이루고 싶습니다.

5. 자신이 읽었던 책 가운데 자신에게 가장 큰 영향을 미친 책을 순서대로 3권 이내로 기술하여 주십시오.

▶ 읽은 시기와 상관없이(고교 재학기간이 아니어도 됨) 본인에게 가장 큰 영향을 미친 책을 선택하면 됩니다.

▶ '자신에게 미친 영향'은 단순한 내용 요약이나 감상보다는 처음 접한 시기, 읽게 된 계기, 선정이유, 책에 대한 긍정적 또는 부정적 평가, 이 책이 자신에게 미친 영향(변화)을 중심으로 기술하면 됩니다.

▶ '자신에게 미친 영향'은 도서별로 띄어쓰기를 포함하여 500자 이내로 작성해야 합니다.

1) 트레버-Pay it forward(캐서린 라이언 하이디 저, 뜨인돌)

　트레버의 세상 바꾸기 프로젝트를 다룬 이 책에서 제가 주목한 것은, '한 사람의 작은 아이디어가 세상을 얼마나 바꾸어 놓을 수 있는가?'였습니다. 누구나 한 번쯤 생각해 봤을 만한, 이런 기하급수적 확장의 아이디어를 세상을 바꾸는 데 적용하고, 실제 행동으로 옮긴 트레버가 있었기에 비록 소설이지만 변화는 시작될 수 있었다고 생각합니다. 트레버는 많은 사람에게 희망이 되는 일을 하고 싶은 제게 방향을 제시해 주었습니다. 저도 트레버처럼 저만의 아이디어로 세상을 바꿀 수 있는 그런 '출발점'이 되고 싶습니다.

2) 뇌에 관해 풀리지 않는 의문들(김종성 저, 지호)

　뇌에 대해 관심을 가지게 되면서 어려서 정신지체 장애인이 수술을 받고, 정상인이 되는 내용의 드라마를 본 것이 생각났고, 실제로 그런 뇌 이식이 가능한지 알아보고 싶었습니다. '뇌이식'을 검색어로 책을 찾던 중, 발견한 책입니다. '뇌이식'을 주제로 다룬 책은 아니지만, 실제 신경과 교수님의 경험을 바탕으로 한 뇌의 전반적인 이야기는 제게 뇌에 대한 흥미를 한층 북돋아 주었습니다. 남녀 뇌 차이에 대한 부분을 읽을 때는 고개도 끄떡이고, 루게릭병에 관한 내용이나 파킨슨병 환자를 위한 뇌이식 수술에 관한 내용 등 더 궁금한 점이 있으면 찾아보면서 읽었습니다. 특히 제가 연구해 보고 싶은 분야에 대한 내용은 표시해 두고 지금도 가끔씩 들춰 보곤 하는데, 그때마다 그 분야에서 연구하고 있는 제 모습을 상상하며 용기를 얻고 있습니다.

3) 명의(EBS 〈명의〉 제작팀 저, 문학동네)

　3학년 들어와 떨어진 성적 때문에 답답해할 때 아버지께서 주신 책입니다. 처음엔 유명한 의사들의 성공스토리나 그들의 천재성에 관한 책인 줄 알고, 제 현실과 거리감만 느끼게 될 것 같아서 읽고 싶지 않았습니다. 하지만 용기를 내서 읽은 이 책에서 드라마나 영화 속 의사들의 생활과는 매우 동떨어진 '진짜' 의사 선생님들의 이야기를 들을 수 있었습니다. 환자들을 위해 어떤 일보다 고단한 생활을 하고 계신 의사 선생님들을 보며 점수 몇 점 때문에 답답해하고 있는 제가 부끄러웠습니다. 한편으로는 환자를 생각하는 마음만큼 환자를 살릴 수 있는 능력을 갖는 것이 중요하다는 사실도 깨닫게 되었습니다. 그렇게 생각하자 점수를 올리기 위해서가 아니라, 더 좋은 의사가 되기 위해 더 많이 배워야겠다는 마음을 먹을 수 있었고, 한결 편안하게 공부할 수 있었습니다. 열심히 공부해서, 언젠가 제게 감동을 주신 이분들의 제자가 되어 진짜 인술을 배우겠다는 각오를 키울 수 있었습니다.

사례 10

1. 지원동기와 진로 계획을 중심으로 우리 대학교가 특기자전형에서 지원자를 선발해야 하는 이유에 대하여 기술하여 주십시오.

> ▶ 띄어쓰기를 포함하여 1,000자 이내로 작성해야 합니다.

저는 어릴 적부터 컴퓨터 게임을 하였으며 이를 통해 컴퓨터를 이해하게 되었습니다. 중1 때부터는 컴퓨터 관련 책을 보았으며, 부품들을 사서 컴퓨터를 직접 조립하여 사용하기도 하였고, 프로그래밍에도 관심을 가져 간단한 프로그램을 만들기도 했습니다. 저는 어릴 적부터 뭔가 만드는 것을 매우 좋아하여 초등학교 고학년 때부터 시험이 끝나면 밤을 새워 가며 군함 등을 정밀하게 만들었습니다. 주위의 기계들도 잘 다루어 집중력과 손재주가 좋다는 얘기도 많이 들었습니다. 이러한 경험으로 인해 기계를 볼 때 그 작동원리와 내부의 동력계통에 대해 생각해 보기를 좋아했으며, 제가 이공계로 진학하게 된 계기가 되었습니다.

이와 아울러 저는 다양한 종류의 책을 읽으면서 기술과 미래에 대해 많은 생각을 하였습니다. 특히 대체에너지와 환경 분야에 깊은 관심을 가지게 되었습니다. 이제까지는 IT 기술이 앞서 왔으나 앞으로는 에너지와 친환경이 매우 중요하다고 생각하였습니다. 최근에는 Smart Grid에 대해서 들었습니다. Smart Grid는 전력계통망의 에너지 효율을 최적화하는 것만 아니라 모든 전자제품에까지 그 영역이 매우 넓은 미래 기술임을 알게 되었습니다. 이런 과정 속에서 저는 앞으로 에너지로서 전기가 매우 중요한 시대가 되리라 생각하였습니다. 에디슨이 전기를 발명한 후 100년이 지난 지금 전기 분야에 새로운 발전이 이루어지는 모습을 상상해 보았습니다. 저는 새롭게 부상하는 이 분야에 젊음과 미래를 바쳐 세계 최고의 전문가가 되겠다는 꿈을 굳게 가지게 되었으며, 이를 위해 서울대 전기공학부에 선발되어 우리나라 최고 수준의 공부를 꼭 하고 싶습니다. 저는 대학을 졸업한 후에도 대학원과 유학을 통해 공부를 계속할 계획이며 반드시 이 분야의 최고가 되고자 전심으로 노력할 것입니다. 이를 통해 저의 꿈을 실현함은 물론 서울대 전기공학부의 명예를 높이는 데도 기여할 것입니다.

2. 학업능력이나 특기능력을 중심으로 지원 모집단위와 관련하여 어떻게 노력해 왔는지 기술하여 주십시오.

> ▸ 고등학교 재학 경험이 없거나, 졸업한 지 오래된 경우에는 최근 3년간의 활동을 중심으로 기술하면 됩니다.
> ▸ 띄어쓰기를 포함하여 1,000자 이내로 작성해야 합니다.

저는 일찍부터 기술과 기계에 관심이 많았으며 서울대학교 공대에 진학하는 꿈을 가지고 있었습니다. 저는 공학이라는 학문이 단순히 과학의 한 분야만을 의미하는 것이 아니라 다양하고 폭넓은 지식과 생각의 바탕 위에 상상력을 결합하는 학문이라고 생각했습니다. 그래서 저는 과학 분야는 물론 다양한 분야의 책들을 읽고 공부하였으며 문학, 영화 등 교내 활동에도 적극 참여하였습니다.

학교 교과목 중에서는 수학과 과학 그리고 영어를 좋아했습니다. 공학의 기본이 되는 수학을 특히 좋아하여 집중적으로 공부해 왔으며 수학경시대회에도 도전하여 본선에 진출하기도 했습니다. 수학을 공부하면서 기존의 것과 다른 방법을 생각해 보거나 이유를 생각해 보기를 좋아했고 이런 생각들을 통해 논리성이나 창의성을 발전시킬 수 있는 계기가 되었다고 생각합니다. 또한 과학 과목 중에서는 물리와 화학에 대해 관심이 많았으며 나름대로 교과과정의 내용을 확실히 이해할 수 있도록 충실히 공부하였습니다. 특히 전기와 자기 분야에 흥미를 느껴 이것저것 찾아보고 많은 생각을 해보기도 하였습니다. 또한 앞으로는 글로벌 시대라 공학도라도 영어가 필수적이며 공학 공부를 위해서도 반드시 필요하다고 생각했습니다. 그래서 책을 활용한 공부 외에도 중학교 1학년 때부터 MP3 플레이어에 200여 곡의 팝송을 저장하여 수시로 듣거나 미국과 영국의 영화나 드라마를 보면서 꾸준히 영어를 익혔습니다. 물론 어려움도 있었지만 목표의식을 가지고 꾸준히 노력해온 결과 영어 능력이 많이 향상되었고 TEPS에서 1등급을 받기도 하였습니다. 이러한 학습과정을 통해 좋은 내신을 받기 힘든 우리 학교에서도 비교적 과목별로 고르게 좋은 성적을 받아 왔습니다.

이러한 학습 과정 속에서 저는 필요한 분야에 대해 스스로 계획을 세우고 실행하는 습관을 다져 왔으며 이를 바탕으로 전기공학부에 진학한 후에도 주체성과 창의력을 충분히 발휘해 나갈 수 있다고 자신합니다.

3. 교내 · 외 활동 중 가장 의미 있다고 생각하는 활동을 5개 이내로 기술하여 주십시오.

▶ 학교생활기록부에 기록되어 있지 않은 내용은 반드시 증빙서류를 첨부해야 합니다. 단, 연구활동, 작품출판 등은 학교생활기록부에 내용이 기재된 경우에도 해당 실적물(또는 원본 대조필한 사본)을 제출하십시오.

▶ '의미 있다고 생각하는 이유'는 활동별로 띄어쓰기를 포함하여 500자 이내로 작성해야 합니다.

1) 영화 편집

　우리 학교에서는 1학년 재량활동시간에 영화 관련 수업을 진행하였는데 여러 기계를 다루는 법이나 이론 등을 배울 수가 있었습니다. 그러던 중에 학교 축제를 위해 우리 반에서 직접 영상물을 만들게 되었습니다. 저는 이 활동 과정에서 친구들과 함께 편집에 참여하게 되었습니다. 저희가 만들기 원하는 영상을 구상하고, 여러 프로그램을 비교하여 필요한 기능이 있는 장비를 사용해야 했고, 카메라 등의 조작법도 익혀야 했습니다. 이 같은 과정에 저는 주도적으로 참여했으며 밤늦게까지 즐겁게 일하였습니다. 이러한 영화 편집 과정을 통해 새로운 모습으로 창조되는 영상을 체험하였으며 창조성의 중요성을 다시금 깨닫게 되었습니다.

2) 문예부

　저는 1학년 동안 문예부에서 활동했습니다. 문예부 활동을 하면서 저는 많은 책과 다른 친구와 선배들이 직접 쓴 시 등을 다양하게 접할 수 있었습니다. 뿐만 아니라 이전에는 시도도 해보지 못했던 시 쓰기를 해볼 기회를 가지게 되었습니다. 또 시를 몇 편 써보기도 하고 평가도 받으면서 문예부 활동에 몰입하였습니다. 이러한 활동을 하며 저는 과학, 수학에서 느끼던 것과는 다른 흥미를 느꼈으며 학문의 다양성에 대해 새롭게 느끼는 계기가 되었습니다. 이를 통해 저는 이과에 진학하더라도 문학 등 인문학에 대한 관심을 계속 유지해야 되겠다는 생각을 하게 되었습니다.

3) 생명탐구반

　2학년 때에는 다른 부의 활동도 해보고 싶어 생명탐구반에 지원했습니다. 이 부서에서 직접 양재천으로 찾아가 관찰을 할 기회를 가지게 되었습니다. 직접 찾아가 여러 가지를 조사할 수 있었고 생각보다 다양한 동식물들이 살고 있는 것을 발견하면서 흥미를 느껴 즐겁게 참여하였습니다. 시간관계상 많이는 찾아가 보지 못했지만 실제로 관찰해볼 수 있는 경험을 할 수 있어서 좋았습니다. 보통은 학업 때문에 어떤 것을 실제로 겪어 볼 수 있는 기회가 많지 않고 대부분 책으로만 보는 것이 현실입니다. 하지만 이 부서활동을 하면서 직접 관찰하며 실제로 경험해 본다는 의미를 깨달았으며 앞으로 공학을 전공하면서 실험과 관찰을 많이 해야 하겠다는 생각을 갖게 되었습니다.

4) 밴드 활동

저는 고등학교 1, 2학년 동안 친구들과 함께 수서 청소년 수련원에서 동아리로 밴드활동을 했습니다. 비록 기회가 닿지 않아 큰 활동은 하지 못했지만 얻은 것이 많습니다. 우선 여러 명이 활동했기 때문에 의견의 조율 과정이 필수적이었습니다. 또 합주를 해야 했기 때문에 협동도 반드시 필요했습니다. 이를 통해 다른 사람과 협동하고 타협하는 방법과 그 중요성을 배울 수 있었다고 생각합니다. 또 저는 전자기타를 다뤘기 때문에 전기 장비를 많이 접해야 했습니다. 연주뿐만 아니라 이런 장비도 저에게 굉장히 흥미 있게 느껴졌기 때문에 저는 이런 장비의 원리를 찾아보기도 하여 전기 공학에 대한 관심을 키울 수 있었다고 생각합니다. 이처럼 이 활동을 통해 필요한 능력을 기르고 또 전기 공학부에 진학할 동기를 가질 수 있었다고 생각하여 의미 있는 활동이었다고 생각합니다.

5) 봉사활동

저는 봉사활동을 집 근처 지하철역에서 많이 했습니다. 처음에는 단지 시간을 채우기 위해 갔지만 생각지도 못한 것들을 경험하게 되었습니다. 저희 집 주변에는 밀알학교라는 장애인학교와 삼성의료원이 있습니다. 때문에 봉사활동을 하면서 여러 불편함이 있으신 분들을 대하게 되었습니다. 이런 분들을 도우면서 저는 많은 것을 느꼈습니다. 비록 활동을 하면서 짐을 들어 드리거나 길을 찾아 드리는 등 작은 일을 했을 뿐이지만 그분들은 저에게 굉장히 고마워하셨습니다. 이에 많은 보람을 느꼈고 남을 돕기 위해서 무언가 거창한 일을 해야만 하는 것이 아님을 깨달을 수 있었던 경험이었습니다. 또 이분들이 좀 더 쉽게 생활하시기 위해서는 적잖은 도움이 필요함을 느꼈습니다. 그럼에도 이용할 수 있는 시설이 제한되고 또 사용하기에 불편하게 구성되어 있다는 것을 알았습니다. 이 덕분에 사람을 위하는 기술이 중요하다는 생각을 가질 수 있게 되었습니다.

4. 다음 주제 중 자신에게 해당하는 주제를 골라 구체적으로 기술하여 주십시오.

▶ 띄어쓰기를 포함하여 1,000자 이내로 작성해야 합니다.

☑ 특별한 성장과정이나 가정환경(생활여건 등)
□ 고등학교 시절 겪었던 어려움이나 좌절과 그것을 극복하기 위한 노력
□ 지금까지 가장 의미 있었던 경험(고교 재학기간이 아니어도 됨)

제 부모님은 제가 어릴 때부터 원하는 일을 자율적으로 할 수 있도록 장려해 주셨습니다. 제가 하고 싶은 일이 바람직하다면 언제나 격려해 주셨고 여러 가지를 권장해 주시기도 하셨습니다. 덕분에 제가 하고 싶은 일을 책임감을 가지고 자율적으로 할 수 있는 능력을 기를 수 있었습니다. 또한 어릴 적부터 여러 가지 책을 접할 수 있었습니다. 이로 인해 많은 독서량을 가지게 되었고 이는 저에게 정말로 중요한 자산이 되었습니다. 이러한 경험과 습관이 제가 지금까지 올 수 있었던 밑거름이 되었으며, 이공계로 진학하게 되는 계기가 되었습니다. 처음 제가 직접 공부하기 시작한 과목이 수학이었고 여기서 흥미를 느끼고 발전하여 다른 학업에도 열중할 수 있었던 것도 우연이 아니라 이런 주변의 환경이 도움을 주었기 때문입니다. 저는 중학교에 들어가고 나서도 학업에 관해 강요받지 않았습니다. 그럼에도 스스로 계획을 세우고 꾸준히 공부하였고 지금까지도 그렇게 하고 있습니다. 지금 생각해 보면 아마도 어릴 때부터 제가 해야 할 일은 반드시 하고 또 스스로 하는 습관이 몸에 배어 그랬던 것 같습니다. 이런 습관 덕분에 부족한 부분은 스스로 채우는 등의 활동을 통해 자제력과 주체성을 기를 수 있었습니다. 특히 고등학교에 진학한 후에는 목표의식이 분명해져 좀 더 적극적으로 노력하고 집중해 왔습니다. 또한 저희 부모님께서는 학업 외에 다른

활동도 적극 장려해 주셨습니다. 덕분에 바이올린이나 전자기타 같은 악기도 다룰 수 있게 되었고 이것저것 정밀하게 조립하며 만드는 취미도 가지게 되었습니다. 또한 아시아, 유럽 등 여러 나라를 여행하면서 동서양의 문화적 차이와 역사에 대해서도 이해의 폭을 넓힐 수 있었습니다. 이러한 다양한 경험은 앞으로 복합적인 사고 능력을 발휘하는 데 큰 도움이 될 것이라고 생각합니다.

5. 자신이 읽었던 책 가운데 자신에게 가장 큰 영향을 미친 책을 순서대로 3권 이내로 기술하여 주십시오.

▶ 읽은 시기와 상관없이(고교 재학기간이 아니어도 됨) 본인에게 가장 큰 영향을 미친 책을 선택하면 됩니다.

▶ '자신에게 미친 영향'은 단순한 내용 요약이나 감상보다는 처음 접한 시기, 읽게 된 계기, 선정이유, 책에 대한 긍정적 또는 부정적 평가, 이 책이 자신에게 미친 영향(변화)을 중심으로 기술하면 됩니다.

▶ '자신에게 미친 영향'은 도서별로 띄어쓰기를 포함하여 500자 이내로 작성해야 합니다.

1) 생각의 탄생(버트 루트번스타인 · 미셸 루트번스타인 저, 박종성 역, 에코의 서재)

　이 책은 올해 초 읽을거리를 찾다가 제목에 흥미를 느껴 읽게 되었습니다. 이 책은 다양한 과학자, 예술가, 작가들의 일화와 함께 다양하고 독창적인 생각을 위한 방법들을 알려 줍니다. 덕분에 저는 이것저것 많은 생각을 시도해 보게 되었습니다. 또 제가 어떻게 생각해 왔는지 알 수 있게 되었으며 얼마나 좁은 폭으로 생각했는지 깨닫게 되었습니다. 더 깊게 사고하기 위해서는 제가 배우고 있는 수학과 과학의 생각뿐만 아니라 음악과 미술 같은 예술의 분야도 필요하다는 사실을 배우게 되었고 또 이것들이 결국 다른 과정이 아님을 알게 되었습니다. 때문에 좋은 아이디어를 위해 식견을 넓히고 평소에 여러 가지 생각을 하려고 노력해야겠다는 생각을 가지게 되었습니다. 이를 꾸준히 한다면 보다 유연하고 창의적인 사고를 할 수 있으리란 생각이 들었고 이는 앞으로 저에게 많은 도움이 될 것이라 생각하여 이 책을 선정하게 되었습니다.

2) 코스모스(칼 세이건 저, 홍승수 역, 사이언스북스)

저는 이 책을 중학교 때 처음 접했고, 고등학교에 들어가서 다시 한 번 읽었습니다. 처음 읽었을 때 우주에 관심을 가지고 흥미를 느끼게 되는 계기가 되었습니다. 이 책은 기본적으로 우주에 관해서 얘기하고 있지만 다른 과학자들을 언급하면서 일반적인 과학에 대한 얘기 역시 많이 담고 있습니다. 이 책을 읽으며 이렇게 다양한 생각을 할 수 있구나 하며 놀라워하며 읽었던 기억이 있습니다. 특히 우주의 광대함과 인간의 우주에 대한 이해와 도전의 역사에 대해서도 생각하게 되었습니다. 이 책을 읽고 나서 새로운 분야에 대한 도전의 자세와 과학의 위대함에 대해 다시 한번 인식하게 되었으며 이공계로 진학하여 공부해야겠다는 생각을 굳히는 계기가 되었습니다.

3) 연금술사(파울로 코엘료 저, 최정수 역, 문학동네)

저는 이 책을 초등학생일 때 처음 읽었습니다. 이때는 어렸기 때문에 단순히 흥미롭게 읽었다는 기억밖에 없었습니다. 하지만 고등학교에 들어와 이 책을 또 읽을 기회를 가지게 되었습니다. 저는 이 책의 주인공이 자아의 실현을 위해 온갖 역경을 이겨 나가는 모습에 빠져들어 정말 재미있게 읽었고 또 느낀 점도 많았습니다. 이때는 이과에 진학한다는 생각뿐 그 뒤에 무엇을 할 것인지에 대해 목표를 가지지 못했었습니다. 이 책을 읽고, 이것이 얼마나 무기력하게 사는 것인가를 느꼈고 이 상태로는 앞으로의 일들을 이겨 나가지 못하리라는 생각이 들었습니다. 이 때문에 대학에서 무엇을 공부할 것인지, 그뿐만 아니라 더 나아가 무엇을 하며 살고 싶은지에 대해 생각하게 되었습니다. 이러한 생각 끝에 결국 학과를 정하게 되었기 때문에 이 책을 선정하였습니다.

02 카이스트 합격 자기소개서

 사례 **1**

질문 1. 자신의 꿈을 이루기 위해 어떻게 노력해 왔는지 기술하시오(450자 내외).

중학교 3학년 말 고교 진학을 앞에 두고 저는 갈등했습니다. 2008학년도 대학 입시안이 바뀌면서 내신의 비중이 높아졌기 때문입니다. 목표하던 학교는 타향에 위치한 소위 명문 고등학교라 불리는 곳으로 내신에 크게 불리한 곳이었습니다. 그러나 저는 입시 제도가 어떻게 바뀌든 대학은 진정 실력 있는 학생을 뽑을 것이라 생각하고, 소신껏 목표했던 학교에 지원했습니다.

저는 꿈을 갖고 있었기에 사력을 다했습니다. 새벽 6시에 일어나 새벽 2시에 잠들었고, 쉬는 시간도 반납하고, 식사 시간도 15분 이내로 최소화하고 공부했습니다. 동아리 활동이 즐거울 것을 알았지만 학업을 위해 후일로 미뤘고, 힘들 때도 부모님께 하소연하기보다는 공부로 마음을 달랬습니다. 정말 어려운 순간에는 여건이 안 돼서 꿈을 포기한 이들에 비하면 저는 행복하다고 생각했고, 미래 생명공학의 발달을 주도하고 싶다는 꿈과 이를 바탕으로 국가산업경쟁력에 보탬이 되겠다는 소명이 있었기 때문에 흔들리지 않을 수 있었습니다.

저는 화려한 수상 경력이나 1등급이 가득한 내신 성적표 같은 것은 없습니다. 하지만 그것이 제가 나태하고 능력이 없다는 것을 의미하지는 않습니다. 오히려 자신의 꿈과 소명을 위하여 다른 유혹을 물리치고 꾸준히 노력하는 것도 능력이라 면, 저는 다른 누구에게도 뒤지지 않는 능력을 지녔다고 생각합니다.

질문 2. 자신이 가장 잘하는 일(수학이나 과학 등의 학문 분야 또는 그 밖의 분야) 및 앞으로 해보고 싶은 일(분야)을 기술하시오(250자 내외).

저는 과학의 발달이 사회·경제와 밀접한 연관이 있다고 봅니다. 사회·경제적 요소가 과학의 발달을 가능케 하고 과학의 발달이 사회·경제를 진보시킬 수 있다고 생각합니다. 그래서 저는 순수 학문의 연구보다는 산업과 밀접한 관계를 가진 연구를 하고 싶습니다.

특히 저는 희소한 물질을 인공적으로 대량생산하는 기술을 생명화학 분야에서 연구하고 싶습니다. 일단 생물이 물질을 합성하는 과정에서 볼 수 있는 RNA 전사, 번역 메커니즘이 무척 흥미롭고, 인슐린의 인공 생산의 예를 보아 가능성도 있기 때문입니다. 또 희귀 의약품이나 필수품에 쓰이는 귀한 원료를 대량 생산함으로써 사람들에게 도움이 되고, 국가 산 업경쟁력에 보탬이 될 수 있습니다. 이는 저의 학문적 소망과 사회적 소명을 모두 만족하게 해줍니다.

질문 3. 도전적인 면에서 당신에게 가장 큰 성취감이나 만족감을 주었거나, 창의성 을 발휘한 사례를 기술하시오(250자 내외).

혈기왕성한 청소년 시기에 공부만 하는 것은 무척 억울한 일입니다. 시험 기간이 되면 혈액이 커피로 대체될 지경이고, 그 후에도 수능 준비로 쉴 틈이 없었습니다. 그것이 너무 힘들어서 그만 마음이 꺾일 뻔한 적이 있습니다.

그래서 중학교 시절 친구에게 어려움을 하소연했더니 '그래도 넌 꿈에 차차 다가가고 있잖니' 하고 구박만 받았습니다. 그 친구는 가정 형편이 어려워서 꿈을 포기하고 일을 배우고 있는 친구였습니다. 그 순간 저는 제 자신이 부끄러웠고, 제가 얼마나 행복한지 깨닫게 되었습니다.

그 뒤로 저는 흔들리지 않고 꾸준히 노력했습니다. 힘들 때면 그것은 오늘도 꿈을 위해 최선을 다했다는 증거라고 생각했습니다. 이 작은 생각의 전환이 저를 나태하지 않게 했고, 오늘도 공부에만 전념했다는 것을 자랑스럽게 생각하게 했습니다. 그 결과 모의고사에서 성적이 크게 올랐고 2007년 전국연합학력평가에서 488점을 받았을 때, 가슴 벅찬 성취감을 느꼈습니다.

질문 4. 대학 입학 후 만들거나 참여하고 싶은 교내·외 사회활동(사회단체, 동아리, 소학회 등)을 기술하고, 이유와 그러한 사회활동에 본인이 어떻게 기여할 것인지 설명하시오(250자 내외).

저는 대학에 입학한 후, 방황하는 청소년들에게 도움이 되어 주는 사회 활동을 하고 싶습니다. 저는 비록 비교적 유복한 환경에서 태어나 고생 없이 공부했지만, 세상에는 여건이 안 돼 꿈을 포기한 채 방황하고 있는 청소년들이 많습니다. 저는 그것이 무척 안타깝습니다. 세상이 아무리 힘들어도 청소년들이 미래를 그릴 권리조차 박탈당한 채 삶을 유기해 버리는 일은 없어야 된다고 생각합니다.

대학생으로서 할 수 있는 일은 많지 않을 것입니다. 하지만 저란 존재가 단 한 명의 소년·소녀에게 도움이 되고 의지할 대상이 될 수 있다는 것만으로도 이는 크나큰 의미가 있는 일이라고 생각합니다. 또 저와 제 동료들의 도움을 받은 청소년들이 커서 또 다른 청소년들을 돕고 이것이 꾸준히 계승될 수만 있다면, 카

오스 이론의 나비효과처럼 처음엔 미미한 도움이지만 어떤 이에게는 일생을 바꿀 전환점이 될 수 있다는 것을 믿습니다.

질문 5. 본인이 가지고 있는 특별한 재능 혹은 취미활동이나 특기(대인관계 포함)가 있으면 기술하시오(250자 내외).

유별난 특기는 없지만 저는 뭔가를 글로 표현하고 남에게 설명하는 것을 잘합니다. 특히 엄밀한 논리에 따라 글을 조직하거나 유추·비유를 통해 어렵고 추상적인 내용을 쉽고 구체적으로 나타내는 것을 잘하는 편입니다. 부족한 솜씨지만 소설을 쓰기도 해서 제15회 전국 대산청소년문학상에 지원하여 본선 캠프까지 참가하기도 했습니다.

대인관계가 좋은 것도 작은 재능입니다. 남의 말을 잘 들어주는 편이어서 몇몇 친구들이 정말 심각한 문제를 고백하며 상담을 요청해온 적도 있었는데, 그럴 때는 밤을 꼬박 새워서 대화했고 응어리진 마음을 풀었습니다.

친구들은 제게 문제를 해결하는 능력이 있다고들 말하곤 합니다. 수학 문제 같은 것이 아니라 저희의 일상에 닥쳐오는 수많은 일을 말입니다. 하지만 전 그것이 특별한 능력 때문이 아니라 제가 그저 복잡하게 일이 꼬여 있어도 단순한 것부터 하나하나 풀어 가고, 아무리 힘들어도 포기하지 않을 만큼 고집이 세기 때문일 뿐이라고 생각합니다.

1. 입학 지원 동기와 향후 계획(학업, 진로, 꿈 등)에 대하여 구체적으로 기술하십시오 (띄어쓰기 포함 500자 이내).

저는 일찍부터 진로를 화학 쪽으로 결정하고 화학 관련 심화학습을 꾸준히 하여 경시대회에서는 수상할 수 있었지만, 일반고의 환경에서는 간단한 실험밖에 할 수 없기에 실제적으로 화학을 체험하기는 힘들었습니다. 그러던 중 자연과학 대학 탐방 캠프에 참여하였고, 아스피린의 합성 실험에서 저는 평소에는 사용할 기회가 없었던 여러 기구를 이용하여 실험할 수 있었습니다. 특히 물질의 순도를 확인하는 녹는점 측정 장치를 사용한 일은 예전에도 같은 실험을 했지만 순도는 확인할 수 없었던 경험이 떠올라 저에게 좋은 자극이 되었습니다. 이 경험으로 저는 첨단 연구시설이 있는 KAIST에 진학하면 마음껏 꿈을 펼치고 좋은 연구결과를 낼 수 있으리란 생각에 지원하였습니다.

저는 앞으로 KAIST에 진학하여 분석화학을 탐구하고자 합니다. 미시세계를 다루는 화학에서 그 세계를 구성하는 물질의 종류와 양을 알 수 있다는 사실이 매력적으로 느껴졌기 때문입니다. 특히 제약 분야에서 약의 불순물 양의 측정이나 성분물질을 분석하는 일을 하는 것이 저의 꿈입니다.

2. 학교생활 중 배려, 나눔, 협력, 갈등 관리 등을 실천한 사례를 들고 그 과정을 통해 배우고 느낀 점을 구체적으로 기술하십시오(띄어쓰기 포함 700자 이내).

저는 교내 과학 동아리 올림과학아카데미에 입부하여 화학조의 일원이자 27기 전체 부회장으로 활동해 왔습니다. 한 기수마다 20명이 넘는, 총 70여 명의 인원을 이끌다 보면 구성원들끼리의 갈등도 많고, 다양한 활동을 원하는 저희와 이를 제재하려는 선생님들과의 마찰도 잦았습니다.

2학년 때 연간 행사 '울림과학아카데미 전시회'의 준비 과정에서 선생님들의 반대가 있었습니다. 20회를 맞는 오랜 역사를 가졌지만 처음과는 다르게 너무 흥미 위주로만 구성되어 있단 이유였습니다. 행사를 개최할 수 없게 되자 저는 선생님들께 찾아가 학교 여건상 완전히 다른 방식을 구상하기엔 시간이 촉박하다는 점을 알렸습니다. 또한 전시회가 학생들에게 과학에 대한 흥미를 불어넣을 좋은 기회가 될 것이라고 말씀드렸습니다.

저는 화학 정원 실험을 맡았습니다. 처음 계획은 청중들이 물유리에 약품을 넣어서 결정이 자라는 모습을 관찰하는 것이었습니다. 하지만 너무 흥미 위주라는 말씀을 반영하여 학생들 옆에서 직접 원리를 설명하고 묻는 방식으로 바꿨습니다. 그 결과 학생들에게 재미뿐 아니라 배움의 기회가 되었고, 선생님께서도 예전보다 흥미와 지식을 적절히 조합한 방식으로 바뀐 것에 만족하셨습니다. 이 일로 다른 사람의 의견을 받아들여 단점을 보완하고 더 좋은 결과를 만들 수 있다는 사실을 깨달았습니다. 또 어려움을 이겨내고 얻은 결과가 더 값지다는 사실 또한 느낄 수 있었습니다.

3. 세상을 변화시킬 과학기술 인재로서 본인의 자질이나 장점에 대해 기술하십시오 (띄어쓰기 포함 700자 이내).

저는 과학기술로 세상을 변화시키는 것은 사람들에게 조금 더 나은 삶을 제공하는 데에 의미가 있다고 생각합니다. 이러한 성과를 이루어 내기 위해서는 과학적인 지식을 알고 있는 것도 중요하지만 지금 사람들에게 필요한 과학기술을 찾고 발전시키고자 하는 마음가짐과 그 목표에 몰두하는 집중력 또한 빼놓을 수 없는 요소라고 생각합니다.

저는 제가 앞으로 공부하고자 하는 분석화학이 세상을 갑작스럽게 바꿀 수 있다고는 생각하지 않습니다. 다만 저의 연구와 노력에 의해서 물질을 분석하는 기술이, 더 나아가 약의 구성 성분을 정확히 분석하는 방법이 더 발전한다면 약의 효능을 예측하기 쉬워질 뿐 아니라 부작용 또한 줄 것입니다. 저는 이 기술이 사람들에게 필요하다고 생각하며 제가 이 역할을 맡아 발전시키겠다고 다짐하고 있습니다.

또한 저는 목표를 정하고 그 목표를 이루기 위해서 나아가는 집중력을 가졌습니다. 울림과학아카데미 세미나 활동 중에 산화 환원 반응을 원리로 실리카겔의 색깔 변화를 관찰하는 실험이 있었습니다. 처음에 실험 결과가 뚜렷이 나오지 않자 반응물들의 농도를 0.5M, 1M, 2M로 구분하여 실험을 여러 번 한 경험이 있습니다. 비록 많은 시간이 걸렸지만 결국 최적의 조건을 찾을 수 있었고 세미나를 성공적으로 개최하였습니다. 이와 같이 저는 탐구활동에서 항상 집념의 자세로 임했습니다. 이러한 저의 특성들이 앞으로 과학도로서의 길을 걸을 때 도움이 되리라 생각합니다.

4. 1~3번 질문 사항 이외에 본인이 작성하고 싶은 내용을 기술하십시오(띄어쓰기 포함 500자 이내).

지금도 저의 주변에는 의사, 치과의사가 되려고 준비하는 친구들이 많습니다. 그런 직업이 돈을 많이 벌고, 여자가 이공계로 진출하면 고생만 한다는 주변 사람들의 말도 많이 들었습니다. 입시에도 도움이 안 되는 화학 실험을 할 시간에 수능 공부나 더 하라고 혼도 났었고, 또 넉넉하지 않은 가정 형편을 보며 저의 다짐에 대해 회의를 느낀 적도 많습니다. 하지만 전 행복한 삶을 살기 위해서는 자신이 정말 좋아하고 잘하는 분야로 진출하여 무언가 의미 있는 일을 해야 한다고 생각합니다. 특히 여러 봉사 동아리 활동을 하며 이 사람들에게, 또는 더 넓은 범위로 전 세계의 사람들에게 무언가 제가 잘하는 일을 바탕으로 도움을 주고 싶다는 생각을 가지게 되었습니다. 이 목표를 위해 제가 잘하는 과목인 화학을 바탕으로 KAIST에서 많은 것을 배우고 저의 꿈을 이루어 내고 싶습니다. 저는 지금까지 화학이라는 하나의 갈림길을 택했고 그 길을 꾸준히 걸어왔습니다. 이제 KAIST에서 구체적으로 저만의 길을 닦아 나가고자 합니다.

사례 3

질문 1. 과학과 수학 분야 또는 다른 분야에서 충분한 재능과 소질을 갖추고 있음을 보여 줄 수 있는 사례 및 재학 중 특별한 활동사항이 있었다면 기술하십시오.

저는 고등학교 재학 중 교내 과학 동아리인 '울림 과학 아카데미'의 지구과학 조 조원으로서 동아리 행사인 '울림 과학 아카데미 21기 전시회'에 참여하여 '레이저 포인터를 이용하여 별자리 구성하기', '망원경으로 태양 흑점 관찰하기', '자석을 이용해서 무중력 팽이 돌리기', '열기구 만들기'와 같은 연구 및 실험 활동을 성공적으로 수행하여 전시행사에 참여하신 김학원 국회의원님을 비롯한 많은 분으로부터 큰 박수를 받았습니다.

또한 제18회 충청남도 중·고등학생 수학·과학경시대회 화학 부문에서 은상을 수상하였으며, 수능시험이 끝난 이후부터는 제가 중심이 되어 '울림 과학 아카데미'의 후배들을 대상으로 화학 I (1학년), 화학 II (2학년) 수업을 진행하고 있습니다.

뿐만 아니라 2005학년도 충청남도 중·고등학생 사이버 토론대회에 참가하여 금상을 수상하였습니다. 그리고 2002년에는 한자 2급 자격증을 취득하였습니다.

질문 2. KAIST에 입학하여 이루고자 하는 장래희망은 무엇입니까?

제가 고등학교에 입학했을 때는 기계항공에 관련된 분야를 전공하여 우주항공기술에 대해 연구하고 싶었습니다. 하지만 2학년이 되어 유기화합물의 특징에 대해 공부하면서 실생활에 여러 가지로 응용이 가능한 화학에 관심을 갖게 되었습니다. 제가 KAIST에 입학하게 된다면 화학과 관련된 분야를 전공하고 싶습니다. 이 분야에서 열심히 노력해서 석유화학 분야의 연구를 통해 석유화학 분야에서 예전에 없었던 새로운 촉매를 찾고 싶습니다. 새로운 촉매를 찾아서 좀 더 경제적이고 친환경적인 공정을 만들어, 우리나라를 석유화학 분야의 선도국가로 만들겠습니다. 이를 통해서, 석유화학이 반도체와 조선 산업의 뒤를 이을 우리나라의 새로운 국부 창출원이 되도록 할 것입니다.

"공기에서 빵을 만들어낸 사나이" 하버가 수천 번의 실험을 통해 암모니아 합성의 촉매를 찾아내고 이를 하버법으로 명명한 것처럼 저도 끊임없는 노력을 통해 새로운 촉매를 찾아내고 그 촉매를 사용한 공정을 제 이름을 따서 명명하고 싶습니다. 또한 하버가 암모니아 합성을 통해 인류에게 큰 기여를 했듯이, 저도 하버와 같이 인류에게 기여할 수 있는 사람이 되고 싶습니다.

질문1. 자신의 꿈을 이루기 위해 어떻게 노력해 왔는지 기술하시오(450자 내외).

저는 초등학교, 중학교 때 주위에서 공부를 잘한다는 말씀을 많이 듣고 성장했습니다. 그러나 농촌지역의 특수성으로 많은 교육의 혜택을 받지 못해 고등학교 진학을 결정할 때는 큰 고민이 되었습니다. 지역 학교에 입학하여 내신을 높게 받아 편하게 대학에 갈 것인지, 나의 꿈을 이루기 위해 더 넓은 세상으로 나가 실력 있는 학생들과 당당히 경쟁하며 열심히 공부해 대학에 갈 것인지를 선택해야 했습니다. 주위의 많은 친구는 전자를 택했지만, 저는 도전을 택했습니다. 우물 안의 개구리가 아닌 세상을 크게 바라볼 수 있는 안목을 기를 필요도 있고, 노력하면 이루지 못할 일이 없을 거라고 생각했기 때문입니다.

미래의 큰 희망을 품고 고등학교에 입학해 처음 입학시험에서 저는 188명 중 절반이 넘는 106등이었습니다. 누구보다도 공부를 잘했던 저에게 이와 같은 결과는 좌절뿐이었습니다. 처음엔 눈물이 났지만 저는 저를 타이르고 다짐했습니다. 여기서 절망하면 발전이 없다고 오히려 더 떨어지게 된다고 생각했습니다. 그래서 정말 누구보다 열심히 공부하기로 다짐했습니다. 그 후로 다른 친구들이 1시에 자면 2시에 자고, 2시에 자면 3시에 잤습니다. 잔병치레 없이 튼튼했던 제가 코피도 나고 힘들었지만 저는 멈출 수 없었습니다. 차츰차츰 올라가는 성적을 보며 위로를 했고 약한 마음이 들면 가족들을 생각하며 다시 마음을 가다듬고 열심히 공부하여 미래의 큰 꿈을 실현할 수 있는 학생으로 성장하게 되었습니다.

질문 2. 자신이 가장 잘하는 일(수학이나 과학 등의 학문 분야 또는 그 밖의 분야) 및 앞으로 해보고 싶은 일(분야)을 기술하시오(250자 내외).

우리나라는 IT 강국으로 세계의 시장을 선도하고 있습니다. 다른 나라들보다 늦게 출발한 감이 있지만 최고가 되었습니다. 그러나 지금까지의 기술로는 앞으로도 세계시장을 선도하리란 보장이 없습니다. 이제는 디지로그의 시대로 디지털적 기술과 아날로그적 감성이 결합되어야 할 때입니다.

저는 그런 면에서 IT 기술에 아날로그적 감성을 결합한 제품을 디자인하고 싶습니다. 거울을 보면서 살 옷을 고르면 입힌 채로 보여서 동작을 해도 입은 채로 동작하는 것처럼 된다든가, 다양한 아이디어로 세상을 리드하고 싶습니다.

질문 3. 도전적인 면에서 당신에게 가장 큰 성취감이나 만족감을 주었거나, 창의성을 발휘한 사례를 기술하시오(250자 내외).

고등학교 입학할 때 체육을 잘 못해 내신 성적으로는 입학이 불가능하여 모 대학 경시대회에서 우수한 성적을 거두어 고등학교 입학이 확정될 때가 큰 성취감을 주었습니다. 그리고 고등학교 입학을 하고 수학 동아리 활동을 하면서 수학문제를 직접 출제하여 그 문제를 학생들 앞에서 논리적으로 설명하면서 수확에 대한 자신감이 들었을 때 만족감을 주었습니다. 또한 3학년 때 관련 과학 잡지나 선생님께서 가르쳐 주신 심화내용 등을 열심히 공부해 도 경시대회에서 생물 부문 금상을 받았을 때 큰 성취감과 만족감을 받았으며, 과학 분야의 학문에 더 깊은 관심을 갖게 된 것이 큰 보람이라 생각합니다.

질문 4. 대학 입학 후 만들거나 참여하고 싶은 교내 · 외 사회활동(사회단체, 동아리, 소학회 등)을 기술하고, 이유와 그러한 사회 활동에 본인이 어떻게 기여할 것인지 설명하시오(250자 내외).

어렸을 때부터 TV 프로그램에서나 길을 다니면서 힘들게 살아가는 사람들을 많이 봐왔고, 가슴이 아림을 많이 느꼈습니다. 특히 한비야 씨의 책을 읽었을 때, 해외 아동들의 실태에 눈물을 흘리지 않을 수 없었습니다. 그래서 꼭 아동들을 위해서 봉사를 해야겠다고 생각했고 자라나면서 계속 봉사활동에 대한 계획을 세워 왔습니다.

먼저 저는 대학 입학 후 굿네이버스라는 기부사이트에서 1:1 해외아동결연에 참여하고 싶습니다. 큰돈은 아니지만 그 돈도 없어 치료를 받지 못하고 꿈을 포기해야만 하는 아동들에게 꿈과 희망을 주고 싶습니다. 제가 부모님께, 친구들에게, 선생님들께 받은 사랑을 나눠 주고 싶습니다.

또 유니세프의 대학생 봉사모집인 유스클럽을 통해 해외로 직접 자선활동을 나가고 싶습니다. 가서 아이들에게 간단한 수학 같은 교육도 시켜 주고, 굶지 않게 밥도 먹이고, 어린이 노동이나 폭력에 시달리고 있는 아이들을 따뜻한 가정 속에서 자라날 수 있도록 보호해 주고 싶습니다.

질문 5. 본인이 가지고 있는 특별한 재능 혹은 취미활동이나 특기(대인관계 포함)가 있으면 기술하시오(250자 내외).

저는 책을 읽는 데 다른 학생들보다 속도가 빠르며 이해력도 높아 공부를 하는 데 많은 도움이 되었습니다. 또한 영화 보는 것을 아주 좋아해 한국영화는 물론 세계적인 명화 수십 편을 관람해 이공계열 학생이 느끼는 딱딱한 분위기와 정서적으로 불안정함을 극복할 수 있는 학생이라 자부하며, 인문학 분야에도 관심을 갖고 있어 과학이 문학과 공존하는 학문으로 발전하는 데 역할을 할 수 있다고 생각합니다. 그리고 사회생활을 하면 사람과 사람 사이의 관계가 매우 중요하므로 세상을 지배하려면 사람의 마음을 다스려야 한다는 생각으로 대인관계를 펼쳐 나가고 있습니다. 친구들의 고민을 잘 들어주고, 이해하려고 노력하며, 같이 해결책을 찾고, 도움을 주기 위해 힘을 씁니다. 실제 저를 초등학교 때부터 오래 알아온 친구는 저의 그런 점이 매우 편안하고 이렇게 오래 우정을 쌓을 수 있게 된 것 같다고 얘기해 주었습니다.

질문 6. KAIST 혹은 다른 교육 및 연구기관과 관련된 경험이나 사연이 있으면 기술하십시오(200자 내외).

지난해 여름 고등학교 2학년 때 2박 3일 기간으로 포스텍 이공계학과 대탐험 캠프에 다녀왔습니다. 캠프에 다녀오기 전에는 이공계가 막연히 학문만을 연구하는 길이라는 정도로만 생각했었습니다. 세계적으로 유명한 교수님들의 생명공학이나 인간공학에 대해 자세히 설명을 들으면서 이공계가 단순히 연구만 하는 것이 아니라, 실생활에 정말로 사람들에게 도움이 되고, 유용하게 쓰이는 여러 가지를 발명해 내고 발견해 내는 것이 과학이라고 생각하게 되었습니다. 그래서 이공계로의 진학을 희망하게 되었고, 여러 과학 잡지를 읽으며 좀 더 깊게 과학을 공부하게 된 계기가 되었습니다.

 연세대학교 합격 자기소개서

사례 1

1. 지원자가 고등학교 재학 중(검정고시 합격자는 합격일로부터 과거 3년 이내)에 했던 활동 중에서 가장 중요하다고 판단되는 교과 외 활동(봉사, 자치, 동아리, 연구, 취미, 기타 활동 등)을 선택하여 3개 이내로 작성하여 주십시오.

   ※ 특기자 전형의 과학인재트랙 지원자는 수학 · 과학 분야와 관련된 활동을 포함하여 작성할 것을 권장합니다.

   1) 봉사 동아리 활동

   부원과 부장으로 활동하며 배려와 나눔을 경험하고, 리더십을 발휘함.

   2) 학급반장

   반장 역할을 충실히 하여 학습 분위기 개선 및 각종 반 대항 행사에서 우수한 성적을 거둠.

3) 인문학 독서 수업

　　교육, 인권, 경제 등의 다양한 책을 읽고 글을 쓰며 토론하는 과정에서 사회현상을 이해하고 이를 바라보는 비판적인 안목도 기름.

2. 위에서 작성한 활동 중에서 자신에게 가장 중요했던 활동 하나를 선택하여 활동을 시작하게 된 동기와 본인의 역할 및 활동 내용을 설명하고, 활동을 하면서 갖게 된 생각과 지원자 개인 또는 주변에 미친 영향을 기술하여 주십시오.

　　내성적이고 남 앞에 나서기를 꺼렸던 저의 단점을 극복하기 위해 변화를 해야 한다는 생각으로 2학년 학급반장 선거에 출마했습니다. 반장 경험이 있는 성격 좋고 운동 잘하는 친구가 라이벌이었지만 출마 소견에서 저의 강점인 학업 도우미, 1학년 때 학급 열쇠를 담당한 성실성과 책임감, 그리고 대가족에서 얻은 가족 간의 배려와 리더십을 통해 학급 일에 최선을 다할 수 있다는 점을 강조했습니다. 결국, 1표 차로 반장이 되었으나 예상외의 결과라 그런지 초기에는 반장의 권위를 인정받지 못하였습니다. 그래서 틈만 나면 수학학업 도우미로 활동하고 학습 분위기 흩트리는 친구와 친해지기 위해 점심시간에 같이 운동하기도 했습니다. 친구들의 수학성적이 오르고 두루 친해지면서 반장으로 인정받고 더욱 쉽게 역할을 수행할 수 있었습니다. 친구들의 신뢰를 얻고자 노력한 시간이 쌓여 우정과 단결심으로 뭉친 학급이 만들어졌고 그 속에서 자신감을 느끼고 적극적인 태도로 바뀌는 저를 찾을 수 있었습니다. 각종 반 대항 행사에서 1등을 휩쓸었고, 그때의 리더십을 인정받아 3학년 때도 반장이 되어 학급회의를 주도하여 학습 분위기를 개선하고 있습니다. 이러한 경험으로 저의 역할에만 충실했던 제가 지금은 주변의 참여를 적극 유도할 줄 알게 되었습니다. 무엇보다도 중요한 것은 나눔과 배려, 희생이 저의 리더십을 더욱 견고히 해주는 원동력이 되었습니다.

3. 고등학교 재학 중(검정고시 합격자는 합격일로부터 과거 3년 이내) 진로선택을 위해 노력한 과정을 바탕으로 지원학과 선택의 계기를 설명하고, 연세대학교 입학 후 자신의 진로를 발전시키기 위한 계획을 기술하여 주십시오.

제가 자란 곳은 국내 최대공업도시로 무역규모가 1,000억 달러를 넘길 정도로 기업의 생산, 무역, 금융 등 경제활동이 활발한 곳입니다. 이러한 환경에서 자란 저는 경제 관련 소식을 자주 접하였고 경제학을 전공하신 아버지께서 어려운 내용을 쉽게 설명해 주셨기에 경제에 흥미를 느끼게 되었습니다. 이러한 흥미와 더불어 경제학을 공부하기 위한 모든 영역의 공부에도 자신이 있고 특히 수학, 사회 과목에서 좋은 성적을 받아 경제학도로서의 준비를 착실하게 하고 있다고 생각합니다. 또한 인문학 수업을 들으며 다양한 영역에 걸쳐 사회 전반을 파악하는 안목도 길러 왔습니다.

경제학을 배워 가기 위해서 가장 먼저 한 일은 교내 경제 동아리에 참여한 것입니다. 경제 동아리에서 경제퀴즈, 경제토론 등의 활동을 하며 기초적인 경제 개념을 차츰 알게 되었습니다. 또한 한국은행에 견학하여 한국은행의 역할과 기능, 금융시장 및 투자에 대한 이해를 높일 수 있었습니다. 이러한 활동을 하며 기초적인 지식이 부족하다고 판단하여 "틴틴경제", "경제학은 무엇을 말할 수 있고 무엇을 말할 수 없는가?" 등의 기본 경제 서적을 읽었습니다. 이와 더불어 읽은 "센코노믹스"에서 기아문제를 해결하기 위한 저자의 노력을 보며 평등하고 정의로운 경제학을 꿈꾸게 되었습니다.

저는 경제학 커리큘럼이 잘 갖춰진 연세대학교에서 미시, 거시 경제학과 국제경제 및 금융지식 등의 경제이론 및 전문지식을 습득하고자 합니다. 또한, 현대사회는 정치적 요소와 국제 간 관계가 경제와 밀접하므로 정치외교학을 부전공으로 선택하여 공부하고자 합니다. "왜 세계의 절반은 굶주리는가"라는 책에서 '세계는 이렇게 부유한 적도 없지만 이렇게 가난한 적도 없다'라는 구절을 읽었습니다. 지구 한편에서는 넘치는 부를 주체하지 못하지만, 다른 한편에서는 하루를 벌어 살아갑니다. 저는 연세대학교에서 쌓은 학문적 역량을 바탕으로 경제적 효율성의 추구뿐만 아니라 공평한 분배에도 초점을 맞추어 양자가 공존할 수 있는 경제학 연구에 이바지하고 싶습니다.

4. 지원자의 개인적 자질 중 가장 뛰어나다고 생각하는 자질(학업 능력 제외)에 대해 설명하고, 고등학교 재학 중(검정고시 합격자는 합격일로부터 과거 3년 이내) 그 자질을 계발하기 위해 노력한 경험을 구체적으로 기술하여 주십시오.

저는 글 쓰는 능력과 사회현상을 바라보는 안목이 뛰어나다고 생각합니다. 글 쓰기를 좋아하나 체계적인 공부를 따로 배우지 않았기 때문에 저의 자질을 계발하기 위한 노력을 하고 싶었습니다. 그래서 독서와 접목하여 글쓰기 능력을 향상하기 위해 1학년 때 계발활동 부서 가운데 독서부에 가입하였습니다. 부서에서는 책을 읽고, 읽은 책에 관한 토론과 글 쓰는 활동에 열심히 참여하였습니다. 그리고 독서부 선생님과의 상담을 통해 선택형 심화 방과후학교 언어논술 수업도 들었습니다. 또한, 독서부 선생님의 소개로 만난 선배님이 교외학습 기관인 '인디고서원'에 대한 안내도 해주셨습니다. '인디고서원'은 인문학 독서 수업으로 청소년의 사회에 대한 깊이 있는 이해를 돕는 곳입니다. 처음에는 학업과 병행하기에 쉽지 않을 뿐만 아니라 부산까지 오가야 하는 큰 부담이 있기에 고민이 많았습니다. 그러나 사회를 바라보는 안목과 글 쓰는 능력을 향상시키기 위해 과감하게 도전하였습니다. '인디고서원'을 다니는 8개월 동안 다양한 분야의 책을 매주 1권 읽고 1,500자 내외의 글을 썼습니다. 이를 바탕으로 서로 의견을 주고받고 작가와 직접 만나거나 인문학 캠프를 하는 등의 프로그램에 참여했습니다. 여름방학 때 수업과 연계하여 이루어진 3박 4일 동안의 '2010 인디고 유스 북페어' 프로그램에 참여하였습니다. "바그다드 동물원 구하기"의 작가 로렌스 앤서니의 강연을 직접 들으며 자신을 희생하면서 옳은 것을 실천하는 자세를 배웠습니다. 또한, 겨울방학 때는 1박 2일 동안 '영혼의 선장, 운명의 주인― 내 삶의 가치를 찾아서' 프로그램에서는 저의 삶을 되돌아볼 수 있었습니다. 이처럼 인문학 수업을 들으면서 기아문제, 학생인권 등의 사회현상을 알게 되었습니다. 기아문제의 원인이 그 당사자에게 있는 것이 아니라 사회 구조에 있고 이러한 사회 구조는 세계화와 자본주의와 연관되어 있습니다. 이에 대해서 경제적으로 평등한 조치가 취해져야 하는데 이를 위해 민주주의의 소통력을 이용한 아마르티아 센의 접근이 인상 깊었습니다. 한국 사회에서 학생, 특히 고등학생의 인권은 제대로 보장되지 않고 있습니다. 다행히도 현재 학생의 인권을 보장하는 움직임이 있고 이와 더불어 학생을 학생이기 전에 사람으로 보는 인식 개선이 필요하다고 봅니다. 사회현상을 이해하고 이를 바라보는 비판적인 안목을 기름으로써 각종 교내·외 독서 관련 대회에서 여러 번 상도 받게 되었습니다. 독서부, 선택형 심화 방과후학교 언어논술 수업, 인문학 독서 수업을 통해 다양한 도서를 접하고 글쓰기에 자신감이 생김과 동시에 교과 외의 사회현상을 배울 수 있었습니다.

5. 다음 두 질문 중 하나를 선택하여 □ 안에 ∨표를 한 후 작성하여 주십시오.

☑ 지원자의 개인적 환경(가정, 학교, 지역, 국가 등)에 대해 설명하고, 그 환경적 특성이 지원자 자신의 삶에 미친 영향을 경험적 사례를 들어 구체적으로 기술하여 주십시오.

□ 지원자의 삶에서 경험했던 가장 큰 위기와 좌절 상황이 무엇이었는지 설명하고, 그것을 극복하는 과정에서 새롭게 발견한 자신의 가치에 대해 경험적 사례를 들어 구체적으로 기술하여 주십시오.

아버지께서 장남이라 할머니와 함께 사는 대가족 가정이며, 저에게는 누나도 둘인 다자녀 가정환경 속에서 자랐습니다. 아버지는 회사원, 어머니는 교육자로 두 분이 맞벌이를 하셨기 때문에 할머니께서 집안일을 돌봐 주셨습니다. 제가 장손이라 할머니의 사랑을 독차지하여 버릇없이 자랄까 봐 부모님께서는 걱정하셨습니다. 지금 생각해 보니 부모님께서는 말씀보다 행동으로 저를 가르쳐 주셨습니다. 돌아가신 할아버지를 대신하여 작은아버지와 고모의 기둥 역할을 하셨고, 집안행사 때마다 다 같이 모여 일을 의논하시는 등 소통을 통해 문제를 적극 해결하셨습니다. 그랬기 때문에 작은아버지, 고모네는 저의 부모님을 잘 따르는 화목한 가족이라 할머니께서는 자랑으로 말씀하십니다. 누나들과도 사이 좋게 잘 지낼 수 있음도 이러한 가정교육이 몸에 배어 있기 때문입니다. '남에게 피해를 주지 말고 내가 가진 것을 나누고 베풀며 살라'는 가르침은 저의 성품이 되었습니다.

제가 2~3학년 학급반장과 동아리부장을 할 수 있었던 저력도 제 가족들에게서 배우고 익힌 배려와 소통 덕분이었습니다. 반장으로 친구들의 신뢰를 얻고자 학업 도우미로 활동하고 함께 운동하여 친하게 지내며, 학급회의를 주도하여 학습 분위기를 개선한 리더십도 배려와 소통에서 비롯되었습니다. 그리고 '한솔봉사단' 동아리 부장이 되면서 체계적인 활동과 기획, 부원들의 관리와 운영을 하면서 협력을 이끌어 내고 갈등을 해결하였습니다. 학년 초 부서를 정하는 과정에서 부원들 간에 화합하지 못하고 서로의 생각만 내세우는 문제가 있었습니다. 그래서 기존 회원과 신입 회원에 알맞은 부서, 수월한 일과 까다로운 일을 분류하여 합의점을 도출하는 토의시간을 충분히 가졌습니다. 결국, 부서 배정은 희망을 최대한 고려하되 시간의 여유가 있는 신입 회원이 까다로운 부서를 맡기로 했고, 1년 동안 부서 간 협력하에 봉사활동은 원활하게 잘 이루어졌습니다. 갈등을 해결하고 협력을 이끌어 내기 위한 소통의 시간이 길어지더라도 그 과정은 공동의 일을 해나가는 데 있어 필수적인 요소라는 걸 가정에서부터 배워 왔기 때문에 실천한 일이었습니다.

공부에 대한 도전과 동기부여도 누나들의 영향을 크게 받았습니다. 큰누나는 교사로, 작은누나는 에너지자원공학도가 되기까지 열심히 노력하는 모습과 과정을 지켜보았습니다. 그것이 본보기가 되었고 저도 하면 될 수 있다는 용기를 가졌기 때문에 제 꿈을 이루기가 훨씬 쉬웠습니다. 입학하기 전 반편성 고사에서 반 5등도 하지 못했습니다. 작은누나가 '일반고에서 이 정도의 성적으로는 대학 가기 어렵다'는 말에 충격을 받고 공부를 해야겠다고 결심했습니다. 야자시간 일반 교실에서 집중하여 공부하기란 정말 어려웠습니다. 공부에 열중하기 위해서라면 성적이 상위권 학생들만 모여 공부하는 특별실에 들어가야 했습니다. 마침 제가 학급 열쇠 담당이라 특별실이 마치는 시간까지 교실에서 전 과목을 단계별로 누적 학습하는 방법에 매달렸습니다. 그 결과, 중간고사 때 반 1등으로 도약하여 특별실에 들어갈 수 있었습니다. 그다음 2학년 때는 상위 1.5%에 해당하는 학생을 뽑아 운영하는 정독실에서 지금까지 공부에 매진하고 있습니다.

제가 태어나기도 전에 돌아가신 할아버지께서는 6 · 25 참전용사이셨습니다. 다행히도 작년에 할아버지 이름으로 6 · 25 참전 국가유공자증서(제41−4137호)와 화랑무공훈장(제150661호)을 받으셨습니다. 저의 집안 자랑이자 영광입니다. 제가 실천한 애국은 아직 미미합니다. 죽음을 각오하고 전쟁터로 가셔서 부상을 무릅쓰고 나라를 지키신 할아버지의 고귀한 뜻을 항상 가슴 속에 기억하면서 살겠습니다.

04 고려대학교 합격 자기소개서

사례 **1**

1. 고등학교 재학 기간 동안 교내·외에서 자기주도적으로 꾸준히 수행한 활동(학습활동 및 교과 외 활동 등) 중 본인의 우수한 성과가 나타난 활동과 그 결과를 얻기 위한 노력을 3개 이내로 기술하세요(활동별 200자 이내로 기술).

1) 컴퓨터 프로그래밍 활동

컴퓨터 공학에 대한 막연한 동경심이 있었던 저는 고등학교에 입학하여 프로그래밍을 독학하였습니다. 국내에는 프로그래밍에 관한 자료가 부족하기 때문에 외국의 자료를 찾았고, 영문 자료를 익히기 위해서 영어 공부를 열심히 하였으며, 찾은 자료를 바탕으로 정보올림피아드 공모전에도 매년 도전하였습니다. 그 결과 공모전 입상은 물론, 영어 실력도 향상되었습니다.

2) KAIST IT 영재교육원

컴퓨터 공학 심화 학습을 위해 KAIST IT 영재교육원 과정을 수강하였습니다. 가끔 급우들과 선생님들이 저에게 과학/특성화 고등학교 학생들과의 경쟁에서 이길 수 없다며 시간 낭비 하지 말라고 말하기도 했지만, 저는 컴퓨터 공학에 대한 열정으로 영재교육원에서 주어진 과제들을 풀어 나갔습니다. 그 결과 우수자율연구과제상을 받는 등 좋은 성적으로 과정을 이수할 수 있었습니다.

3) 개인 홈페이지 운영(http://limeburst.net/)

고등학교 생활을 하며 학교뿐만이 아니라 온라인에서도 새로운 사람을 여럿 만날 수 있었고, 온라인 실존의 근거지로 개인 홈페이지를 운영하였습니다. 개인 홈페이지에 Yak, Timestack 등 만든 프로그램을 게시하고, 블로그를 개설하여 글을 써 나간 결과 같은 관심사를 가진 분들에게 조언을 들으며, Google Code-in 등 자기계발에 좋은 기회에 대한 정보를 얻을 수 있었습니다.

2. 위의 세 가지 활동 중, 자신에게 가장 의미 있다고 생각되는 활동 하나를 선택하여 활동의 동기, 과정 및 결과, 자신에게 미친 영향 등을 구체적으로 기술하세요(띄어 쓰기 포함 700자 이내).

저는 학교 일과가 끝난 후 어릴 적부터 관심이 많았던 컴퓨터 프로그래밍을 배우기로 했습니다. 한국어 자료가 부족하였기에 저는 조금 힘들더라도 iTunes U 같은 양질의 영어로 된 자료를 찾아 익혔습니다. 이것을 3년 동안 꾸준히 실행해 오며 실력을 키운 결과 2학년이 되어 BINBOX 컴퓨터 동아리를 이끌 수 있었고, KAIST IT 영재교육원과 정보올림피아드에 도전하여 그 노력의 결실을 얻을 수 있었습니다. 컴퓨터 분야에 대한 공부를 영어를 통해 해온 덕에 영어 과목에서도 교내영어경시대회에서 최우수상을 받거나, 고등학교 입학 당시 700점대였던 TEPS 점수를 941점으로 올리는 등 노력에 따른 성취를 할 수 있었습니다.

이렇게 저만의 생활 방침을 정하고, 컴퓨터 프로그래밍 활동을 끈기 있게 해온 덕에 저는 자기주도적 학습의 진정한 의미를 깨달을 수 있었으며 컴퓨터 공학에 대한 학습 의지와 함께 고려대학교 정보통신대학에 대한 지원 의지를 굳힐 수 있었습니다.

3. 고등학교 생활 중 (1) 배려와 나눔, (2) 협력과 갈등 관리를 실천한 사례를 각각 들고, 그 과정을 통하여 배우고 느낀 점을 구체적으로 기술하세요(띄어쓰기 포함 1,000자 이내).

저는 교내 컴퓨터 동아리 BINBOX의 부장으로서 리눅스와 프로그래밍에 관한 경험과 지식을 나눴습니다. 1학년 때 C 언어를 독학하며, 투자 시간 대비 배울 수 있는 여러 가지 프로그래밍 개념이 적다는 것을 알게 되어 동아리 모임에서는 주로 Python 프로그래밍 언어를 다루었습니다. 주말마다 열리는 모임을 위한 프레젠테이션과 유인물 등의 교육자료를 준비하며 막연히 알고만 있던 지식들을 확실히 하는 계기를 가졌으며, 그 지식을 이해하기 쉽게 연결하고 표현하는 법을 배웠습니다. 종종 동아리원들이 모임에 참석하지 않아 아쉬웠지만, 그럴 때마다 제 자신의 리더십과 표현 능력의 부족함을 느끼며 매회 모임을 흥미롭게 만들기 위해 노력했습니다. BINBOX 동아리를 이끌며 컴퓨터 공학에 대한 지식을 나눴다는 점에 대해 자부심도 느꼈지만, '자신이 무엇을 이해하는 것과 그것을 말로 잘 표현해서 전달하는 것은 전혀 다른 종류의 능력'이란 것도 깨달았습니다.

저는 고등학교 생활을 하며 KAIST IT 영재교육원의 교육과정에 2년간 참여했습니다. 이곳에서는 방학 기간에 온라인 과정 성적 우수자를 초대하여 KAIST에서 일주일간 IT 캠프를 개최하는데, 저는 자율연구과제 우수상을 받는 등 좋은 성적을 거둬 매해 캠프에 참여할 수 있었습니다. 2010년에 열린 캠프에서는 가상적인 환경에서 로봇을 사용해 물건을 옮기는 최적의 경로를 찾는 과제를,

다음 해 캠프에서는 실제 비행 로봇을 장애물을 피해 지정된 장소에 착륙시키는 과제를 C 언어 로봇 프로그래밍을 통해 수행했습니다. 과제를 수행하며 프레젠테이션 작성, 알고리즘 구상 등의 역할 분담을 통한 협력뿐만이 아니라, 팀장으로서 프로그램의 모듈화를 주도하여 세부적인 구현을 하는 데에서도 협력할 수 있었습니다. 이러한 경험을 통해 저는 서로 배워 갈 수 있는 친구들과의 협력과 토론은 매우 흥미진진한 일이라는 것을 알게 되었고, 함께한 학생들의 확실한 목표와 자신감에 자극을 받고 자신을 되돌아보는 계기가 되었습니다.

4. 지원 분야와 자신이 어떤 면(흥미, 적성, 소질 등)에서 부합한다고 생각하는지를 기술하고, 지원을 위한 준비과정과 향후 포부에 대해 기술하세요(띄어쓰기 포함 1,000자 이내).

저는 컴퓨터 프로그래밍을 진정한 쌍방향 소통이 가능한 유일한 형태의 예술이라고 생각합니다. 저는 프로그래밍을 통해 여러 프로그램을 만들고, 그것을 사용하는 사람들과의 간접적인 소통을 할 수 있었습니다. 영화는 관객 틀이 굳어져 있고, 그림은 움직이지 않지만, 코드는 쌍방향으로 흐릅니다. 저는 이러한 컴퓨터 공학의 매력에 빠져 정보통신대학에 지원하게 되었습니다.

컴퓨터 공학 분야의 전문성을 쌓기 위해 2년간 KAIST IT 영재교육원 교육과정에 참가하여 컴퓨터 공학의 기초인 알고리즘과 이를 이용한 문제 풀이 방법을 배웠고, 이곳에서 배운 내용으로 울산학생정보올림피아드에 참가하여 동상을 받았습니다. 스타트업과 프로그래밍을 통해 유용한 것을 만드는 '해커' 문화에도 관심이 많았던 저는 Y Combinator의 Hacker News를 3년간 매일 꾸준히 구독하며 관련 지식을 쌓았습니다.

컴퓨터 공학은 다른 공학과의 융합이 이루어질 때, 서로의 한계를 넓히며 그 잠재력이 나타난다고 생각합니다. 저는 '2010 ETRI와 함께하는 발명캠프'에 참가하여 컴퓨터 네트워킹 분야와 지식산업을 융합한 '하이브리드 P2P 프로토콜을 이용한 데이터 교환 방식'이라는 아이디어를 내어 최우수상을 받았습니다. 또 저는 지난 2년간 한국정보올림피아드 공모 부문에 작품을 제출해 왔지만, 매번 입상하지 못하였습니다. 하지만 저는 실패의 경험을 거울삼아 실력을 키워 왔으며, 3학년이 되어 인문학과 컴퓨터 공학을 융합한 새로운 블로깅 플랫폼을 개발하여 결국 입상을 하였습니다.

최고의 실력자들이 모여 서로 토론하고 협력할 때, 그 시너지는 배가 된다고 생각합니다. 저는 고려대학교 정보통신대학에 입학하여 실력을 갖춘 친구들에게 끊임없이 도전받으며, 함께 공부해 나가고 싶습니다. 1학년 때에는 알고리즘을 비롯하여 부족한 수학과 물리 공부를 할 것이며, 2학년부터는 전공에 대한 학업에 힘을 쏟으며 학문 융합의 길을 찾아 나갈 것입니다.

5. 다음 세 질문 중 하나를 선택하여 □ 안에 ∨표를 한 후 작성해 주세요(띄어쓰기 포함 1,000자 이내).

☑ 자신에게 가장 큰 영감을 준 것(사람, 사물, 사건 등)은 무엇이며, 그것이 자신의 삶에 어떠한 영향을 주었는지 기술하세요.

□ 자신의 강점과 약점은 무엇이며, 강점이 가장 잘 드러났던 사례를 기술하세요.

□ 현재 자신이 학업 이외에 가장 관심이 있는 것은 무엇이며, 왜 관심이 있는지 기술하세요.

저에게 가장 큰 영감을 준 것은 Paul Graham의 에세이, 그중 특히 "What You'll Wish You'd Known", "You Weren't Meant to Have a Boss", 그리고 "Why to Not Not Start a Startup"을 읽었던 것입니다. 그레이엄은 "What You'll Wish You'd Known"에서 자신과 지신의 친구들이 고등학교 생활을 하며 가장 후회했던 것이 무엇인지 쓰는데, 그것은 '고등학교 다니며 너무 많은 시간을 낭비했다'는 것입니다. '고작 고등학생이 뭘 할 수 있을까?'라는 생각으로 수동적으로 살아왔기 때문입니다. 이 에세이를 읽고 저는 고등학교 생활을 하면서 항상 남이 하지 않는 새로운 것을 찾고 도전하며, 현재에 안주하지 않으며, 끈기를 가진다는 나름의 생활 방침을 정할 수 있었습니다. 그 결과 컴퓨터 공학 분야와 영어 과목에서 남다른 성취를 이룰 수 있었고, 고려대학교 정보통신대학에 대한 지원 의지도 굳힐 수 있었습니다.

"You Weren't Meant to Have a Boss"와 "Why to Not Not Start a Startup"에서는 스타트업에 대한 이야기를 합니다. 이 에세이들은 '무에서 유를 창조하는 은거 기인'이라는 막연한 이미지에만 매료되어 교수가 되고 싶었던 저의 허상을 깨어 장래희망을 바꾸는 계기가 되었습니다. 특히 'Standing On The Shoulders Of Giants'의 은유와 GNOME 프로젝트의 메일링 리스트를 구독하며 오픈 소스 소프트웨어들의 발전 원동력을 다시금 확인하며, 제가 진심으로 흥미가 있는 토론과 협력을 통한 성취의 매력을 다시 보게 되는 계기가 되었습니다.

만약 그레이엄의 에세이를 접하지 못하였다면, 제 삶은 지금처럼 흥미롭거나 즐겁지 않았을 것이며, 허상을 기반으로 한 비현실적인 장래희망도 그대로 품고 있었을 것입니다. 저는 폴 그레이엄의 에세이를 읽고 얻은 깨달음과 경험을 바탕으로 고려대학교 정보통신대학에 입학하여 누구보다도 학업에 열중할 것입니다.

사례2

1. 고등학교 재학 기간 동안 교내·외에서 자기주도적으로 꾸준히 수행한 활동(학습 활동 및 교과 외 활동 등) 중 본인의 우수한 성과가 나타난 활동과 그 결과를 얻기 위한 노력을 3개 이내로 기술하세요(활동별 200자 이내로 기술).

1) 교내 봉사 동아리 봉사활동

　월 2회 대공원 내 현충탑 주변 환경 정화 활동을 하였습니다.

2) 교내 방과후학교 논술 심화수업

　사회문제를 다룬 책을 읽고 이 내용을 바탕으로 팀을 나누어 토론을 하였습니다. 그리고 자신의 입장을 글로 적은 후 서로의 글은 바꾸어 읽어 보고 첨삭하였습니다.

3) 학급 자치활동

　학급 부반장으로서 반장을 도와 학급 자치 활동에 참여하였습니다.

2. 위의 세 가지 활동 중, 자신에게 가장 의미 있다고 생각되는 활동 하나를 선택하여 활동의 동기, 과정 및 결과 자신에게 미친 영향 등을 구체적으로 기술하세요(띄어쓰기 포함 700자 이내).

　저는 고등학교를 다니는 3년 동안 교내 방과후학교 논술 심화 수업을 수강했습니다. 논술 수업의 방향이 역사, 사회, 경제 등에 대한 책을 읽고 토론하는 식으로 교육 과정이 되어 있다고 하여 참여하였습니다. 수업의 방식은 학년별로 조금씩 달랐습니다. 1학년 때에는 매 수업 전 정해진 분량만큼의 한국 근·현대사에 대한 책을 먼저 읽었습니다. 그리고 그날 읽은 부분에 대해 자신의 생각을 발제문으로 적어서 학생들끼리 돌려 읽은 후 토의의 형식으로 의견을 나누었습니다. 2학년 때에는 사회 시사 문제에 관한 책을 매주 한 챕터씩 읽고 그 문제에 대해 찬반양론으로 나누어 토론을 한 뒤 자신의 생각을 논술하고, 이후 선생님께서 첨삭을 해주신 것을 서로 나누어 읽는 식의 수업이었습니다. 수업 내용 중 사형 제도를 반대하는 입장에서 토론에 참여했던 것이 기억에 남습니다. 3학년인 지금은 대학 입시 준비의 일환으로 대학별 기출문제와 모의고사 문제를 풀고 선생님께서 첨삭을 해주시는 방식으로 수업을 하고 있습니다. 수업 중 논술 선생님께서 글쓰기 방법으로 제시해 주신 10가지 법칙이 정말 인상 깊었습니다. 3년 동안 꾸준히 논술 심화 수업을 들은 결과 제 생각을 논리적으로 글로 표현하는 능력을 갖출 수 있게 되었습니다. 또한 토론식 수업을 통해 제 생각을 남 앞에서 잘 정리된 형식으로 조리 있게 말할 수 있게 되었습니다.

3. 고등학교 생활 중 (1) 배려와 나눔, (2) 협력과 갈등 관리를 실천한 사례를 각각 들고, 그 과정을 통하여 배우고 느낀 점을 구체적으로 기술하세요(띄어쓰기 포함 1,000자 이내).

저는 고등학교 1학년 때 교내 봉사 동아리인 '한솔 봉사단'에 가입하여 3년 동안 봉사활동을 하였습니다. 제가 속했던 부서는 '한마음 봉사반'으로 격주에 한 번씩 대공원 내 현충탑에서 봉사활동을 하는 부서였습니다. 주로 한 일은 현충탑의 전시관 내부 청소와 주변의 쓰레기 줍기, 낙엽 쓸기, 화장실 청소, 외부에 전시된 모형 전투기 청소 등과 같은 일들이었습니다. 누군가는 해야 하는 일이었고, 지역 주민들이 자주 오는 시설이기 때문에 항상 깨끗하게 해야 한다는 마음으로 봉사를 하였습니다. 전시관 내부를 청소하면서 여러 전시물과 영상물도 보고, 현충탑 관리인의 설명도 들으며 나라를 위해 희생하셨던 분들의 애국심도 느낄 수 있었고, 현충탑을 방문하시는 분들이 고생이 많다며 고마움을 표하시고 격려를 해주실 때에는 봉사를 하는 보람을 느낄 수 있었습니다.

1학년 때 과학 수업은 조별 수업이었습니다. 그중 중화반응 실험을 했던 때가 있었습니다. 농도와 양이 일정한 염산에 수산화나트륨 수용액의 부피를 달리하면서 반응시킨 뒤 pH종이를 이용하여 액성 확인을 하여 중화점을 알아보는 실험이었습니다. 다른 조는 과학을 가장 잘하는 학생이 좋은 결과를 위해 실험을 혼자 다 하다시피 했습니다. 그러나 저희 조는 우선 조원 6명을 2명씩 3팀으로 나누었습니다. 그런 뒤 각자 반응시킬 수산화나트륨 수용액의 부피를 정하여 모두가 실험에 참여할 수 있도록 하였습니다. 그 결과 잘하는 학생 혼자 실험하던 다른 조보다 더 빠르게 실험을 할 수 있었습니다. 또한 결과도 다른 조에 비해 정확한 값을 얻어낼 수 있었습니다. 이러한 조별 활동을 하며 저는 자신의 능력이 뛰어나다고 해서 혼자 독선적으로 일처리를 하는 것보다는 동료들과 협력하여 문제를 해결하는 것이 더 나은 결과를 가져올 수 있다는 것을 배울 수 있었습니다.

4. 지원 분야와 자신이 어떤 면(흥미, 적성, 소질 등)에서 부합한다고 생각하는지를 기술하고, 지원을 위한 준비과정과 향후 포부에 대해 기술하세요(띄어쓰기 포함 1,000자 이내).

저는 성실성에서 남보다 뒤지지 않을 자신이 있습니다. 저는 언어, 수리, 외국어 등의 주요 과목을 중심으로 공부하는 학생들과는 달리 모든 교과 과목을 성실하게 공부하였고, 그 결과 학기 말마다 좋은 성적을 거두어 여러 학업 성취도 관련 상을 수상하였습니다. 또한 봉사 동아리인 '한솔 봉사단'에 가입하여 봉사단의 일원으로 고등학교를 다니는 3년 동안 대공원 내 현충탑에 월 2회씩 꾸준히 봉사활동을 다녔습니다. 그리고 저는 2학년 때 학급 부반장을 맡음으로써 책임감을 기를 수 있었습니다. 학급 부반장이 되니 수동적으로 참여하기만 했던 과거와는 달리 어떻게 해야 반을 잘 이끌어 나갈 수 있을지 고민도 하게 되고 학급 활동에 더욱 열성적으로 참여할 수 있었습니다. 이런 과정이 적극성과 책임감을 배우는 데 도움이 되었습니다. 저의 이러한 성실성과 책임감은 공적 분야의 여러 업무를 처리하는 공무원의 기본 자질에 적합한다고 생각합니다.

저는 행정학과에 입학하기 위해 행정학에 관심을 가지고 행정을 공부하는 형에게 행정학에 관해 궁금한 점을 물어 보기도 하였습니다. 그리고 공무원으로서의 자질 함양을 위해 노력했습니다. 그 예로 교내 방과 후 심화 토론 논술 수업을 통해 창의적 · 논리적 사고를 키웠으며, 학급 임원 활동을 통해 책임감을 길렀고, 동아리 활동을 통해 공익을 중시하는 봉사정신을 길렀습니다.

　행정학은 공공조직의 기능에 관한 학문이지만 다른 학문과도 연관을 맺고 있기 때문에 복수 전공제를 통해 정치학, 경제학, 사회학 같은 연관 학문도 함께 학습해 보고 싶고, 행정고시를 쳐서 공무원이 될 계획입니다.

5. 다음 세 질문 중 하나를 선택하여 □ 안에 ∨표를 한 후 작성해 주세요(띄어쓰기 포함 1,000자 이내).

- ☑ 자신에게 가장 큰 영감을 준 것(사람, 사물, 사건 등)은 무엇이며, 그것이 자신의 삶에 어떠한 영향을 주었는지 기술하세요.
- □ 자신의 강점과 약점은 무엇이며, 강점이 가장 잘 드러났던 사례를 기술하세요.
- □ 현재 자신이 학업 이외에 가장 관심이 있는 것은 무엇이며, 왜 관심이 있는지 기술하세요.

　'정직이 무엇보다 우선이다.' 이것은 아버지의 생활신조이자 저희 집의 가훈입니다. 아버지는 제가 어렸을 때부터 종종 사람은 언제나 정직해야 한다고 말씀하셨습니다. 부모님은 잘못한 것을 숨기기보다는 혼이 나더라도 잘못을 뉘우치고 다시는 같은 잘못을 하지 않는 것이 중요하다고 생각하시기 때문에, 거짓말하는 것은 절대 묵과하지 않으셨습니다. 이러한 가르침 속에서 저는 결과보다는 과정을 중요시하는 태도를 가지게 되었습니다. 이를 통해 공부를 할 때 결과만을 단순 암기하기보다는 기본 원리를 바탕으로 심화학습을 하여 그 원리를 활용하는 방법을 익혔습니다. 수학의 경우 공식만 외우는 방식에서 탈피하여 그 공식이 나온 기본 원리를 다른 문제에 적용하여 푸는 방식으로 중학교 때 부족했던 수학과목 점수를 고등학교 때는 줄곧 1등급을 받을 수 있었습니다.

　어머니께서는 대한 적십자 봉사활동을 통해 보육원에 가서 아이를 돌보시거나 무료 급식소에서 봉사활동을 하십니다. 어머니께서는 봉사활동이 힘들 때도 있지만 삶의 보람을 느끼며, 봉사활동은 한 사람의 시민으로서의 의무이자 권리라는 말씀을 하셨습니다. 이러한 어머니의 말씀을 실천하기 위해 저는 교내 봉사 동아리인 '한솔 봉사단'에 가입하였습니다. 저는 이 동아리의 하위 부서 중 한마음 봉사반에 속하여 격주마다 대공원 내 현충탑에 방문하여 봉사활동을 하였고, 현충일 행사에도 참석하여 봉사활동을 했습니다. 현충일 행사 때 한 노인분께서 길 안내를 부탁하셨습니다. 그분께서는 6·25전쟁 당시 학도병으로 참전하셨던 분이셨습니다. 길 안내를 해 드리는 동안 그분이 전쟁 중 실제로 경험하셨던 일을 들으면서 순국선열들의 애국심을 느낄 수 있었고, 그런 분들을 기리기 위한 시설에서 봉사활동을 한다는 보람을 느낄 수 있었습니다. 이와 같은 활동을 통해 저도 제 나름의 방식으로 나라에 봉사할 방법이 없을까 생각해 보게되었고, 공무원이 되어 나라에 보탬이 되겠다는 결심을 하게 되었습니다.

 사례3

1. 고등학교 재학 기간 동안 교내·외에서 자기주도적으로 꾸준히 수행한 활동(학습활동 및 교과 외 활동 등) 중 본인의 우수한 성과가 나타난 활동과 그 결과를 얻기 위한 노력을 3개 이내로 기술하세요(활동별 200자 이내로 기술).

1) 학급반장

저의 단점을 극복하기 위해 학급반장 선거에 출마하여 당선되었으나 반장의 권위를 인정받지 못하였습니다. 그래서 수학학업 도우미 활동, 학습 분위기 흩트리는 친구와 친해지기 위해 함께 운동하기 등의 노력으로 친구들의 수학성적이 오르고 각종 반 대항 행사에서 1등을 휩쓸었습니다. 저의 역할에만 충실했던 제가 지금은 주변의 참여를 적극 유도할 줄 알게 되었습니다.

2) 인문학 독서 수업

  청소년의 사회에 대한 깊이 있는 이해를 돕는 곳인 '인디고서원'에서 수업을 받았습니다. 매주 교육, 인권, 경제 등의 다양한 책을 읽고 글을 쓰며 의견을 나누는 과정에서 기아문제, 학생인권 등 많은 사회현상을 알게 되었고 이를 바라보는 비판적인 안목도 기를 수 있었습니다. 또한, 이러한 경험으로 각종 교내·외 독서 관련 대회에서 수상하게 되었습니다.

3) 수학노트

  1학년 1학기 때 내신 2등급을 받은 뒤 저만의 수학노트를 작성하였습니다. 수업을 듣고 문제를 풀며 중요하거나 헷갈리는 개념, 틀렸던 문제, 문제를 풀며 터득한 내용을 정리하며 반복 학습을 하였습니다. 이러한 노력의 결과로 내신에서 문, 이과 통틀어 전교 1~2등을 유지하고, 3학년 모의고사에서도 항상 백분위 98% 이상을 유지하고 있습니다.

2. 위의 세 가지 활동 중, 자신에게 가장 의미 있다고 생각되는 활동 하나를 선택하여 활동의 동기, 과정 및 결과, 자신에게 미친 영향 등을 구체적으로 기술하세요(띄어 쓰기 포함 700자 이내).

  내성적이고 남 앞에 나서기를 꺼렸던 저의 단점을 극복하기 위해 변화를 해야 한다는 생각으로 2학년 학급반장 선거에 출마했습니다. 반장 경험이 있는 성격 좋고 리더십 강한 친구가 라이벌이었지만 출마 소견에서 저의 강점인 학업 도우미, 1학년 때 학급 열쇠를 담당한 성실성과 책임감, 그리고 대가족에서 얻은 가족 간의 배려심을 통해 학급 일에 최선을 다할 수 있다는 점을 강조했습니다. 결국 1표 차로 반장이 되었으나 예상외의 결과라 그런지 초기에는 반장의 권위를 인정받지 못하였습니다. 그래서 틈만 나면 수학학업 도우미로 활동하고 학습 분위기 흩트리는 친구와 친해지기 위해 점심시간에 같이 운동을 하기도 했습니다.

친구들의 수학성적이 오르고 두루 친해지면서 반장으로 인정받고 보다 쉽게 역할을 수행할 수 있었습니다. 친구들의 신뢰를 얻고자 노력한 시간이 쌓여 우정과 단결심으로 뭉친 학급이 만들어졌고 그 속에서 자신감을 느끼고 적극적인 태도로 바뀌는 저를 찾을 수 있었습니다. 각종 반 대항 행사에서 1등을 휩쓸었고, 그때의 리더십을 인정받아 3학년 때도 반장이 되어 학급회의를 주도하여 학습 분위기를 개선하고 있습니다. 이러한 경험으로 저의 역할에만 충실했던 제가 지금은 주변의 참여를 적극 유도할 줄 알게 되었습니다. 무엇보다도 중요한 것은 나눔과 배려, 희생이 저의 리더십을 향상시키는 원동력이 되었습니다.

3. 고등학교 생활 중 (1) 배려와 나눔, (2) 협력과 갈등 관리를 실천한 사례를 각각 들고, 그 과정을 통하여 배우고 느낀 점을 구체적으로 기술하세요(띄어쓰기 포함 1,000자 이내).

교내 봉사 동아리인 '한솔봉사단'에서 1학년 때는 부원으로, 2학년 때 부장으로 활동하며 배려와 나눔, 협력과 갈등 관리를 모두 경험하였습니다.

2학년 때 성인 정신지체가 대부분인 장애인 복지 시설인 '동향원'에서 봉사활동을 하면서 배려와 나눔의 정신을 배웠습니다. 시험기간을 제외한 일정대로 청소, 식사배급 및 정리, 거동이 불편하지 않도록 배려하기 등의 봉사활동을 하였습니다. 많은 장애인이 생활하고 있는 그곳에 처음 들어섰을 때 막연한 두려움 때문에 적응하기가 쉽지 않았습니다. 하지만 함께 시간을 보내며 그분들에게도 장래 희망이 있고 서로 장난치는 모습이 나와 다르지 않다고 머리로만 인식했던 것을 가슴으로 느낄 수 있었습니다. 이러한 경험이 없었더라면 저는 아직도 그분들에 대한 편견을 가지고 있었을 겁니다. '동향원'에서의 경험은 저에게 모든 사람은 똑같이 존중받아야 하는 존재라는 사실을 깨닫게 해주었습니다. 저보다 약하고 도움이 필요한 곳에 이제는 마음을 열고 다가갈 수 있게 되었습니다.

'한솔봉사단' 동아리 부장이 되면서 체계적인 활동과 기획, 부원들의 관리와 운영을 하면서 협력을 이끌어 내고 갈등을 해결하였습니다. 학년 초 부서를 정하는 과정에서 부원들 간에 화합하지 못하고 서로의 생각만 내세우는 문제가 있었습니다. 그래서 기존 회원과 신입 회원에 알맞은 부서, 수월한 일과 까다로운 일을 분류하여 합의점을 도출하는 토의시간을 충분히 가졌습니다. 결국 부서 배정은 희망을 최대한 고려하되 시간의 여유가 있는 신입회원이 까다로운 부서를 맡기로 했고, 1년 동안 부서 간 협력하에 봉사활동은 원활하게 잘 이루어졌습니다. 갈등을 해결하고 협력을 이끌어 내기 위한 소통의 시간이 길어지더라도 그 과정은 공동의 일을 해 나가는 데 있어 필수적인 요소이었습니다. 부서장 간, 부서원 간의 의견을 주고받는 협력 과정이 갈등을 해결하고, 결국은 동아리를 운영하는 데 결정적인 역할을 하게 된다는 것을 깨달았습니다.

4. 지원 분야와 자신이 어떤 면(흥미, 적성, 소질 등)에서 부합한다고 생각하는지를 기술하고, 지원을 위한 준비과정과 향후 포부에 대해 기술하세요(띄어쓰기 포함 1,000자 이내).

제가 사는 곳은 최대 공업도시로 무역 규모가 1,000억 달러를 넘길 정도로 기업의 생산, 무역, 금융 등 경제활동이 활발한 곳입니다. 이러한 환경에서 자란 저는 경제 관련 소식을 자주 접하였고 경제학을 전공하신 아버지께서 어려운 내용을 쉽게 설명해 주셨기에 경제에 흥미를 느끼게 되었습니다. 이러한 흥미와 더불어 경제학을 공부하기 위한 모든 영역의 공부에도 자신이 있고, 특히 수학, 사회 과목에서 좋은 성적을 받아 경제학도로서의 준비를 착실하게 하고 있다고 생각합니다. 또한 인문학 수업을 들으며 다양한 영역에 걸쳐 사회 전반을 파악하는 안목을 길러 왔습니다.

경제학을 배워 가기 위해서 가장 먼저 한 일은 교내 경제 동아리에 참여한 것입니다. 경제동아리에서 경제퀴즈, 경제토론 등의 활동을 하며 기초적인 경제 개념을 차츰 알게 되었습니다. 또한, 한국은행에 견학하며 한국은행의 역할과 기능, 금융시장 및 투자에 대한 이해를 높일 수 있었습니다. 이러한 활동을 하며 기초적인 지식이 부족하다고 판단하여 "틴틴경제", "경제학은 무엇을 말할 수 있고 무엇을 말할 수 없는가?" 등의 기본 경제 서적을 읽었습니다. 이와 더불어 읽은 "센코노믹스"에서 기아문제를 해결하기 위한 저자의 노력을 보며 평등하고 정의로운 경제학을 꿈꾸게 되었습니다.

　저는 경제학 커리큘럼이 잘 갖춰진 고려대학교에서 미시, 거시 경제학과 국제 경제 및 금융지식 등의 경제이론 및 전문지식을 습득하고자 합니다. 또한 현대 사회는 정치적 요소와 국제간 관계가 경제와 밀접하므로 정치외교학을 부전공 으로 선택하여 공부하고자 합니다. "왜 세계의 절반은 굶주리는가"라는 책에서 '세계는 이렇게 부유한 적도 없지만 이렇게 가난한 적도 없다'라는 구절을 읽었 습니다. 지구 한편에서는 넘치는 부를 주체하지 못하지만, 다른 한편에서는 하 루를 벌어 살아갑니다. 저는 고려대학교에서 쌓은 학문적 역량을 바탕으로 경제 적 효율성의 추구뿐만 아니라 공평한 분배에도 초점을 맞추어 양자가 공존할 수 있는 경제학 연구에 이바지하고 싶습니다.

5. 다음 세 질문 중 하나를 선택하여 □ 안에 ∨표를 한 후 작성해 주세요(띄어쓰기 포함 1,000자 이내).

　　☑　자신에게 가장 큰 영감을 준 것(사람, 사물, 사건 등)은 무엇이며, 그것이 자신의 삶에 어떠한 영향을 주었는지 기술하세요.
　　□　자신의 강점과 약점은 무엇이며, 강점이 가장 잘 드러났던 사례를 기술하세요.
　　□　현재 자신이 학업 이외에 가장 관심이 있는 것은 무엇이며, 왜 관심이 있는지 기술하세요.

　저의 강점은 목표를 달성하고자 노력하는 끈기이고 약점은 한 목표에 지나치 게 집착하여 주변을 돌아보지 않는 것입니다.

강점을 가장 잘 드러냈던 것은 학업에 대한 열정이었습니다. 입학하기 전 반편성 고사에서 반 5등도 하지 못했습니다. 작은누나가 '일반고에서 이 정도의 성적으로는 대학 가기 어렵다'는 말에 충격을 받고 공부를 해야겠다고 결심했습니다. 야자시간 일반 교실에서 집중하여 공부하기란 정말 어려웠습니다. 공부에 열중하기 위해서라면 성적이 상위권 학생들만 모여 공부하는 특별실에 들어가야 했습니다. 그래서 첫 번째 목표를 특별실 입실로 정하였습니다. 마침 제가 학급 열쇠 담당이라 특별실이 마치는 시간까지 교실에서 혼자 남아 나만의 학습 플랜 공부방법인 노트작성으로 전 과목을 단계별로 누적 학습하는 방법인 누적적 복습에 매달렸습니다. 그 결과, 중간고사 때 반 1등으로 도약하여 특별실에 들어갈 수 있었습니다. 그다음 2학년 때는 상위 1.5%에 해당하는 학생을 뽑아 운영하는 정독실에서 지금까지 공부에 매진하고 있습니다.

두 번째 목표는 영어경시대회 도전이었습니다. 중2 때부터 혼자 영어 공부를 해왔기 때문에 영어실력을 평가할 기회가 없었습니다. 그래서 1학년 때 영어경시대회에 참가했으나 중간도 미치지 못하는 성적으로 떨어졌습니다. 실망감을 뒤로하고 2학년 영어경시대회 입상을 목표로 노력하였습니다. 부족했던 어휘와 문법 부분을 집중적으로 공부하였고 결국 다음 해에 장려상을 받을 수 있었습니다.

강점이 항상 긍정적으로 작용한 것만은 아니었습니다. 학업에만 집착하게 되어 성격 개선, 친구 관계에 소홀하였습니다. 이런 점을 깨닫고 이 또한 강점으로 극복하기 위해 2학년 때 반장에 도전하고, 반장 역할을 충실히 해가며 약점을 개선하려 했습니다. 또한, 학급대항 축구 대회 때 반 친구들과 우승하겠다는 집념으로 연습에 매진했습니다. 끈기라는 강점을 학업뿐만 아니라 다른 분야에도 발휘함으로써 저의 부족한 점을 메워 가려는 노력을 지금도 하고 있습니다.

1. 고등학교 재학 기간 동안 교내·외에서 자기주도적으로 꾸준히 수행한 활동(학습 활동 및 교과 외 활동 등) 중 본인의 우수한 성과가 나타난 활동과 그 결과를 얻기 위한 노력을 3개 이내로 기술하세요(활동별 200자 이내로 기술).

1) 전국과학전람회 참가

과학 동아리 가라사니 활동 중, 'LASER의 라우에 패턴을 통한 입체모형의 구조분석'이라는 주제로 주말과 방학을 이용하여 실험과 연구를 하였다. 이를 통해 물질의 구조를 분석하는 방법을 학습교구로 활용할 방안과 X−선이 아닌 LASER를 이용하여 물질의 구조를 분석하는 방법을 최초로 고안하여 전국과학전람회에서 특상(교육과학기술부 장관상)을 수상하였다.

2) 리더십 발휘

학급 실장이 희생과 봉사정신 없이 급우들의 신망을 얻기란 어려운 일이다. 2년간 실장으로서 내 자신보다 급우들의 권익을 위해 최선을 다했다. 특히 교내 팝송대회를 준비하면서 급우들이 시간배정과 연습량에 대한 다툼으로 분열될 때, 진심 어린 마음으로 설득하여 한목소리를 내어 은상을 수상한 경험은 진정한 리더십은 마음을 얻는 것이라는 것을 배운 좋은 기회였다.

3) 멘토 활동

고2 때, 신입생들을 대상으로 학습에 대한 멘토링을 시행하였다. 수학과 과학 멘토를 하면서 지식 나눔에 대한 기쁨을 알았고 멘티들의 성적이 향상될 때, 성취감과 함께 선생님들을 이해하는 계기가 되었다. 고3 때는 학습도우미로서 급우들의 학력 향상을 위해 토요일마다 모의고사를 본 후에 오답 정리를 도와주었다. 함께하는 방법을 배우는 좋은 경험이 되었다.

2. 위의 세 가지 활동 중, 자신에게 가장 의미 있다고 생각되는 활동 하나를 선택하여
   활동의 동기, 과정 및 결과, 자신에게 미친 영향 등을 구체적으로 기술하세요(띄어
   쓰기 포함 700자 이내).

　　재작년 어머니가 몹시 아팠다. 늘 웃음이 끊이질 않고 행복했던 우리 집에 웃음이 사라지기 시작했다. 어머니는 현대 의학으로 완치가 불가능한 실명 위기의 녹내장이라는 진단을 받았고 나는 녹내장에 대해서 다양한 매체를 통해 정보를 수집하게 되었다. 그러한 과정에서 현대 의학으로 치료할 수 없는 불치병이 아주 많다는 것을 알게 되었다. 이러한 장애를 가진 사람들을 위하여 내가 무엇을 할 수 없을까 고민하다 생체의공학과에 관심을 가지게 되었다. 이러한 관심은 과학 · 발명 동아리 활동을 통해서 꿈을 키워갈 수 있었다. 'LASER의 라우에 패턴을 통한 입체모형의 구조분석'이라는 주제로 주말을 이용하여 실험과 연구를 지속하였다. 주된 연구는 물질의 구조를 분석하는 방법을 학습교구로 활용할 방안과 X선이 아닌 LASER를 이용하여 물질의 구조를 분석하는 방법을 고안하는 것이었다. 우연한 기회에, 마치 뢴트겐에 의해서 X선이 발견된 것처럼 모형구조에 LASER를 비추는 순간, 라우에패턴이 형성되는 것을 관찰하였다. 전북대학교와 충북대학교 교수님께 진위를 의뢰한 결과, 라우에패턴임이 확인되었다. 그때의 떨리는 마음은 지금도 고스란히 나에게 남아 있다. 이러한 연구결과를 전국과학전람회에 발표하여 특상을 수상하게 되었다. 그동안 막연하게 꿈꿔 왔던 공학자로서의 자신감과 확고한 목표가 내 가슴속에 자리 잡게 되었다. 하나의 연구 결과를 위하여 열정을 쏟는 나를 상상해 본다.

3. 고등학교 생활 중 (1) 배려와 나눔, (2) 협력과 갈등 관리를 실천한 사례를 각각 들고, 그 과정을 통하여 배우고 느낀 점을 구체적으로 기술하세요(띄어쓰기 포함 1,000자 이내).

    진정한 배려와 나눔은 갈등을 해소하고 협력을 도모하는 일임을 2년 동안의 실장 역할을 통해 배웠다. 학급 실장의 역할은 희생과 봉사정신이 없이는 급우들의 신망을 얻기란 매우 어려운 일이다. 2년 동안 실장 역할을 수행하면서 내 자신보다 급우들의 권익을 위해 최선을 다했다고 자부한다. 특히 1학년 때는 교내 팝송대회를 준비하면서 급우들 간의 시간배정과 연습량에 대한 다툼으로 분열될 때 급우들에게 실장으로서 진심 어린 마음으로 설득하여 한목소리를 내어 은상을 수상한 경험은 진정한 리더십은 마음을 얻는 것이라는 것을 배웠다. 이러한 경험을 살려 2학년에 진급하여 급우들의 추천으로 실장이 되었는데, 더 잘할 수 있을 거라는 믿음과 달리 더 힘든 한 해를 보냈다. 학기 초부터 산만한 수업 분위기 때문에 여러 교과 선생님들로부터 지적을 받아 회의를 진행한 적이 있었다. 공부에 대한 중압감 때문인지는 몰라도 2학년이 되면서 반 분위기가 산만하고 많이 들떠 있었다. 학급 실장으로서 모두의 발전을 위해 좋은 면학 분위기를 만들어 보자고 친구들에게 협력을 당부했다. 그러나 반 분위기가 한순간에 좋아질 리가 없었다. 회의 중에 서로를 헐뜯는 비방이 오고갔고 싸움이 일어나기도 했다. 그런 상황에서, 실장인 나는 친구들을 개별적으로 만나 대화로 설득을 했다. 그때 나는 사람들이 집단으로 모여 있을 때와 개인적으로 있을 때가 많이 다르다는 것을 알게 되었다. 집단으로 있을 때는 전혀 말이 안 통하던 친구들이 개인적으로 접촉했을 때는 소통이 가능했다. 학급 실장으로서 책임감을 가지고 끊임없이 친구들과의 소통을 시도하여 서로를 이해하고 화합하는 반이 되었다. 사람의 마음을 얻는 일이 가장 어렵고 중요하다는 값진 교훈을 얻은 사례이다.

    특별하게 다른 사람들을 위해 배려와 나눔을 실천한 사례는 많지 않다. 그랬기에 반성과 후회를 해본다. 그러나 과학 동아리 활동을 하면서 어린 학생들과 장애학생 그리고 다문화가정 학생들을 위해 과학체험 봉사활동을 한 것은 오랫

동안 기억될 것이다. 전라북도 과학축전, 전북학생과학축제 등 여러 과학축전에 참가하여 사진기의 기원인 '옵스큐라 만들기' 부스를 운영하였다. 고대의 카메라라는 뜻의 옵스큐라에 대한 설명과 카메라의 원리를 설명해 주고 부스를 찾아온 학생들과 시민들이 체험할 수 있도록 도와주었다. 하루 종일 서서 설명하는 고된 일이었지만 과학 원리를 알고 신기해하는 어린 학생들을 보며 보람을 느끼며 힘든 것을 잊을 수 있었다. 또한 동암재활학교의 지체장애인들과 함께 KBS방송국을 견학하면서 손을 잡아 주고 방송국을 안내하는 봉사활동을 한 적이 있었다. 모형 비행기 만드는 법도 가르쳐 주고 같이 날리면서 마음으로 소통할 수 있는 소중한 경험이 되었다. 처음에는 지체장애인에 대한 편견 때문에 선뜻 다가서기 힘들었지만 나보다 더 힘들 장애우 친구를 위해 내가 먼저 손을 내밀었다. 그 친구는 고맙다는 듯이 나를 향해 웃어 줬고 마음이 따뜻해지는 것을 느꼈다. 그 어떤 갈등도 배려와 나눔을 통해 치유될 수 있음을 믿는다.

4. 지원 분야와 자신이 어떤 면(흥미, 적성, 소질 등)에서 부합한다고 생각하는지를 기술하고, 지원을 위한 준비과정과 향후 포부에 대해 기술하세요(띄어쓰기 포함 1,000자 이내).

　한국에서는 아직 잘 알려진 분야가 아닌 생체의공학에 대해 좀 더 알아보고자 노력하던 중 아버지 친구분의 소개로 미국 미시간 대학교에서 생체의공학을 연구하고 계시는 김진상 교수님을 알게 되었다. 교수님과 이메일을 주고받으며 생체의공학은 재료나 장치들을 의학에 사용하도록 연구하는 학문이고 물리, 화학, 생물, 공학, 기술, 수학 등 융합기술에 기초를 두고 있기 때문에 융합기술(STEM)에 대한 흥미와 재능이 있어야 한다는 것을 알게 되었다. 다방면의 과학에 관심이 있고 과학 공부에 신이 나 있는 나와는 잘 맞는 학문 분야라고 생각했고 더불어 환자들에게 도움도 줄 수 있는 보람 있는 연구 분야라고 생각되었다.
　전공을 공부하기 위한 역량을 기르기 위해 열심히 공부한 결과 3년간 과학은 매 학기 교과학력우수상을 받았고 모의고사에서도 우수한 성적을 유지했다. 교내에서는 각종 과학 관련 대회에 참가해 과학에 대한 열정을 드러내었다. '산업과학논술대회'에 2, 3학년 때 참가하여 가로림만 조력발전소 건설 여부에 대한 반대 논리를 폈고 '창의성 아이디어 공모전'에 '바코드 인식기 쇼핑커트'를 출품해 호평을 받았다. 교외에서는 발명·과학 동아리 활동으로 여러 과학축전에 참가하여 사진기의 기원인 옵스큐라 만들기, 간이분광기 만들기 등 부스 운영을 하였고, 한여름 밤 청소년 과학 캠프에 2회 참가하여 타 학교 학생들과 미래과학 상황극 대회에서 창의적으로 연극을 꾸몄다. 이 활동들을 통해 과학에 더 가까이 다가갈 수 있었고 어떤 주제가 주어지든 잘 해낼 수 있겠다는 자신감을 얻었다.

대학에 입학해서는 생체의공학에 필요한 여러 학문을 융합적으로 공부해 보고 싶다. 이를 바탕으로 인공 장기나 세포재생에 관한 연구를 하고 싶다. 대학 졸업 후에는 대학원에 진학해서 생체의공학 분야를 더 공부하려고 한다. 외국유학도 생각하고 있는데 미시간 대학교 바이오메디컬 연구소에서 선진기술을 배워서 우리나라 기술발전에 도움이 되고 싶다. 그 후에 어머니처럼 고통을 받는 분들을 위해 나의 재능을 나누고 싶다.

5. 다음 세 질문 중 하나를 선택하여 □ 안에 ∨표를 한 후 작성해 주세요(띄어쓰기 포함 1,000자 이내).

☑ 자신에게 가장 큰 영감을 준 것(사람, 사물, 사건 등)은 무엇이며, 그것이 자신의 삶에 어떠한 영향을 주었는지 기술하세요.

□ 자신의 강점과 약점은 무엇이며, 강점이 가장 잘 드러났던 사례를 기술하세요.

□ 현재 자신이 학업 이외에 가장 관심이 있는 것은 무엇이며, 왜 관심이 있는지 기술하세요.

나에게 음악은 늘 함께했던 존재였다. 어릴 때부터 피아노 연주하는 것과 노래하는 것을 좋아했고 클래식 감상도 즐겼다. 오로지 음악에 집중하다 보면 마음이 편안해졌기 때문이다. 초등학교 2학년 때는 피아노 대회에 참가한 적이 있었다. 첫 대회인 만큼 좋은 결과를 얻고 싶은 마음에 나의 수준보다 높은 곡을 선택했었다. 곡이 어려워 연습 중에 힘들었지만 이 곡을 완성해야겠다는 생각으로 나의 실력을 키워 갔다. 대회 날 긴장을 많이 했지만 많은 연습량 덕분에 무사히 연주를 마치고 내려올 수 있었다. 대회에 나가 입상을 하면서 더욱 피아노에 대한 자신감을 얻었고 나에 대한 믿음을 가지게 되었다. 또 초등학교, 중학교 때에는 학교 합창단에서 활동하며 학교 졸업식이나 행사 시마다 연주를 했다. 가장 기억에 나는 일이 있다면 전주 KBS 방송국에서 주최한 〈열려라 동요세상〉이란 프로그램에 참가해서 인기상을 받은 것이다. 무엇보다 음악적인 자질을 인정받은 것이 가장 기뻤다.

고등학교 입학을 앞두고 '예술고'와 '일반고' 사이에서 갈등을 했었다. 하지만 일반고에 왔다고 해서 음악을 포기한 것은 아니다. 음악은 정서적으로 안정시켜 주는 역할뿐만 아니라 과학과도 유기적인 관계에 있다고 생각했기 때문이다. 이는 대학에 들어가서 본격적으로 학문을 연마할 때에도 큰 도움이 될 것이다. '상대성 이론'으로 유명한 아인슈타인은 바이올린에 심취한 것으로 알고 있다. 그는 주로 모차르트와 바흐의 음악을 즐겼는데, "삶의 기쁨은 대부분 바이올린이 가져온다"고 말할 정도로 음악은 그의 삶에 크게 영향을 끼쳤다. 뉴턴도 음악의 옥타브를 통해 무지개를 7가지 색깔로 처음 분류했다. 처음에는 과학자가 음악을 즐기고 음악을 통해 과학의 원리를 알아냈다는 것이 의아했지만 과학과 음악이 고도의 상상력을 필요로 한다는 점에서 공통점이 있다는 것을 알게 되었다. 나는 아인슈타인과 뉴턴처럼 예술적 감각을 가진 과학자가 되고 싶다. 그렇게 될 때, 다른 사고방식과 성향을 가진 새로운 타입의 과학자로 성장할 것이라 확신한다.

사례5

1. **고등학교 재학 기간 동안 교내 · 외에서 자기주도적으로 꾸준히 수행한 활동(학습 활동 및 교과 외 활동 등) 중 본인의 우수한 성과가 나타난 활동과 그 결과를 얻기 위한 노력을 3개 이내로 기술하세요(활동별 200자 이내로 기술).**

1) 열대해양탐사(마이크로네시아)

유화제의 역효과에 대한 실험보고서를 작성했고, 탐사대에 선발되어 괌축을 탐방했다. 맹그로브 나무 같은 괌축의 생태계에 대해 세미나를 받으면서 바다에 다가갈 수 있었던 계기였다. 해양생물공학자로서의 꿈을 더 확신할 수 있었다.

2) 과학전람회

X-ray 대신 LASER를 이용하여 물질구조 분석 학습기구를 제작하였고 기본적인 물질구조를 쇠구슬로 직접 만들어 실험에 임했다. 조밀육방구조에서는 라우에 패턴을 얻어 내어 실험결과에 더 의미를 부과하게 되었다. 그 결과, 전국대회 특상이라는 값진 과실을 받게 되었다.

3) 과학 봉사활동을 통한 부스 운영

전라북도과학축제, 축전 등 여러 캠프에서 옵스큐라, 초전도체, 한지 마스크 같은 여러 과학적인 내용을 부스 운영했다. 참여하는 연령대가 다양하기 때문에 기초뿐만 아니라 심화적인 내용까지 알아야 부드럽게 설명할 수 있기에 철저한 준비를 했었다. 특히 장애인과 함께 호흡을 맞추며 미션수행을 했던 활동이 가장 기억에 남는다.

2. 위의 세 가지 활동 중, 자신에게 가장 의미 있다고 생각되는 활동 하나를 선택하여
   활동의 동기, 과정 및 결과, 자신에게 미친 영향 등을 구체적으로 기술하세요(띄어
   쓰기 포함 700자 이내).

　책 속에 스승이 있다는 말처럼, 과학에 흥미를 갖도록 도와준 선생님은 중학교 때부터 구독한 "과학동아"의 기사들이다. 그중 태안반도의 기름 유출사고 기사를 보고 바다의 생물들과 환경에 관심을 가지게 되었고 열대해양 탐사단선발에 지원하게 되었다. 유화제는 분산제와 함께 기름 유출사고 시 사용하지만, 2차 생물학적 오염문제가 발생하기 때문에 사용 판단은 조심스럽게 이루어져야 한다. 하지만 일반 사람들은 유화제의 위험에 대해 잘 알지 못한다. 이에 실험주제로 기름 유출사고에 의한 생물학적 피해와 유화제 사용의 역효과라는 연구주제로 기획서를 제출한 결과 선정되어 괌축에서 해양탐사활동을 하였다. 실험과정에서 유화제는 화장품에 사용되는 유화제를 선택했고, 식물성 플랑크톤과 작은 물고기류에 여러 종류의 유화제와 폐유량을 조절해 가며 실험을 실시했다. 유화제에 의해 물속으로 분산된 폐유의 독성 정도는 물고기의 움직임을 판단하여 결론을 도출했다.

　해양개발이 확산됨에 따라 생태계 파괴 같은 문제점들이 심화될 텐데, 개발을 지연시키지 않으면서도 자연과 상생할 수 있는 기술을 찾아 나가는 미래의 모습을 뚜렷하게 하는 계기가 되었다.

3. 고등학교 생활 중 (1) 배려와 나눔, (2) 협력과 갈등 관리를 실천한 사례를 각각 들
   고, 그 과정을 통하여 배우고 느낀 점을 구체적으로 기술하세요(띄어쓰기 포함
   1,000자 이내).

　너희는 다 좋은데, 성적이 꼴등이라……. 2학년 때 가장 많이 들어본 말이다. 그만큼 우리 반의 성적은 저조했고 반 분위기는 좋지 못했다. 아이들도 주변에

서 들려오는 쓴소리에 지쳐 있었고 나 또한 몹시 자존심이 상했다. 이때 단짝 친구와 의견을 모아 학급 멘토를 제안했고 한 명의 멘토와 세 명의 멘티가 팀이 되는 멘토링을 추진해 나갔다. 수학 멘토 자생 동아리를 만들어 후배들의 멘토가 되어준 경험이 있었는데, 이를 토대로 학급 멘토링을 다져 갔다. 멘티의 성향, 학습능력을 기반으로 앞으로의 계획을 대략적으로 구성했다. 멘티의 학습능력에 부합하는 문제를 지정해 주되, 멘티들의 문제풀이방식을 최대한 배려하고, 쉬운 방법이 있다면 추가적으로 알려 줬다. 개념이 부족한 경우는 문제를 풀기 전 교과서를 읽히며 기초를 쌓도록 했다. 멘티들의 성장한 모습은 서로를 배려하고 존중하면서 이루어낸 값진 결과물이었다. 자유로이 의견을 교환하고 개개인의 상황에 맞는 방법을 마련하기 위해서 노력한 이러한 경험은, 다른 연구자들과의 협동을 요하는 공동연구에 도움이 될 것이라고 생각하며 내 자신의 업적 때문에 동료를 배려하지 않는 이기심은 절대 없을 것이다. 과학전람회 준비는 많은 시간과 노력이 들기 때문에 팀원들에게 일을 분담해 효율적으로 진행하도록 이끌었다. 물론, 모든 과정이 순탄치만은 않았다. 성적에 대한 주변의 걱정에 흔들리는 팀원들과 학원문제로 인한 연구시간문제로 다툼도 있었으나, 연구를 시작했을 때의 초심을 잃지 말자는 말과 함께 부족한 학교공부를 서로 보충해 가는 식으로 팀원들을 다독여 서로 조금씩 양보하며 연구가 진행되었다. 실험에서는 모든 팀원의 아이디어가 서로 어우러져 최종적인 결과물을 얻었다. 대표적인 예로는 쇠구슬을 이용하여 입체샘플을 만들 때이다. 나는 셀로판지로 일정한 틀을 만들어 고정시키는 방법을 생각했지만 평면구조만 가능하다는 단점이 있었다. 하지만 층과 층 사이에 셀로판지를 놓는 친구의 아이디어를 더해서 최종 샘플 틀이 완성되었다. 공부하고 실험하느라 밤을 지새울 때는 힘들고 그만두고 싶었지만 그 순간들을 함께 극복하고 나니 모든 고통은 물거품이 아닌 하나의 뿌듯한 결과물이 되어 돌아왔다. 그때를 생각하면 분명 나는 최고의 연구소의 연구원이었다.

4. 지원 분야와 자신이 어떤 면(흥미, 적성, 소질 등)에서 부합한다고 생각하는지를 기술하고, 지원을 위한 준비과정과 향후 포부에 대해 기술하세요(띄어쓰기 포함 1,000자 이내).

　　보통 과학을 좋아하는 학생들처럼 과학교과와 관련된 실험을 할 때 가장 행복했지만 특별히 관심을 가진 분야는 없었다. 그러던 중 과학영재원에서 유전자 변형시킨 애기 장대를 전기 영동하여 유전자를 확인하는 등 심화적인 내용을 배우면서 생물교과에 대한 관심을 갖게 되었다. 과학에 대한 열정을 가지고 있었기에 고등학교에 들어와서, 창의 발명 동아리인 가라사니라는 과학 연구 활동 동아리에 지원하여 활동하게 되었다. 특히 전국과학전람회에서는 LASER를 이용하여 실험기구를 제작하였고 노력 끝에 라우에 패턴을 얻어 냈다. 그 외에도 열대해양탐사단에 선발되기 위해 실험 주제를 선정하고 실험에 필요한 지식이나 재료, 기구 등을 학업과 병행하며 구해야 했던 어려운 환경이었지만, 멘토 박사님과 전주교대 이용주 교수님께 자문을 구하면서 실험을 해나갈 수 있었다. 또한 핵분열의 거시적인 발전 가능성과 실용성을 꿰뚫어본 오토한에 대해 쓴 노벨과학 에세이대회, 새집증후군에 대해 쓴 산업기술대회 등 여러 대회에 참가했고, 좋은 결과를 얻은 바 있다. 그동안의 과학 활동의 내용과 결과를 인정받아 전북 과학학생대상 수상의 영애를 안았다.

　　여러 과학 활동을 통해 사소한 결과 하나라도 큰 의미를 지닐 수 있기 때문에 결과를 살피면서 긴장을 놓지 않고, 오랜 기간 동안 실험을 하면서 결론을 도출하거나, 실험 중 역경에 부딪혀도 끈기 있게 해결하려 노력하면서 과학도로서의 자세를 굳혔다. 미래시대의 배경은 우주와 바다가 되어 개척시대를 열어갈 것이다. 이에 해양개발에서 개발과 환경이 공존하는 방향으로 개척해 나가는 해양 생명공학자로 성장할 포부를 가지고 있다. 어떤 분야든지 훌륭한 연구자가 되기 위해서는 본인의 의지, 노력 그리고 다른 연구자들과의 원활한 공동연구를 위한 배려심이 필요하다. 이런 소양을 갖출 수 있는 배경으로 끈끈한 협동심으로 결속된 고려대가 부합하다고 생각했고 이를 발판으로 해양 생명 분야에서 뛰어난 연구 성과를 내는 연구자가 될 것이다.

5. 다음 세 질문 중 하나를 선택하여 □ 안에 ∨표를 한 후 작성해 주세요(띄어쓰기 포함 1,000자 이내).

☑ 자신에게 가장 큰 영감을 준 것(사람, 사물, 사건 등)은 무엇이며, 그것이 자신의 삶에 어떠한 영향을 주었는지 기술하세요.

□ 자신의 강점과 약점은 무엇이며, 강점이 가장 잘 드러났던 사례를 기술하세요.

□ 현재 자신이 학업 이외에 가장 관심이 있는 것은 무엇이며, 왜 관심이 있는지 기술하세요.

아크원자로를 가슴에 부착하고 티타늄합금 슈트를 입은 아이언맨, 감마선에 노출되면 녹색의 거인으로 변하는 헐크, 유전자조작 거미에 물려 초능력을 가지게 된 스파이더맨과 같은 할리우드의 영화를 보면 약간의 억지와 풍부한 상상력이 덧씌워지기는 했지만 기본적으로 과학에 기반을 둔 영웅들을 볼 수 있습니다. 저는 이러한 영웅들이 나오는 영화들을 좋아하는데, 상식적으로 보자면 영화 속에 나오는 설정이 현실의 과학 이론과 기술적인 문제들과 비교하자면 너무나도 터무니없어 보이기는 하지만, 장거리 연락을 하거나 멀리 떨어진 장소를 보는 데 쓰이는 서양 동화 속 마녀의 수정구슬의 역할을 지금의 스마트폰이 실현하고 있는 것처럼 당장은 비현실적일지 몰라도 과학의 발전을 통해서 얼마든지 이루어질 수 있는 가능성이 있다고 생각하고, 앞서 말한 영화에서 나온 전쟁무기뿐만 아니라 재난구조나 극한지대 탐사와 같은 다양한 분야에서 활용이 가능한 웨어러블 로봇이라든지, 유전자를 변형·개량해 유전적인 문제점이나 신체적 약점을 보완하는 것과 같이 실행된다면 사람들의 생활에 혁신적인 변화와 편리를 제공해줄 수 있는데 그러한 것들이 이공계에 뜻을 두고 있는 학생으로서 아주 매력적으로 다가오기 때문입니다.

05 성균관대학교 합격 자기소개서

사례 1

1. 고교 재학 기간 중 본인의 역량을 가장 잘 드러내는 활동(성취)을 중요한 순서대로 기술하시오.

1) 제12회 광역시 청소년 자원봉사대회 대상(공동) 수상

교내 봉사 동아리인 '한솔 봉사단'에 소속되어 격주에 한 번씩 대공원 내 현충탑에 가서 봉사활동을 하였습니다. 활동 내용으로는 현충탑 지하 전시관의 전시물 및 내부 청소, 현충탑 주변의 쓰레기 줍기, 낙엽 쓸기, 화장실 청소, 외부 전시물(전투기 모형) 청소 등이 있습니다. 또한 현충일에 행사 준비 및 뒷정리, 길 안내 등을 했습니다. 그 결과 제12회 광역시 청소년 자원봉사대회 대상(단체)을 수상하였고, 보훈 지청장이 수여하는 표창장을 받기도 하였습니다. 봉사활동을 하면서 순국선열의 애국심을 느낄 수 있었습니다.

2) 특별실 학년 대표 활동

야간 자율학습 시간에 상위 5%의 학생들이 모여 자습하는 '특별실'이라는 자습실이 있습니다. 저는 1학년 후반부터 3학년 초반까지 특별실의 학년 대표를 맡아 활동했습니다. 제가 한 일은 특별실에 가장 먼저 와서 문을 열고 마칠 때 문단속하기, 특별실 학생들을 통솔하여 주기적으로 청소하기 등이었습니다. 또한 특별실 구성원이 바뀔 때는 좌석을 재배치하고 출결표를 다시 작성하는 일 등도 하였습니다. 이 활동을 통해 저는 리더십과 책임감을 배울 수 있었습니다.

3) 교내 방과 후 논술 심화 수업

저는 3년 동안 교내 방과 후 심화 수업을 수강하였습니다. 1학년 때는 한국 근 · 현대사를 다룬 책을 읽고 발제문을 써서 친구들과 나눠 읽은 뒤, 의견을 나누었습니다. 2학년 때는 사회문제를 다룬 책을 매 수업에 한 챕터씩 읽은 뒤 찬반을 나누어 토론하고 자신의 의견을 글로 표현하는 수업을 하였습니다. 3학년인 현재는 대학 입시 준비의 일환으로 대학별 논술 기출문제와 모의 논술 문제를 풀고 선생님께 첨삭을 받는 수업을 하고 있습니다. 그 결과 사교육에 의존하지 않고서도 논술 실력을 향상시킬 수 있었습니다.

4) 한일 청소년 문화 교류 단원 활동

국립 국제 교육원에서 주관한 한일 청소년 문화 교류의 단원으로 뽑혀 일주일간 일본에 가서 한국의 문화를 알리고 일본 문화를 체험하고 왔습니다.

5) 각종 교내상 수상

교내 수학, 독서, 영어 경시대회, 수학 골든벨 대회에서 입상하였으며 5학기 동안 총 18개의 교과 우수상을 수상하였습니다.

2. 고교 재학 기간 중 학업능력 함양 및 향상을 위해 노력한 사례와 그 활동을 통해
경험한 변화상을 구체적으로 기술하시오.

저는 고등학교를 다니는 3년 동안 교내 방과 후 학교 논술 심화 수업을 수강했습니다. 논술 수업의 내용이 역사, 사회, 경제 등에 대한 것이라 하여 참여하였습니다. 1학년 때에는 매 수업 전 정해진 분량만큼의 한국 근·현대사에 대한 책을 읽고 자신의 생각을 발제문으로 적어서 학생들끼리 돌려 읽은 후 그 주제에 대해 의견을 나누었습니다. 2학년 때에는 사회 시사 문제에 관한 글을 읽고 그 문제에 대해 찬반양론으로 나누어 토론을 한 뒤 자신의 생각을 논술하는 수업이었습니다. 3학년인 지금은 대학 입시 준비의 일환으로 대학별 기출문제와 모의고사 문제를 풀고 선생님께서 첨삭을 해주시는 방식으로 수업을 하고 있습니다. 3년 동안 꾸준히 논술 심화 수업을 들은 결과 제 생각을 논리적으로 글로 표현하는 능력을 갖출 수 있게 되었고, 토론식 수업을 통해 제 생각을 남 앞에서 잘 정리된 형식으로 조리 있게 말할 수 있게 되었습니다.

3. 다음 중 한 가지 주제를 선택하고 해당 내용을 구체적으로 기술하시오(반드시 1개
만 선택).

☐ 지원 모집단위를 선택한 이유와 학업 및 진로 계획
☐ 스스로 뛰어나다고 생각하는 자질 또는 성취
☐ 본인의 잠재력을 발휘한 경험 또는 실현 계획
☐ 성장과정이나 가정환경이 자신의 삶에 미친 영향
☑ 학교생활 중 배려, 나눔, 협력, 갈등 관리 등을 실천한 사례 및 느낀 점

어머니께서는 대한 적십자 봉사활동을 통해 보육원이나 무료 급식소에서 봉사활동을 하십니다. 어머니께서는 봉사활동이 힘들 때도 있지만 삶의 보람을 느

끼며, 봉사활동은 한 시민으로서의 의무이자 권리라는 말씀을 하셨습니다. 이러한 어머니의 말씀을 실천하기 위해 저는 교내 봉사 동아리인 '한솔봉사단'에 가입하여 격주마다 대공원 내 현충탑에 방문하여 봉사활동을 하였고, 현충일 행사에도 참석하여 봉사활동을 했습니다. 현충일 행사 때 한 노인분께서 길 안내를 부탁하셨습니다. 그분께서는 6·25전쟁 당시 학도병으로 참전하셨던 분이셨습니다. 길 안내를 해드리는 동안 그분이 전쟁 중 실제로 경험하셨던 일을 들으면서 순국선열들의 애국심을 느낄 수 있었고, 그런 분들을 기리기 위한 시설에서 봉사활동을 한다는 보람을 느낄 수 있었습니다. 이와 같은 활동을 통해 저도 제 나름의 방식으로 나라에 봉사할 방법이 없을까 생각해 보게 되었고, 공무원이 되어 나라에 보탬이 되겠다는 결심을 하게 되었습니다.

사례 2

1. 고교 재학 기간 중 본인의 역량을 가장 잘 드러내는 활동(성취)을 중요한 순서대로 기술하시오.

1) 수학 동아리

수학경시대회 반에서는 기출문제를 풀고 선생님이 풀이하는 방식으로 활동을 했습니다. 문득 수학 문제를 다른 친구들은 어떻게 풀었는가가 궁금했고 같이 공유해 보고 싶었습니다. 그래서 2학년 때 수학 동아리를 만들게 되었습니다. 저희 동아리에서는 3학년 모의고사 기출문제를 한 주 동안 풀어 와서 가장 많이 틀린 문제를 칠판에 적고 한 명씩 돌아가며 자기가 푼 방식에 대해 설명하였습니다. 동아리 학생들이 삼각함수를 이용해서 최댓값을 구하는 것이 보통이었지만 저는 1학년 때 배운 '코시-슈바르츠 부등식'을 적용해서 풀이하는 방안을 제안하여 동아리 반원들이 공유하였습니다.

2) 봉사활동

중증장애 아이들을 재활 치료하는 '혜진원'이라는 곳에서 중학교 3학년 때부터 친구들과 함께해온 '웃음 가족 봉사단'의 활동입니다. 봉사 활동을 시작할 무렵, 과연 제가 남에게 도움을 줄 수 있는 의미 있는 봉사활동을 할 수 있을지가 의문이었습니다. 그래도 부딪혀 보자는 마음으로 '혜진원'을 찾아가게 되었습니다. 제가 '혜진원'에서 맡은 일은 바닥 닦기와 창문 닦기, 그리고 점심시간이 되면 아이들 급식을 보조하는 역할이었습니다. 평소 나를 도와주었던 많은 사람에게 고마워할 줄 모르고 너무 당연하게 생각해 왔던 나 자신을 한 번쯤 다시 뒤돌아보게 되었습니다.

3) 과천과학관 과학 캠프

평소 책을 통해서만 과학을 접하다 보니, 수백 년간 과학자들에 의해 밝혀진 과학적 사실이지만 직접 그 사실들을 실험해 보고 싶다는 생각을 했다. 그래서 과학캠프에 참가했다. 특히 생명공학의 양면성을 다룬 '식탁 위의 생명공학'이라는 강의는 인상적이었다. 강의가 끝난 후, 예쁜 꼬마 성충을 이용한 주화성 실험을 하였다. 주화성은 가장 원시적인 감각이라 할 수 있는 후각기관을 이용해 자신에게 이로운 화학분자와 해로운 화학분자를 구별함으로써 생존을 유지하는 데에 아주 중요한 현상이라는 사실들을 알 수 있어, 지식의 경험적 사실들을 확인할 수 있었다.

4) 교내 멘토링

교내 멘토링이란 같은 반 내에서 멘토 · 멘티가 되어 활동하는 것입니다. 제가 멘토가 되어 두 명의 멘티와 활동을 하였습니다. 제가 가상으로 선생님 역할을 해볼 수 있는 좋은 기회였습니다.

5) 독서릴레이

시교육청에서 주최하는 '독서릴레이'에 참가하였습니다. 반 학생들과 함께 책 10권을 돌려가며 읽고, 독서감상문을 시교육청 홈페이지에 쓰는 활동입니다. 열심히 활동한 끝에 우수상을 받을 수 있었습니다.

6) 공교육 논술

2012년 4월 21일부터 7월 28일까지 매주 토요일 시교육청에서 실시하는 공교육 논술학교에서 여러 상위 대학의 논술 기출문제 분석 및 작성을 하였습니다.

2. 고교 재학 기간 중 학업능력 함양 및 향상을 위해 노력한 사례와 그 활동을 통해 경험한 변화상을 구체적으로 기술하시오.

고교 1학년 교과목에 두루 관심이 있었고, 성적 또한 일정하게 유지했었기 때문에 문과, 이과를 선택하는 고민이 많았습니다. 1학년 때 수학경시대회를 준비하면서 도형에 대한 흥미를 가지게 되었고, 이때 최우수상(1/463)을 수상하였습니다. 그래서 수학에 대한 자신감을 가지면서 이과 계열을 선택하였습니다. 1학년 때 배운 공통과학 내용이 2학년이 되면서 심화 과정에서 화학이 상당히 어렵게 느껴졌습니다. 결국 중간고사 때는 낮은 점수를 받았고, 특히 화학의 기체 부분이 어려웠습니다. 그래서 가장 까다로운 '기체의 성질'의 개념과 원리를 찾아서 노트에 정리하였고, 기출 문항까지 연결해 노트에 붙여 학습을 했고, 이로 기말고사 때는 높은 점수를 받았습니다. 그래서 각 교과에는 스스로 학습하는 방법이 있음을 알게 되었습니다. 그리고 개념만을 익혀 학습의 결과를 얻을 수 없다는 사실과 개념을 통해 실전 문항을 직접 풀어 보는 노력이 필요하다는 것을 알았습니다.

3. 다음 중 한 가지 주제를 선택하고 해당 내용을 구체적으로 기술하시오(반드시 1개만 선택).

- ☐ 지원 모집단위를 선택한 이유와 학업 및 진로 계획
- ☐ 스스로 뛰어나다고 생각하는 자질 또는 성취
- ☐ 본인의 잠재력을 발휘한 경험 또는 실현 계획
- ☐ 성장과정이나 가정환경이 자신의 삶에 미친 영향
- ☑ 학교생활 중 배려, 나눔, 협력, 갈등 관리 등을 실천한 사례 및 느낀 점

학교에서 열리는 축제를 맞이하여 수학 동아리 부장이었던 저는 '런닝맨 in 성광'이라는 아이디어를 내어 부원들로부터 동의를 얻어 게임을 준비하게 되었습니다. 수학의 즐거움을 주기 위해 요즘 인기 있는 예능 프로그램인 '런닝맨'을 보고 이 게임을 접목해 보기로 했습니다. 우선 '런닝맨'은 지정된 사람을 잡는 것이 목적입니다. 그 미션은 간단한 수학퀴즈를 이용하여 수행하는 것입니다. 게임의 방법은 이렇습니다. 첫째, 미션장소에 가서 세 가지 미션을 수행할 것. 둘째, 지정된 사람의 이름을 보고 그 사람을 찾아올 것(단, 사람들은 등에 이름표를 붙이고 있으므로 누군지 찾을 수 있음). 셋째, 미션을 수행하는 동안 방울을 달고 있는 사람에게 잡히지 말 것(잡힐 시 탈락). 모든 미션을 수행하고 지정된 사람까지 찾아오면 미션수행 완료. 제비뽑기를 통해 선물을 증정한다는 내용입니다. 이러한 저의 활동을 통해서 기획력과 새로운 아이디어를 생각해 내는 힘이 있습니다.

교사는 학생들에 대한 이해와 관심이 무엇보다도 중요하다고 교사인 부모님으로부터 자주 들어 왔습니다. 학급 반장은 동급생들을 이해하고 협력을 이끌어 내야 하기 때문에 학교 축제 준비를 하면서 이러한 경험을 얻게 되었습니다. 반 대항 장기자랑을 준비하면서 반 학생들 사이에 의견이 많아 이를 중재하고, 문제를 해결해야 하는 상황이어서 힘들었습니다. 결국 양쪽 학생들 다수의 의견을 모아 반을 단합하고 모두가 화합할 수 있는 '댄스'를 정하여 즐거운 축제를 마쳤

습니다. 이러한 노력의 결과로 학교로부터 축제공로상을 받았습니다. 학급 학생들 사이에는 서로의 생각 차이로 어울리기 어려운 반 친구들이 많았습니다. 특히 학업 문제와 부모님의 무관심으로 마음의 병이 든 친구가 있었는데, 저는 먼저 다가가 친구와 많은 이야기를 나누었습니다. 힘들어하는 친구에게 "희망적인 메시지를 전달하고 싶어서 '꿈꾸는 다락방'을 읽어라"고 한 말이 기억 남습니다. 그 친구는 현재 저와 같은 반에서 열심히 자신의 꿈을 이루기 위해 노력하고 있습니다. 그런 모습을 보고 저의 작은 관심이 긍정적 변화를 가져올 수 있다는 사실을 알았습니다.

 사례3

1. 고교 재학 기간 중 본인의 역량을 가장 잘 드러내는 활동(성취)을 중요한 순서대로 기술하시오.

▸ 활동(성취) 중 가장 중요한 3개는 구체적인 내용과 의미를 기술함(1~3번 항목).

▸ 4~10번 항목은 활동(성취)명과 내용을 간략하게 작성함.

▸ 1~3번 항목의 시기는 중복선택 가능함.

1) 2011 KMO 여름학교

매일 아침 미니테스트를 푸는 것이 하루의 시작이었고 이후 대학 교수님들께서 특강을 해주셨습니다. 고등학교에 올라와서 경시공부를 혼자 할 수밖에 없었던 저에게는 교수님들의 특강이 제일 값진 시간이었습니다. 오후에는 IMO 출신의 조교님들이 다양한 문제를 풀어 주셨고 숙제를 내주시면 숙소에 가서 친구들과 함께 몇 시간 동안이고 같이 고민할 수 있었습니다. 함께하면서 서로의 생각을 합하면 더 좋은 풀이를 할 수 있다는 것을 깨달았습니다. 이후 학교에 와서도 함께하는 공부를 하기 위해 수학 스터디그룹을 주도하여 공부했습니다.

2) 카이스트 사이버 영재 봄 학기

수학을 조합이나 정수 같은 어려운 문제를 푸는 것으로만 생각했을 때쯤 카이스트 사이버 영재 미적분 AP 과정에 대해 알게 되었습니다. 예전에는 미적분이라고 하면 교과서에 나오는 딱딱한 수식만이 떠올랐었습니다. 하지만 사이버 영재를 통해 고등학교 교과과정에는 없던 증명과 대학과정의 미적분을 배우며 직접 보고서를 작성하는 것이 저에겐 새롭게 느껴졌습니다. 또한 미적분은 단순히 수학의 일부분이라고 생각했었는데 과학과 접목하여 자동차나 핸드폰과 같은 결과물로 산출된다는 것을 배우며 수학을 실용화할 수 있는 학문을 배우고 싶어졌습니다.

3) 피아노 연주

피아노를 좋아하던 저에게 고등학교에 들어와 시간이 없다는 이유로 피아노를 그만두는 것은 핑계라고 생각하여 콩쿠르에 도전하기로 했습니다. 오랫동안 피아노를 치지 않았기에 손가락 연습부터 시작했습니다. 음악시간마다 선생님께 레슨을 받으며 대회에서 동상을 받을 수 있었습니다. 하지만 피아노를 다시 놓고 싶지 않아서 2학년 때 다시 도전했습니다. 음악시간이 없어 도움을 받을 수 없었지만 여러 피아니스트의 연주를 들으며 곡 해석을 하며 식사시간마다 꾸준히 연습하였습니다. 비록 1학년 때에 비해 준비과정이 힘들었지만 마침내 은상을 받았습니다.

4) 수학 심화문제 스터디 그룹

매주 7명의 친구들과 함께 파트별로 2명씩 맡아 문제를 선정해 소개하고 풀어오는 시간을 가졌습니다. 서로의 생각을 나누고 좋은 풀이를 소개하며 수학을 공부할 수 있었습니다.

5) 2012년 충청남도 수학과학 경시대회 물리 부문 은상

학교 대표로 대회에 참가하여 물리 부문에서 1차 시험 우수자로 선정되었고 2차 실험평가에 진출하였습니다. 학교 과학실에서 다양한 실험을 연습하며 은상을 수상하였습니다.

2. 고교 재학 기간 중 학업능력 함양 및 향상을 위해 노력한 사례와 그 활동을 통해 경험한 변화상을 구체적으로 기술하시오.

중학교 때 KMO에서 장려상을 받았지만 더 좋은 성과를 내고 싶어 고등학교에 와서 다시 준비했습니다. 하지만 중학교와 달리 고등학교 특성상 사교육 없이 혼자 할 수밖에 없었습니다. 처음엔 PSS로 공부를 했지만 문제가 어려워 해답을 봐도 이해를 못 하고 넘어갈 때가 많았습니다. 그러다 점화식 문제를 만났습니다. 처음엔 1주일이 넘도록 풀지 못했습니다. 그 이유는 그동안 잘못된 풀이에 얽매여 있었기 때문이라는 것을 깨닫고 올바른 점화식을 찾을 수 있었습니다. 그 후에도 문제가 바로 풀리진 않았지만 같은 실수를 반복하지 않고 다양한 생각으로 접근하며 마침내 치환으로 풀 수 있었습니다. 그때 모른다고 쉽게 포기하지 않고 스스로 고민하고 다양한 생각을 하는 것이 좋은 방법이라는 생각이 들었습니다. 때로는 이 방법에 의문이 들 때도 있었지만 발전하고 있다는 생각에 지속할 수 있었고, KMO 결과를 통해 확신할 수 있었습니다. 문제의 양보다 생각하는 훈련이 나를 성장시킨다는 것을 깨달았습니다.

3. 다음 중 한 가지 주제를 선택하고 해당 내용을 구체적으로 기술하시오(반드시 1개만 선택).

☑ 지원 모집단위를 선택한 이유와 학업 및 진로 계획
☐ 스스로 뛰어나다고 생각하는 자질 또는 성취
☐ 본인의 잠재력을 발휘한 경험 또는 실현 계획
☐ 성장과정이나 가정환경이 자신의 삶에 미친 영향
☐ 학교생활 중 배려, 나눔, 협력, 갈등 관리 등을 실천한 사례 및 느낀 점

    제가 물리에 깊은 관심을 갖게 된 것은 3학년에 올라와서입니다. 하이탑으로 물리Ⅱ를 공부하다 경시대비문제가 눈에 띄었습니다. 평소에 경시문제를 좋아하던 저에게도 수능이나 내신과는 다른 유형의 문제라서 풀기 쉽지 않았습니다. 처음엔 어려워서 적절한 공식을 대입하지 못했었지만 수학 문제를 푼다는 생각으로 주어진 조건에 충실하여 문제를 풀다 보니 어느새 자신감이 붙었습니다. 그래서 3학년 때 교내경시에서 이전과는 달리 수학이 아닌 물리를 본 결과 금상을 수상했고 도경시에서도 은상을 수상했습니다. 3학년이 되어서야 물리를 시작했지만 누구보다 잘할 수 있었던 것은 수학을 좋아했기 때문이라고 생각합니다. 저는 대학에서도 전공과목만 공부하지 않고 어려운 수학과 물리를 꾸준히 배우고 싶습니다. 전기전자공학이라 하더라도 결국은 물리와 수학이 바탕이 되기 때문에 어려운 문제를 풀며 생각하는 것을 좋아하던 저에게는 심화된 물리와 수학을 같이 공부하는 것이 더 발전할 수 있기 때문입니다.

06 한양대학교 합격 자기소개서

사례 1

1. 수상 작품(논문) 관련 사항

▪ 수상 작품(논문)의 지원 학과와의 연계성

생명공학은 기초과학을 바탕에 두고 공학적 지식을 접목시킨 학문으로서, 특히 우리의 삶과 환경을 개선시키기 위해서 발달한 학문입니다. 그러므로 생명공학은 실생활에의 접목이 목적이므로 많은 실험 및 연구를 통한 데이터를 필요로 합니다.

저는 지금까지 참가한 과학전람회와 다양한 과학 활동을 통하여 주제를 정하고, 자료를 수집하여 실험을 설계하고 수행하는 과정에서 과학적 사고 능력과 접근법을 배울 수 있었습니다. 그리고 조사를 하고 실험을 수행하는 과정에서 기초적 실험 수행 능력을, 실험 기구를 다루는 실력이 부족하여 원하는 데이터를 얻기 위해 같은 실험을 수십 번을 반복하는 과정에서 인내와 성실성을, 실험 데이터를 분석하여 결론을 도출하는 과정과 보고서를 작성하는 과정에서 분석력과 글로 정리하는 방법을 배울 수 있었습니다. 특히 58회 대회에서는 울산의 깽깽이풀 서식지를 찾고 개화시기를 확인하고 식생조사를 하는 과정에서 야외조사와 함께 군락분류는 같은 작업을 되풀이하는 과정이 대부분이었습니다.

56회, 58회 식물 분야

제가 학부 때 생명공학을 전공하고 싶은 이유는 이후 대학원에서 의생명과학을 전공함에 있어서 유전학적 지식을 접목하여 의생명과학을 연구하는 것과 생명공학적 지식을 활용하여 물질을 직접적으로 설계하고, 생산에 들어갔을 시 안전하게 효율적으로 생산할 수 있도록 설계하는 법을 배우기 위해서입니다. 그래서 56회 과학전람회의 경우 유전적 변이의 전 단계라고 할 수 있는 외부 환경에 대한 식물의 기본적인 변이를 연구해 보았습니다. 이것은 생명공학을 공부함에 있어서 유전학에 대한 기본 지식을 쌓는 데 도움이 되고, 유전학의 응용적 관점에서 사람의 경우, 개개인마다 모두 조금씩 다른 특징들을 연구하여 보는 데 도움이 된다고 생각합니다. 그리고 미래는 더욱 친환경적인 녹색 중심의 에코산업 시대가 될 것이므로 생명공학적으로 활용하고, 적용하여 생산할 물질을 자연으로부터 찾아내고 싶습니다. 이 과정에서 58회 과학전람회에서의 연구가 도움이 된다고 생각합니다. 동식물 멸종 위기의 주된 이유 중 하나는 약용학적 가치에 의한 훼손이라고 할 정도로 많은 응용이 가능한 물질들이 있습니다. 저는 생태학적 접근을 통해서 이러한 식물들을 보존 관리하는 한편, 인위적으로 재배하여 필요한 물질을 추출 · 분석 및 실험을 통해 인간에게 이로운 방향으로 활용하고 싶습니다. 생명공학의 재료를 얻는 방법인 한편, 자연도 보존할 수 있는 좋은 방법이라고 생각합니다. 저는 이러한 부분에서 58회 과학전람회가 관련이 있다고 생각합니다.

　생명공학은 물질을 추출·분석 및 설계하는 과정에서 화학적 반응 관계나 물질의 특성을 활용하는 경우가 많습니다. 저는 화학 반응 중 비록 침전 적정만을 실험해 보고 원리를 이해하기 위해서 연구해 보았지만 침전적정의 직접적 적용뿐만 아니라 그 바탕에 깔려 있는 이온들의 관계, 앙금 반응 등은 물질을 추출·분석하는 과정에서 화학 반응을 이해하고 설계하는 데 도움이 된다고 생각합니다. 또 이것은 이후 생명공학에서 여러 다른 추출·분석 및 설계 과정에서의 필요한 화학반응을 이해하는 데 직·간접적으로 도움을 줄 수 있다고 생각합니다.

2. 지원 동기와 학업계획 관련 사항

▪ 해당 학부(과)에 지원하게 된 동기

　저는 앞으로 평생을 바쳐 연구하고 싶은 분야인 의생명과학을 전공하기 위한 계획을 가지고 있는데 그 계획을 한양대학교에서 시작하고 싶습니다.

　저는 고등학교 2학년 때 기흉으로 1년을 고생한 경험이 있습니다. 3번의 입원과 수술은 건강을 해치고, 교육과정을 반도 끝내지 못하고 3학년에 진급을 하게 되었습니다. 특히 입원한 동안에는 과학 활동을 포기하거나 계획대로 못 하고 친구들이 한 활동을 정리하여 보고서를 쓰고 서류 작업밖에 할 수 없어 같이 활동했던 친구들에게 미안했습니다. 이러한 경험으로 평소 관심을 가져 왔던 생물과 관련된 분야를 공부하여 남을 돕고 싶다는 생각을 가지게 되었습니다.

　그래서 의학 발전의 토대인 의생명과학을 전공하고 싶습니다. 그러나 학부 때는 기본적인 생명과학, 세포 생물학, 면역학 등의 기초 생물학과 생명공학, 분자생물학, 유전학을 배우고, 가능하다면 부전공으로 유·무기 화학 및 생화학을 배우고 싶습니다. 이유는 저는 분자 수준에서 유전학과 관련하여 의생명과학을 공부하고 싶기 때문입니다. 왜냐하면 사람은 사람마다, 즉 유전 정보에 따라 약물이나 외과적 수술에 따른 결과가 조금씩 차이가 있다는 것을 알게 되었는데, 조금씩 차이가 나는 부분에 대해서 왜 그런지, 어떻게 하면 차이를 줄일 수 있고 더욱 최적화할 수 있는지 등을 자세히 연구하여 병으로 인해 고통받고 있는 사람들을 돕고 싶기 때문입니다. 화학 분야를 부전공하고 싶은 이유도 제가 하고 싶은 연구를 하기 위해서는 물질의 성질이나 물질 간의 관계를 알아야 한다고 생각했기 때문입니다. 또 생명과학이 아니라 생명공학을 선택한 이유도 여기 있습니다. 저는 연구실에 앉아서 연구만 하는 것이 아니라 제가 한 연구 결과를 토대로 실제로 물질을 설계하여 생산에 들어가게 되면 공학적으로 접근하여 안전하게 효율적으로 생산하는 방법을 설계하고 싶기 때문입니다.

건강을 잃어 보았기에 건강관리를 할 줄 알고, 다년간의 과학전람회 참여 경험으로 인해 초등학교 때부터 조금씩이지만 긴 시간이 필요한 실험과 조사 과정을 통해 과학, 특히 생물은 즐거운 것이라는 것 외에도 탐구과정에서 기쁨을 얻기 위해서는 많은 노력이 필요하며 힘듦을 이겨 나갈 줄도 알아야 한다는 것, 즉 과학을 대하는 자세와 연구하는 자세를 배웠습니다. 저는 고통을 겪는 사람들에게 도움이 되겠다는 마음이 확고하고, 생명공학을 배울 준비가 되어 있습니다.

■ 향후 학업계획과 대학 졸업 이후의 활동계획

한양대학교 합격 결과가 발표되고 나면, 우선 수능에 집중할 것입니다. 대학의 합/불과는 상관없이 저희가 저희 나이 때 경험해볼 수 있는 중요한 경험이라고 생각하기 때문입니다.

우선 저는 수능 이후부터 대학생활이 끝날 때까지 영어, 일본어 등의 어학 공부를 열심히 하고 싶습니다. 21세기는 국제화 시대로서 배우고 싶은 것이 있다면 그 분야에 최고이신 교수님을 찾아가서 배워야 된다고 생각합니다. 그래서 어학 공부를 열심히 하여 미리 학부 및 석·박사 과정에서 필요한 어학 실력을 갖추고 싶습니다. 또 국제화 시대에 영어가 가장 많이 사용되는 언어이긴 하지만, 그 나라의 지식과 문화를 습득하기 위해서는 그 나라의 언어를 구사할 수 있는 것만큼 좋은 것이 없기 때문에 다른 나라의 언어도 배울 것입니다. 세분화된 학문을 배우기 위해서는 그 나라의 언어를 할 줄 알면서 그 나라에서 직접 배우는 것이 가장 정확하다고 생각합니다.

한양대학교에 입학하고 나서는 일주일 중 5+1/2은 공부하고 1+1/2은 많은 사람을 만나 가며 사람 사이의 관계를 만들어 나가고 싶습니다. 전자는 제가 부전공을 선택할 것이며, 전공·부전공을 이수 학점만을 채울 생각이 아니기 때문입니다. 후에 의생명과학을 배우고 연구하고 실생활에 응용하는 데 필요한 학과목을 전공, 부전공에서 모두 이수할 생각입니다. 그러기 위해서 저는 일주일 중 대부분을 학과 공부에 사용할 것입니다. 또 이수 과목이 상당히 많기 때문에 연계되는 교과목은 연계순으로, 어려운 과목과 쉬운 과목을 적절히 조합할 것이며, 계절 학기를 적절히 사용하여 보충해 나갈 생각입니다. 후자는 21세기는 혼자 살아가는 세상이 아니기 때문입니다. 무엇보다도 사람은 마음이 맞는 사람과 함께함으로써 생활의 활력을 얻을 수 있고, 그 외에도 후에 연구 활동을 하다 보면 미처 제가 생각지 못한 부분에서 여러 분야의 협력 연구가 필요한 부분이 있을 때 서로가 서로에게 도움을 줄 수 있는 의미 있는 관계를 만들 수 있습니다.

그리고 1, 2학년 때는 대학 내 생활에 비중을 많이 두고 대학생활을 익히고 싶습니다. 3, 4학년 때는 연구 활동을 열심히 하여 관련된 여러 외부 활동을 해보고 싶습니다. 그러면서 2~3년간 쌓은 어학 실력을 바탕으로 참가가 가능한 해외 프로그램이 있다면 방학을 이용해서 참여하고 싶습니다.

특히 4학년 때는 더욱 매진하고 싶은 분야의 공부 및 활동을 중심으로 대학원을 선택하고 진학하기 위해서 노력하고 싶습니다.

대학원을 진학한 후에는 의생명과학과 관련해서 꾸준히 공부 및 연구, 학회활동을 하여 박사 과정을 준비할 것이며, 국내외 유수의 연구원에 들어갈 수 있는 준비를 할 계획입니다.

마지막으로 기회가 닿는다면 실력이 쌓이고 나서 국내 대학으로 돌아와 교수를 하며 의생명 과학 및 의학 발전에 기여할 것이며 후학 양성에도 힘쓰고 싶습니다.

 사례1

1. 입학 후 학업계획과 향후 진로 계획에 대해 기술하세요(1,000자 이내).

입학 후 본격적인 디스플레이에 대하여 배우기 전,1학년과 2학년 때에는 우선 디스플레이 산업에 기본이 되는 물리와 화학을 열심히 공부할 것입니다. 디스플레이의 기본이 되는 물리와 화학을 제대로 잡지 않고 다른 과목을 공부한다면 그것은 밑 빠진 독에 물 붓기가 될 것이기 때문입니다. 저는 화학 공부와 물리 공부가 남들보다 부족하다고 생각되므로 입학 후 교과과정에서 물리와 화학에 우선순위를 두고 공부할 것입니다. 또한 경희대에서는 관련 산업체에서 인턴할 수 있도록 많은 지원을 해주시는데, 경희대에서 주는 이러한 특권을 기회 삼아서 머리에만 있는 지식을 중점으로 삼을 것이 아니라 현장 활동과 실제적 경험을 중점으로 삼고 공부하여, 이러한 인턴교육을 최대한 활용할 것입니다. 또한 정보디스플레이학과의 교육 목표인 '세계적으로 경쟁력 있는 정보디스플레이 인력 양성', 이를 이루기 위해선 디스플레이 관련 학업만큼이나 외국어 공부도 중요하다고 생각되므로, '영어'라는 언어가 제 꿈의 무대를 한정짓지 못하게 영어회화 공부와 토플 자격증 공부도 게을리하지 않을 것입니다. 이 또한 해외 인턴십 기회를 잘 활용하여 외국어와 디스플레이 공부 둘 다 잡을 수 있도록 하겠습니다.

졸업 후 관련 업계에 취직을 하거나 제가 디스플레이에 관해 더욱 배우고 싶다고 느끼면 관련 지식을 더욱 넓히기 위하여 대학원에 진학을 할 것입니다. 이후에는 디스플레이 관련 산업체에 입사하여 인간은 삶을 더 편리하게 하고 매력적인 디스플레이 제품을 만들기 위한 노력할 것입니다. 경희대에 입학하기 전의 나는 항상 TV 광고나 인터넷에서 디스플레이 제품을 보면 '신기하다, 멋있다'와 같은 소비자적인 생각만 하면서 살았습니다. 하지만 이제는 경희대 정보디스플레이학과에서 배운 지식을 가지고 '신기하다, 멋있다'와 같은 말이 누군가의 입에서 나올 수 있도록 하는 멋진 디스플레이 제품을 생산하는 생산자의 입장에서 설 것입니다.

2. 자신의 성장과정에 가족, 학교, 지역, 국가가 미친 영향에 대해 기술하시오(1,000자 이내).

아버지는 아침을 늘 신문으로 시작하셨으며 책 읽기를 일상화하셨습니다.

자연히 그런 아버지를 본받아서 저도 책 읽는 것을 좋아하게 되었습니다. 또한 아버지는 늘 결과보다는 과정이 중요하다고 주장하셔서, 제가 성적표를 보여 드렸을 때 잘했다고 칭찬을 하시거나 못했다고 화를 내시지는 않으시지만 집에서 노력을 게을리하는 모습을 보면 혼을 내십니다. 아버지는 늘 일을 즐겁게 하시는데 이를 보면서 저 또한 직업이라는 것을 꼭 돈이 중요한 게 아니라 제가 좋아하는 것을 하는 게 중요하다고 여기게 되었습니다. 저희 어머니께서는 항상 저를 믿어 주시고 응원해 주시는데 나를 믿어 주는 누군가가 있다는 사실만으로도 힘이 되고 저 자신에 대한 자신감을 가지게 되는 데 큰 영향을 주었습니다. 전체적으로 저희 가정의 분위기는 매우 긍정적인데 저도 집안 분위기의 영향을 받아 뭐든지 긍정적인 마음을 가지고 하루하루를 행복하다고 여기고 있습니다.

학교에서는 좋은 선생님들에게서 가르침을 받아 제 지식의 영역을 넓히는 데 많은 영향을 끼쳤습니다. 이보다 더욱 중요한 것은 바로 작은 사회를 경험한 것입니다.

학교를 다니며 지식보다 중요한 자산인 사람들을 많이 만났는데 내가 기쁠 때 같이 기뻐해 주고 슬플 때 나의 아픔을 나눠준 친구들을 만난 것이 큰 행운이라고 생각합니다.

또한 저는 의지가 부족해서 혼자 공부하는 데 많은 어려움을 겪는데 학교에서 야간자습이라는 제도가 저에게 많은 도움이 되었습니다.

또한 제가 이렇게 학교를 다닐 수 있는 것과 저희 가정이 유지되는 것도 지역에서 학교와 아버지가 일할 수 있는 직장이 이곳에 있기 때문이라고 생각합니다. 이 모든 것이 국가가 없으면 힘든 일이라고 생각합니다. 국가가 없었더라면 지역과 학교, 가정 또한 없었을 것이기 때문입니다. 대한민국이라는 나라로 인해 제가 아파도 병원에서 의료혜택을 받을 수 있었고 제가 안전에 대한 걱정 없이 생활할 수 있다고 생각합니다.

3. 자신이 겪었던 가장 큰 어려움은 무엇이었으며 그것을 극복하는 과정에서 어떤 의미를 발견하였는지에 대해 기술하시오(1,000자 이내).

솔직히 말해 저에게 있어 큰 역경이나 고난은 아직까지 없었던 것 같습니다. 진짜로 역경이나 고난이 없었던 것인지 아니면 긍정적인 성격 때문에 역경이나 고난이 와도 그것을 인식하지 못했던 것인지 아직 잘 모르겠습니다. 그나마 제가 겪었던 큰 어려움을 고르라면 저에 대한 자신감이 없어졌을 때라고 생각합니다. 고2 때의 저는 미래에 대한 확신도 없고 꿈도 없고 내가 무엇이 될지라는 의문도 많이 들었습니다. 자기 자신에 대한 확신이 없으니 늘 부정적인 상황으로만 연결되는 것 같았습니다. 자기 자신에 대한 확신이 없으니 뭐든지 나태해지고 공부에 대한 흥미 또한 잃어버렸던 것 같습니다. 그런 생각이 들수록 이를 극복해야겠다는 마음을 가지기는커녕 하루하루를 무력하게 보냈습니다. 그러던 어느 날 수업시간에 선생님께서 자신의 과거 이야기를 해주시며 자신의 고3 담임선생님께서는 늘 조례시간마다 "나는 무엇이든 할 수 있다. I can do everything!"이라는 말로 하루를 시작한다는 이야기를 들었습니다. 그러면서 자기 자신을 믿는다는 그 간단한 일이 정말로 큰 힘을 가지고 있다고 하셨습니다. 선생님의 말씀을 듣고 저도 저를 한번 믿어 보기로 하였습니다. '나는 할 수 있다'라는 자기암시를 하였더니 정말로 저에 대한 자신감이 늘어나는 것을 느낄 수 있었습니다. 자신에 대한 자신감이 생기니 뭐든 할 수 있다는 생각이 들고 뭐든 한번 해보고 싶다는 생각을 하게 되었습니다.

이를 통해 저는 살아가는 데 있어서 마음가짐이 가장 중요하다고 느꼈습니다. 자기 자신을 끝없이 다른 사람과 비교하면서 단점을 찾기보단 과거의 자신과 현재의 자신을 비교하면서 반성하고 앞으로 나아가기 위한 노력이 중요하다고 생각합니다. 자기 자신에 대한 자신감을 가지고 세상에 불가능한 일은 없다는 마음가짐으로 모든 일에 최선을 다하는 것의 소중함을 깨닫고 만약 앞으로 저에게 있어 정말 큰 어려움이 닥친다면 좌절보다는 긍정적인 마음을 가지고 어려움을 극복할 것입니다.

사례1

1. 해당 전공에 지원한 동기 및 지원 분야를 위한 노력과 준비과정을 기술하시오.

중학생 때부터 저는 퀴리 부인, 에디슨, 노벨, 뉴턴 등 과학자들의 이야기를 책으로 읽으며 과학으로 사회에 공헌하는 과학자와 과학을 연구하는 연구원의 꿈을 품었습니다. 그중에 '니콜라 테슬라'의 이야기는 저를 전자전기공학 분야로 이끌어 주었습니다. 가난한 상황 속에서 여러 교류장치와 발명품을 발명하여, 과학 문명시대를 100년이나 앞당겼고 국가와 사회에 공헌하였습니다. 이것을 보고 저는 '과학자는 단지 과학의 발전뿐만 아니라 사회에 공헌을 할 수 있다'는 생각을 하였습니다. 그때부터 저는 지금까지 이 꿈을 이루기 위하여 이 한 가지에 집중하고 지켜 왔습니다. 이런 이유로 저는 우리 생활에서 가까운 전기를 이용하여 사회에 공헌할 수 있는 전자전기공학에 지원하게 되었습니다.

저는 꿈을 이루기 위해 과학을 중심으로 공부하였습니다. 1학년 때 과학과목을 1등급, 2학년 때 물리1을 1.5등급, 3학년 때 물리2를 2등급이라는 높은 성적을 받았습니다. 또한 2009년에 우수학생 심화 과학반에 참여하여 다음에 배울 과학 내용을 선행 학습하였습니다. 또한 교내 과학경시대회 물리 부문에서 동상을 수상하였습니다. 1학년 겨울방학 때, 다른 대학이 실시하던 과학 캠프에 참여하여 이공계에 대한 시각과 관점을 넓혔습니다.

2. 입학 후 학업계획과 향후 진로 계획에 대해 기술하시오.

입학 후 저는 날로 빠르게 발전하는 학문적 내용에 따라갈 수 있도록 고교과정보다 수준 높은 물리학을 공부하고, 전자전기공학 분야의 학문 중 에너지 관련 기술을 중심으로 공부하겠습니다. 전공에 대한 전문지식과 함께 다른 학문에 관련된 학문을 종합적으로 지식을 쌓고자 합니다. 영어, 중국어 등 외국어에 주력하여 글로벌 시대에 걸맞은 인재로 발전하기 위한 디딤돌을 만들고자 합니다. 그리고 동아리 활동에 참여하여 의사소통능력을 키우고, 봉사활동에 활발히 참여하여 '다 함께 살아가는 사회'를 배우고 싶습니다. 대학을 졸업한 뒤, 대학원에 진학하여 전자전기공학에 좀 더 심화된 내용을 배워 익혀 석사학위를 취득하고 연구원이 되어 전기 에너지를 좀 더 효율적으로 사용하기 위해 소비 전력을 다양하게 줄이는 방법을 연구하고 전기자동차에 대해서 연구하고자 합니다. 그리고 기업에 입사하여 실생활에 도움이 되는 전자제품을 설계하고 제작하고 싶습니다. 그 후에 자본이 어느 정도 모아지면 전자기술에 대한 연구실을 지어 니콜라 테슬라가 여러 장치를 고안하고 발명하여 과학 문명을 앞당겼던 것처럼, 이 연구실에서 여러 장치를 만들어 실험하고 연구하여 새로운 최첨단 과학 시대를 여는 열쇠를 만들고자 합니다.

3. 교내활동에서 리더십 및 자기주도적 학습능력, 문제해결능력을 발현했던 사례를 구체적으로 서술하고, 자신의 역량을 향후 어떻게 발전시킬 수 있을지 기술하시오.

중학교 때는 영어 공부를 암기식으로 했습니다. 단어 외우고, 문법 외우고 본문 또한 외웠습니다. 그래서 중학교 때는 영어성적은 상위권을 유지했습니다. 그러나 고등학교는 중학교보다 단어가 어려웠고 문법 또한 복잡하고, 특히 구문이 난해했고 길었습니다. 이 때문에 외우기에는 양이 많아서 중학교 때 했던 식으로 공부하는 것은 저에게는 불가능하였습니다. 점점 갈수록 영어의 난이도는 상승하고 있어 저의 점수는 떨어져 가기만 했습니다. '이러다가는 원하는 학교에 갈 수 없겠다'라는 생각을 하게 되어 마음을 바로잡아 영어의 공부법을 연구하게 되었습니다. 처음에는 어려운 단어를 찾아 공부하여 본문의 내용을 여러 번 해석했습니다. 그리고 선생님이 중요하다는 문법을 노트에 정리하여 쉬는 시간이나 점심시간을 이용하여 여러 번 외웠습니다. 그렇게 공부를 하여 시험을 보았습니다. 단어는 뜻에만 중점을 두어서 주관식에 철자문제에 틀렸지만 문법 문제는 틀리지 않았습니다. 그 이후로 공부법을 수정하여 철자도 공부했습니다. 이번에는 내용에서 틀렸습니다. '아, 난 이렇게 해석했는데 왜 이거지?' 시험에 나온 지문에 답지를 보니 나와 해석이 달랐습니다. 점점 이런 시행착오를 겪어 궁극적인 공부법은 '답지를 봐 해석된 내용을 보고 끊어 읽고, 모르는 단어는 따로 적어 등교나 쉬는 시간 같은 자투리 시간을 이용해 외우자.' 저는 이렇게 공부하여 1, 2학년 3등급을 유지했던 영어 점수가, 3학년 1학기 때 영어2는 2등급, 영어독해와 작문에서 2등급을 받았습니다. 저는 혼자 체계적으로 계획을 세워 공부하여 성적을 올렸습니다.

저는 문제를 파악하고 그 문제의 원인을 찾아내어 해결하려는 역량이 있습니다. 평소 저는 이 역량을 주로 의사소통을 할 때 사용하지만 향후에 저는 이 역량을 의사소통뿐만 아니라 과학과 사회 전반적으로 범위를 넓히어 사용하고 분석하고 해석하여 제 역량을 발전시킬 것입니다.

 사례 1

1. 성장 과정 및 지원동기(자신의 성장과정, 우리 대학 의예과를 지원하게 된 동기 등에 관해 기술, 600자 이내)

처음으로 의과대학에 진학하려고 결심했던 시기는 고등학교 2학년 때였습니다. 2학년 때 생물1을 배웠는데, 대부분 인체생물학에 관한 내용입니다. 이때까지 배워 왔던 것과는 달리 인체에 대해서 배우는 것이 흥미로웠습니다. 특히 제 친구들 중에서 기흉에 걸린 친구들이 있는데 '기흉'에 관한 문제를 풀면서 더욱 흥미로웠습니다. 그래서 생물1 교과에 흥미를 갖고 열심히 공부하게 되었고, 그 성취도도 높게 나왔습니다. 그렇게 공부하다가 의과대학에 대해서 관심을 가지게 되었습니다. 의과대학에 다니는 학교 선배와도 이야기해 보고, 도서관에 가서 관련 서적도 찾아보았습니다. "인체생리학" 책에서 흉압감이 폐압보다 항상 낮은 이유를 설명한 부분이 있어서 생물1에서는 무비판적으로 받아들이는 사실에 대한 정확한 이유를 알 수 있었습니다. 또한 "명의"라는 책을 읽으면서 '따뜻한 의사'에 대해서도 생각해 보았습니다.

관련 서적을 읽으면서 의과대학에 진학하겠다는 제 결심은 더욱 확고해졌습니다. 그리고 장래 의사가 되기 위해 고신대학교 의예과에 지원하게 되었습니다.

2. 학업 활동(학업방법 및 학업성취도, 학술활동, 관심학문 분야 등에 관해 기술, 600자 이내)

저는 수학성적을 올리기 위해서 많은 노력을 했습니다. 그래서 틀린 문제를 유형화하기 시작했습니다. '접근을 못 한 문제', '접근은 잘 했으나 중요한 키워드를 놓친 문제', '논리적 착각으로 틀린 문제', '계산이 복잡해서 틀린 문제', '단순 계산 실수로 틀린 문제'로 구분해서 목록화한 뒤, 따로 정리를 해서 각각 틀린 이유에 맞게 다시 풀었습니다. 특히 미적분 문제에서 유형화가 극심히 드러났습니다. 미분계수의 정의문제에서는 논리적으로 착각하기 쉬웠습니다. 어떤 함수가 $x=a$에서 미분 불가능하면 미분계수의 정의로 된 식은 $x=a$에서 극한값이 존재하지 않습니다. 하지만 미분계수의 정의를 변형한 식은 $x=a$에서 극한값이 존재할 수 있으나, 그것이 반드시 $x=a$에서의 미분계수는 아닙니다. 그리고 미적분 문제는 키워드를 놓치면 계산이 복잡해지는 경우가 많기 때문에 따로 '키워드 노트'를 만들어 최적화된 풀이를 하려고 노력했습니다.

그 결과 꾸준한 수학 공부로 인해 1학년 때 받지 못했던 교내 수학경시대회상을 2, 3학년 때 수상하게 되었습니다. 그리고 다른 과목의 성취도도 높게 나와서 자연계열 전교 1등을 하게 되었습니다.

3. 학업 외 활동(동아리 및 특기활동, 봉사활동, 종교활동, 각종 연수, 아르바이트, 리더십 경험 등에 관해 기술, 600자 이내)

'한사인'은 교내 과학 동아리로, 과학에 관심 있는 학생들로 이루어져 있습니다. 동아리원들과 다양한 체험을 하고, 심화된 내용도 찾아봄으로써 과학에 대한 흥미, 성취도를 높일 수 있었습니다.

우선 한사인에서 다양한 체험활동을 했습니다. 그중 부스 운영이 가장 기억에 남았습니다. 과학 싹 잔치 때 제가 담당한 부스로 쌍둥이가 찾아온 적이 있었습니다. 쌍둥이는 생각보다 많은 과학지식을 가지고 있었습니다. 그래서 저에게 질문을 많이 했고 친절히 답해 주었습니다. 마지막으로 '형! 저거 진짜 증류수 맞아요?' 하고 가는 모습이 정말 기억에 남았습니다. 또한 부스 운영을 준비하면서 각자 역할에 충실하고 과학관 봉사활동을 함께 감으로써 서로 협동하는 자세를 가지게 됐습니다. 그리고 함께 과학에 대한 폭넓은 체험을 하고, 좀 더 심도 있는 내용을 탐구함으로써 과학적 사고력을 증진시킬 수 있었습니다. 이러한 노력을 바탕으로 과학교과 학업우수상을 받고, 교내 과학경시대회 수상, 그리고 울산 과학경시대회 화학 부문 동상을 수상할 수 있었습니다. 그리고 다른 친구들과 소통함으로써 배타적이기보다는 사회적인 학교생활을 할 수 있었습니다.

4. 학업 계획(의과대학 입학 후 학업계획 및 졸업 후의 희망 진로 등에 관해 기술, 600자 이내)

의과대학에 입학한다면 2년간의 예과기간 동안 착실히 공부해서 의사로서의 기본 지식을 쌓을 것입니다. 본과에 올라가면 공부량은 예과와는 비교할 수 없을 정도로 많아집니다. 하지만 인체를 배우는 데 쉽게 배우면 안 된다고 생각합니다. 따라서 압도적인 공부량에 불편해하기보다는 지금 제가 배우는 모든 것이 환자들에게 영향을 끼친다는 생각을 가지고 학업에 매진할 것입니다. 그리고 방학 때는 노인요양시설 등에 의료봉사를 나가서 제가 배운 지식을 정말로 필요로 하는 곳에 대가 없이 쓰려고 합니다.

인체에 대해서 알기엔 4년이란 시간은 짧다고 생각합니다. 그래서 저는 졸업 후 고신대학교 부속병원에 남아 수련할 것입니다. 의학은 항상 변화하기 때문에, 뒤처지지 않기 위해서 외국의 논문을 찾아 읽거나 새로운 수술법을 알아보는 등 많은 노력을 할 것입니다. 전문의 자격을 취득하면 펠로우로 남아 제가 전공할 분야에서 최고가 되도록 노력을 할 것입니다. 저도 언젠가는 '명의'에 나올 날을 생각하면서 고신대학교에서 의술에 대한 내공을 쌓아갈 것입니다.

단점도 솔직하게 밝혀라.
단점은 극복하는 과정을 쓰면서 지원 분야와 연결지으면 좋다.
면접관들은 수많은 자기소개서를 보기 때문에
과장이나 미화된 부분을 대부분 찾아 낸다.

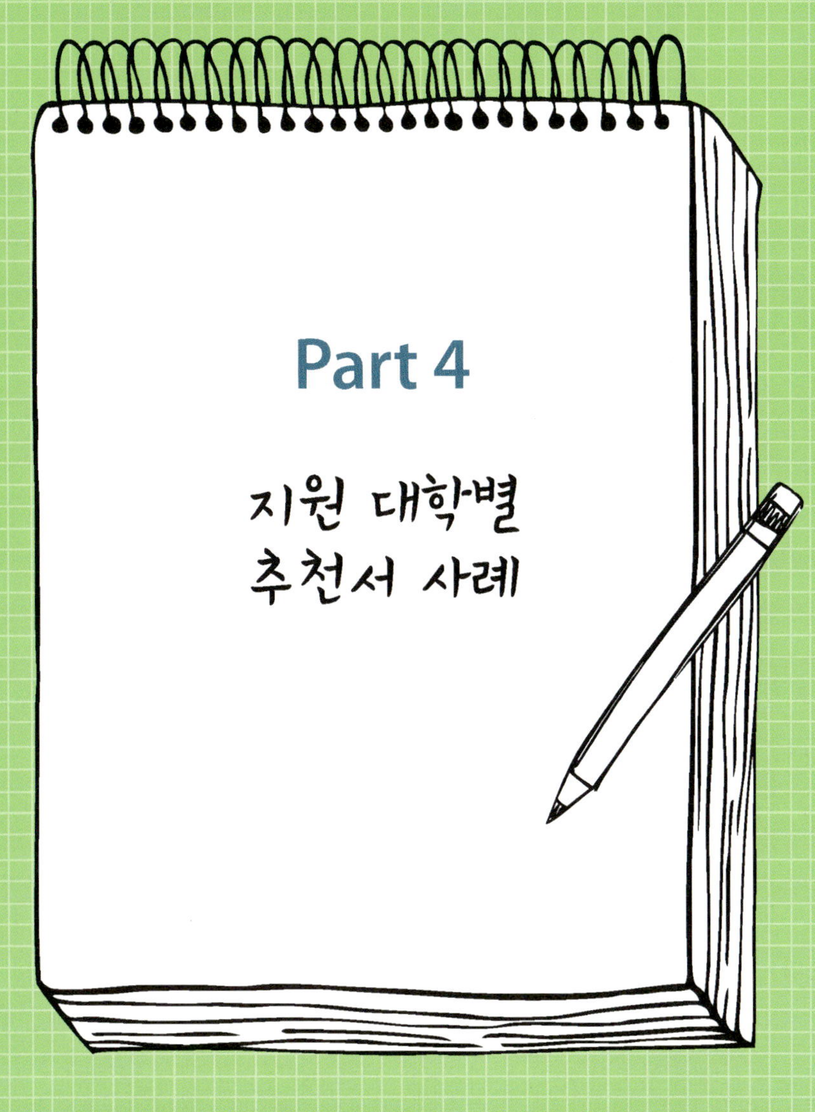
Part 4

지원 대학별
추천서 사례

01 서울대학교 합격 추천서

📖 사례 **1**

1. 지원자의 학업능력과 지원 모집단위에 대한 관심, 열정, 재능, 우수성 등을 기술하여 주십시오.

▸ 띄어쓰기를 포함하여 1,500자 내외로 작성하되, 2,000자를 초과하여 작성할 수 없습니다.

생물은 응시하지 않았기 때문에 모의고사 점수를 직접 가늠하기는 어렵습니다. 하지만 생활기록부상의 생물 점수는 지원자가 생물 과목에도 얼마나 큰 관심을 가지고 공부했는지를 보여 줍니다. 본교의 과학탐구계열의 학생들은 교육과정 속에서 자신의 수능 선택과목과 관계없이 물리Ⅰ·Ⅱ, 화학Ⅰ·Ⅱ, 생물Ⅰ·Ⅱ, 지구과학Ⅰ·Ⅱ를 모두 공부합니다. 현재 우리나라의 선택 중심의 교육과정과 특수한 대학입시환경 속에서도 이런 틀을 고집한 이유는 과학 전반에 대한 기초를 탄탄히 닦아 놓은 상태에서 전공과목을 공부해야 더 멀리 더 높게 나아갈 수 있다는 신념이 있었기 때문입니다. 이런 교육의 본질을 강조하는 교육

환경 속에서 지원자는 자신의 대학수학능력시험 선택과목뿐만 아니라 생물 수업에도 진지하게 적극적으로 참여했습니다. 그 결과 생물Ⅱ를 선택한 학생들 못지않은 높은 성취를 보였습니다. 모의고사에서 생물을 선택했더라면 충분히 만점을 획득했을 것입니다.

또한, 탁월한 주의력과 집중력, 그리고 지구력을 발휘해 1학년부터 지금까지의 모의고사에서 거의 모든 영역 1등급을 유지해 왔습니다. 학교의 기본적인 교육과정을 충실하게 이수하여 1년 단위로 시상하는 내신 성적 관련 최고의 상인 학업우수상(2010.02.12, 2011.02.11)을 1·2학년 연속으로 수상했습니다. 뛰어난 과학적 탐구력과 창의력을 발휘하여 제18회 충청남도 고등학교 과학탐구대회에서 은상(2010.06.28)을, 제23회 충청남도 중고등학생 수학과학경시대회 물리 부문에서 동상(2011.06.24)을 수상했습니다.

1학년 때 교내 학술 동아리 중 하나인 울림과학아카데미 물리조에 지원해 2년 동안 연중 이루어지는 세미나와 전시회를 통해 물리 분야에 관한 지적인 욕구를 채우려 노력했습니다. 2학년 때 계발활동으로 화학탐구반에서 반장으로 활동하면서 뛰어난 탐구사고력과 실험 조작능력을 보여 주었습니다. 3학년 때는 수리논술반에서 활동하면서 자신의 약점이라고 할 수 있는 수학 과목에 대한 깊이 있는 사고와 논리력을 기르고 있습니다. 2학년 방학 중에는 서울대학교 자연과학대학에서 개최한 제18회 자연과학 공개 강연(2011.02.21~22)에 참가해 물리천문학부 김제완 교수님의 강의를 비롯한 명강들을 통해 과학이 미술, 영화 등 다양한 분야에서 그 힘을 발휘한다는 것을 느꼈습니다. 2학년 2학기에는 컴퓨터 공부를 깊이 있게 하고 싶어 학원을 다녔습니다. 이렇듯 자신이 정한 꿈과 관련 있는 활동들에 틈틈이 적극적으로 일관성 있게 참여하면서 기본 소양과 안목을 키워 왔습니다.

늘 좋은 일만 있었던 것은 아닙니다. 2학년 때 컴퓨터 공부에 집중하면서 학업 성적이 다소 떨어지는 경험을 했습니다. 특히 수학에서 문제가 조금씩 나타나는 듯하여 그때의 담임선생님을 비롯해 여러 선생님께 걱정을 끼쳤습니다. 2개월이 지나고, 바로 지금 해야 할 일은 무엇인가를 지원자 스스로 깨닫고 본래의 자리로 돌아와 학업에 집중했습니다. 2012학년도 대학수학능력시험 6월 모의평가에서는 수리(가) 100점을 맞고도 과목체크를 실수해 실제로는 5등급을 받기도 했습니다. 우리 반에서는 그런 일이 한 번도 없었는데, 담임인 제가 꼼꼼히 살펴보지 못해 우리 반 에이스인 지원자에게 그런 일이 일어나 무척 미안했습니다. 그런데 당사자는 크게 흔들리지 않고 매우 중요한 경험을 한 것이라고 받아들이며, 정교함과 꼼꼼함의 가치를 실감하는 의연함을 보여 주었습니다. 지원자는 이렇듯 자신 주변의 모든 것을 발전적인 방향으로 긍정적으로 투사해 왔습니다. 미술과 창작, 음악 및 체육에도 높은 관심과 소질이 있는데, 1학년 때 계발활동으로 만화미술반에 들어 반장으로 활동하면서 충청남도 중고등학생 미술실기 공주시 예선대회에서 만화 분야 동상(2009.07.18)을 받았고, 제43회 교내미술실기대회에서 소묘 부문 금상(2009.11.04)을 받았습니다. 제44회 교내미술실기대회에서도 인물소묘 부문 은상(2010.11.09)을 받았습니다. 음악감상을 좋아하고 특히 기타 연주를 잘합니다. 야간자율학습 중간에 있는 쉬는 시간을 활용해 매일 빼먹지 않고 운동장을 뛰었는데, 땀을 쏙 빼고 불그스레한 얼굴로 교실에 나타나는 것을 자주 보았습니다. 기초 체력이 좋고, 피구 같은 구기종목의 운동도 좋아하고 잘합니다.

컴퓨터 분야에 대해서는 아주 어릴 때부터 접하고 마음껏 다룰 수 있었던 기회가 있었습니다. 프로그램 개발자, 나아가서 인공지능이나 가상현실을 연구하고 이를 이용해 인간의 경험과 활동 영역을 넓히고 싶다는 간절한 꿈을 꾸어 왔습니다. 이런 경험과 동기가 위에서 언급한 여러 방면에서의 우월성과 발전적인 태도와 지원자의 재능과 어우러지고, 서울대학교 컴퓨터공학부에서 수준 높은 동료와 함께 도와주며 배우고 성장하여, 'Bio, Medical Computing'이나, 'Graphics, Animation, HCI' 관련 연구실에서 석사와 박사과정으로 연계되는 실질적인 연구를 할 수 있다면 지원자의 현재의 꿈이 이루어질 수 있을 것입니다. 위와 같은 이유로 지원자가 컴퓨터 엔지니어링 계통에 큰 보배가 될 것이라고 판단합니다.

2. 학업능력 이외의 개인적 특성(봉사성, 잠재력, 인성, 리더십, 공동체의식 등)을 중심으로 지원자를 이해하는 데 도움이 되는 내용이나 추천 사유를 기술하여 주십시오.

우리 반은 학년 초에 학급학생회를 조직하고 쾌적한 환경과 학습 분위기를 유지하기 위해 청소 담당과 봉사활동을 균형 있게 배분합니다. 지원자는 체육문화부원으로서 7월 학급 쓰레기 분리수거를 주도적으로 책임감 있게 처리했고, 4월과 6월, 그리고 7월 청소에서 자신의 역할을 능동적으로 잘 수행했습니다. 늘 해야 할 것이 많이 있어 보이기도 하고 여유 있어 보이기도 하는 아리송한 면이 있지만, 그래도 자신이 필요하다고 여겨지는 상황이 주어지면 솔선수범해 나서서 힘이 되어 주는 사례를 많이 보았습니다. 그런 모습 때문인지 2학년 때 담임선생님은 학년 말 시상식에서 봉사상(2011.02.11)을 추천했습니다.

지원자는 자신을 잘 파악하면서도, 저나 주변 사람들에게는 자신의 능력을 낮춰 보이려고 했습니다. 그러나 내면적으로는 자신의 잠재력이 무한하고, 못할 것이 없다는 자아 신뢰감이 있다는 것을 알 수 있었습니다. 자신의 다소 부족한 면에 대한 불만족을 느낄 때는 마음을 잘 컨트롤하여 금방 이겨 내고 제자리를 찾는 강한 의지와 정신력을 지녔습니다. 다방면에 관심과 욕심이 있어 고려했던 조련사나 수의사 같은 다양한 직업들을 비교하고 심사숙고하여 컴퓨터 개발자가 되겠다고 결정했던 특별한 경험은 정서적 측면에서 그의 잠재력에 큰 보탬이 된다고 생각합니다. 꾸미지 않은 외모에서 은근한 매력이 느껴지고 신체가 건강하며, 수공적인 조작능력이 세밀하고 기능을 빠르게 습득하는 경향이 있습니다.

3학년 초에 인생에서 가장 중요하다고 생각하는 가치관이나 표상을 다섯 가지만 써보라고 했더니 즐거움, 가치창출, 자급자족, 열정, 겸손 이렇게 제시했습니다. 매우 소박하고 인간미 넘치는 단어들입니다. 그러면서도 복잡하고 어렵고 어쩌면 늘 고뇌가 뒤따르게 될 컴퓨터 엔지니어가 되고자 한다는 것은, 그 어려움을 즐기면서 도전하고 싶다는 의도가 아니겠습니까? 지원자는 인생에 대한 이상과 현실 감각을 조화롭게 갖추고 있습니다. 자신이 좋아하고 잘할 수 있는 직업을 얻어 새롭고 가치 있는 산출물을 창작하고 싶어 합니다. 이를 통해 자기에게 혜택을 주었던 주변 환경과 사회에 보답하고 기여하고 봉사하고자 하는 마음을 가졌습니다. 그러면서도 경제적인 안정성도 중요하게 생각합니다.

제가 개인적으로 생각하는 본교의 장점은 늘 가까이에 경험 있고 실력 있는 선생님들이 상담자의 역할을 준비하는 가운데서 학생 시절의 제1번 과업인 공부를 자기주도적으로 마음껏 할 수 있는 환경이 갖추어져 있으면서, 그 속에서 학생들이 개인의 끼를 발산할 수 있거나, 공동체의 단합과 협력이 요구되는 다양한 행사들이 적절한 간격으로 충분히 제공되고 있다는 것입니다. 전교생이 기숙사에서 5~6명씩 같은 방을 쓰고, 낮에는 학교생활을 하면서 서로의 특성을 이해하고 배려하는 법을 배웁니다. 구보 및 경보대회, 큰 뜻 심기, 체육대회, 학급의 날 행사, 합창경연대회(1~2학년), 극기체험활동, 수영강습(1학년), 해외체험학습(1학년), 스키캠프(2학년), 각종 동아리의 발표회 및 전시회, 명사 초청 특강, 음악회 단체 관람 등 다양한 단체 활동과 그 행사 뒤에 이어지는 장기자랑 시간을 통해 다양한 경험을 하고 끼를 발산할 수 있습니다. 지원자는 이 모든 행사에 적극적으로 참여하면서 공동체의 협력과 단합의 힘을 경험하고 몸과 마음을 고르게 성장시켰습니다. 저는 리더십을 유비쿼터스 스마트 사회 속에서 자신의 마음을 잘 다스리고, 다른 사람의 마음을 감동시키고, 움직이는 힘이라고 생각합니다. 언제 어디서 어떤 위치에 있든지 각자가 자신만의 리더십을 개발하고 발휘해야 한다는 것입니다. 지원자는 계발활동 부서의 반장을 비롯해 여러 상황에서 오케스트라의 지휘자와 같은 역할을 하고, 공동체 속에서 보통의 구성원으로서도 자신의 위치에서 다른 사람들과 조화롭고 현명하게 역할을 수행하며, 풍부한 경험을 바탕으로 자신만의 리더십을 잘 가꾸었다고 생각합니다.

이처럼 높은 수준의 면모들을 갖추었을 뿐만 아니라 무한히 성장할 수 있는 특질들을 지닌 지원자에게 서울대학교 공과대학 컴퓨터공학부가 큰 힘이 되어 주기를 바랍니다. 본교에서 진학했던 대부분의 학생들이 그러하듯이 지원자 역시 시간이 갈수록 다크호스처럼 현저하게 발전해 매우 가치 있고 자랑스러운 컴퓨터 엔지니어로 성장할 것입니다. 이런 이유로 지원자를 강력하게 추천합니다.

3. 1~2번 항목 외에 지원자 평가에 고려할 만한 사항이 있는 경우 자유롭게 기술하여 주십시오.

　본교는 50년 전통의 자율형 국립학교로서 근로, 자립, 화애라는 교훈을 바탕으로 학년당 6학급 정원의 180명의 학생들이 전원 기숙사 생활을 하는 비평준화 일반계 고등학교입니다. 본교의 교육 목표는 '수준 높은 교육 실력 있는 학생'을 기치로 건강인-몸과 마음이 튼튼한 조화로운 학생, 도덕인-신의효 정신을 가진 행동이 바른 학생, 자주인-스스로 문제를 해결하고 자기 주도적인 학생, 배려인-타인을 배려하고 이해심이 많은 학생, 실력인-미래사회에 대처할 창의력 있는 학생을 기르는 데 있습니다.

　학교의 특색과 자랑은 교육부 지정 상설연구학교(국립)로 현장교육 개선을 선도하는 학교, 졸업생 대다수가 최상위권의 우수한 대학에 진학하는 전국 제일의 명문학교, 선발된 우수교원들의 맞춤지도로 수준 높은 교육을 실현하는 학교, 욕설 · 싸움 · 따돌림 · 결석생 없는 학교라는 것입니다. 또한, 전원이 학교 기숙사 내에서 생활하여 24시간 공부할 수 있는 학교이고 모든 담임교사가 학급에 남아 학생들을 지도하여 사교육비가 전혀 들지 않는 공교육이 살아 있는 학교입니다.

　학생들이 전원 기숙사 생활을 하는 만큼, 틈틈이 과학아카데미, 토요문학회, Math-age, 하우리, 등불, 울림, 청, 뿌리, 파피루스 등 다양한 동아리 활동이 자생적이며, 자유롭게 활동하며 전통을 이어 가고 있습니다. 매년 최소한 10명 이상이 서울대학교에 진학함은 물론 200여 명의 졸업생 중 100여 명 이상이 서울 소재 대학에 진학하고 있으며 의학 계열로도 30여 명 이상이 진학하는 인재 양성의 요람이 되고 있습니다. 연간 각종 장학금이 2억 원(2010년도 지급액) 이상으로 우수학생들에 대한 지원이 잘 갖춰져 있고, 학교 주변에 유해 업소가 없고 봉황산 중턱의 숲과 어우러진 공원 같은 학교입니다.

　다년간 본교 학생들의 성적을 분석해볼 때, 대학수학능력시험 평균 2등급 이내를 얻는 학생 수는 사회탐구계열에서 45% 이상, 과학탐구계열에서 30% 이상인데, 내신 평균 2등급 이내를 얻는 학생은 전체 학생의 2%도 되지 않습니다. 결과적으로 본교 학생들이 내신 성적을 잘 받기 위해서가 아니라 수준 높은 학생들과 함께하며 자신들의 역량을 키우기 위해 멀리 보고 진학했다는 것입니다.

본교의 과학탐구계열의 교육과정에서는 3개 학급의 학생들이 심화선택과목으로서 수학 I · Ⅱ, 미분과 적분, 확률과 통계, 물리 I · Ⅱ, 화학 I · Ⅱ, 지구과학 I · Ⅱ, 생물 I · Ⅱ를 모두 이수함으로써 이과 기본 과목을 충실히 학습하도록 하므로, 졸업 후 어떤 학과에 진학하더라도 빠른 적응을 하고 능력 발휘를 할 수가 있습니다. 실제로 많은 학생이 의대, 한의대, 자연대, 공대 등에 진학하여 1등 장학금을 받고 있습니다.

이 모든 교육 활동은 인성교육을 근간으로 학력을 신장시켜 미래사회의 유능한 동량을 육성하는 것이 본교의 교육방침이자 긍지입니다.

한편, 지원자는 어릴 때 전력공사에 근무하시는 아버지의 영향으로 자연스럽게 컴퓨터를 접하고 조작하고 탐구할 수 있었습니다. 부모님은 원칙은 있으셨지만, 공부하라는 강요 없이 허용적인 분위기에서 자녀를 양육하셨고, 초등학교 때까지 지원자는 자기가 하고 싶은 상상과 다양한 경험을 할 수 있었습니다. 중학교 2학년 때 좋은 선생님을 만나 좋은 이야기를 듣고 쉽고 재미있게 영어 공부를 하면서 공부에 흥미를 느끼기 시작했습니다. 그때부터 지는 게 싫어 학교 시험 공부를 열심히 했고 중학교 영재교육원에서 여러 가지 실험을 해보면서 과학에 대한 흥미도 느끼게 된 것입니다. 지원자의 학업 성취도가 탁월하고 컴퓨터 공학에 깊이 관심을 두는 것은 모두 이렇게 자연스럽게 스스로의 선택에 의해 이루어진 것인 만큼 대학 진학 이후에도 흔들림 없이, 한계점 없이 성장할 것이라고 생각합니다.

1. 지원자의 학업능력과 지원 모집단위에 대한 관심, 열정, 재능, 우수성 등을 기술하여 주십시오.

> ▶ 띄어쓰기를 포함하여 1,500자 내외로 작성하되, 2,000자를 초과하여 작성할 수 없습니다.

주의와 집중을 하고 빠져들듯이 몰입을 하고, 필요한 것을 체계적으로 메모하는 모습을 보였습니다. 자율학습 시간에는 무엇을 공부하는지 주변에 눈 한 번 돌리지 않고 부지런히 펜을 움직이고, 생각하고, 정리하는 모습을 보아 왔습니다. 간혹 모순되거나 스스로 이해하기 어려운 개념은 스스로 풀릴 때까지 고민하고, 찾아본 다음, 친구들과 협력하여 문제를 해결하려 노력하였고, 선생님들을 찾아뵈면서 확인을 하고 조언을 구하였습니다. 이렇게 쉼 없이 자기 조절을 하면서 스스로 열정적으로 공부할 수 있었던 것은 아마도 뚜렷한 목표의식과 자신감, 그리고 인생관을 바탕으로 학업계획을 체계적이고 구체적으로 세우며 이를 실천해 왔기 때문일 것입니다. 장기적으로 공부해야 할 대상과 분량을 관망하고, 매일 자신이 해야 할 것을 주제 중심으로 정하여 어떤 의미가 있는지를 생각하면서 자신의 다이어리에 적고 반성하였습니다.

지원자가 물리2를 선택한 것은 좀 더 어려운 과목에 도전해서 높은 성취를 얻기 위함이었습니다. 과학은 서로 관련성이 있다는 생각으로 화학, 생물, 지구과학도 충실히 공부했고, 이렇게 학업에 열의를 다하면서도 틈틈이 시간을 내어 체력을 유지하기 위해 땀이 적절히 밸 정도로 달리기를 해왔습니다. 이런 노력으로 지원자는 다양한 성과를 표면적으로 드러냈습니다. 신입생 예비학습 평가에서 40위를 했던 지원자는 전국연합학력평가에서 1학년 때 대략 10위, 2학년 때 대략 5위, 3학년 때는 1~2위 정도를 유지했습니다. 특히 수학의 경우 1학년 때는 80위 정도였으나 3학년에 와서는 최상위권을 유지하고 있습니다. 2

학년 말의 기흉(공기가슴증)으로 인한 입원(2009.10.15~20)과 탐구대회 준비, 그리고 3학년 초 기흉 재발로 인한 수술과 재발로 인한 입원치료(2010.04.06~4.22, 6.28~07.01, 07.30~08.02)에 따른 심리적 부담과 시간 소모에도 불구하고 이렇게 성적을 유지한 것은 지원자의 매우 높은 잠재력을 보여 줍니다.

한편, 위에서 언급한 2학년 말의 기흉으로 인한 입원은 지원자의 인생의 목표를 의과학 쪽으로 돌리는 결정적인 계기가 되었습니다. 부모님은 내심 의대 진학을 희망하셨지만, 지원자의 뜻을 존중해 주셨고, 본인도 의사에 대한 매력을 갖긴 했지만 과학, 공학에 더 관심이 많았습니다. 그래서 다양한 가능성을 열어 놓고 학업에 열중하면서 과학 관련 활동과 경시대회 출전을 통한 경험과 실적물을 얻고, 대학수학능력시험에서 고득점을 얻어 서울대학교에 진학하는 것을 목표로 하고 있었습니다. 그런데 다른 사람들에게는 가볍게 지날 수 있는 기흉이라는 질병이, 지원자에게는 사고와 재발 등 좋지 않게 진행되어 장기간 학교수업에 참여하지 못하는 큰 공백을 만들었고, 국제대회에 참가하여 자신의 창의적 산출 능력과 발표력을 확인할 수 있었던 중요한 기회까지도 앗아갔습니다. 게다가 퇴원 후 3학년 1학기 1회 지필고사를 치렀고, 결과도 좋지 않았습니다. 모의고사에서도 공백기 때문에 감각이 떨어져 스스로 실망스러운 점수를 받았습니다. 그런 상황에서도 어떻게든 추락하지 않고 다시 꿋꿋하게 일어서 그동안의 공백을 반드시 메우고 꼭 서울대학교에 합격할 것이라고 다짐했습니다. 뿐만 아니라 의예과에 진학하여 아픈 사람들에게 도움을 주어야겠다는 강한 의지를 갖게 되었습니다.

2. 학업능력 이외의 개인적 특성(봉사성, 잠재력, 인성, 리더십, 공동체의식 등)을 중심으로 지원자를 이해하는 데 도움이 되는 내용이나 추천 사유를 기술하여 주십시오.

　　우리 학급은 학년 초에 정돈된 환경에서 학습과 서로 돕고 협력하는 분위기를 형성하기 위해 각자 해야 할 일을 월 단위로 계획을 세워 실천하고 있습니다. 지원자는 학급 교수학습기자재 봉사를 자원하여 수업시간마다 필요한 기자재를 준비하여 정보통신기술과 시청각기자재를 활용한 효율적인 교수학습이 이루어지는 데 기여하고 있습니다. 그리고 4월과 6월, 8월에 각각 교실 닦기, 교실 쓸기, 복도 닦기를 담당하면서 청결한 학습환경을 유지하는데 자기의 역할을 충실히 감당하였습니다.

　　4월 초에 있었던 구보 및 경보대회는 학급별로 스스로 계획을 세워 발을 맞추고, 퍼포먼스도 준비하여 발표하고 정해진 출발지에서 2km 떨어진 목적지까지 질서 있게 이동하는 행사입니다. 이는 학생들이 질서의 의미를 이해하고, 체력이 약한 친구들도 배려하며 소풍 같은 즐거운 시간을 보내기 위함입니다. 우리 반은 고3이기 때문에 특별한 이벤트는 준비하지 않았지만, 체육문화부장을 중심으로 3~4명이 기획하고 틈틈이 구보 중에 부를 노래 가사를 외우고, 점심 · 저녁 시간, 그리고 쉬는 시간을 이용해서 3~4일 전부터 서로 의견을 나누며 발을 맞추고 절도 있는 모습을 만들어 냈습니다. 지원자는 이 모든 과정에 함께 참여하였지만, 대회 전날 또다시 기흉이 재발하여 직접 참가하지 못했습니다. 하지만 지원자의 성원과 학급 구성원들의 단합된 모습에 힘입어 우리 학급은 남자 1위 단체상을 받았습니다.

　　5월에 있었던 체육대회에서는 담임도 모르게 1~2일 입장식을 준비해서 운동장에 있던 1,000여 명을 웃음과 묘한 느낌에 빠지게 했습니다. 신입생 예비학습 때부터 졸업 때까지 3년간의 고등학교 생활을 풍자한 '부고생활백서'라는 제목의 롤러코스터 패러디였습니다. 반장과 지원자를 주축으로 4명이 대본을 쓰고 지원자가 컴퓨터를 이용해 목소리를 합성했다고 합니다. 지원자는 또한 환자복을 입고 입장식에 참여하기도 했습니다. 아침에 장한 어버이상 시상식도 있었고, 먹거리 장터 운영도 있어 100여 분의 학부모님도 참석하셨는데, 다 같이 웃을 수 있었던 시간이었습니다. 결국 모두가 공감하는 가운데, 우리 학급이 입장상을 수상하였습니다.

지원자는 학업과 과학탐구활동, 그리고 친구들, 선후배 간의 관계를 맺어 가고 정을 나누는 가운데서도 자신에게 주어진 시간을 활용해서 지속적으로 부모님과 함께 노인요양시설 금강원과 금강노인복지센터에 방문하여 치매에 걸린 어르신들을 씻겨 드리고 말벗도 해 드리고, 식사 수발도 해 드리는 봉사를 실천하였고, 꾸준히 국제구호단체와 연계한 USCF 동아리 회원으로 활동하면서 용돈을 모아 월 3,000원이라는 돈이지만, 받는 이에게는 큰 도움이 될 수 있는 기부를 해왔습니다. 지원자의 도움을 받는 아이는 엘살바도르의 '산드라'라고 합니다.

"지원자는 늘 밝고 만날 때마다 인사하며 씽긋 웃을 때마다 유쾌함을 느끼게 됩니다. 일상적인 대화도 자신의 견해를 솔직하게 이야기하며 공중도덕과 규칙도 잘 준수하는 등 양심적으로 행동하는 도덕성을 갖추고 있습니다. 또한 매사에 계획을 세워 실천함으로써 주어진 일을 소홀히 하거나 중도에 포기하지 않는 준비성과 추진력을 지니고 있어 자신이 해야 할 일을 정확히 파악하여 결코 남에게 미루지 않고 스스로의 힘으로 해결하여 교사들 간에 '아무개는 틀림이 없다'라는 말을 할 정도로 교사들뿐만 아니라 급우들 간에도 인정받는 학생입니다. 상담 과정에서 하루의 일과를 시작하기 전에 해야 될 일들을 먼저 계획하고 자신이 한 약속에 대하여 실천하며 잠자기 전에 반성을 통해 자신을 가다듬었다고 말하며 학생이 지원하고자 하는 의학 분야도 학문적인 공부만이 아니라 자신의 전문성으로 사회에 어떤 기여를 할 수 있을까 고민하는 모습이 기특했습니다. 학업 우수자들의 단점으로 자주 인용되는 지적 이기심에서 벗어나 동료들과 '경쟁과 협력의 조화'를 추구하였습니다. 학문이란 어느 정도 본인과의 고독한 싸움이 되겠지만, 다양화되고 급속하게 변화하는 현대사회에서 꼭 필요한 학습자적 자질을 갖추었다고 판단됩니다."(학년부장 의견)

이렇게 지원자는 자신의 학업과 능력개발을 위해 끊임없이 노력하면서도 공동체 속에서 자신이 해야 할 역할을 자발적이고 적극적으로 수행하고, 함께 노력하고 발전할 수 있는 협력 중심의 리더십을 지녔으며, 무언가 창의적 산출물이 필요할 때는 자신의 역량을 확연히 드러내는 잠재력이 어디까지인지 측정하기 어려운 학생입니다. 봉사정신도 강하여 행복한 사회 형성에 큰 역할을 할 수 있는 학생이라 생각합니다.

이 학생에게 꿈을 이룰 기회가 주어진다면 아직도 발현되지 못한 자신의 능력을 진취적으로 계발하고 발전시켜 의학 분야에서 뛰어난 재능을 발휘할 것입니다. 물리, 화학, 생물, 수학적인 튼튼한 기초 학문 능력을 기반으로 발전하는 우리나라의 뇌과학 분야에 윤활제 역할을 할 수 있는 또 하나의 큰 재목으로 성장할 수 있을 것입니다. 제가 사랑하는 제자를 위해, 그리고 의과학 분야의 발전을 위해 지원자를 서울대학교 의예과에 꼭 입학시키고 싶습니다.

3. 지원자의 수상 경력 중 가장 의미 있다고 생각하는 수상을 순서대로 3개 이내로 기술하여 주십시오(장학금, 인증서 등 포함).

1) 울림과학축전 학력경진대회 물리탐구 부문

전교생을 대상으로 실시한 교내 과학경시대회 성격의 대회에 참가하여 1학년 때, 동상을 수상하였습니다. 신입생 시절부터 수준 높은 공부를 하고자 하는 갈망을 엿볼 수 있습니다. 이런 생각은 지원자가 높은 성취를 하는 데 기여하였습니다.

2) 제18회 국제수학급수자격시험(자격급수 3급, 최우수상)

지원자가 전국 수준의 인증시험이나 경시대회에 관심을 두고 자신의 실력을 확인하고 키워나가기 위한 노력과 성취도를 확인할 수 있습니다

3) 2010 제1회 대한민국과학프로젝트올림피아드(대상)

제10회 전국온라인과학탐구대회의 탐구를 발전시키면서 기흉으로 인한 입원과 건강상 주의를 요하는 상황임에서도 오로지 목표를 이루어야만 한다는 고집과 극기로 얻은 성취로서, 여기서 끝나지 않고 국제과학프로젝트 올림피아드에도 도전했던, 지원자에게는 인생에 큰 의미를 남길 경력입니다.

4. 1~3번 항목 이외 지원자의 평가에 고려할 만한 사항이 있는 경우 기술하여 주십시오.

▶ 가정환경이 어려워 장학금이 필요한 경우에는 지원자의 가정환경(성장과정, 생활여건 등)에 대하여 구체적으로 기술해 주십시오(장학금 신청 여부가 평가에 직접적인 영향을 미치지 않습니다).

▶ 특별히 추가할 사항이 없는 경우는 기술하지 않으셔도 됩니다.

지원자의 가족은 5명이며 아버님은 고등학교 정보, 컴퓨터 담당 선생님이십니다. 아버님의 홑벌이로 지원자와 두 여동생을 키우면서 화목한 가정을 이루고 있습니다. 아버님은 새벽부터 일어나셔서 금강 둔치나 대학교 운동장에서 조깅을 하시고 학교에서는 교무부장이라는 중책을 수행하며 수업에도 열정적인 분입니다. 이런 아버님과 꼼꼼하게 자식들을 돌보고 챙기시는 어머님의 영향으로 지원자 남매들은 모두 책임감에 바탕을 둔 자율성을 갖추고 있습니다. 언행이 바르고, 부지런하고, 높은 학업성취도와 잠재력을 갖게 된 것 같습니다.

경제적으로 넉넉하지 못한 가정 살림에서도 부모님은 자식들에게 모든 것을 투자하고 있습니다. 지원자 담임으로서 걱정은 앞으로 지원자가 대학에 입학하고, 현재 여고생, 여중생인 동생들이 공부하는 데 더 많은 돈이 들어간다는 것입니다. 따라서 경제적인 문제 때문에 지원자가 자신의 꿈을 이루어 나가는 데 힘들어하지 않을까 하는 것입니다. 지원자는 아무리 어려운 상황이라도 그것마저도 자신의 성장에 도움이 되는 방향으로 해석하고 활용하겠지만, 저로서는 어떻게든 도움을 주고 싶습니다.

3년 동안 교과지도 교사와 담임으로서 지원자를 관찰한 소감은 밝고 꾸준한 생활태도였습니다. 곧은 인성과 수학, 과학에 대한 깊은 이해와 흥미, 강한 목표 의식을 겸비한 지원자가 귀교와 같은 보다 좋은 환경에서 지도를 받는다면 잠재력을 충분히 발휘할 수 있으리라 생각되며 앞으로 더욱 자신을 갈고닦아 사회에 봉사하는 따뜻한 삶을 살아갈 것으로 기대되기에 위 학생을 학력과 인성을 겸비한 적격자로 판단하여 추천합니다.

사례 3

1. 지원모집단위와 관련하여 지원자가 가지고 있는 학업능력이나 특기능력, 관심, 열정 등에 대하여 기술하여 주십시오.

지원자는 깔끔하고 성실해 보이는 용모에 학구적인 모습이어서 신입생 예비 학습 때부터 제 눈에 띄었습니다. 3학년인 지금은 성장하여 곰처럼 몸집이 커졌지만, 그래도 귀엽고, 다정하고 자신의 일을 스스로 잘 챙기는 성향은 변함없습니다. 생물1을 지도할 때 지원자는 유난히 이 시간만은 자기가 칠판을 완전히 새 것처럼 깨끗이 닦아 놓았고 남다른 관심을 가지고 수업에 임했습니다. 자세는 전방 지향적이고, 수업 내용을 들으면서 이해하고, 생각하고, 메모하고, 정리하면서 몰입을 했습니다. 수업이 끝나면 원리나 과정과 관련하여 인과관계가 성립되는 데 빠졌거나 설명이 부족했던 부분에 대해 질문을 하고, 스스로 연구도 했습니다. 선택과목을 생물2로 했는데, 꿈이 생물을 공부해서 교수가 되는 것이기 때문입니다. 저는 학생들이 선택과목을 정할 때, 가급적이면 물리2나 화학2를 선택하도록 권유합니다. 왜냐하면, 생물학을 제대로 하기 위해서는 꼭 필요한 기초를 형성해야 하기 때문입니다. 그러나 지원자는 생물2를 선택했고 다른 과목도 열심히 공부할 것을 다짐했습니다. 아마도 생물을 더 깊이 공부하고 싶었던 모양입니다. 그리고 연 단위, 분기 단위, 주 단위 활동 계획을 세우고, 매일 주제와 학습량을 고려하여 학습계획을 구체적으로 세워 실천했습니다.

3학년 때 지원자는 교내 과학경시대회 성격인 교내학력경진대회에서 탁월한 성적으로 생물탐구 부문 금상(1위)을 수상했습니다. 그리고 도대회를 준비하는 집중교육 기간이 있었는데, 생물교사인 저는 하루에 한 시간 반 정도만 투자하고, 국·영·수 및 다른 과목을 꾸준히 공부하도록 권장했습니다. 이 한 달 정도의 집중교육 기간 동안 과학고등학교 교재인 고급생물을 활용했는데, 지원자는 탁월한 흡수력으로 내용을 이해했고, 스스로 화학식을 그려 가며 연구했습니다. 그 결과 도내에서 실험을 통해 최우수상, 금상, 은상을 가리는 2차 실험대회까지 출전해 은상(2010.07.01)을 받았습니다. 금상을 받지 못한 것은 제가 실험 경험을 충분히 주지 못했고, 실험 시 안전지도가 소홀했기 때문이라고 생각합니다. 2010년 7월 27일에는 한국분자세포생물학회에서 주관한 제6회 경암바이오 유스캠프에 참가하여 현재와 미래의 연구활동을 체험하려 노력했습니다.

어려운 수학 문제를 푸는 것을 좋아하고 전국단위의 수학경시대회에 참가하여 여러 번 입상(2008.11.27, 2009.06.05, 2009.08.12, 2009.11.26)하면서도 교내 도서관리 동아리 파피루스의 회원이 되어 도서관의 도서를 관리하고 학생들에게 과학 관련 좋은 책을 소개하며, 자신도 생물이나 문화, 인문 분야의 책을 많이 읽어 독서 인증(2008.11.03)을 받았을 뿐만 아니라 이후에도 틈틈이 생물 관련 독서활동을 지속했습니다. 서울대학교 생명과학부에 입학할 자격과 경력을 확보하고 영어 능력 향상을 위해 TEPS 시험도 여러 번 응시했고 2009년 3월 1일에는 774점을 얻어 2+ 급수를 얻었습니다.

생명과학에 대한 열정이 깊은 지원자는 탁월한 학업능력을 지녔으며, 자신의 포부를 실현하기 위해 수학, 영어, 물리, 화학, 독서를 중심으로 열심히 기초 능력을 키워 나가고 있습니다. 지원자에게 적절한 안내자가 있다면 생명과학 분야에 뛰어난 학문적 성과를 이루어낼 재목으로 성장할 것입니다.

2. 학업능력 이외의 개인적 특성(봉사성, 잠재력, 인성, 리더십, 공동체의식 등)을 중심으로 지원자를 이해하는 데 도움이 되는 내용이나 추천 사유를 기술하여 주십시오.

　우리 학급은 학년 초에 정돈된 환경에서 학업에 열중하면서 서로 돕고 협력하는 분위기를 형성하기 위해 각자가 해야 할 일을 월 단위로 계획을 세워 실천하고 있습니다. 지원자는 학급 칠판 전문 봉사를 자원하여 수업시간마다 칠판을 아주 깨끗하게 관리하면서 산뜻한 기분으로 수업이 이루어질 수 있도록 중요한 역할을 담당해 왔습니다. 그리고 대학수학능력시험이 있는 11월과 12월 학급 분리수거 활동을 기다리고 있습니다.

　4월 초에 있는 구보 및 경보대회는 학급별로 스스로 계획을 세워 발을 맞추고, 퍼포먼스도 준비하여 발표하고 정해진 출발지에서 2km 떨어진 목적지까지 질서 있게 이동하는 행사입니다. 이 행사는 질서를 중시하고, 체력이 약한 친구들도 배려할 수 있는 경험을 하며 소풍 같은 즐거운 시간을 보내는 데 의미를 두고 있습니다. 목적지에서는 넓은 잔디 광장에서 학급별로 레크리에이션과 장기자랑도 하고 점심도 함께 하고 행사지를 깔끔히 정리하고 나서, 학급별로 삼삼오오 짝지어서 자유롭게 학교에 돌아옵니다. 우리 반은 고3이기 때문에 특별한 이벤트는 준비하지 않았지만, 체육문화부장을 중심으로 3~4명이 서로 의견을 나누며 계획하고 쉬는 시간을 이용해서 틈틈이 발을 맞추고 절도 있는 모습을 만들어 냈습니다. 지원자와 학급 구성원들 모두가 함께하여 우리 학급은 남자 1위 단체상을 수상하였습니다.

　5월에 있었던 체육대회에서는 학급별로 입장을 할 때, 담임인 저도 모르게 1~2일 준비해서 운동장에 있었던 1,000여 명을 웃음과 묘한 느낌에 빠져들게 했습니다. 신입생 예비학습 때부터 졸업할 때까지 3년간의 고등학교 생활을 풍자한 '부고생활백서'라는 제목의 롤러코스터 패러디로 퍼포먼스를 했는데, 지원자는 모범적이고 성실한 우리 학교 학생을 괴롭히는 주변 학교의 불량학생 역할과 이제 막 고3이 되려는 한 학생의 수능을 앞둔 복잡한 심리적 상태를 보여 주는 역할을 담당했습니다. 아침에 장한 어버이상 시상식도 있었고, 먹거리 장터 운영도 있어 100여 분의 학부모님도 참석하셨는데, 선생님, 학부모님들을 비롯해 전 교생이 다 같이 웃을 수 있었던 시간이었습니다. 결국 모두가 공감하는 가운데, 우리 학급이 입장상을 받았습니다.

7월의 극기체험활동에서는 비가 오는 가운데서도 계룡산을 등반하면서 자신을 이기고, 서로 돕고 격려해 주면서, 더 열심히 공부하자는 다짐을 했으며, 친구들과 함께 인생을 이야기하고 꿈을 이야기하면서 서로를 이해했습니다.

지원자는 자신의 목표를 향해 조용히, 그리고 꾸준하게 학업을 수행하는 가운데서, 기숙사에서는 호실장으로서 후배들이 학교생활에 잘 적응하고 학업에 성공할 수 있도록 보살펴 주었고, 자신이 활용할 수 있는 시간에는 기름유출이 있었던 태안 봉사활동(2008.06.06), 꽃동네 봉사활동(2008.06.28, 2009.07.22) 등 다양한 교내·외 봉사활동에 참여하였고, 국제구호단체와 연계한 USCF 동아리 회원으로 활동하면서 용돈을 아껴 월 3,000원이라는 작은 돈이지만, 받는 이에게는 큰 도움이 될 수 있는 기부를 꾸준히 해왔습니다. 지원자의 도움을 받는 아이는 알바니아의 '노구'라고 합니다.

교실에서는 친구들로부터 수학 및 과학 분야에 인정을 받았습니다. 모의고사가 치러진 날에는 야간자습시간에 수학문제 중 어려운 것 5개를 골라 선생님처럼 아이들에게 쉽게 설명해 주었습니다. 친구들이 어려운 문제를 물어 보면 친절하게 자세히 알려 주며 이해가 되도록 도와주었습니다.

이렇게 자신의 능력 개발을 위해 매진하는 동안에도, 지원자는 공동체 속에서 자신이 해야 할 역할을 찾아 자발적이고 적극적으로 수행하면서 남을 배려하는 진정한 봉사성이 있으며, 필요한 순간에는 순발력을 발휘해 협력적으로 창의적인 산출물을 만들어 내는 잠재능력을 보여 주었고, 자신이 큰 관심을 갖고 있는 분자생물학을 통해 사람들이 행복해지는 데 기여하고자 하는 등 홍익인간의 정신을 지니고 있으며, 공동체 속에서 크고 작은 역할을 통해, 그리고 구성원으로서 서로의 가치를 실현하는 데 기여하고자 하는 리더십과 공동체의식을 지닌 학생입니다.

저는 지원자의 능력이 어디까지인지 가늠하고 싶지 않습니다. 현재보다도 미래가 훨씬 더 기대되기 때문입니다. 실험을 통해, 생명을 탐구하고 싶어 하는 그의 의지는 누구보다도 강합니다. 이 학생의 성장은 그 자신에게뿐 아니라 분자세포생물학 분야의 원활한 연구활동에, 나아가서 인류의 행복에 큰 보탬이 될 것이라고 자신할 수 있습니다. 이런 이유로 지원자를 수준 높은 경험과 연구의 세계를 보여 줄 수 있는 서울대학교 자연과학대학 생명과학부에 적극적으로 추천합니다.

3. 지원자의 수상 경력 중 가장 의미 있다고 생각하는 수상을 순서대로 3개 이내로 기술하여 주십시오(장학금, 인증서 등 포함).

1) 모범학생 표창(선행상)

다른 친구들을 위해서 희생적인 칠판정리를 담당하여 차분한 학습 분위기 형성에 기여하였고, 드러내지 않고 좋은 일을 많이 하며, 모범적인 품행으로 받았기에 의미가 있습니다.

2) 제17회 전국영어수학학력경시대회 수학고등2 부문

수학 부문의 논리력을 계발하고 성취동기를 얻기 위해 지속적으로 노력한 부분을 알 수 있습니다. 지원자는 수학 분야에 탁월한 통찰력을 지니고 있습니다.

3) 제22회 충청남도 중고등학생 수학과학경시대회 생물 부문

생명과학에 남다른 흥미와 관심과 열정을 갖고, 깊이 있고 폭넓게 공부하여 이룬 성과입니다. 스스로 만족하지는 못하였지만, 더욱더 해야 할 것이 많다는 것을 느끼고, 자신에게 분명히 능력이 있다는 것을 확인할 수 있었습니다.

4. 1~3번 항목 이외 지원자의 평가에 고려할 만한 사항이 있는 경우 기술하여 주십시오.

　지원자의 아버지는 지원자가 어릴 때부터 한화연구소의 연구원으로서 로켓추진 관련 연구를 하고 계십니다. 이런 능력 있는 아버지와 가정일을 잘 챙기시는 어머니, 그리고 여동생과 함께 4명이서 대화를 많이 하고 공감하여 화목하고 서로 존중하는 삶을 살고 있습니다. 아버지는 지원자를 위해 엄격하게 가정교육을 시키시면서 수학문제를 푸는 과정이나 어떤 행동을 할 것인지를 결정하는 것에 대해서도 왜 그렇게 해야 하는지를 물으셨습니다. 이런 아버지의 영향을 많이 받아 지원자가 모르는 것이 있으면 꼭 해결해야 하고, 원리를 하나하나 따지면서 생각하는 습관이 형성되고, 수학과 과학 분야에 능력을 갖게 되고 그 분야에 확고한 꿈을 갖게 되었습니다. 특히 생명과학에 정말로 뜻이 깊고 서울대학교에 진학하더라도 뛰어난 주변 학생들의 우수한 점들을 바라보며 배우고 성장하면서, 지원자 자신도 다른 이에게 본보기가 될 수 있을 만큼 적극적으로 학습하고 발전하는 모습을 보여 줄 수 있다고 생각합니다.

　그리고 본교는 비평준화 일반계 고등학교로서 재학 중의 학생들이 정말로 하나같이 학업이 우수하면서도 열의를 다해 체계적으로 공부하고 있습니다. 그래서 매우 우수한 실력을 갖추고도 과목별로 내신 1등급을 얻기는 매우 힘이 드는 것이 사실입니다. 그런 가운데서도 지원자는 3학년 1학기까지 평균 등급이 수학은 1.38, 과학은 2.47을 얻어 최고의 성취도를 보여 주었습니다.

　평가 시 본교의 특별한 학습환경을 고려해 주셨으면 좋겠습니다. 지원자가 서울대학교 자연과학대학 생명과학부에서 수준 높은 학업을 이어가 여러 선배들과 함께 분자생명과학의 학문 발달에 크게 기여하는 인재로 성장할 수 있으면 좋겠습니다.

사례 4

1. 지원자의 학업능력과 지원 모집단위에 대한 관심, 열정, 재능, 우수성 등을 기술하여 주십시오.

▶ 띄어쓰기를 포함하여 1,500자 내외로 작성하되, 2,000자를 초과하여 작성할 수 없습니다.

2012년 한국과학창의재단 주최의 사회 배려대상자 가족과 함께하는 '가족과 함께하는 가족캠프'가 전주 한옥마을의 전통문화센터 내 경업당에서 1박 2일 동안 열렸다. 그날 밤, 모든 사람들은 과학체험활동에만 전념한 나머지 기와지붕에 걸린 달을 보지 못했는데 지원자는 경업당 한옥의 기와지붕에 걸린 달빛이 너무 아름다웠고 달빛에 그을린 기와지붕의 한옥이 의미 있는 과학봉사활동과 잘 어울린다는 감회를 지도교사인 추천인에게 소해를 밝힌 바 있다. 이때 지원자가 건축에 관심이 많고 미래의 건축학도가 꿈이라는 것을 구체적으로 알게 되었다. 위의 사례와 같이 지원자는 건축에 관심이 많으며 다양한 주제의 봉사활동을 성실하게 수행한 바 있다. 특히 장애인을 위한 건축물을 항상 생각한다는 소견에 칭찬을 한 기억이 난다. 이런 기특한 생각을 가진 학생들이 건축학자가 되어야 우리 사회가 좀 더 나눔과 배려를 실천하는 사회가 되지 않을까 사료된다.

지원자는 본교 과학·발명 동아리 가라사니의 부기장으로서 1년 동안 활동한 내용을 2011 우수심화과학반 운영실적물대회에서 자신감과 논리적인 발표력으로 대상을 수상하였으며 전북대학교 공과대학 공학혁신센터와 본교 과학 동아리가 함께 연구해온 지체장애인을 위한 자세균형 장치를 개발하여 제6회 창의적 공학설계 경진대회 고등부에서 최고상인 금상을 수상하였으며 특허가 출원 중이다. 또한 지원자는 거꾸로 보관하는 도장 보관함의 주제로 특허가 출원되었다. 그 외 교내에서 실시된 창의력경진대회와 과학논술대회, 그리고 각종 경시대회에 적극적으로 참여하여 우수한 성적을 거둔 바 있다. 위와 같은 결과는 생활기록부에 잘 기록되어 있으며 지원자의 창의성과 독창성, 그리고 과학적 사고력이 남다르다는 평가를 내리는 중요한 근거가 된다.

지원자는 2010 서울대학교 건축학과 여름 건축학교 프로그램을 이수할 정도로 건축학에 호기심과 남다른 재능을 가지고 있다고 판단된다. 요즘 학생들은 이공계학과를 기피하며, 특히 여학생들의 선호도는 더 극감하고 있는 것이 현실이다. 게다가 최근 우리나라의 건축경기의 둔화로 인한 건축학과의 인기도는 계속 감소하고 있다. 그런데 지원자는 본교에 입학한 이래로 건축학자가 되고 싶은 꿈을 계속 키워 왔으며 더 나아가, 사회 약자를 위한 융합적 사고와 감성적 소양을 겸비하고 있어 미래의 훌륭한 건축학도로 성장할 것으로 판단되며 귀교에서 그런 학생으로 성장되기를 소망한다.

2. 학업능력 이외의 개인적 특성(봉사성, 잠재력, 인성, 리더십, 공동체의식 등)을 중심으로 지원자를 이해하는 데 도움이 되는 내용이나 추천 사유를 기술하여 주십시오.

▸ 띄어쓰기를 포함하여 1,500자 내외로 작성하되, 2,000자를 초과하여 작성할 수 없습니다.

본교는 과학 동아리가 활성화되어 다양한 과학체험활동과 봉사활동을 실시하고 있다. 특히 특수학교학생들과 함께하는 전북학생과학축제와 한여름 밤의 청소년과학캠프에서 기구 조작능력을 키울 수 있는 다양한 과학체험주제를 본 동아리 리더로서 특수교육대상 아동과 함께 성실하게 수행한 바 있으며 생활기록부에 잘 기록되어 있다. 게다가 지원자는 어머니와 개별적으로 한국 사회복지협회 주관의 장애우 사회적응 훈련지원 사업에 참여하여 꾸준하게 봉사활동을 실시한바, 학교 동아리에서 과학봉사활동에도 자연스럽게 리더가 될 수 있는 역량을 발휘하게 된 것 같다. 분명 이러한 근거는 지원자의 봉사정신과 인성, 그리고 리더십을 잘 보여준 사례가 아닌가 생각된다. 특히 특수교육 대상 학생과 함께하는 지리산 생태탐사에서는 혜화학교 학생들의 손을 잡고 지리산 노고단을 등

반하는 등 어려운 일인데도 지원자는 리더로서 그리고 도우미로서 맡은바 소임을 상실하게 수행하여 주변 교사들로부터 칭찬을 받은 바 있다.

본 동아리는 학생들의 진로지도교육의 일환으로 여러 대학의 교육 프로그램에 참여하는 활동을 실시하고 있다. 이때 지원자는 이화여대에서 실시한 2011 여성과학자와 함께하는 융합과학캠프에 참여하여 첨단과학에 관련된 다양한 체험활동을 하였으며 전북대학교 공학혁신센터에서 실시한 공학캠프, 포스텍 방사광가속기연구소 견학에도 참여하는 등 매우 활동적인 성향을 보였으며 본인의 적성에 맞는 학과를 선정하기 위해 최선의 노력을 다했다고 평가한다. 이는 자원자의 목표의식에 대한 치밀한 계획성 그리고 실천하는 행동가의 면모를 잘 보여 주었다고 판단된다. 특히 제2회 전주아시아청소년환경포럼에서 국제연대와 세계습지보존을 위한 각국 청소년들의 사례발표에 참여하였으며 순천만 생태탐사활동 그리고 대한민국청소년자원봉사단 해외파견봉사활동 등 고등학생으로서 왕성한 활동을 전개한 바 있다. 특히 전주자림원의 봉사활동을 꾸준히 실시하였으며 장애우의 가정위탁 프로그램에 참여하여 지원자의 집에서 같이 생활한 것으로 알고 있다. 쉽지 않은 일로 지원자의 가정에서는 일반적인 사한으로 매우 자연스럽게 사회봉사를 실시하고 있는 것으로 보인다. 이러한 왕성한 활동은 높이 칭찬할 만하나 3학년에 와서 학교성적이 다소 부진한 원인이 된 것 같아 염려스럽기까지 하였다. 그러나 이러한 지원자의 희생적이고 헌신적인 봉사활동은 지원자가 미래의 사회생활을 하는 데 긍정의 힘을 발휘할 것으로 판단되며 부디 귀교에서 좀 더 전문적인 지식을 축적할 수 있는 기회를 제공하여 훌륭한 건축학도로 성장할 수 있기를 소망한다.

3. 1~2번 항목 외에 지원자 평가에 고려할 만한 사항이 있는 경우 자유롭게 기술하
   여 주십시오.

   지원자의 가정은 법조인이신 아버지와 사회봉사를 생활화하는 어머니 슬하에서
교육을 받아 겸손하고 주변을 살필 줄 아는 소양을 가졌다. 이는 생활기록부에 잘
기록되어 있으며 이러한 가정교육과 평소 학교에서 보여준 과학적 소양과 봉사활
동의 경험을 잘 살려 모두를 위한 건축물을 연구하는 전문가가 될 가능성을 가지고
있다고 판단된다. 가정 형편은 어려움이 없으며 가정수입의 어느 정도를 사회에 기
부하는 것으로 알고 있으며 가정에는 별다른 문제가 없는 것으로 안다. 또한, 학교
에서 교과 성적도 우수한 편이며 영어과 등의 다양한 분야에 활동을 하였으며 이는
생활기록부에 잘 기록되어 있다. 추천인은 지원자를 3년 동안 과학 동아리 지도교
사로서 그리고 교과전담 교사로서 지원자를 관찰한 결과, 지금까지 지도해온 학생
들 중 상위 5% 안에 드는 매우 우수한 학생으로 평가한다. 위의 모든 내용은 생활
기록부에 기록된 바대로 작성되었으며 한 치의 거짓도 없음을 밝히는 바이다.

사례5

1. 지원자의 학업능력과 지원 모집단위에 대한 관심, 열정, 재능, 우수성 등을 기술하
   여 주십시오.

   지원자는 전 교과의 성적이 매우 탁월하여 3학년 전교생 중 석차가 1위입니
다. 특히 화학 과목의 경우 내신 성적과 전국모의고사에서 두각을 나타내어 최
상위권을 놓친 적이 단 한 번도 없습니다. 모든 교과의 수업시간에 적극 참여하
며 학습 플래너를 전 과목에 걸쳐 모두 작성하여 실천할 정도로 자기주도적 학

습 능력이 뛰어난 우직한 노력형입니다. 중학교 시절 인도의 국제학교에 2년간 다니면서 습득한 영어 실력과 토론 중심의 다양한 학습 활동 덕분인지 논리적이고 개방적인 사고방식을 지니고 있습니다. 또한 지원자는 자신이 가장 좋아하는 과학교과 분야에서 다양한 활동에도 참가해 포스텍에서 주최한 잠재력 개발 과정 캠프에 한 달여간 참여하면서 다양한 시각의 과학적 활동을 수행하였으며, 본인의 장래 목표를 확고히 다지는 계기를 만들기도 하였습니다. 수업시간에 의문이 가는 내용에 대해서는 반드시 이해하고 가는 타입의 학습 스타일로 모든 교과의 선생님들께서 지원자의 이러한 자세를 칭찬해 주십니다.

2. 학업능력 이외의 개인적 특성(봉사성, 잠재력, 인성, 리더십, 공동체의식 등)을 중심으로 지원자를 이해하는 데 도움이 되는 내용이나 추천 사유를 기술하여 주십시오.

지원자는 중학교를 국제학교에 다니다가 우리나라의 고등학교로 진학하는 과정에서 6개월가량의 공백 기간이 생기게 되어 다른 학생들보다 한 살이 많습니다. 그럼에도 급우들에게 형이라고 부르지 말고 친구처럼 지내자고 먼저 제안할 정도로 큰 그릇을 가지고 있습니다. 지원자는 다른 사람에게 피해를 주는 일을 제일 싫어합니다. 자신의 역할과 자신이 학급에 기여할 일을 스스로 찾아 매일 아침 가장 먼저 등교해 교실 환기와 주변 쓰레기 정리를 하는 등 학습 분위기 조성에도 큰 역할을 하여 모범학생 표창을 받기도 하였습니다. 지원자는 학급에서도 인기가 가장 많습니다. 자기 자신보다 다른 학생들을 배려해 주는 품성 때문이기도 하겠지만, 지원자는 그러한 생활과 사고방식이 몸에 배어 있습니다. 수업 중에 조는 친구가 있으면 그 학생 옆으로 앉아 졸지 않게 시도를 한다거나 야간자율학습 시간에 학급의 학습 분위기를 조용히 유지할 수 있게 하는 역할은 급우들이 지원자를 좋아하는 이유 중의 하나입니다.

지원자의 가장 큰 장점은 무엇을 해도 혼자서 하지 않는다는 것입니다. 더불

어 할 줄 아는 지원자가 너무나도 대견합니다. 인문계 고등학교에서 공부를 잘
하는 학생들을 보면 무엇엔가 쫓기는 듯 자신만의 시간을 갖거나 자기 공부시간
에 방해가 되는 일을 잘 하지 않으려는 경향이 있습니다. 하지만 지원자는 오히
려 주변의 학생들을 챙기려 하고, 함께 가려 합니다. 지원자의 곁에는 늘 친구
들이 있습니다. 점심시간에도 지원자와 함께 밥을 먹으려고 지원자의 주변은 늘
북적입니다. 지원자가 대학을 졸업하고 사회에 진출하게 된다면 분명 우리 사회
에 크게 기여하는 일을 할 것이라는 확신을 하고 있습니다. 이러한 멋진 학생이
더욱 빛날 수 있도록 우리나라 최고의 대학인 서울대학교에서 국제적인 감각을
익힐 수 있는 기회를 주신다면 감사하겠습니다.

**3. 1~2번 항목 외에 지원자 평가에 고려할 만한 사항이 있는 경우 자유롭게 기술하
여 주십시오.**

지원자는 에너지와 화학 분야에 관심이 많습니다. 대체 에너지 분야에서 세계
적으로 유능한 인재로 성장하기를 원하고 있습니다. 지원자의 아버지가 하는 일
도 그러한 종류인데 아버지의 영향을 받은 것 같습니다. 현재도 지원자의 아버
지는 태국에 공장을 가지고 있으며 자원생산과 관련된 일을 하고 계십니다. 지
원자는 포스텍에서 주최했던 잠재력 캠프를 다녀온 후 더욱 성장하였습니다. 25
일간의 긴 시간 동안 또래의 고급 브레인들과 지내면서 과제도 작성하고, 교수
님들의 수업도 듣고, 포스텍 재학생들과 지내면서 꿈을 다졌습니다. 지금은 많
은 시간 봉사활동을 하지 못하고 있지만 대학에 가서 봉사활동에도 적극 참여하
고 싶어 합니다. 지원자는 영어에도 능통해 영어로 출판된 책이나 신문들을 자
유자재로 읽을 수 있습니다. 어릴 적 국제학교를 다니면서 얻은 값진 유산입니
다. 지원자는 서울대학교에 꼭 가고 싶어 합니다. 지원자의 꿈이 서울대학교를
통해 더욱 빛날 수 있도록 좋은 기회를 주셨으면 좋겠습니다.

사례6

1. 지원모집단위와 관련하여 지원자가 가지고 있는 학업능력이나 특기능력, 관심, 열정 등에 대하여 기술하여 주십시오.

　동아리 지도와 과학전람회 지도를 통해 파악한 지원자의 특기능력 중 가장 돋보이는 것은 긍정적 사고와 끈기라고 생각합니다. 1학년 겨울방학부터 준비한 과학전람회 대회는 1학기 중간고사와 지역예선 대회기간이 겹칩니다. 내신과 대회를 동시에 준비해야 하는 힘든 상황에서도 항상 미소를 잃지 않았으며 실험실에서 밤새워 실험하는 것도 마다하지 않았습니다. 충분히 스트레스를 받을 수 있는 상황과 몇 번의 반복되는 실험에도 지치지 않는 끈기와 긍정적 사고는 지원자의 가장 큰 장점이라 생각합니다. 이는 또한 영재로서 가져야 하는 세 가지 덕목(지능, 창의력, 과제집착력) 중에 뛰어난 과제집착력을 보이는 것으로 생각합니다. 또한 전람회 준비 기간 문제 해결에 있어서 자신의 의견을 내세우기보다는 다른 사람의 의견을 경청하고 존중하는 태도는 동아리 후배들이 가장 좋아하는 선배가 되기에 충분했습니다. 지원자의 개인적 특성 중 단점은 너무 수줍음이 많고 자신의 의견을 나타내는 데 소극적이라는 것입니다. 가끔씩 던지는 농담이나 가벼운 질문에도 고개를 숙이고 수줍어하는 모습을 볼 수 있었습니다. 그래서 발표력도 키우고 자신감도 키우기 위해 과학전람회 출전을 권하였더니, 의외로 적극적으로 참가를 희망하였습니다. 과학전람회 준비과정에서는 교사의 관여보다는 자신들의 창의력과 탐구수행과정이 자발적으로 이루어져야 하기 때문에 걱정도 하였지만, 자신이 원하고 좋아하는 분야에서는 예상외로 적극적으로 참여하는 모습을 보여 놀라기도 하였습니다. 그래서 지원자의 단점은 자신보다는 타인을 먼저 생각하다 보니 생긴 것이라 생각하게 되었습니다. 봉사활동이나 동아리 활동에서 보여 주는 모습도 항상 남을 배려하는 태도로 행동하는 것이었습니다. 앞으로 미래과학도로서 지녀야 할 도덕적인 인격을 갖춘 훌륭한 연구원으로 성장하는 데 지원자가 지닌 개인적인 특성은 많은 도움이 될 것으로 판단됩니다.

2. 학업능력 이외의 개인적 특성(봉사성, 잠재력, 인생관, 리더십, 공동체의식 등)을 중심으로 지원자를 이해하는 데 도움이 되는 내용이나 지원자를 추천하는 이유에 대하여 기술하여 주십시오.

지원자의 학습태도나 능력은 귀교에서 수학하기에 부족함이 없다고 생각됩니다. 학습능력에 대한 자료는 생활기록부에 자세히 기술되어 있으므로 지원자의 잠재력에 대해 기술하도록 하겠습니다. 지원자가 속해 있는 과학 동아리는 각종 대회에 참가하여 많은 수상실적을 내고 있습니다. 1학년 때는 학생들의 잠재력을 관찰하고, 2학년 때는 학교 대표로 각종 대회에 출전을 시키고 있습니다. 뛰어난 학생이 모든 대회에 대표로 참가하는 것이 아니라 부족하더라도 많은 학생에게 대회 참가 기회를 제공하고 있습니다. 여러 대회 중에서 가장 많은 노력과 학생의 창의력 및 연구력을 요구하는 대회가 전국과학전람회입니다. 이 대회에 출전하는 학생은 특별히 여러 과학 선생님과 담임선생님의 추천을 받아 선발합니다. 19명의 과학 동아리 동기들 중에서 여러 선생님께서 공통으로 추천한 학생이 지원자입니다. 지원자보다 성적이 좋은 학생들도 있었으나, 모두 지원자의 잠재력을 고려하여 추천된 것입니다. 대회 주제는 지도교사와 상의해서 정하였으나 탐구방법 및 실험은 스스로 설계하여 수행하였습니다. 일정을 스스로 정하고 지도교사가 바쁠 때에는 부모님에게 울산지역을 돌아다니며 채집을 도와 달라고 할 정도로 계획성 있는 준비를 하였습니다. 대회 막바지에 조금 더 훌륭한 논문이 되기 위해 더 좋은 아이디어를 내고 다시 실험을 수행하는 모습에서 미래과학자로서의 잠재력을 엿볼 수 있었습니다. 지난 10년 동안 많은 학생을 지도해 보았지만 가장 수월하게 대회를 지도한 학생이 지원자입니다. 그런 지원자의 노력 덕분에 대회 참가 이래로 가장 뛰어난 전국대회 특상이라는 큰 상을 수상하게 되었습니다.

또한, 지원자의 어머니께서는 현재 울산서여자중학교에 지리교사로 근무하고 계시며, 울산 청소년 활동 진흥 센터에 교사봉사단으로 활동하고 계십니다. 지원자를 알기 전에 이미 지원자의 어머니와 봉사활동을 통해 친분이 있었고, 봉사활동 우수자로 많은 수상까지 하실 정도로 봉사활동에 적극적이십니다. 또한 자식을 믿고 성적보다는 다양한 인생 경험을 시키는 남다른 교육철학으로 자녀 교육을 시키십니다. 이런 어머니 밑에서 자란 지원자는 남달리 봉사정신이 뛰어나고, 다양한 경험을 통해 여러 가지 다양성을 인정하는 이해심이 넓은 성격을 가지게 되었으리라 생각됩니다. 매주 토요일 나가는 과학교실 봉사활동에 팀장으로 빠지지 않고 참여하였습니다. 인문계 고등학교 특성상 대회준비나 봉사활동에 많은 시간을 할애하는 것이 어려움에도 불구하고 철저한 자기 관리와 충만한 지적 호기심으로 내신 성적보다 더 많은 능력을 키웠을 것으로 판단됩니다.

사례 7

1. 지원모집단위와 관련하여 지원자가 가지고 있는 학업능력이나 특기능력, 관심, 열정 등에 대하여 기술하여 주십시오.

소탈하고 검소하며 자신의 일에 강한 책임감을 갖고, 완벽하게 해내려는 성향을 지닌 지원자는 수업시간에는 초롱초롱한 눈망울로 집중하고 생각하며 메모하고 적극적으로 참여하면서, 이해가 잘 안 되는 부분은 메모해 두었다가 다시 한번 생각해 보고 친구들과 의견도 나누어 보고 선생님께 질문도 하여 꼭 해결해 내고 마는 열정과 진취성을 지녔습니다. 방과 후에는 하루 5시간 정도의 자율학습이 이루어지는데, 이 시간 동안 지원자는 한 번도 한눈을 팔지 않고 졸지도 않는 집중력과 의지력을 보여 왔습니다. 서울대학교 의과대학이라는 분명한 목표의식을 가지고 학습 내용과 시간 배분에 대하여 연 단위, 분기 단위, 그리고 하루 단위의 계획까지 스스로 세우고 관리했기 때문입니다.

지원자는 2007년 1월 중3 학생을 위한 입학 전 예비 학습 시 가방을 둘러메고 땀이 배일 정도로 줄넘기하고 선생님들께 인사도 명쾌하게 잘하는 모습이 인상적이었고 의욕이 넘쳐 보였습니다. 1학년 겨울방학 보충수업부터 지원자가 속한 학년의 생물 수업을 시작하면서 칠판 청결상태가 수업 분위기에 결정적인 요소라는 이야기를 했는데, 그 이후 지금까지 생물시간의 칠판은 지원자가 자원해서 투명할 정도로 깨끗하게 정리하고 있습니다.

2학년 초, 과학탐구 선택과목으로 자신이 좋아하는 생물2와 화학2를 놓고 고민을 했었는데, 저는 물리 화학적인 기초가 탄탄해야 더 크게 발전할 수 있다는 이유를 들어 화학2 선택을 권유했고, 동시에 다른 과학과목들도 소홀히 해서는 안 된다고 조언하였습니다. 그 조언을 수용하여 과학교과는 화학을 중심으로 물리, 생물, 지구과학까지 전 과목을 충실히 학습하였습니다. 지원자는 대학 수학을 위한 기초 과정으로서 고등학교 학업에 적극적으로 성실히 임하면서도, 틈틈이 서울대학교 특기자전형을 위해 필요한 요건들을 하나씩 채우는 노력을 하였습니다. 2학년 가을에는 고등학교 과학탐구 전국대회 충남 대회를 1위로 통과한 후 전국대회 출전을 위한 준비 과정에서 아직 배우지 않았던 생물1과 생물2의 생식, 유전, 세포의 미세구조, 광합성, 호흡, 유전자와 형질발현, 생명공학기술 등의 내용을 1주일이라는 짧은 시간 만에 거의 완벽하게 이해하였습니다.

지원자는 우수한 본교의 학습 집단에서 탁월하게 전 학년 종합 내신 성적 1위의 결과를 내었습니다. 특히 수학 및 과학교과 전체를 통틀어 2학년 1학기 화학1과 지구과학1 2등급을 제외한 17개 과목 55단위에서 모두 1등급을 기록하였습니다. 전국연합학력평가에서도 1학년 11월의 언어영역 2등급 한 번을 제외하고 3년간의 전 학년, 전 과목 1등급을 기록하였습니다. 2007년에는 3학년까지의 전교생이 참가하는 영어 말하기대회에서 1학년 학생으로서 은상(2007.04.23)

을 수상하였고, 2008년에는 2학년으로서 역시 전교생이 참가하는 울림과학축전 학력경진대회에서 지구탐구 부문 은상(2008.04.11), 제20회 충청남도 중고등학생 수학과학경시대회에서 지구과학 부문 금상(2008.06.09), 제16회 충청남도 고등학교 과학탐구대회에서 금상(2008.06.02), 제16회 한국학생과학탐구올림픽 고등학교 과학탐구전국대회에서 장려상(2008.10.25), 제16회 전국 영어, 수학 학력경시대회(수학 고등학교 2학년)에서 동상(2008.11.27)을 수상하였습니다. 2009년에는 화학 분야에 도전하여 2009학년도 교내학력경진대회 물질탐구 부문 금상(2009.05.04), 제21회 충청남도수학과학경시대회 화학 부문 은상(2009.06.08)을 수상하였습니다. 이에 더하여, 2008년 교내미술실기대회 캐리커처 부문 은상(2008.11.07)을 수상하였고, TEPS 836점(REGISTRATION NO.0250483, 2009.01.03), 독서인증제 울림 2품(2008.02.20), 제5회 전국생글생글논술경시대회 장려상(2008.07.14)을 수상하여 출중한 학업능력뿐만 아니라 다방면에 능한 면모를 보여 주었습니다. 지원자는 피아노 연주도 잘합니다.

지원자는 전반적으로 뚜렷한 목표의식과 도전정신, 진취성, 적극성, 자신감, 책임감, 성실함, 근면함, 집중력, 계획성, 소박함, 소탈함, 검소함, 배려심, 겸손함, 협동심 등을 두루 갖추었습니다.

2. **학업능력 이외의 개인적 특성(봉사성, 잠재력, 인생관, 리더십, 공동체의식 등)을 중심으로 지원자를 이해하는 데 도움이 되는 내용이나 지원자를 추천하는 이유에 대하여 기술하여 주십시오.**

우리 학급은 학년 초에 구성원들이 해야 할 일들을 15일 단위로 정하고, 1년 동안 다양한 역할을 해볼 수 있도록 해왔습니다. 지원자는 벅찰 만큼 빡빡하게 짜인 자신의 학업 계획 속에서도 학급에서 자신이 해야 할 교실 및 복도 쓸기와 닦기 등의 역할을 책임감 있게 담당하였으며, 학급의 쓰레기 분리수거 도우미를 자처하여 1개월간 교실에서 발생하는 많은 양의 쓰레기를 종류별로 분리하는 봉사활동을 했습니다. 칠판 정리 요원이 따로 정해져 있음에도 불구하고 몇몇 시간은 자신이 나서서 칠판을 정리하였습니다. 야간 자율학습이 끝나면 마지막까지 남아 공부를 더 하고 선풍기와 에어컨, 형광등을 끄고 창문을 닫고, 교실 문을 잠그는 일까지도 마무리하였습니다.

또한, 교내 환경봉사 동아리 "청"의 부회장으로서 활동하여 왔습니다. 36명의 회원으로 구성된 이 동아리는 본교에서 가장 활동이 왕성한 동아리 중 하나입니다. 체육대회, 구보경보대회, 극기체험학습, 모교방문행사 등 다양한 교내·외 행사 후에 스스로 책임감을 가지고 끝까지 남아서 뒤처리를 하고, 지역의 독거노인방문도 하고, 학교 앞의 지류인 제민천 환경조사와 환경보전을 실천하며, 사랑의 아나바다 나눔터 행사 및 환경 봉사 지도활동도 하는 실천적인 동아리입니다. 개인적으로도 지속적인 봉사실천을 해왔습니다. 학교와 집이 멀리 떨어져 있어 귀가 시에는 쉬고 싶은 마음도 들겠지만, 꼬박꼬박 지역의 장애인 복지시설에 들러 장애인과 여가를 함께하고 활동을 보조해 드렸습니다. 그러면서 더욱더 봉사실천의 중요성을 깨닫고 정신적으로도 성숙해졌다고 생각합니다.

노력형은 천재형을 따라갈 수 없다고도 말합니다. 그러나 저와 지원자는 노력을 통해 성숙하고 성숙한 조건에서 노력하면 한계를 넘어설 수 있다고 믿습니다. 자신의 현재와 미래를 계획하고 실천하는 모습과 과거에 얽매이지 않고 과거를 거울삼아 미래를 열정적으로 도전하는 모습과 주위의 모든 것을 자신의 스승처럼 생각하는 성향을 통해 지원자의 무한한 잠재력을 엿볼 수 있습니다.

1학년 때의 담임선생님은 "대충 철저히"라는 문구가 어울리는 분이었습니다. 인간성을 중요시하고 어떤 업무를 처리해도 대충대충 하는 것 같으면서도 결과물은 전문성의 결정체였습니다. 다른 사람을 편하게 하면서 자신의 일을 철저하게 하시는 분이었던 것입니다. 이런 담임선생님을 위해 자율학습 시작과 종료 시 녹차 물을 타 드리고, 노트북 컴퓨터를 정리해 드리는 등의 개인비서와 같은 역할을 하면서 총애를 받았고, 현재도 모든 선생님이 이구동성으로 "지원자만 같아라" 하는 학생으로서, 3학년 담임 만장일치로 추천되어 충청남도교육감 모범학생표창(학업우수상)을 수상(2009.05.13)하였습니다.

위에서 나타나는 지원자의 봉사실천은 결국, 부메랑이 되어 자신에게 좋은 선물로 돌아오겠지만, 그보다는 진정으로 사회의 행복을 위해 공동체 속에서 자신이 어떤 역할을 하고, 어떻게 다른 사람들로부터 지지를 받으면서 행복해질 수 있을지를 알기 때문에 행하는 것입니다. 승리를 위해 얼굴이 벌겋게 되도록 친구들과 함께 체육대회에 참여하고, 극기체험활동에서 친구들과 서로 끌어 주고 밀어 주며, 2학년 스키캠프 레크리에이션 행사에서는 MC를 맡아 전 학생의 열정적인 참여를 이끌면서 공동체의식과 리더십을 보여 주었습니다.

저는 지원자와의 교류 과정에서 의학에 대한 그의 포부와 꿈, 그리고 사람을 사랑하는 마음을 느껴 왔으며, 실력과 잠재력에 대해 강한 신뢰감이 쌓였습니다. 저는 국내 최고의 학습 및 연구 기반이 잘 갖추어진 서울대학교 의과대학에 지원자를 강력히 추천합니다.

3. 지원자의 수상 경력 중 가장 의미 있다고 생각하는 수상을 순서대로 3개 이내로 기술하여 주십시오(장학금, 인증서 등 포함).

1) 제16회 한국학생과학탐구올림픽 고등학교과학탐구전국대회

충남대회 금상을 수상한 후 여름방학 기간 충남과학고등학교와 교내 과학실을 오가며 실험을 하고, 집중적으로 전 과학교과 공부를 하여 전국대회에 출전하면서 다방면에서 뚜렷한 성장을 한 것으로 판단됨.

2) 제21회 충청남도 중고등학생 수학과학경시대회(화학 부문)

2학년의 지구과학 부문 금상 수상에 만족하지 않고 3학년의 바쁜 학업에도 새로운 도전을 위해 틈틈이 학습하여 도대회 은상을 수상했음.

3) 제20회 충청남도 중고등학생 수학과학경시대회(지구과학 부문)

2학년 학생으로서 도단위 대회에 참가하여 금상을 수상함으로써 학교의 명예를 높이고 개인적으로는 큰 자신감을 얻었음.

4. 1~3번 항목 이외 지원자의 평가에 고려할 만한 사항이 있는 경우 기술하여 주십시오.

본교는 일반계 비평준화 우수 국립고등학교로서 예비교사들의 교육실습을 담당하는 교육과학기술부의 상설연구학교입니다. 학교의 기본 설립 목적에 충실한 역할을 하면서도 일반계 고등학교 교육과정을 충실하게 이행하여 전인적인 인재양성을 위해 최선을 다하고 있습니다. 이러한 좋은 교육여건에서 실력을 쌓고자 본교에 지원하고 선발되어 진학한 우수한 학생들은 학교 수업에 충실하면서 자율학습을 이용하여 대학입시를 위한 준비에도 적극적으로 임하고 있습니다. 학생들이 매우 우수하기 때문에 상대평가를 기반으로 하는 내신 성적 산출 환경에서는 절대 강자가 존재하기 어렵고, 실력을 갖추고도 내신 석차 1등급을 얻기가 어렵습니다. 교내 종합 1위의 특출한 학업성취도와 실력을 갖추고도 수시에서는 서울대학교 지역균형선발의 학교생활기록부 지원 성적에는 크게 못 미치며(74.11/80점 만점), 정시에서도 대학수학능력시험 점수로 1단계 합격을 한다고 하더라도 학교생활기록부 50% 반영으로 인해 최종 합격이 매우 어려운 실정입니다. 본교의 우수한 학생들에게는 사실상 특수목적 고등학교 학생들과 경쟁을 해야 하는 특기자 전형밖에는 기회가 없습니다. 이 점이 평가 시 고려되었으면 합니다.

사례 8

1. 지원자의 학습태도, 학습능력과 잠재력, 지원모집단위 관련 특기능력 등에 관하여 기술하여 주십시오.

지원자의 학습태도

지원자는 스스로 학습에 대한 치밀한 계획과 관리 및 실천을 해 나가는 의지력이 강한 학생입니다. 수업시간에는 경청하며, 본인에게 의미 있는 설명이 있을 때는 때를 놓치지 않고 어딘가에 메모를 하는 습관을 지녔습니다. 의문이 생긴다거나 이해하기 어려운 내용에 대해서는 표시를 해두었다가 수업이 끝난 후 스스로 여러 참고서를 찾아보고 분석하고 친구들과 토론하여 해결을 합니다. 필요한 경우는 선생님들께 찾아가 차분하게 어떤 내용이 어떠한데 어떤 점이 해결이 잘 안 된다는 식의 질문을 하여 궁금증을 확실하게 해결합니다. 항상 수용적인 태도로 남의 이야기에 귀를 기울이고 자기만의 사고방식으로 해석하여 합리적으로 판단하는 태도를 가졌으며, 학습을 할 때는 완벽한 몰입 상태에 들어가기 때문에 고등학교 재학 기간 동안 눈에 띄는 학력 향상이 있었습니다.

학습능력과 잠재력

지원자는 고등학교 재학 기간 중 꾸준하게 실력이 향상된 학생입니다. 공주대학교 주최 전국 중학생 학력경시대회에서 은상을 수상하여 우리 학교에 특별전형으로 입학하였습니다. 초기에는 대부분의 학생들이 전국 10% 이내인 학습 집단 내에서 두각을 나타내지 못하였으나, 시간이 지날수록 지원자의 성적은 뚜렷하게 향상되었습니다.

2학년 2학기부터 전국연합학력평가 점수가 실질적으로 향상되었고, 3학년에 와서는 지속적으로 본교 "1위"를 유지하면서도 점수의 향상도 두드러집니다. 결국 7월 전국연합학력평가와 9월 모의대학수학능력 시험에서 각각 500점 만점에서 488점과 492점이라는 고득점을 달성하였습니다. 이는 1~3학년의 교내 학력 경시대회 수상실적 변화[장려상(2005.10.24) → 우수상(2006.10.17) → 최우수상(2007.05.15, 2007.07.12)]를 통해서도 분명하게 확인할 수 있습니다. 2007년 6월에 있었던 충청남도 고등학생 수학과학경시대회에서는 별도의 과외 없이 일반계 고등학교 생물 I · II를 학습하고 생물 부문 은상(2007.06.08)을 수상하였습니다. 2학년 때는 수학 부문 동상(2006.06.15)을 수상하였습니다. 3학년 때는 외부 기관과 연계하여 실시한 교내 논술 경시대회에서 최우수상을 수상하였습니다.

2 · 3학년 생물교사이자 3학년 담임인 제가 볼 때, 지원자는 매우 수용적이고 이해력이 좋고 명석하며 창의성도 갖추었으면서 치밀하며, 인간적인 정과 배려심도 갖춘 최고의 실력과 잠재력을 가진 최고 인재로 평가됩니다.

지원모집단위 관련 특기능력

지원자는 의사 · 경찰 · 공학자 모두에 욕심을 가지고 있습니다. 지원자는 어느 분야로 가더라도 충분히 능력을 발휘할 수 있으리라 생각됩니다. 부모님께서는 내심 경찰 쪽을 선택하길 기대하면서도 학생의 선택을 존중해 주시는 분입니다. 담임 입장에서는 인술을 통해 봉사하면서 사회적인 지위도 높은 의사나 고급공무원으로서 안정적이고 개인적인 성취에 대한 가능성이 높은 경찰을 추천해 주고 싶은 마음도 있습니다. 그러나 지원자는 지적인 성취를 좋아하며, 공학 계열에 진학하여 국가와 국민의 삶에 기여를 하고 싶다는 강한 의지를 가지고 있습니다. 생명화학공학 분야에도 관심이 있지만, 특히 기계공학과 항공 분야에 관심이 많습니다.

학생은 스스로 설정한 매우 어려운 일들도 강한 의지를 가지고 현명하게 극복해 냈고, 기본적인 교과 과정과 학습에 충실히 임했으며, 자신이 해야 할 일이라고 설정한 일에 대해서는 사소해 보이는 일도 책임감 있게 간섭하여 해결하였습니다. 그러면서 이따금 시간을 내어 판타지 소설을 읽기도 하고, 철학적 요소가 가미된 가벼운 수필 형식의 글쓰기도 하였습니다. 상상력이 풍부하고 현실에서 보다 확장된 영역을 추구하는 내면이 있음으로 해석해 보고 싶습니다. 물론 3학년에 올라와서는 학습에 집중하고 있습니다.

학생은 매우 높은 잠재력과 독창적인 시각과 고집과 집념과 실력과 인간미를 가지고 있습니다. 실력은 이미 고등학교에서의 3월부터 9월까지의 전국연합학력평가에서 언어, 수리 가, 외국어, 과학탐구 4과목까지 전 영역에서 1등급을 유지하며 지속적인 노력과 향상이 있음을 통해 검증되었다고 보며, 지식에 대한 수용적 태도와 위와 같은 영재로서의 기본 요소들도 갖추고 있기 때문에 학생이 호기심과 관심을 가지고 있는 기계항공공학부에 입학한다면 항공 분야의 큰 인재로 성장할 것이라 확신합니다.

2. 교내·외 활동에서 나타난 지원자의 개인적 특성(봉사성, 공동체의식, 리더십 등)을 중심으로 지원자가 우리 대학과 사회에 어떻게 기여할 수 있을지를 기술하여 주십시오.

지원자는 학교생활에서 수업에 누구보다도 성실히 임하고, 스스로 학습 계획을 짜고 공부벌레처럼 공부하면서도 주변의 힘들어하는 친구를 위해 시간을 내어 상담도 해주고, 같이 취미활동도 해주는 등 배려심과 인간미를 가지고 있습니다. 저는 학급관리를 하면서 학습 환경이 매우 중요하다고 생각합니다. 학기 초에 학급 활동에 필요한 다양한 역할을 정하였는데, 1개월씩 역할을 바꾸는 것과 1년 동안 붙박이인 역할이 있었습니다. 그중에서 칠판을 전문적으로 닦고 관리할 학생을 둘을 정하였는데, 지원자와 또 다른 친구가 자원을 하였습니다. 매 시간에 칠판을 지워야 하며 투명하게 지워야 한다는 조건이 있었기 때문에 매우 번거로운 일이지만, 이 두 학생은 오전, 오후로 역할을 나누어 지금도 자기 역할을 확실하게 잘 하고 있습니다. 힘들다는 소리 없이 이런 번거로운 역할을 수행하면서도 자기 본분인 학업을 충실히 수행하고 있습니다. 제가 고생에 대한 보답으로 맛있는 항아리 김치찌개를 사기도 했습니다.

지원자를 포함하여 우리 학교 학생들은 다양한 단체 활동을 하고 있습니다. 1, 2학년 때는 교내 합창경연대회가 있는데, 이를 통해서도 학급의 구성원들끼리 서로 입을 맞추면서 하나로 뭉치게 됩니다. 매년 7월에는 극기체험학습의 일환으로 학년별로 등산을 하게 되는데, 어려운 코스에서 지치고 힘이 모자랄 때, 서로 끌어 주고 도와주며 1명의 낙오자도 없이 산을 넘었습니다. 저희 학급은 2007학년도 4월 학급별로 약 2km를 대열을 갖추어 뛰면서 단합과 창조성을 견주어 보는 구보 및 경보대회에서 본교의 모든 구성원에게 인상적인 모습을 보여 주었으며, 학급별로 단합과 체육을 겨루는 체육대회에서 체격도 작은 학급의 구성원들이 회의를 통해 치밀한 전략을 세워 하나 된 모습으로 서로 힘을 모았고, 결국은 우승을 이끌어 내었습니다. 당연히 줄다리기도 1등을 하였지요. 기숙사 생활도 빼놓을 수 없습니다. 자기 호실의 호실원들과 매우 화목한 분위기로 우정을 쌓으며 모범 호실상을 받아 과자 파티를 하기도 하였습니다. 자기 공부도 바쁘지만, 자율학습 시간에 기숙사에서 피곤에 젖어 잠이 들어 있는 친구를 깨우기 위해 한참을 뛰어야 하는 기숙사로 지체 없이 달려갔습니다. 이렇듯 지원자는 다양한 공동체 활동에서 협력적인 대인관계 기술을 경험하였고 훌륭하게 손발을 맞추고 동화되었습니다.

개인적으로 1학년 때는 학급의 회계로서 자기 역할을 잘 수행하였고, 2학년 때는 계발활동 부서인 사진반의 부반장을 하였습니다. 3학년인 지금도 친구들 사이에서 든든한 학습 상담자로서의 역할을 하며, 고민 상담소로서의 역할도 하는 등 생활 속에서 자연스러운 리더십을 발휘하고 있습니다.

3. 지원자의 가정환경(성장과정, 생활여건 등), 학교 및 지역환경 등과 관련하여 평가 시 고려할 만한 사항이 있는 경우, 그 내용을 구체적으로 기술하여 주십시오.

위 학생은 충남 당진의 비교적 경제적으로 여유 있는 가정에서 태어나 자랐으면서도 성취동기가 강하고 부모님에 대한 효심과 급우들에 대한 정과 배려심과 선생님과 어른들에 대한 바른 예의를 두루 갖추고 있습니다. 부모님 또한 학생에 대해 그분들의 요구를 직선적으로 이야기하지 않고 학생의 의견과 결정을 들어주고 조언을 해주시는 리더십이 훌륭하신 분들입니다. 중학교 3학년 때, 지원자는 편찮으신 어머님께 요양이 필요하다고 생각하여 기숙사가 있는 본교에 입학하여 자신과 싸우면서 학습을 하여 현재의 위치에 왔습니다. 이제 어머님은 건강이 많이 좋아지셨고 학생의 성장한 모습을 매우 자랑스러워하고 기뻐하십니다.

본교의 학생들은 충남 전역의 중학교에서 3% 이내인 우수한 학생들이 지원하고 선발고사를 거쳐 입학한 학생들로 구성되어 있습니다. 내신 등급이 중요해진 상황에서 교내 정기고사에서의 경쟁이 강해, 1, 2등급을 얻기가 매우 어렵습니다. 우리 학교 학생들의 70%가량이 전국연합 학력평가에서 2등급 이내에 있습니다.

본교의 과학탐구계열의 교육과정에서는 3개 학급의 학생들이 심화선택과목으로서 수학 Ⅰ · Ⅱ, 미분과 적분, 확률과 통계, 물리 Ⅰ · Ⅱ, 화학 Ⅰ · Ⅱ, 지구과학 Ⅰ · Ⅱ, 생물 Ⅰ · Ⅱ를 모두 이수함으로써 이과 기본 과목을 충실히 학습하도록 하기 때문에, 졸업 후 어떤 학과에 진학하더라도 빠른 적응을 하고 능력 발휘를 할 수가 있습니다. 실제로 많은 학생이 의대, 한의대, 정보통신대, 공대 등에 진학하여 1등 장학금을 수혜하고 있습니다.

1. 지원자의 학습태도, 학습능력과 잠재력, 지원모집단위 관련 특기능력 등에 관하여 기술하여 주십시오.

지원자의 학습태도

지원자는 주기적으로 철저하고 치밀한 학습 계획을 세우고, 확실하게 실천하는 학생입니다. 대학수학능력시험 선택과목을 포함하여 교양과목까지 모든 수업활동에 적극적으로 임합니다. 항상 지적인 자신감이 있으며, 학습 주제를 이해하는 데 있어, 인과관계와 근거를 중요시하기 때문에 부족하다고 판단되는 부분이 있으면 기록하였다가 적극적으로 탐색하고 토론하고 필요한 경우 선생님께 질문하는 학생입니다. 또한 친구들이 과학과목이나 수학과목에 대해 질문을 할 때는 친구의 수준에서 친절하게 설명해 주는 협력적인 모습도 볼 수 있었습니다. 높은 학업성취 수준에도 불구하고 항상 수용적인 태도로 주변 사람들의 이야기에 귀를 기울이고 자기만의 사고방식으로 해석하여 합리적으로 판단하는 태도를 가졌으며, 학습을 할 때는 완벽한 몰입 상태에 들어가기 때문에 고등학교 재학 기간 눈에 띄게 학력이 향상되었습니다.

학습능력과 잠재력

지원자는 고등학교 재학 기간에 학력이 뚜렷이 향상된 학생입니다. 2004년 고등학교 1학년 때는 키가 작고 똘똘한 학생이었습니다. 일본에 유학 후 1년 후 복귀한 지원자는 키도 크고 생각도 많이 성장한 학생이었습니다. 성적이 유학 전보다 많이 좋아졌고, 2학년, 3학년이 되면서 그 성적은 더욱 향상되었습니다.

실력이 뚜렷이 향상되면서, 3학년에 와서는 전국연합학력평가에서 지속적으로 본교 최상위를 유지하면서도 점수의 향상도 두드러집니다. 9월 모의대학수학능력 시험에서 500점 만점에서 482점이라는 고득점을 달성하였습니다. 이는 1~3학년의 교내 학력경시대회 수상실적 변화[장려상(2004.07.21, 2005.10.24) → 우수상(2006.10.17) → 최우수상(2007.05.15, 2007.07.12)]를 통해서도 분명하게 확인할 수 있습니다. 2007년 6월에 있었던 충청남도 고등학생 수학과학경시대회에서는 별도의 과외 없이 일반계 고등학교 화학Ⅰ·Ⅱ를 학습하고 화학 부문 금상(2007.06.08)을 수상하였습니다. 2학년 때는 물리 부문 동상(2006.06.15)을 수상하였습니다. 2학년 때는 충청남도 고교 과학탐구대회에서 은상을 수상하였습니다. 3학년 때는 외부 기관과 연계하여 실시한 교내 논술 경시대회에서 최우수상을 수상하였습니다.

2·3학년 생물교사이자 3학년 담임인 저의 눈으로는 위 학생은 매우 열정적이고, 적극적이고, 이해력이 좋고 치밀하며, 인간적인 정과 배려심도 갖춘 최고의 실력과 잠재력을 가진 최고의 인재로 평가됩니다.

지원모집단위 관련 특기능력

지원자의 경우 한의사에도 관심이 있으며, 공학 관련 연구원이나 교수에도 관심이 있습니다. 가능하면 공학계열에 진학하여 튼튼한 기초를 닦고, 더 공부하여 우리나라의 도시 개발과 계획에 큰 역할을 하고자 하는 의지가 강합니다. 지원자는 이 분야에서 가장 기본적으로 강하면서, 수준 높은 교육을 받을 수 있는 서울대학교를 선택하였습니다.

지원자는 일본의 동경대에도 관심이 있어 한일공동이공계학부유학생 선발시험에도 지원하였습니다. 그러나 한일공동이공계학부유학생 시험 준비보다는 대학수학능력시험 공부에 집중하였습니다. 그럼에도 불구하고 전체 27위를 하여 일단 동경대와 오사카대의 도시공학과에 지원하였습니다. 그러나 자신의 장래에 대해 부모님과 깊이 있는 상담을 한 이후, 한일공동이공계학부유학생을 포기하고 서울 공대에 지원하여 국내에서 꿈을 실현하기로 마음을 정리하였습니다.

학생은 매우 높은 잠재력과 독창적인 시각, 고집, 집념, 실력, 인간미를 가지고 있습니다. 실력은 이미 고등학교에서의 3월부터 9월까지의 전국연합학력평가에서 언어, 수리 가, 외국어, 과학탐구 4과목까지 전 영역 1등급을 얻은 것을 통해 검증되었다고 봅니다. 지식에 대한 수용적 태도와 위와 같은 영재로서의 기본 요소들을 두루 갖춘 지원자는 그가 적극적으로 진학 의지가 있는 건설환경 공학부에 합격할 경우 출중한 도시공학자로 성장할 수 있을 것으로 기대됩니다.

2. 교내·외 활동에서 나타난 지원자의 개인적 특성(봉사성, 공동체의식, 리더십 등)을 중심으로 지원자가 우리 대학과 사회에 어떻게 기여할 수 있을지를 기술하여 주십시오.

지원자는 학교생활에서 누구보다도 수업에 성실히 임하고, 스스로 학습 계획을 짜고 공부벌레처럼 공부하면서도 주변의 힘들어하는 친구를 위해 시간을 내어 상담도 해주고, 같이 취미활동도 해주는 등 인간미와 배려심을 가지고 있습니다. 저는 학급관리를 하면서 학습 환경이 매우 중요하다고 생각합니다. 학기 초에 학급 활동에 필요한 다양한 역할을 정하였는데, 1개월씩 역할을 바꾸는 것과 1년 동안 붙박이인 역할이 있었습니다. 지원자는 그중에서 교실 안팎의 거미줄을 제거하는 역할을 자원하였습니다. 우리 학교에는 아름드리 고목나무가 많고 뒤에 산이 있어 건물에 1년 내내 거미줄이 형성됩니다. 그만큼 조금만 관리를 소홀히 하면, 금방 거미줄이 퍼져 폐가처럼 보이기도 합니다. 지원자는 때를 놓치지 않고 적절하게 거미줄을 제거하여 학급의 동급생들이 쾌적한 환경에서 학습하는 데 큰 역할을 수행하였습니다.

지원자는 학우들보다 1년 먼저 학교에 입학했던 학생입니다. 1학년 2학기에 휴학을 하고, 1년간 일본에서의 활동을 마치고 돌아와 1학년 2학기부터 지금의 학우들과 같이 학습 활동을 하고 있습니다. 그럼에도 불구하고 형이라는 티를 내지 않고 친구로서 잘 어울리며 서로 돕고 믿어 주고 존중해 주며 학교 활동을 하고 있습니다. 때로는, 형으로서 학우들의 정신적인 버팀목이 되어 주기도 합니다. 참으로 귀감이 되는 학생입니다.

지원자를 포함하여 우리 학교 학생들은 다양한 단체 활동을 하고 있습니다. 1, 2학년 때는 교내 합창경연대회가 있는데, 이를 통해서도 학급의 구성원들끼리 서로 입을 맞추면서 하나로 뭉치게 됩니다. 매년 7월에는 극기체험학습의 일환으로 학년별로 등산을 하게 되는데, 어려운 코스에서 지치고 힘이 모자랄 때, 서로 끌어 주고 도와주며 1명의 낙오자도 없이 산을 넘었습니다. 저희 학급은 2007학년도 4월 학급별로 약 2km를 대열을 갖추어 뛰면서 단합과 창조성을 견주어 보는 구보 및 경보대회에서 본교의 모든 구성원에게 인상적인 모습을 보여 주었으며, 학급별로 단합과 체육을 겨루는 체육대회에서 체격도 작은 학급의 구성원들이 회의를 통해 치밀한 전략을 세워 하나 된 모습으로 서로 힘을 모았고, 결국은 우승을 이끌어 내었습니다. 당연히 줄다리기도 1등을 하였지요. 다양한 공동체 활동에서 협력적인 대인관계 기술을 경험하였고 훌륭하게 손발을 맞추고 동화되었습니다.

개인적으로 2학년 때는 교내 천주교 동아리인 "하우리"의 회장을 맡아 리더십을 발휘하였습니다. 대내·외적으로 활동이 매우 활발한 환경 동아리인 "청" 활동을 통해서도 실질적이고 적극적인 봉사활동을 하였습니다. 학교생활에서 보여 주는 학생들과의 매우 친밀하고 우호적인 관계는 학생의 자연스러운 리더십을 나타내 줍니다.

3. 지원자의 가정환경(성장과정, 생활여건 등), 학교 및 지역환경 등과 관련하여 평가 시 고려할 만한 사항이 있는 경우, 그 내용을 구체적으로 기술하여 주십시오.

지원자의 아버님은 지리학과 교수님으로서 탁월한 교수 능력을 발휘하고 계시며, 지원자에 대한 믿음과 신뢰가 강하며, 실질적으로 아침저녁으로 지원자가 등·하교하는 데 동행하며 대화를 자주 하십니다. 학생은 아버님과 많은 것을 상의하여 결정하고, 아버님은 진심으로 지원자의 생각과 의견을 존중해 주십니다. 이러한 부자간의 민주적인 의사소통을 보면서 자식이 있는 저도 큰 감동을 받았습니다. 지원자는 그런 좋은 학습 여건에서 부모님과 하나 되어 자신의 의지를 키워나갔고, 자기주도적으로 치밀한 계획을 수립할 수 있는 능력을 갖게 되었고, 효과적인 학습 능력을 갖추게 되었습니다.

본교의 학생들은 충남 전역의 중학교에서 3% 이내인 우수한 학생들이 지원하고 선발고사를 거쳐 입학한 학생들로 구성되어 있습니다. 내신 등급이 중요해진 상황에서 교내 정기고사에서의 경쟁이 강해, 1, 2등급을 얻기가 매우 어렵습니다. 우리 학교 학생들의 70%가량이 전국연합 학력평가에서 2등급 이내에 있습니다.

본교의 과학탐구계열의 교육과정에서는 3개 학급의 학생들이 심화선택과목으로서 수학Ⅰ·Ⅱ, 미분과 적분, 확률과 통계, 물리Ⅰ·Ⅱ, 화학 Ⅰ·Ⅱ, 지구과학 Ⅰ·Ⅱ, 생물 Ⅰ·Ⅱ를 모두 이수함으로써 이과 기본 과목을 충실히 학습하도록 하기 때문에, 졸업 후 어떤 학과에 진학하더라도 빠른 적응을 하고 능력 발휘를 할 수가 있습니다. 실제로 많은 학생이 의대, 한의대, 정보통신대, 공대 등에 진학한 후 1등 장학금을 수혜하고 있습니다.

02 카이스트 합격 추천서

사례 1

1. 교내 · 외 활동에서 나타난 지원자의 개인적 자질 및 품성(성격상의 장단점, 인품의 깊이, 내적 성숙도, 봉사정신, 리더십, 교우관계, 교사평판 등)에 대하여 구체적인 사례를 들어 기술하여 주십시오(450자 이내, 띄어쓰기 포함).

평소 느긋해 보이지만 언제한 지 모르게 자신의 일을 완수해 놓고, 또 다른 일에 몰두하고, 친구들이 수학과 과학에 대해 도움을 구하면, 언제나 미소 띤 얼굴로 친절하게 도와주고 내색 한 번 하지 않는 모든 선생님이 칭찬하는 학생입니다.

후배 5명을 보살피는 기숙사 호실장으로서 남들과 다르게 생각하여 주위 친구들로부터 따돌림을 당하던 후배의 질문, "형은 물리, 생물 배우셨으니까 지상 위 몇 미터에서 떨어지면 두개골이 깨지는지 아시죠?"에 대수롭지 않게 생각하여 대답해 주었다가 이후, 기숙사 난간에서 뛰어내리려는 것을 보고 자살을 막고, 그를 잘 인도해 주기 위해 매일 한 시간씩 한 달간 상담하며 성적이 50점이나 하락했지만, 지원자는 그 선택을 후회하지 않고 악착같이 공부해 최상위 성적을 다시 회복했습니다.

USCF 회원으로 알바니아의 '노구'라는 아이를 후원하고, 매년 꽃동네 봉사를 하고 있습니다.

2. 위에 기술한 내용 외에 평가에 고려할 수 있는 지원자에 대한 기타 참고사항(가정 및 지역 환경, 어려움을 극복한 사례 등)이 있다면 기술하여 주십시오(450자 이내, 띄어쓰기 포함).

한화연구소 로켓추진 관련 연구를 하시는 아버지의 영향으로 지원자는 어릴 때부터 "왜?"라는 질문을 달고 다녔습니다. 모든 일에는 이유가 있어야 한다고 생각한 것입니다. 그래서 수학과 과학 관련 탁월한 재능과 잠재성을 갖고 있습니다. 수학과 물리를 좋아하면서도 생명에 관심이 많아 생물2를 수능선택과목으로 정하여 공부하고 있습니다. 생물교사인 제가 생명현상을 물리 화학적으로 이해하고 깨닫는 것을 강조하면서 실험 경험은 풍부하게 주지 못했지만, 생물경시대회 2차 실험 평가를 준비시키면서 실험에 흥미를 갖고 진지하게 접근하는 지원자를 보며 저는 탁월한 손재주와 탐구의지, 그리고 통찰력을 느꼈습니다. 귀교의 실질적이고 수준 높은 연구활동과 실험을 경험하고 창의적 생산성이 탁월한 인재들과 함께할 수 있다면, 지원자는 동료들과 협력하면서 자신의 잠재력을 발휘해 한국 과학기술의 보배가 될 수 있을 것을 확신합니다.

사례 2

1. 지원자가 KAIST와 국가/사회에 필요한 과학기술인재로 성장할 가능성에 대하여
   교내 · 외 활동에서 나타난 지원자의 개인적 자질 및 품성(성격상의 장점, 인품의
   깊이, 내적 성숙도, 봉사정신, 리더십, 교우관계, 교사평판 등)에 기초하여 가능한
   한 구체적인 사례를 들어 간략하게 기술하여 주십시오(700자 내외).

지원자는 남자답고, 외향적이고 토론을 좋아하는 학생입니다. 또한 논리적 사고에 흥미가 많고, 한 가지 내용이 이해가 되지 않거나, 납득이 되지 않으면 끈기 있게 파고드는 스타일의 학생입니다. 3학년 1학기 때의 일입니다. 지원자가 시험 준비를 위해 문제 풀이의 질문을 한 적이 있습니다. 내신 기출문제였고, 중의성이 있어 해석하기에 따라 정답과 오답이 바뀔 수 있는 문제였습니다. 지원자는 논리적인 기준을 만들어 제게 보여 주며, 자신의 논리를 주장하였고, 저는 다시 반박하고 이렇게 하기를 여러 번 반복하면서, 마침내는 자신의 논리의 문제점을 인정하였습니다.

제가 이 일을 말씀드린 것은 지원자가 정답 자체를 중요시하는 학습 태도를 가진 것이 아니라, 과정을 중요시하고, 해답을 알아내기까지의 과정을 아주 즐거워했다는 사실입니다. 그리고 자신의 논리적 오류를 알았을 때는 깔끔하게 인정했다는 사실입니다. 진리에 도달하기까지의 과정을 아주 즐기면서, 깨끗하게 자신의 오류를 인정할 줄 아는 남자다운 모습이 제가 느끼는 지원자의 인상입니다.

담임으로서 올해 1학기의 학급 운영이 참 편했다고 생각합니다. 그 이유 중 하나가 지원자가 학급 회장으로서 자신의 역할을 적극적으로 수행한 것이 중요하게 작용했다고 인정합니다. 회장으로서 책임감을 갖고 주어진 일을 잘 마무리했으며, 친구들을 설득해 학급 분위기를 좋게 이끌어 나간 점은 제가 개인적으로 고맙게 생각하고 있습니다. 이런 면들이 지원자의 봉사 정신과 리더십을 보여

주는 대목이 아닌가 생각합니다.

2. 위에 기술한 내용 외에 평가에 고려할 수 있는 지원자에 대한 기타 참고사항(가정 및 지역 환경, 어려움을 극복한 사례 등)이 있으면 간략하게 기술하여 주십시오(700자 내외).

지원자는 카이스트에 진학하여 화학을 전공할 목표로 공부했기에 1학년 때부터 수학과 과학을 다른 과목보다 더 심화하여 공부했습니다. 이런 결과로 화학 올림피아드에서 은상을 수상했고, 화학 AP도 만점을 받았다고 생각합니다. 어렸을 때부터 화학을 너무 재미있어해 화학과에 응시하는 지원자는 수학과 과학 능력이 탁월해 대학 진학 후에도 큰 어려움 없이 수업을 이해하고 자신의 실력을 키워 갈 것입니다.

작년 기준 일반계 고에서 상위권 합격자를 가장 많이 배출한 학교여서 치열한 내신 경쟁이 있고, 이공·자연계열의 경우는 경쟁이 더 심해 내신에서 1등급을 받기가 정말 어렵습니다. 그런데 지원자는 1학년부터 3학년 1학기까지 과학/수학 평균등급이 1.45로 교내에서 최상급에 속합니다. 수학과 과학과목에 특별한 관심과 더 많은 노력을 기울이는 과학자 스타일의 학생으로 다른 학생과는 차별성이 있다고 생각됩니다.

그리고 지원자의 부모님과도 면담을 했었는데, 부모님도 지원자가 카이스트에 입학해 과학자가 되는 것을 적극적으로 원하십니다. 최상위권 학생이라면 의대에 입학하길 원하는 것이 최근의 경향인데, 지원자와 부모 모두 한결같이 과학자의 길을 생각하는 것을 보고, 과학자가 되고 싶은 지원자의 강한 의지를 느낄 수 있었습니다.

사례 3

1. 담당 교과에서 지원자가 보이는 학습능력, 학습동기, 학습태도, 학업에 대한 열정,
   지적 호기심, 창의성, 논리성 등에 대하여 구체적인 사례를 들어 기술하여 주십시
   오(450자 이내, 띄어쓰기 포함).

2학년 때 처음 수업시간에 만났을 때, 지원자에 대해 두 가지 놀랐는데, 첫째
는 커다란 덩치에 느릿느릿한 행동에 맞지 않는 빠른 두뇌 회전과 수학적 센스
를 지녔다는 것이고, 둘째는 어떤 한 가지 과제가 주어졌을 때, 과제해결을 위한
집중력이 또래 학생들에 비해 뛰어나다는 것이다.

한 번은 경우의 수를 구하는 문제풀이 수업 중 7차 교육과정으로 개편되면서
삭제된 '중복조합' 개념으로 푸는 방법도 있다고 했더니 그 내용을 가르쳐 달라
고 쫓아왔었다. 간단히 가르쳐 주기 어려워 개념과 몇 가지 문제를 정리한 유인
물을 주면서 스스로 공부해 보고 와서 질문하라고 했다. 그런데 질문하는 내용
을 보면 제시한 유인물을 대부분 정확히 숙지하고 있었으며, 나도 미처 생각하
지 못했던 내용을 질문하여 당황스럽게 했던 적이 있었다. 그 이후에도 행렬의
참, 거짓판별문제 중 회전변환개념을 이용하여 풀기, 피보나치수열의 일반항 구
하기 등 여러 경우가 있었으며 단순히 문제풀이보다 개념과 원리를 정확히 이해
하고 스스로 만족하기 위해 질문하고 또 질문하였다. 심지어 평소에 미적분학에
관심이 많은 지원자여서 "허수이야기"라는 책을 소개해 줬더니 테일러 급수, 오
일러 공식, 코시의 적분정리/공식 등 책에 나온 공식을 혼자 증명해 보곤 검토를
요청한 적도 있었다.

또한 모의고사가 끝나면 고득점한 학생들에게 중요한 문제를 뽑아서 발표를
하도록 했는데, 지원자는 자주 발표를 했었고, 문제풀이 과정에서 아이들이 더
쉽게 접근하도록 중요 개념을 뽑아내서 호응이 좋았던 기억에 남는다. 특히 수

업시간 중 졸거나 수업태도가 흐트러진 적이 단 한 번도 없었던 모습은 너무나 인상적이었다.

2. 담당교과에서 지원자가 보이는 영재성, 잠재력, 미래 성장 가능성이나 특기할 만한 성취 등이 있다면 구체적인 사례를 들어 기술하여 주십시오(450자 이내, 띄어쓰기 포함).

　　지원자의 첫 번째 강점은 탁월한 수학실력을 지녔다는 것이다. 고등학교 입학 이후로 시행한 전국연합학력평가를 비롯한 여러 수능모의평가 수리영역에서 단 한 번도 1등급을 놓친 적이 없으며 다수의 전국단위 수학경시대회에 출전하여 수상한 경력이 있다. 또한 방과후학교 수학심화과정 '수리논술 및 고급 수학' 64시간을 이수하기도 하였다. '수학은 과학의 어머니'라는 말이 있다. 지원자의 고도로 훈련된 수학적 사고능력과 추론, 분석능력은 분명 생명과학 분야에서 역사에 남는 업적을 세우게 하는 밑거름이 될 것이다.

　　두 번째는 지원자는 타고난 재능만을 믿지 않고 꾸준히 노력하는 노력파라는 것이다. 본교에서는 TEPS 시험을 1년에 두 번 치르는데 지원자는 1차에서 600점대의 점수를 취득하였으나 2차 때에는 800점대에 육박하는 점수를 얻었다. 아무리 재능이 뛰어나도 노력하지 않는 자의 결론은 불을 보듯 뻔하다. 지원자의 겸손히 노력하는 자세야말로 요즘 아이들답지 않은 흔치 않은 장점이라고 할 수 있다.

　　세 번째는 자신의 진로가 확고하여 관심 분야에 대해 꾸준히 참여하면서 연구한다는 것이다. 중학교 때부터 생명공학 연구에 관심을 두고 단순히 공부만 열심히 하던 때를 지나, 생물학 관련 책을 읽거나 과학 잡지 "과학동아"를 정기구독하였으며 재미있는 과학 분야의 책을 선정하여 학교 도서관에 홍보하는 글을 기재하기도 하였다. 최근에는 경암교육문화재단이 주최하고 한국분자세포생물학회가 주관하는 제6회 경암바이오유스캠프를 수료하면서 자신의 진로를 확고히 하는 계기가 되었다.

가끔 진로나 성적에 대한 상담을 할 때 알게 된 가정환경을 보면서 지원자의 그러한 모습은 당연한 결과라는 것을 느꼈다. 겸손함을 최우선으로 중요시하는 부모님 밑에서 건강한 가치관을 가지고 항상 올바른 기본생활습관을 유지해 왔기 때문일 것이다.

03 포항공과대학교 합격 추천서

 사례**1**

- **학업역량 부문**

▶ 평가 기준: 지원자가 속한 학년의 계열 전체 학생 [　] 명 중 평가

	교육 경험 중 최우수	비교그룹 중 최우수 (상위 1%)	비교그룹 중 우수 (상위 5%)	비교 그룹 중 상위 10%	비교 그룹 중 상위 30%	비교그룹 중 상위 30% 이하	판단 유보
전반적인 학업성취도	☐	☐	☐	☐	☐	☐	☐
자기주도적 학습능력	☐	☐	☐	☐	☐	☐	☐
학업 발전가능성	☐	☐	☐	☐	☐	☐	☐

[판단 유보 사유:　　　　　　　　　　　　　　　　]

▸ 위에서 평가하신 항목들을 중심으로 지원자의 학업역량에 대해 구체적으로 기술하여 주십시오. 다른 학생들과 차별화된 이 학생만의 특징이 잘 드러나도록 적어 주시기 바랍니다(띄어쓰기 포함, 1,000자 이내 작성).

전반적인 학업성취도는 생활기록부의 성적을 참고하시면 되므로 생략하도록 하겠습니다. 자기주도적 학습능력과 학업 발전 가능성에 대해서만 이야기하도록 하겠습니다.

2학년 때 여러 과학 활동을 통해 지원자의 다양한 모습을 관찰할 수 있었습니다. 중간고사 기간에 이루어진 과학전람회와 과학발명대회 준비과정을 지켜보면서 지원자가 시간을 안배해서 자기주도적으로 학습하는 능력을 엿볼 수 있었습니다. 지원자는 몸이 약해 학교에서 하는 수업과 자율학습 이외에는 학원에서 늦은 시간까지 공부하는 데 무리가 있습니다. 또 성적에 대한 고민이 많아 시험 기간 동안 신경을 쓰면 몸이 아파서 힘들어할 때가 많습니다. 그런데도 불구하고 시험기간에 이루어지는 각종 연구활동과 과학문화활동 그리고 과학봉사활동에 빠짐없이 참가하였습니다. 2학년 중간고사 때에는 시험 하루 전날 대전에서 열리는 동아리경진 행사에 참여하기도 하였는데 새벽부터 버스를 타고 가서 하루 종일 과학부스를 운영하고 저녁 늦은 시간에야 돌아오는 일정에 자발적으로 희망자만 참여하도록 하였습니다. 물론 대회 형식으로 진행되므로 몇 명이 가서 상을 받아와도 동아리원 전체에게 혜택이 돌아가는 것으로 누가 자발적으로 참여하는지를 지켜보았습니다. 다른 친구들은 다음 날이 시험이라 이런저런 핑계로 빠지려고 하였지만 지원자는 자발적으로 참여하는 모습을 보았습니다. 그만큼 평소에 자기주도적으로 학습이 되어 있었다는 것으로 판단되는 모습이었습니다.

- 개인적 특성 부문

	탁월	우수	보통	미흡	판단유보
품성	☐	☐	☐	☐	☐
자기관리능력	☐	☐	☐	☐	☐
리더십/팀워크	☐	☐	☐	☐	☐
나눔과 배려	☐	☐	☐	☐	☐
의사소통능력	☐	☐	☐	☐	☐

[판단 유보 사유:]

▶ 위에서 평가하신 항목들을 중심으로 지원자의 개인적 특성을 구체적으로 기술하여 주십시오. 다른 학생들과 차별화된 이 학생만의 특징이 잘 드러나도록 적어 주시기 바랍니다 (띄어쓰기 포함, 1,000자 이내 작성).

지원자의 교우관계를 보거나 선생님들과의 관계를 보면 품성이나 의사소통능력을 알 수 있습니다. 어릴 때 아파서 휴학을 해서 동기들보다 한 살이 더 많은데도 불구하고 교우관계가 원만한 것을 볼 수 있습니다. 해마다 개최되는 과학세미나에서 지원자는 발표하는 팀장 역할을 수행하면서 현대의 CEO들이 가져야 할 리더십을 드러내기도 하였습니다. 예전의 리더십이 '강한 카리스마'였다면 최근의 리더십은 다양한 의견을 수렴하여 개개인의 능력을 극대화할 수 있는 '부드러운 카리스마'라고 생각합니다. 본교에서 개최되는 과학세미나는 과학탐구토론대회 방식으로 2학년 3명과 1학년 3명이 한 팀을 이루어 조별로 주제탐구를 하고 발표하는 행사입니다. 비교적 많은 팀별 준비기간이 필요하고 팀원들이 자신의 맡은 바 임무에 충실해야지만 과제를 수행할 수 있습니다. 지원자는 항상 웃는 모습으로 동기들과 후배들의 능력을 끌어내는 능력을 가졌습니다. 보통의 경우에는 팀원들 간의 의견 충돌과 팀원들의 개인주의 때문에 탐구수행 과정이 늦어지기 마련인데 지원자의 팀은 팀원들이 협동해서 빠른 시일 내에 과제를 수행하는 것을 볼 수 있었습니다. 자기 관리 능력은 다른 영역에 비해 조금 떨어진다고 생각하는데 이는 과학문화 확산을 위한 행사 때 장시간 부스운영을 하면서 체력소모가 굉장히 많습니다. 지원자는 본인이 몸이 약한 줄 알면 적당히 조절을 해야 하는데 한 번 활동에 빠지면 힘든 줄도 모르고 참여하고 그다음 날이면 어김없이 아파서 며칠 동안 힘든 날들을 보내야 합니다. 이러한 점이 지원자의 가장 큰 단점이자 장점인 것 같습니다. 학문에 대한 열정도 이와 같아서 본인이 하고 싶은 일이나 공부가 생기면 누구보다 열정적으로 해낼 것으로 판단됩니다.

▪ 지원자를 이해할 때 특별히 참고할 만한 사항(창의성, 역경극복, 가정환경, 학교환경 등)이 있다면 기술하여 주십시오(띄어쓰기 포함, 1,000자 이내 작성).

지원자는 어렸을 때 암에 걸려 학교를 한 해 휴학하여 동년배들보다 한 살이 더 많습니다. 다리에 상처가 있어서 입학 당시부터 치마가 아닌 바지만 줄곧 입고 다녀 전교생 중에서도 눈에 띄는 학생이었습니다. 이런 지원자가 본교 과학 동아리에 지원하였을 때 걱정이 되기도 하였습니다. 본교 과학 동아리는 17년의 역사를 가진 동아리로 울산 지역뿐만 아니라 전국적으로 이름난 동아리입니다. 전국에서 소외계층을 위한 과학봉사 활동을 처음 시작하여 3년 연속 봉사대회 대상을 수상하는 등 다양한 과학 활동이 많기로 유명한 동아리입니다. 또한 전국과학전람회 특상, 과학탐구발표대회 대상 등 연구실적 또한 뛰어난 동아리입니다. 유난히 체력이 약해 이런 본교 과학 동아리에서 잘 적응해 나갈지 의문이었고, 1년 선배들과 동네 친구들이라 선후배 규율이 엄한 동아리에서 적응하는 것도 걱정이었습니다. 하지만 선천적인 명랑함과 긍정적인 사고로 3년 동안 동아리 생활을 잘 해왔을 뿐 아니라 오히려 모든 방면에서 모범적인 생활을 하였습니다. 다양한 과학탐구대회에 참가하여 의욕적인 연구활동을 하였고, 과학봉사활동에 누구보다 솔선수범하여 참가하였습니다. 비록 행사와 활동이 끝나면 몸이 아파 고생하기는 하였지만 활동하는 동안 만큼은 누구보다 열정적이고 즐겁게 활동하는 모습을 줄곧 지켜보았습니다. 작고 약한 모습이지만 암을 이겨낼 정도의 정신력과 긍정적인 사고를 가졌다면 앞으로 어떠한 고난에도 굴하지 않고 극복해 내리라 생각합니다.

▪ 지원자의 특성

▶ 지원자의 학습능력과 학습방법 등에 관해 기술하여 주십시오.

지원자의 학습능력은 논리적이고 체계적으로 사고하며 분석력이 뛰어납니다. 기본원리에 충실하고 탐구력이 뛰어나며 주요 교과 성적도 매우 우수하여 백분율 4% 미만의 영재급에 해당하는 것으로 판단됩니다(생활기록부 첨부). 특히, 3학년 중간고사에는 전교 5등이라는 우수한 성적을 거둔 바 있습니다. 지능의 면이나 태도의 면에서 가지고 있는 능력을 발휘한다면 개인의 발전은 물론 자연과학의 미래에 보탬이 될 인재로 성장할 수 있으리라 생각됩니다.

창의 발명부 활동에서 보여준 바로는 자연과학대학에서 자신의 전공 분야에 학문적 깊이를 더하여 대한민국의 여성 고급 과학 인력으로 성장하리라 기대됩니다. 분석력이 뛰어나 실험물리학 분야의 연구에 몰두한다면 풀리지 않는 물리학의 난제를 해결할 수 있을 것으로도 기대됩니다. 기본 원리를 토대로 단계적으로 사고하며 실험 결과를 면밀하게 분석할 수 있는 인재로 성장할 수 있으리라 기대됩니다.

지원자는 본교 창의발명부 반장으로서 활동 중에 주어진 과제를 논리적이고 창의적으로 해결하며 지원자의 학습 방법은 매우 끈기 있고 성실하게 과제에 임하며 연구과제의 팀을 이끌어 가는 과정에서는 친구나 선후배 간의 친화력을 볼 때 오랜 시간 공동의 연구가 필요한 자연과학의 연구에 적절한 성향을 가진 것으로 생각됩니다. 언어능력이 우수하므로 어렵고 딱딱하게만 생각되는 과학의 세계를 일반인에게 쉽게 전달할 수 있는 학문적 성과를 거둘 것으로도 기대됩니다.

적극적인 탐구 자세와 인지적 지구력을 발휘한다면 위 학생은 귀교에서의 대학생활을 통해서 대한민국의 여성 고급 과학 인력으로 성장하리라 기대합니다.

▶ 지원자의 개인적 특성(학습태도, 생활태도, 장점, 단점)에 관해 기술하여 주십시오.

지원자는 2년 동안 발명부에서 활동하였으며 특히 3년 동안 물리교과를 전담하여 가르쳤습니다. 지원자는 창의 발명부 활동을 하는 동안 계발활동 시간은 물론 주말과 휴일을 이용한 탐구활동을 지켜보았으며 각종 대회에 참가하는 전 과정을 지도하였습니다.

위 학생의 가장 큰 장점은 창의력이 뛰어나고 문제 해결을 위한 독창력이 돋보이며 아이디어 발굴을 잘한다는 점입니다. 또한 통계적 근거에 의한 분석력이 뛰어나 실험 결과에 대한 의미 도출을 잘합니다. 침착하여 서두르지 않고 기본적인 원리에 입각하여 단계적으로 일을 진행하며 작업의 마무리도 잘합니다. 발표력이 뛰어나서 대회장에서 연구물을 발표할 때에 전달력이 뛰어납니다.

제54회 전국과학전람회를 준비하는 과정과 2007년 과학축전에서 관람객에게 제작방법을 안내하는 활동에서 뛰어난 언어표현력으로 관람객에게 즐거움을 주는 친화력을 보여 주었습니다.

반면 강한 내적 신념과 논리적 비판력이 뛰어나 때로는 공격적인 면이 있으나 마음이 여려 상황이 판단되면 재빨리 자신의 행동을 수정하기도 합니다. 비교적 신중하고 적극적인 성격이나 자신의 생각과 다른 의견에 대해서는 공격적인 성향을 보입니다. 그러나 이런 성향은 실험이나 발표를 준비하는 과정에서는 팀원들을 긴장하게 하는 요소로 작용하여 상승작용을 하기도 합니다.

- 지원자에 대하여 특별히 참고할 만한 사항(가정환경, 지역환경, 귀교의 특색 있는 교육과정, 진학현황 등)이 있으면 기술하여 주십시오.

본교는 제29회 전국 학생과학발명품경진대회에서 종합 우수상 및 전국 과학전람회에서 특상 2년 연속 수상 등 창의발명반의 활동이 우수하여 각종 방송 프로그램과 신문에 소개가 된 바 있습니다. 이러한 실적으로 2009년 수시에서 미래과학자 전형에 다수의 학생이 합격하여 방송에 소개된 바 있습니다. 이러한 결실을 얻기까지 지원자가 보여준 적극적인 과학 활동과 창의적 발상은 매우 우수하며 그러한 공로를 인정받아 지원자는 2008년 전국과학전람회에서 지식경제부장관상을 수상하였습니다. 지원자의 주요 활동을 다음 세 가지로 요약하여 평가하고자 합니다.

첫 번째는 과학전람회에서 보여준 독창적인 발상입니다. 본교 창의발명반은 매년 전주한옥마을 탐사활동을 단계적으로 실시하고 있습니다. 전통한지원에 방문했을 때, 전주의 한지산업이 많이 알려진 것에 비해 한지산업이 쇠퇴의 일로를 가고 있다는 한지원 관계자의 말에 지원자는 전통 한지에 한약제와 허브, 그리고 광물을 첨가하면 고부가 산업으로 육성될 수 있다는 아이디어를 제공하여 한지원의 도움으로 항균실험, 빛 투과 실험 등의 다양한 실험을 실시하여 좋은 결과를 얻었습니다. 이렇게 제작된 기능성 한지를 과수봉투, 한지등 포장지로의 활용 실험을 한 후, 제54회 전북 과학전람회에 '전주전통한지 산업의 활성화를 위한 광촉매 기능성 한지 개발'이라는 주제로 발표하여 최고상인 특상을 수상하였고 이를 전국과학전람회 산업 에너지 부문에 출품하여 지식경제부장관상을 수상하였습니다. 이 과정에서 지원자가 보여준 성실한 태도와 독창적인 사고는 본상을 수상하는 데 큰 역할을 하였습니다.

두 번째는 전국과학탐구발표대회에서 보여준 과학적 지식을 생활에 적용하는 창의성의 적용입니다. 전자기력을 이용하여 실험 장치를 개발하였고 이온화된 액체의 로렌츠 힘을 이용하여 시중에 판매되고 있는 음료수의 이온의 수를 비교 분석하는 흥미로운 실험을 수행하고 전국대회에 발표하여 동상(한국과학문화재단이사장상)을 수상하였습니다. 이와 같이 지원자가 보여준 창의적 발상의 실생활용에 적용한 사례는 12년 동안 창의발명반을 지도한 지도교사로서 창의적 적용능력을 높이 평가합니다.

세 번째는 대한민국 과학축전과 과학봉사활동에서 보여준 적극적인 봉사정신입니다. 본교는 2006년, 2007년에 우리나라에서 가장 큰 과학축제인 대한민국 과학축전에 참가하였고 주변 사람들로부터 호평을 받은 바 있습니다. 2006년도에는 '전통과학 속 과학이야기'라는 주제로 우리 선조들이 발명한 발명품을 제작해 보는 프로그램으로 참여하였고 2007년도에는 '최초의 카메라 옵스큐라'를 재현하여 과학을 사랑하는 많은 학생들로부터 좋은 평을 받은 바 있습니다. 이때 지원자는 2007년 대한민국과학축전에 참가하여 5박 6일 동안 일산 KINTEX에서 과학을 좋아하는 다른 지역의 학생들과 과학에 관한 다양한 주제에 대해 토의하고 부스운영의 문제점에 대한 의견을 나누는 등 적극적인 모습을 보여 주었습니다. 부스운영을 하는 동안 지원자는 뛰어난 언어표현력으로 관람객에게 즐거움을 주는 친화력을 보여 주었습니다. 반면, 강한 내적 신념과 논리적 비판력이 뛰어나 때로는 공격적인 면이 있으나 마음이 여려 상황이 판단되면 재빨리 자신의 처신을 수정하기도 하였습니다. 이와 같이 지원자는 과학에 대한 남다른 애착과 봉사정신이 함양되어 있는 우수한 학생으로 평가합니다. 특히 생활기록부에 기록된 바 2007년 지원자가 1학년 때 봉사활동시간이 124시간이 되기까지 대한민국 과학축전, 전북과학축전, 벽지학생들을 위한 과학캠프 부스운영 등의 과학봉사활동과 태안 기름유출사고현장 기름때 제거, 효경원에서 지속적인 봉사활동 등은 지원자의 봉사정신을 잘 보여준 사례라 하겠습니다.

위와 같은 모든 면에서 지원자를 평가할 때, 과학적 탐구자세가 적극적이고 기본적인 원리나 개념을 중시하며 인지적 지구력을 지니고 있어 우리나라 자연과학의 발달에 당당히 기여할 수 있는 인재로 생각됩니다. 특히 영세한 농사를 주업으로 생활하는 어려운 가정 형편에도 불구하고 학업이나 과학활동에 최선을 다해 노력하는 모습을 볼 때 진한 감동을 받습니다. 귀교와 같이 우수한 여성 과학도를 육성하는 배움의 전당에서 학문적 깊이를 더한다면 미래 한국의 훌륭

한 여성 과학도가 되리라 확신하며 그렇게 되기를 간절히 바라는 마음에서 추천
합니다.

 사례 **3**

▪ 지원자의 특성

> ▸ 지원자의 수학 또는 과학교과의 영재성에 관해 구체적으로 기술하여 주십시오.

지원자는 중학교 재학시절 울산대학교 영재교육원 수학과 출신으로 이미 중
학생 시절부터 수학 분야에 영재성을 인정받은 학생입니다. 저 또한 울산대학교
영재교육원 생물 담당 지도교사와 최종선발위원으로 활동하고 있어서 영재교육
원에 합격하고 수료한다는 것이 얼마나 어려운 일인지 잘 알고 있습니다. 수학
담당 지도 교수님들 또한 얼마나 열정을 가지고 학생들을 지도하는지 바로 곁에
서 지켜보았습니다. 그런 영재교육원에서 수학한 것 자체만으로도 이미 영재성
을 입증받았다고 할 수 있을 것 같습니다. 고등학교에 진학해서도 이공계 진학
을 목표로 과학 동아리에도 가입하여 열심히 활동을 하고 있습니다. 본인의 장
기인 수학실력 향상을 위해 매년 수학경시대회에 참가하여 본인의 실력을 확인
하고 향상시키려는 노력을 꾸준히 하고 있습니다. 과학을 잘하기 위해서는 수학
실력이 바탕이 되어야 합니다. 지원자는 그런 점에서 앞으로 과학 연구 분야에
서 두각을 나타낼 수 있는 재원이라고 생각됩니다. 2학년 때에는 과학탐구대회
와 울산대학교 해양선박 대회 등에 참가하여 수상하는 등 과학 분야에서도 탐구
능력을 기르고 있습니다. 최근 온라인탐구 대회지도 과정에서 반복되는 실험에
도 짜증을 내거나 힘들어하는 기색 없이 실험을 수행하는 모습을 보면서 영재의
특성 중에 하나인 과제에 대한 집착력을 엿볼 수 있었습니다. 10여 년 동안 영재

들을 지도해본 경험으로 볼 때 지원자는 영재의 3가지 특성인 IQ(지능), EQ(창의성), 과제집착력을 골고루 갖춘 학생이라고 생각됩니다.

▸ 지원자의 개인적 특성(학습태도, 생활태도, 장점, 단점)에 관해 기술하여 주십시오.

지원자의 학습태도는 1학년 때에는 그렇게 눈에 띄는 학생은 아니었습니다. 영재원 출신이라는 것을 알고 있었고 지도하는 동아리원이었기 때문에 관심을 가지고 지켜보았지만 수업시간에 두각을 나타내지는 않았습니다. 가끔씩은 수업과 동아리 활동에 별로 흥미가 없는 것이 아닌지 의심스러울 정도로 평범하게 생활하였습니다. 하지만 2학년 때 이과로 나누어지고 2학년들이 동아리 활동의 중심이 되면서부터는 수업시간과 동아리 활동에 임하는 태도가 달라졌습니다. 수업시간에도 적극적으로 대답하거나 관심을 끌 만한 행동은 하지 않지만 눈빛만으로도 수업에 얼마나 집중하는지 알 수 있었습니다. 각종 대회나 봉사활동에도 주도적으로 참여하며 적극성을 보이고 있습니다. 지원자의 단점이라고 생각되는 것은 첫인상이 내성적이고 소극적으로 보인다는 점입니다. 꾸준히 지켜보거나 시험을 치지 않는다면 영재성을 발견할 수 없을지도 모릅니다. 하지만 자신이 원하는 것을 할 때면 적극성을 보이는 것을 알 수 있습니다. 장점은 긍정적인 사고방식입니다. 조금은 느려 보일지 모르지만 항상 긍정적으로 깊이 생각하고 행동합니다. 그래서 화를 내거나 짜증을 내는 것을 본 적이 없는 것 같습니다. 훌륭한 과학자가 되기 위해서는 창의력도 중요하지만 꾸준한 인내와 노력이 훨씬 더 많이 필요하다고 생각합니다. 그런 점에서 지원자는 미래과학자로서 지녀야 할 자질 중에 중요한 하나를 가진 것으로 판단됩니다.

▪ 지원자에 대하여 특별히 참고할 만한 사항(가정환경, 지역환경, 귀교의 특색 있는 교육 과정, 진학현황 등)이 있으면 기술하여 주십시오.

　　본교 교육방침은 올바른 인성을 지닌 학생을 육성하는 것입니다. 이를 위해 아침마다 독서시간을 할애하고 있으며 학교 차원에서 봉사활동을 적극 추진하고 지원하고 있습니다. 그 결과 올해 청소년 자원봉사대회에서 보건복지부 장관상인 대상을 본교 과학동아리 SSC, 봉사동아리 씨밀레가 수상을 하였으며, 교육감상인 최우수상 또한 본교 RCY가 수상을 하였습니다. 본교의 이런 봉사활동은 매체에서도 여러 번 소개되기도 하였습니다. 특히 본교 과학 동아리인 SSC는 각종 대회 수상실적뿐만 아니라 과학봉사활동으로 전국적으로 이름난 동아리입니다. 공부만 잘하는 학생이 아니라 미래 과학자로서 올바른 인성을 지닌 학생을 양성하기 위해 봉사활동에 더 많은 시간을 할애하고 있습니다. 지역에서 개최되는 각종 과학행사에 도우미로 적극 참여하고 있을 뿐만 아니라 매주 토요일 지역아동센터나 양육원을 방문하여 소외된 아이들에게 과학실험 봉사활동을 하고 있습니다. 방과 후를 이용하여 실험할 내용을 연습하고 아이들에게 직접 가르치는 활동을 하고 있습니다. 1학년 때는 선배들의 도우미 활동을 하고 2학년 때는 팀장으로 직접 앞에서 아이들을 가르치는 활동을 하고 있습니다. 이런 활동들의 결과 매년 우수한 대학 진학 결과를 거두고 있습니다. 서울대학교 특기자 전형이나 이화여자대학교 미래과학자 전형을 비롯하여 수시 전형에서 우수한 성적을 거두었습니다. 입학사정관 제도가 본격적으로 도입된 올해에는 본교 개교 이래 처음으로 카이스트와 포스텍에 합격시켰습니다. 2006년 입시에서는 울산에서 서울대학교 최다 합격생을 배출하기도 하고 매년 몇 명씩 보내기는 하였지만 카이스트와 포스텍 입학은 최초입니다. 두 학생 모두 과학반 출신이며 현재 과학반 학생들이 이화여대 우선선발 3명, 성균관대 1명, 울산과학기술대학 2명, 중앙대 1명, 항공대 1명, 원광대 치대 1명 등이 이미 합격을 하였으며 서울대 및 부산대 9명을 비롯하여 많은 대학에서 1차에 합격하고 최종 합격을 기다리고 있는 중입니다. 다양한 포트폴리오를 통해 입학사정관 제도에서 좋은 실적을 거두고 있습니다. 1학년 때부터 꾸준한 준비를 통해 맞춤형 학생지도를 하고 있습니다.

04 연세대학교 합격 추천서

사례1

1. 지원자의 학업능력 또는 학교생활 태도(수업태도, 수업참여도, 교내활동 참여 등) 와 관련하여 고려해야 할 사항이 있다면 경험적 사례를 근거로 구체적으로 기술하여 주십시오.

　제가 본 지원자는 학급 회장으로서의 리더십, 성실성, 책임감을 지니고 있는 학생이었습니다. 생물2의 교과교사로서 지원자를 일주일에 4번을 학급에서 보았습니다. 지원자는 학급 회장으로서 보여야 할 성숙한 리더십을 보여 주었습니다. 수업이 시작하면 교실 전체를 일일이 돌며 졸고 있는 급우들을 깨우는가 하면, 떠드는 친구들을 조용히 시키며 수업 진행을 훨씬 수월하게 만들어 주는 고마운 학생이기도 합니다. 수행평가를 진행할 때나 중간고사와 기말고사를 대비하여 학습 분위기를 만드는 등 성실하고 책임감 있는 면모도 볼 수 있었습니다.

　또한, 우리나라 고등학생의 특성상 특정 교과목을 원서로 공부하는 것은 결코 쉬운 일이 아닙니다. 그런데 지원자는 항상 원서로 생물을 공부하며 모르는 내용이 있으면 제게 질문하였고 저는 답해 주며 많은 보람을 느꼈습니다. 지원자는 제게 짧지만 강하게 학업적으로 성장하는 모습을 보여 주어 매우 인상 깊었고, 연세대학교에서도 변함없이 이런 모습을 보이리라 생각합니다. 지원자는 여러 가지 방면에서 생명공학자의 자질을 갖추고 있습니다. 대학진학 후에도 성장 기대가 큰 학생입니다.

2. 지원자의 창의적 자질과 관련하여 고려해야 할 사항이 있다면 경험적 사례를 근거로 구체적으로 기술하되, 단순히 전반적인 학업성취도에 근거하여 기술하는 것은 지양하여 주십시오.

다음의 사례에서 지원자의 창의적 재량을 강하게 느낄 수 있었습니다. 지원자는 교과 내용 중 식물 광합성 파트에서 벤슨의 실험을 설명하는 그래프에 대해 의문을 제시하고 분석하였습니다. 캘빈회로에 따라 1단계 암실에서 이산화탄소가 공급되었을 때 PGA가 환원되고 CO_2를 제거한 2단계에서 빛이 존재하여 명반응이 이루어지면 포도당이 생성될 것이라는 가설을 세우고 연구계획서를 작성하였습니다. 연구계획서에는 지원자가 구체적인 실험을 설계하였고 실험을 토대로 자신이 예상하는 결과를 추측해 보며 창의성을 발휘하였습니다.

실험에 대해 많은 조사를 하는 과정에서 대학교 교수님들께도 직접 이메일을 보내 실험에 대한 자문을 구하며 끈기 있게 본인이 궁금해하는 내용의 결과를 얻기 위해 노력하였습니다.

지원자가 고등학생임에도 불구하고 적극적으로 창의성을 보이며 상위 교육기관의 멘토들을 찾아 자신이 알고자 하는 내용의 탐구정신을 보여준 것은 일반 학생들에서는 볼 수 없는 행동들이었습니다.

본인이 원했던 결과가 나오지 않았지만 남자답게 그 결과를 받아들이는 모습들도 인상적이었습니다.

3. 지원자의 교육환경(성장과정, 생활여건, 지역적 특성 등)과 관련하여 고려해야 할 사항이 있다면 경험적 사례를 근거로 구체적으로 기술하여 주십시오.

지원자는 인문계 입시성적 1위 ○○고등학교의 재학생으로서 뛰어난 재량을 가진 학생들과 선의의 경쟁을 통해 성장해 왔습니다. 우수한 학생들이 많은 만큼 내신 성적이 탁월한 수준은 아니지만 생명 과학과 공학 분야에서만큼은 뛰어난 감각과 학업성취를 보여 주었습니다. 이공계임에도 불구하고 교내에서 인문계와 겨루어 영어 말하기 대회에서 입상을 할 정도로 말하는 능력과 표현력이 뛰어나며 향후 본인이 연구한 논문의 학술대회 발표에 있어서도 큰 재량을 발휘할 것으로 기대됩니다.

지원자와 몇 번의 대화와 관찰을 통해 알게 된 사실입니다. 일반적으로 강남의 학생들은 많은 학원을 다니는 데 비해 지원자는 6시쯤에 등교하여(일반 학생의 등교 시간은 7시 40분) 스스로 공부하는 것을 즐기는 자기주도적 학습이 잘 체득화된 학생입니다.

항상 원서로 공부를 하던 모습을 보고 당연히 많은 학원을 다니며 학습하리라 생각했었는데 상당히 의외였고, 궁금한 것이 있으면 누구한테든 적극적으로 질문하여 기필코 알고자 하는 끈기를 보였던 것이 다른 학생들에 비하여 매우 우수한 면이라고 생각합니다.

1. **지원자의 학업(학습태도, 학습능력 등), 인성(공동체의식, 도덕성, 가치관 등)의 평가를 위해 고려해야 할 특성이 있다면 구체적인 사례와 함께 기술하여 주시기 바랍니다. 특히 성적이나 다른 객관적인 지표로 드러나지 않는 지원자의 특별한 잠재적 능력이 있다면 기술해 주시기 바랍니다.**

　　지원자의 학습태도는 1, 2학년 때는 약한 체력과 수준별 수업이 아닌 평균 정도의 학생들에게 기준을 맞춘 수업이라서 그런지 그렇게 학습태도가 좋다는 생각은 하지 못했습니다. 하지만 3학년 때 생물2를 수업하면서 수업태도가 눈에 띄게 좋아졌다는 것을 느낄 수 있었습니다. 어려운 내용도 쉽게 이해하는 것을 보면서 집에서 공부를 많이 하거나 영재임에 틀림이 없다고 생각하였습니다. 다년간 영재교육을 해왔고 영재심화연수까지 받았지만 지원자가 영재인지는 사실 잘 알지 못합니다. 다만 야간자율 학습 시간에 병원에 자주 가는 모습을 보면서 다른 친구들보다 부족한 공부시간에도 불구하고 뛰어난 학업성적이 나오는 것으로 보아 영재일 수도 있다는 생각을 합니다. 영재가 아니면 자기 관리를 철저하게 잘할 줄 아는 학생임에 틀림이 없습니다. 치과의사라는 직업은 대표적인 전문직으로 다른 어떤 직업보다도 철저한 자기 관리가 필요합니다. 따라서 사회적 책무가 막중한 치과의사라는 직업에 적합한 특성이라 판단됩니다.

　　지원자가 지원하는 모집단위에서 가장 요구되는 고등학교 교육 과정상의 교과목은 생물 과목이라고 생각됩니다. 내년부터 기존의 '생물'이라는 과목명 대신에 '생명과학'이라는 과목명으로 바뀌게 됩니다. 따라서 생물과목의 학업능력이 지원자가 지원하고자 하는 모집단위의 학습능력과 비례한다고 보면 다른 어떤 학생들보다 뛰어난 학생입니다. 지난 6월 수능 모의고사에서는 본교에서 생물2 과목에서 1등급을 받은 2명 중 한 명입니다. 사실 원리를 차근차근 가르치기에도 시간이 부족하여 범위의 진도를 다 못 나가고 치러진 시험이라 별로 기대도 하지 않았는데 예상외의 높은 성적을 거두어서 놀랐습니다. 국어, 영어, 수학의 경우에는 속진 학습과 과외라도 받지만 과학탐구영역의 경우에는 학교에서 배우고 인터넷 강의를 듣는 것이 교과 공부의 전부입니다. 따라서 진도도 다 나가지 못한 탐구영역에서 그만큼 성적을 거두었다는 것은 지원 분야와 관련해서 뛰어난 능력을 보이는 것으로 판단됩니다. 입학하면서부터 일관되게 가져온 치과의사라는 직업이 단지 부와 명예의 상징이기 때문에 지원하는 것이 아니라 자신과 같이 몸이 불편한 사람에 대한 사랑에서 비롯되었다면 어떤 꿈보다 더 아름답다는 생각이 듭니다.

공부를 좀 잘하는 대부분 학생들의 단점은 개인주의가 팽배하여 공동체 의식과 봉사성이 부족하다는 것입니다. 지원자도 그런 단점이 아예 없는 것은 아닙니다. 하지만 자신의 그런 단점을 알고 극복하기 위해 노력하는 모습이 다른 친구들과는 다른 점입니다. 본교 과학 동아리에서는 활동의 많은 부분을 봉사활동에 할애하고 있습니다. 지역아동센터 아이들에게 과학실험을 가르쳐 준다거나 시민을 대상으로 과학체험 부스운영을 통해 과학문화를 확산하는 활동들을 주로 하고 있습니다. 이런 활동들을 통해 진정한 봉사와 기부라는 것이 단순히 청소를 하거나 돈을 기부하는 것이 아니라는 것을 스스로 깨닫도록 지도하고 있습니다. 진정한 봉사라는 것이 단순히 남을 도와주는 것이 아니라 남을 돕는 과정에서 자신이 보람을 느끼고, 자신이 가진 특기와 재능을 나눔으로써 기쁨을 느낄 수 있다는 것을 지원자는 깨닫고 있음을 많은 활동을 함께하며 느낄 수 있었습니다. 또한 본교 과학 동아리에서는 공동체 의식을 기르기 위해 1학년과 2학년을 한 팀으로 묶어 주제탐구를 통한 세미나 형식의 탐구토론 대회를 개최합니다. 지원자는 팀의 발표자 역할을 맡아 팀원들과 많은 시간을 함께하며 준비하는 과정에서 지원자의 또 다른 모습을 볼 수 있었습니다. 항상 혼자서만 하기를 좋아하는 것이 아니라 발표를 맡은 팀장의 역할을 수행하면서 적절하게 팀원을 배려하는 모습에서 리더십도 엿볼 수 있었습니다. 대회에서 좋은 성적을 거두지는 못했지만 준비하는 과정에서 보여준 팀워크는 다른 어떤 팀에도 뒤지지 않았습니다. 지원자도 고등학교 시절 가장 인상 깊었던 활동으로 기억하는 것을 보면 중간고사 기간임에도 불구하고 많은 시간을 할애하며 준비한 세미나에서 지원자의 잠재력을 엿볼 수 있었습니다.

지원자의 인생관이 어떤지 리더십이 어떤지는 많은 시간을 알고 지내며 많은 활동을 함께해 왔지만 사실 잘 알지 못합니다. 단지 과학탐구발표대회, 과학문화 확산활동, 과학봉사활동 및 과학 탐구활동 등을 지도하면서 느낀 점은 지원자의 풍부한 잠재력입니다. 과학문화 확산활동에서 힘든 줄 모르고 몰입하여 원리를 설명해 주는 열정, 세미나에서 보여준 공동체 의식, 봉사활동에서 보여준 봉사성 등은 지원자의 잠재력을 엿볼 수 있는 활동들입니다. 비록 외모는 작고 어려 보이지만 가지고 있는 잠재력만은 풍부하다는 것을 느낄 수 있습니다. 만약 귀교에서 수학할 기회를 주신다면 귀교를 빛낼 인재로 손색이 없을 것으로 판단되어 추천합니다.

2. 지원자의 교육환경(성장과정, 생활여건, 지역적 특성 등)에서 고려해야 할 특성이 있다면, 구체적인 사례와 함께 기술하여 주시기 바랍니다.

지원자는 입학 후 줄곧 전교 1등을 놓쳐본 적이 없는 학생입니다. 학업능력에 대한 내용은 학생생활기록부에 기재가 되어 있으므로 생략하도록 하겠습니다. 지원자는 다른 친구들에 비해 몸이 약하고 척추측만증이라는 병을 앓고 있습니다. 그럼에도 불구하고 전국에서 가장 많은 과학 활동을 하기로 유명한 본교 과학 동아리에서 다른 친구들과 똑같이 활동하려고 노력하는 열정을 보여 주었습니다. 아침 일찍 시작해서 저녁 늦은 시간에 끝나는 과학활동에서 건강한 학생들도 오후쯤 되면 힘든 표정을 짓곤 합니다. 하지만 지원자는 시민들과 아이들을 대상으로 과학 활동을 하는 순간만큼은 힘든 줄도 모르고 밝은 표정으로 열성적으로 참여합니다. 그래서 가끔 행사가 끝나면 어머니가 데리러 와서 바로 병원으로 가기도 하였습니다. 작년 크리스마스 과학콘서트에서 강연하시던 교수님께서 누군가가 이야기한 내용이라시며 '영재보다 뛰어난 사람은 노력하는 사람이다. 하지만 노력하는 사람보다 더 뛰어난 사람은 즐기는 사람이다'라고 말씀하셨던 기억이 납니다. 모든 일에 열정을 가지고 즐기는 지원자야말로 다른 어떤 학생들보다 뛰어난 학생인 것 같습니다.

05 고려대학교 합격 추천서

 사례1

- 다음의 1, 2번 각 항목에 대하여 지원자를 "V"로 평가하여 주십시오(단, 평가척도 순서는 오른쪽으로 갈수록 우수합니다).

1. 지원자의 학업 관련 영역에 대하여 "V"로 표기하고, 평가에 고려할 만한 사항이 있는 경우 사례 또는 그렇게 평가한 이유를 기술하여 주십시오.

평가항목	미흡	보통	우수함	매우 우수함	탁월함
1) 학업성취도(전 교과)	☐	☐	☐	☐	☐
2) 학업성취도(관련 교과)	☐	☐	☐	☐	☐
3) 수업참여도	☐	☐	☐	☐	☐
4) 분석능력 및 논리력	☐	☐	☐	☐	☐

5) 창의력	☐	☐	☐	☐	☐
6) 학습발표력	☐	☐	☐	☐	☐

▶ 평가항목 중 구체적 사례를 열거할 수 있는 경우 적어 주십시오(띄어쓰기 포함 500자 이내, 굴림체 10포인트).

지원자는 전 교과의 성적이 매우 탁월하여 3학년 전교생 중 석차가 1위입니다. 특히 화학 과목의 경우 내신 성적과 전국모의고사에서 두각을 나타내어 최상위권을 놓친 적이 단 한 번도 없습니다. 모든 교과의 수업시간에 적극 참여하며 학습 플래너를 전 과목에 걸쳐 모두 작성하여 실천할 정도로 자기주도적 학습 능력이 뛰어난 우직한 노력형입니다. 중학교 시절 인도의 국제학교에 2년간 다니면서 습득한 영어 실력과 토론 중심의 다양한 학습 활동 덕분인지 논리적이고 개방적인 사고방식을 지니고 있습니다. 또한 지원자는 자신이 가장 좋아하는 과학교과 분야에서 다양한 활동에도 참가해 포스텍에서 주최한 잠재력 개발 과정 캠프에 한 달여간 참여하면서 다양한 시각의 과학적 활동을 수행하였으며, 본인의 장래 목표를 확고히 다지는 계기를 만들기도 하였습니다. 수업시간에 의문이 가는 내용에 대해서는 반드시 이해하고 가는 타입의 학습 스타일로 모든 교과의 선생님들께서 지원자의 이러한 자세를 칭찬해 주십니다.

2. 지원자의 인성 및 대인관계에 대하여 "V"로 표기하고, 평가에 고려할 만한 사항이 있는 경우 사례 또는 그렇게 평가한 이유를 기술하여 주십시오.

평가항목	미흡	보통	우수함	매우 우수함	탁월함
1) 책임감	☐	☐	☐	☐	☐
2) 성실성	☐	☐	☐	☐	☐
3) 준법성	☐	☐	☐	☐	☐

4) 자기주도성	☐	☐	☐	☐	☐
5) 리더십	☐	☐	☐	☐	☐
6) 협동심	☐	☐	☐	☐	☐
7) 나눔과 배려	☐	☐	☐	☐	☐

▶ 평가항목 중 구체적 사례를 열거할 수 있는 경우 적어 주십시오(띄어쓰기 포함 500자 이내, 굴림체 10포인트).

지원자는 중학교를 국제학교에 다니다가 우리나라의 고등학교로 진학하는 과정에서 6개월가량의 공백 기간이 생기게 되어 다른 학생들보다 한 살이 많습니다. 그럼에도 급우들에게 형이라고 부르지 말고 친구처럼 지내자고 먼저 제안할 정도로 큰 그릇을 가지고 있습니다. 지원자는 다른 사람에게 피해를 주는 일을 제일 싫어합니다. 자신의 역할과 자신이 학급에 기여할 일을 스스로 찾아 매일 아침 가장 먼저 등교해 교실 환기와 주변 쓰레기 정리를 하는 등 학습 분위기 조성에도 큰 역할을 하여 모범학생 표창을 받기도 하였습니다. 지원자는 학급에서도 인기가 가장 많습니다. 자기 자신보다 다른 학생들을 배려해 주는 품성 때문이기도 하겠지만, 지원자는 그러한 생활과 사고방식이 몸에 배어 있습니다. 수업 중에 조는 친구가 있으면 그 학생 옆에 앉아 졸지 않게 시도를 한다거나 야간 자율학습 시간에 학급의 학습 분위기를 조용히 유지할 수 있게 하는 역할을 하는 것은 급우들이 지원자를 좋아하는 이유 중의 하나입니다.

3. 지원자에 대한 종합적인 의견을 간략히 작성해 주십시오.

담임선생님 의견

지원자의 가장 큰 장점은 무엇을 해도 혼자서 하지 않는다는 것입니다. 더불어 할 줄 아는 지원자가 너무나도 대견합니다. 인문계 고등학교에서 공부를 잘하는 학생들을 보면 무엇엔가 쫓기는 듯 자신만의 시간을 갖거나 자기 공부시간에 방해가 되는 일을 잘 하지 않으려는 경향이 있습니다. 하지만 지원자는 오히려 주변의 학생들을 챙기려 하고, 함께 가려 합니다. 지원자의 곁에는 늘 친구들이 있습니다. 점심시간에도 지원자와 함께 밥을 먹으려고 지원자의 주변은 늘 북적입니다. 지원자가 대학을 졸업하고 사회에 진출하게 된다면 분명 우리 사회에 크게 기여하는 일을 할 것이라는 확신을 가지고 있습니다. 이러한 멋진 학생이 더욱 빛날 수 있도록 우리나라 최고의 대학인 고려대학교에서 국제적인 감각을 익힐 수 있는 기회를 주신다면 감사하겠습니다.

담임선생님 서명 또는 날인:

교장 선생님 의견

본교는 2001년에 개교한 비교적 짧은 역사를 가지고 있는 평범한 인문계 고등학교입니다. 주변 환경도 썩 좋은 편은 아니어서 교육 활동에 많은 어려움을 가지고 있습니다. 하지만 본교의 교직원 모두가 하나 된 마음으로 학생들에게 다양한 활동을 전개하려 애를 쓰고 있으며, 높은 진학률을 위해 노력하고 있습니다. 지원자인 박상배 군은 제가 아는 한 전교생 1,200여 명 가운데 으뜸으로 꼽을 수 있는 학생입니다. 이는 비록 성적만으로 박상배 군을 치켜세우려는 것이 아닙니다. ○○○ 군은 심성이 참으로 좋습니다. 저는 평소 학생은 학생다워야 한다는 생각을 늘 가지고 있습니다. 학생답다는 말은 학업에 있어 노력을 게을리해서는 안 되고, 꿈과 미래에 대해 원대한 꿈을 가지고 있어 패기와 젊음의 상징이어야 하며, 어른에 대한 공경심과 조국에 대한 애국심이 있어야 한다고 생각하고 있습니다. 이러한 여러 가지 조건에 적합한 학생이 제가 지금 추천하고 있는 박상배 군입니다. ○○○ 군은 자신에게 주어진 24시간을 효과적으로 잘 계획하여 사용할 줄 알고 있습니다. 늘 학업에 게으름이 없어 고등학교 1학년 때부터 3학년인 현재까지 학업성취도에서 최상위권을 유지하고 있습니다. 또한 자신의 꿈을 설계하기 위해 다양한 활동을 해왔으며 특히 과학 분야에서의 활동이 두드러지게 좋습니다. 경시대회와 토론대회, 대학에서 진행하는 캠프에도 참여하면서 자신과 비슷한 환경의 다른 또래 친구들과의 교류도 게을리하지 않았고, 고등학교 선생님에게서 배울 수 없는 또 다른 분야의 학업 내용을 대학 교수님께 익혀 가며 자신의 꿈을 설계하였습니다. ○○○ 군은 미래사회의 에너지에 대해 많은 생각을 가지고 있었습니다. 점점 사용이 늘어 가는 석유 자원과 원자력 발전과는 달리 새로운 형태의 청정에너지의 개발을 통해 강한 대한민국을 만들어 가는 데 앞장설 수 있는 원대한 포부도 지니고 있었습니다.

저는 늘 바른 인성을 갖춘 창의적인 인재를 양성하기 위해 애를 써왔습니다. 본교 모든 선생님들이 열정을 다해 바른 인성을 갖춘 학생들로 성장하도록 최선을 다해 노력하고 있습니다. 창의적인 인재를 만들기 위해 탐구활동과 체험활동 중심의 과학 교육을 실천하고 있습니다. 최선을 다해 가르쳤습니다. 본교에서 가장 으뜸인 ○○○ 군을 최고의 대학 고려대학교에 보내고자 합니다. 박상배 군이 귀교에서 더욱 훌륭한 학생으로 성장할 수 있도록 좋은 기회를 주셨으면 좋겠습니다. 끝까지 읽어 주셔서 대단히 감사합니다.

교장선생님 서명 또는 날인:

06 한양대학교 합격 추천서

 사례 **1**

1. 지원자가 재학(졸업)한 고등학교의 특징적인 교육방침 혹은 교육과정 등을 기술하
   여 주십시오(띄어쓰기를 포함하여 500자 내외).

   생략.

2. 위의 교육방침과 교육과정이 지원자의 학업과정과 연관성이 있다면 그 내용을 기
   술하여 주시기 바랍니다(띄어쓰기를 포함하여 500자 내외).

   1) 수요자 중심의 방과후교육 활동−지원자는 학교에서 시행하는 여러 가지
      방과후교육 프로그램에 참여하여 부족한 과목의 실력 향상을 위해 애썼음.

2) 교사·선배와 연계한 맞춤형 진로지도—지원자의 관심 분야가 생명 공학
   분야이므로 의사 출신 졸업생의 강연과 IT CEO 출신 졸업생의 강연 두 가
   지를 모두 청강했음.
3) 체계적인 독서지도 및 지속적인 논술교육—논술 분야에 관심이 많아 논술
   시험 시에는 항상 다량의 내용을 쓰는 등 적극적으로 참여했음.
4) 활성화된 특별활동—지원자가 2학년 때 화학반 소속이었는데, 화학반 담당
   교사가 지원자의 적극적이고 성실한 참여를 자주 칭찬했음.
5) 학생회 자치활동
① 한티축제: 지원자는 2학년 때 화학반 동아리의 일원으로, 화학반 전시회
   준비 및 행사에 솔선수범했음.
② 간부학생 워크숍 및 학부모 간담회: 간부학생으로서 기본 소양 교육을 성
   실히 교육받았으며, 좋은 학교 만들기 운동에도 적극적으로 참여했음.

**3. 지원자의 기초학업능력, 개인적 및 사회적 인성, 진학 동기와 전공적합성, 잠재력
과 성장 가능성 등을 중심으로 구체적으로 기술하여 주시기 바랍니다(띄어쓰기를
포함하여 800자 내외).**

지원자는 2년 동안 제가 담임을 하면서 함께한 시간이 많아 다른 학생들보다
더 많은 교류가 있었던 학생입니다. 항상 밝고 축구도 잘해 친구들에게 인기가
좋았습니다. 중학교 때는 전교 부회장을 하였고, 고교에서도 학급부회장 역할을
충실히 이행하는 것을 보면서 책임감이 아주 뛰어남을 직접 느낄 수 있었습니
다. 또한 말을 조리 있게 잘하고 효과적으로 의사를 전달할 수 있는 능력이 뛰어
나 친구들을 설득하여 학급을 잘 이끌어 가는 리더십도 볼 수 있었습니다. 이런
점을 종합해볼 때 지원자는 다분히 예비 지도자의 면모가 느껴지는 학생입니다.
수업시간에는 수업을 경청하는 태도가 아주 좋습니다. 또한 수업시간을 활기
차게 만드는 능력이 있는 학생입니다. 예컨대, 보통 고교생들은 수업시간에 공

개적으로 질문을 하면 대답을 하지 않는 경우가 일반적입니다. 그런데 지원자는 질문에 대답을 잘하고, 창의적인 질문과 수업에 관련된 재미있는 유머도 시기적절하게 하여 수업시간을 아주 활기차게 한 적이 많습니다.

잠재력 또한 출중하다고 생각합니다. 창의력 올림피아드에서 훌륭한 성적을 내고 국가대표로 국제대회에 참가할 정도의 경력이 이를 잘 나타내고 있습니다. 사실 저는 지원자가 창의력 올림피아드에 참가하고 수상한 실적이 있었던 것을 조금 나중에 알았습니다. 순발력과 재치가 뛰어나 '아! 머리가 좋은 학생이구나!' 정도로만 알고 있었는데, 나중에 창의력 올림피아드에서도 우수한 성적을 낸 사실을 알고 나서, '아! 역시 다른 학생들과 차별화된 경력이 있었군!'이라고 생각했던 기억이 납니다.

지원자는 작년 기준 일반계 고에서 최상위권 대학의 합격자를 가장 많이 배출한 학교에서 수학한 관계로 최상위권의 내신 성적을 거두지는 못했습니다. 그러나 창의력만큼은 교내 어떤 학생과 비교해도 뒤떨어지지 않을 경력과 노력을 보여 줬습니다. 또한 이른 나이에 서울로 유학해 생활해온 자립심이 강한 학생입니다. 혼자서 알아서 하는 습관 덕분인지 다른 학생들에 비해 자신의 미래와 앞으로의 계획에 대하여 깊이 있는 성찰이 이루어졌고, 이는 학교에서의 생활 태도로 나타나 타 학생에 비해 훨씬 성숙한 면모를 보입니다. 온실 속의 화초가 아닌 야생화에서 느껴지는 도전 정신과 모험심을 갖고 이론만이 아닌 몸으로 실천하는, 일반 고교생 중에서는 쉽게 볼 수 없는 학생이기도 합니다.

한양대학교의 입학사정관전형이 잠재력이 뛰어나고 창의성과 리더십을 갖춘 학생을 선발하는 전형으로 알고 있습니다. 일반 학생들이 순발력과 창의성, 리더십까지 갖추기란 쉬운 일은 아닙니다. 그런데 저는 바로 지원자가 그런 재능과 가능성을 가진 학생이라고 확신합니다.

한양대학교는 지원자와 같은 "미완의 大器"를 보석으로 만들어낼 수 있는 대단한 교육 기관임을 잘 알고 있습니다. 부디 지원자가 최고의 대학에서 수학할 수 있기를 마음속 깊이 바라며, 지원자를 자신 있게 적극적으로 추천합니다.

1. 지원자의 개인적 · 사회적 인성에 대한 사항입니다. 개인적 · 사회적 인성 부문에 대해서 아는 것이 있다면 구체적으로 기술해 주시기 바랍니다(띄어쓰기를 포함하여 500자 내외).

영역	평가 항목	매우 낮다	낮다	보통이다	높다	매우 높다	평가 불가능
개인적 인성	인내심	☐	☐	☐	☑	☐	☐
	의지력	☐	☐	☐	☑	☐	☐
	실천력	☐	☐	☐	☐	☑	☐
	자율성	☐	☐	☐	☐	☑	☐
	책임감	☐	☐	☐	☐	☑	☐
	집중력	☐	☐	☐	☑	☐	☐
	자아관	☐	☐	☐	☐	☑	☐
사회적 인성	시민의식	☐	☐	☐	☑	☐	☐
	리더십	☐	☐	☐	☐	☑	☐
	협동심	☐	☐	☐	☐	☑	☐
	희생정신	☐	☐	☐	☐	☑	☐
	봉사정신	☐	☐	☐	☐	☑	☐
	성실성	☐	☐	☐	☑	☐	☐

　　추천자는 2년 동안 학급 실장으로서 체육대회, 학교축제, 학급봉사활동에서 보여준 성실성과 남다른 봉사정신은 칭찬할 만합니다. 또한, 지원자의 학교생활에서 보여준 태도는 다른 급우들로부터 신뢰를 받고 선생님들에게도 좋은 평가를 받는 등 요즘 학생들과 조금은 다른 학생입니다. 저희 반은 학기 초 다른 반

에 비해 학생들의 잦은 전출입으로 다소 혼란스럽고 단합이 잘 안 되는 반이었습니다. 그래서 학생들을 인솔하여 행려병자들만 수용되어 있는 전주에 있는 엠마오 사랑병원에서 봉사활동을 하였습니다. 이때, 지원자는 냄새나고 아이 같은 행동을 하는 노인들에게 정말 성심성의껏 보살피는 것을 보았습니다. 특히 대변을 침대에 보고 만지작거리고 있는 할머니의 손을 닦아 주던 모습은 지금도 저에게 잔잔한 감동으로 자리 잡고 있습니다. 더욱 칭찬할 만한 일은 다른 학생들과 달리, 그 후 지속적으로 엠마오 사랑병원에서 봉사활동을 했다고 합니다. 이러한 지원자의 말보다 행동으로 보여 주는 지도력으로 저희 반은 교내 체육대회에서 1등, 학교축제 반 장기자랑에서 1등을 하는 등 담임교사인 저에게 아주 즐거운 추억을 남겨 주었습니다.

2. 지원자의 지원 전공과 관련하여, 진학 동기, 목표 의식, 가치관 및 성장 가능성에 대해 구체적으로 기술해 주시기 바랍니다(띄어쓰기를 포함하여 500자 내외).

영역	평가 항목	매우 낮다	낮다	보통이다	높다	매우 높다	평가 불가능
	진학 동기	☐	☐	☐	☐	☑	☐
	목표 의식	☐	☐	☐	☐	☑	☐
	가치관	☐	☐	☐	☑	☐	☐
성장 가능성	개인적 자기실현 가능성	☐	☐	☐	☑	☐	☐
	사회적 자기실현 가능성	☐	☐	☐	☐	☑	☐
	전공 일치도	☐	☐	☐	☐	☑	☐
	전공 적성	☐	☐	☐	☐	☑	☐

추천자는 2006년 전국 창의력 올림피아드 지도교사로서 지원자를 근접에서 인성, 가치관, 잠재력, 성장 가능성 등을 관찰할 수 있었습니다. 2006년 여름에 개최된 전국 창의력 올림피아드 대회를 준비하는 과정에서 보여준 지원자의 창의성과 도전정신은 매우 우수했다고 평가합니다. 본 대회는 주제가 주어진 도전과제와 즉석에서 주어지는 현장과제로 나누어 평가하는 대회입니다. 먼저, 도전과제는 '역사 속으로의 발명여행'으로 지원자는 대본작성과 의상과 소품을 담당하였습니다. 전주의 전통한지를 소재로 한지 활용 면에서 과거, 현재, 미래를 조명하는 대본으로 지역의 특산품을 소재로 전통과학의 소중함과 미래의 환경오염 방지할 수 있는 새로운 소재임을 부각시켜 호평을 받았습니다. 특히, 모든 소품과 복장을 한지로 제작하자는 아이디어는 저희가 다른 팀과 분명 차별화된 전략이었습니다. 평소 의복이나 각종 소품에 관심이 많아 이러한 아이디어를 제시한 것으로 사료됩니다. 이러한 노력으로 본교 가라사니팀은 도전과제에서 최고상인 금상과 도전과제에서 최고상인 장영실상, 그리고 최우수팀으로 선정되어 국외연수를 다녀온 바 있습니다. 이와 같이 독특한 창의적 사고를 가진 지원자가 귀교의 생활과학부에서 수학한다면 미래의 창의적인 인물이 되리라 확신합니다.

07 경희대학교 합격 추천서

 사례 **1**

1. 세계시민의식을 갖춘 실천적 세계인

가. 평가 항목(지원자는 학교의 다른 학생과 비교하여 아래의 항목 중 어디에 해당합니까? 해당하는 칸에 √표시를 해주십시오.)

평가항목	평가 불가능	보통 이하 (평균 이하)	보통 (평균)	우수 (11~20%)	특별 (6~10%)	매우 특별 (2~5%)	탁월 (상위 1%)
리더십	☐	☐	☐	☐	☐	☑	☐
봉사정신	☐	☐	☐	☐	☐	☑	☐
외국어능력	☐	☐	☐	☐	☑	☐	☐

▶ '세계시민의식을 갖춘 인재'의 위 세부 평가 항목에 대한 구체적인 평가 근거와 사례를
적어 주십시오.

지원자는 2학년 2학기 때 학급 반장을 한 적이 있었는데, 본교는 학급 반장의
역할 중 하나인 이동수업 시 문단속을 철저히 하여 도난사고를 예방하는 역할
이 있습니다. 하지만 지원자는 그냥 문단속만 하는 게 아니라 급우들의 고가품
및 중요한 물품을 일일이 목록에 기록하여 리스트를 만들어 급우들에게 짬짬이
개인 물품 단속을 시켰고 지원자 특유의 명랑함과 적극성으로 급우들과의 관계
도 좋아 그해에 'ㅇㅇ지킴이'라는 학급상을 탈 기회를 갖게 되었습니다. 또한 지
원자는 교내·외에서 많은 활동을 하지는 않았지만 본교의 댄스 동아리 'LEN'의
부원으로서 교내 체육대회와 장애인 농구대회 오프닝 행사에 참가하여 공연을
하면서 본인의 끼를 발산할 수 있는 계기를 마련하였습니다. 고3 학생이 춤춘다
고 야간자율학습시간에 자습을 빼 달라고 찾아왔을 때 제 귀를 의심할 만큼 의
아해했지만 소중한 자습시간을 쪼개서 남들에게 봉사하고 싶다는 지원자의 말
에 순순히 허락한 적이 있습니다. 또한 지원자는 'RCY' 부원으로서 아동지역센
터 '징검다리'에서 아동들을 지도하는 봉사를 하였고, 본교에서 실시하는 태연재
활원에서 생활인들과 함께 체육활동과 식사준비를 하면서 뇌성 장애인들에 대
한 편견을 해소할 수 있는 계기를 마련하기도 했습니다. 지원자는 또한 한비야
의 "지도 밖으로 행군하라"를 읽고 지구상에 사는 어려운 사람들을 돕고 싶다는
생각에 2009년부터 월드비전 국외아동(책 전체에서 해외를 국외로) 후원단체에
가입하여 용돈을 아껴 매달 3만 원씩 기부할 만큼 생각이 깊습니다. 지원자의
내신 영어 성적은 1학년 때는 1등급이었으나 3학년 때는 영어독해 3등급, 영어
회화 2등급으로 그다지 좋지는 않습니다. 하지만 홀로 토익 공부를 하면서 교내
영작 대회에서 우수상, 모의 토익대회에서 장려상(860점)을 받았고 정기 모의토
익시험에서는 910점이라는 점수를 받을 만큼 나름대로 열심히 하였습니다.

2. 학문적 수월성을 갖춘 실용적 전문인

가. 평가 항목(지원자는 학교의 다른 학생과 비교하여 아래의 항목 중 어디에 해당합니
까? 해당하는 칸에 √표시를 해주십시오)

평가항목	평가 불가능	보통 이하 (평균 이하)	보통 (평균)	우수 (11~20%)	특별 (6~10%)	매우 특별 (2~5%)	탁월 (상위 1%)
학업적성	☐	☐	☐	☐	☐	☑	☐
의사소통 및 표현능력	☐	☐	☐	☐	☐	☐	☑
협동심 및 대 인관계능력	☐	☐	☐	☐	☐	☑	☐

나. 평가 근거

▶ '학문적 수월성을 갖춘 인재'의 위 세부 평가 항목에 대한 구체적인 평가 근거와 사례를
적어 주십시오.

　　1학년 말 지원자가 계열선택에 있어 고민을 할 때 적성과 성적으로 보아 문과
를 권유하였지만 지원자는 문과 기질을 가지고 이공계 산업경영 쪽으로 진출한
다면 문과의 감성적인 가슴과 이과의 이성적인 머리가 만나 신나고 즐거운 회사
를 경영하여 생산성을 높이고 불량률을 줄여 고용주와 고용인이 모두 살맛이 나
는 곳으로 만드는 산업경영인이 되고 싶다고 하였습니다. 지원자는 전체 성적
이 상위 4%에게만 주어지는 교과 우수상이 21개나 되며, 각종 교내상이 5개이
고 교외상도 2개를 받았습니다. 먼저 교과 우수상을 살펴보면 국어가 2개, 영어
3개, 과학 5개, 사회가 4개입니다. 따라서 인문계 과목(국어, 영어, 사회)이 9개
이고 과학 과목이 5개인 것을 보면 표면적으로도 지원자는 인문계적 자질이 더
많다고 볼 수 있습니다. 지원자는 아침 자습시간을 이용하여 매일 학습 플래너
를 작성하여 그날 달성해야 할 학습 분량 및 해야 할 일과 친구 생일 등을 꼼꼼

히 체크하는 습관을 가지고 있으며 이를 실천하려고 노력을 하고 있습니다. 플래너 작성한 것을 살펴보면 보통 학생들은 과도한 학습량을 계획하지만 지원자는 정말 실천할 만큼의 학습량만 계획을 세워 실천하고 있으며 사실 지원자는 꾸준히 앉아서 묵묵히 공부만 하는 스타일이 아니라 다른 활동도 병행하는 스타일이며 학습량에 비해 성적이 잘 나오는 것을 보면 학습 플래너를 통한 계획적이고 효율적인 시간관리 때문이라 판단됩니다. 그리고 지원자는 본교에서 실시하는 '독서인증제 1급'을 받았습니다. 이는 연간 필독도서 10권을 포함하여 30권 이상을 읽으면 이수증을 발급하는 제도입니다. 하지만 단지 읽은 것으로 끝내는 것이 아니라 해당 학년 국어과 수행평가에서 읽은 책의 독후감을 제출하여 평가를 받아 점수가 주어져 읽었는지를 검증하고 있습니다. 이러한 왕성한 독서 때문에 교내 논술대회에서 우수상과 청소년 백일장에서 차상을 받기도 하였습니다. 그리고 지원자는 지난 체육대회 때 응원석에 가만히 앉아 있지 않고 앞으로 나와 응원을 함께 할 수 있도록 도와 응원 최우수상을 타는 데 기여를 하였습니다. 또한 본교 과학반은 울산대회에서는 물론이고 전국대회에서도 대상을 탈 만큼 유명하여 해당 학생들은 과학반 부원으로서의 자부심도 대단합니다. 따라서 과학반이 아닌 지원자가 과학반 학생들과 잘 어울려 몇 번 대회에도 참가하여 상을 타기도 할 만큼 대인관계는 원만합니다.

3. 인문학적 소양을 갖춘 창조적 문화인

가. 평가 항목(지원자는 학교의 다른 학생과 비교하여 아래의 항목 중 어디에 해당합니까? 해당하는 칸에 √표시를 해주십시오.)

평가항목	평가 불가능	보통 이하 (평균 이하)	보통 (평균)	우수 (11~20%)	특별 (6~10%)	매우 특별 (2~5%)	탁월 (상위 1%)
창의적 문제 해결능력	☐	☐	☐	☐	☐	☑	☐
자기 관리 및 개발 능력	☐	☐	☐	☑	☐	☐	☐
문화 예술적 소양	☐	☐	☐	☐	☑	☐	☐

나. 평가 근거

▶ '인문학적 소양을 갖춘 인재'의 위 세부 평가 항목에 대한 구체적인 평가 근거와 사례를 적어 주십시오.

　지원자는 과학반이 아님에도 과학대회에 참가하기도 하였습니다. 비록 상을 타지는 못하였지만 교내 생물 경시대회와 교내 구조모형경진대회에 참가할 정도로 열의가 있으며, 이를 바탕으로 울산 학생 발명품 경진대회 생활과 과학 부문에서 휴대용 자가발전 렌즈 진동 세척기를 발명하여 은상을 수상하였습니다. 지원자에게 대회에 출전하게 된 계기를 물어 보니 2학년 때 읽은 "정재승의 과학콘서트"에서 힌트를 얻었다고 합니다. 이 책은 지원자에게 실생활에 일어날 수 있는 이야기를 과학적으로 분석할 수 있도록 도움을 주었으며 그 결과 평소 손을 쓰지 않고 간단하게 안경을 닦을 방법이 없을까 고민하다가 출전하게 되었다고 합니다. 그리고 앞에서도 언급했던 댄스 동아리 'LEN'이 체육대회 및 장애인 농구단 개회식에서 오프닝 안무를 했는데 이는 전적으로 한 팀인 6명이서 창작을 한 것이라고 합니다. 또한 지원자는 학교생활만 한 게 아니라 교외 활동도 종종 했습니다. 대한 적십자사 울산광역시지사에서 주관하는 응급처치법 일반 과정을 수료하였고 울산대학교 WISE 울산지역센터에서 건축학과 탐방을 하였습니다. 그리고 한국과학 창의재단에서 실시하는 여러 가지 체험과정에도 참가하였고, EBS 학생 검사단으로 차출되어 EBS 10주 완성 물리1 책을 학생의 관점에서 완성하는 데 일조를 하기도 하였습니다. 이에 앞서 지원자는 각종 참고서나 문제집에 있는 오류나 오타를 발견하여 해당 출판사에 지적한 후 부상으로 문제집을 받았다고 자랑을 할 만큼 오류나 문제점을 집어낼 수 있는 예리함도 겸비하고 있습니다.

지원자의 문화 예술적 소양에 대해서는 특별히 할 말은 없지만 보통 학생들처럼 연극과 영화 및 독서를 즐기는 편입니다. 결론적으로 지원자는 성적과 창의성이 아주 우수한 편은 아닙니다. 하지만 2년 7개월을 지켜보면서 지원자는 집중력과 자기 관리가 뛰어나 공부하는 양에 비해서 성적이 잘 나오는 편이며 한 가지 일에 관심을 가지면 끝까지 완수해 나가는 끈기가 있습니다. 만약 귀교에서 수학할 기회를 주신다면 특유의 긍정적인 마인드로 4년 뒤 훌륭한 산업경영인이 한 명 더 탄생할 거라 확신합니다.

사례 2

네오르네상스 전형: 예비발굴인재 정보디스플레이 학부(과)

1. 세계시민의식을 갖춘 실천적 세계인

가. 평가 항목(지원자는 학교의 다른 학생과 비교하여 아래의 항목 중 어디에 해당합니까? 해당하는 칸에 √표시를 해주십시오.)

평가항목	평가 불가능	보통 이하 (평균 이하)	보통 (평균)	우수 (11~20%)	특별 (6~10%)	매우 특별 (2~5%)	탁월 (상위 1%)
리더십	☐	☐	☐	☐	☐	☑	☐
봉사정신	☐	☐	☐	☐	☐	☑	☐
외국어능력	☐	☐	☐	☐	☑	☐	☐

나. 평가 근거

▸ '세계시민의식을 갖춘 인재'의 위 세부 평가 항목에 대한 구체적인 평가 근거와 사례를 주십시오.

1) 2학년 때 반장 활동을 하면서 학년 담임이 아니었기 때문에 반장으로서 반 성적에 어떤 영향을 미쳤는지는 잘 모르겠지만 수업시간에 들어가 보면 다른 어떤 반보다 반 분위기를 활기차게 만들었습니다. 과학반 활동을 할 때에도 지원자가 속한 팀은 다른 어떤 팀보다 활기찬 모습을 볼 수 있었습니다. 카리스마 넘치는 리더십이 아닌 부드러운 리더십으로 다양한 팀 활동을 하면서 특유의 친화력으로 주변 사람들에게 푸근한 인상을 주는 학생입니다.

2) 본교 과학 동아리는 전국에서 최초로 소외계층을 위한 과학교실을 개최한 동아리입니다. 아이들에게 과학을 이용한 수업을 동아리원들이 직접 지도하면서 아이들에게 과학적인 마인드를 길러주는 활동입니다. 지원자는 이 과학봉사활동을 다른 어떤 학생들보다 좋아하였습니다. 그 외에도 다양한 행사에서 시민들이나 아이들에게 과학원리를 설명하며 만들어 가는 과정을 힘든 줄 모르고 열심히 하는 모습을 보곤 합니다. 봉사활동이 남을 위한 활동이 아닌 자신을 위한 활동임을 알고 진정한 봉사의 의미를 아는 학생입니다.

3) 외국어 능력에 대해서는 검정해볼 기회나 구체적인 사건이 없고 내신 성적만으로 판단한 결과이므로 구체적으로 작성하는 것은 생략하도록 하겠습니다.

2. 학문적 수월성을 갖춘 실용적 전문인

가. 평가 항목(지원자는 학교의 다른 학생과 비교하여 아래의 항목 중 어디에 해당합니까? 해당하는 칸에 √표시를 해주십시오)

평가항목	평가 불가능	보통 이하 (평균 이하)	보통 (평균)	우수 (11~20%)	특별 (6~10%)	매우 특별 (2~5%)	탁월 (상위 1%)
학업적성	☐	☐	☐	☐	☐	☑	☐
의사소통 및 표현능력	☐	☐	☐	☐	☐	☐	☑
협동심 및 대인관계능력	☐	☐	☐	☐	☐	☑	☐

나. 평가 근거

▶ '학문적 수월성을 갖춘 인재'의 세부 평가 항목에 대한 구체적인 평가 근거와 사례를 적어 주십시오.

1) 다른 대부분의 학생들이 마찬가지지만 지원자도 딱히 자신에게 맞는 적성이 무엇인지 발견하지는 못한 듯합니다. 물론 급할 것이 없고 무엇을 해도 잘할 수 있다는 생각은 들지만 아직 다양한 경험을 해보지 못하였기 때문이라는 생각이 들지만 이러한 문제는 지원자뿐만 아니라 대한민국 모든 고등학생이 입시 위주의 교육을 받기 때문이라는 생각이 듭니다. 지원자는 팀별 세미나를 하는 과정에서 컴퓨터 앞에 앉아서 시간을 보내고 PPT 자료를 만드는 것을 좋아하므로 지원자의 학업 적성과 일치하는 것 같습니다. 다른 분야에서 또 자신이 하고 싶은 일을 발견한다면 또 그 일에 빠지겠지만 그 일을 찾기까지는 지원자의 적성에 맞는 것 같습니다.

2) 푸짐한 덩치와 특유의 넉넉함 때문에 농담 삼아 맏며느리감이라고 하였더니 8살밖에 되지 않은 저희 장남에게 시집 올 거라며 시아버지라고 부르고 있는 학생입니다. 친구들과도 상대방이 기분 나쁘지 않게 자신의 의사를 전달하는 능력을 가진 학생입니다. 반장도 그런 지원자의 특성을 반 학생들이 인정하였기 때문에 선출된 것이라고 생각됩니다. 세미나를 통해서 선출되는 과학탐구토론대회에서도 학교 대표로 선발되어 수상도 하였습니다. 탐구토론대회는 자신들의 연구를 발표하고, 다른 팀의 연구결과에 대해 반론하며 발표와 반론하는 것을 지켜보면서 평론까지 하는 대회입니다. 적지 않는 대회 준비기간과 대회과정을 거치면서 지원자의 의사소통 및 표현능력은 더욱더 향상되었을 것으로 생각됩니다.

3) 협동심과 대인관계 능력은 앞서 리더십과 의사소통 및 표현능력에서도 언급하였듯이 항상 활기찬 모습으로 팀원들 간의 화합과 교우관계를 형성하

는 학생입니다. 지원자의 많은 특성 중에서도 주변에 항상 많은 친구로 둘러싸여 있는 모습을 보면 대인관계 능력은 탁월한 것 같습니다. 선생님들과 원만한 관계를 유지해서 성적이 원하는 만큼 나오지 않는 것을 제외하고는 모자람이 없는 학생입니다.

3. 인문학적 소양을 갖춘 창조적 문화인

가. 평가 항목(지원자는 학교의 다른 학생과 비교하여 아래의 항목 중 어디에 해당합니까? 해당하는 칸에 √표시를 해주십시오)

평가항목	평가 불가능	보통 이하 (평균 이하)	보통 (평균)	우수 (11~20%)	특별 (6~10%)	매우 특별 (2~5%)	탁월 (상위 1%)
창의적 문제 해결능력	☐	☐	☐	☐	☐	☑	☐
자기 관리 및 개발 능력	☐	☐	☐	☑	☐	☐	☐
문화 예술적 소양	☐	☐	☐	☐	☑	☐	☐

나. 평가 근거

 ▸ '인문학적 소양을 갖춘 인재'의 위 세부 평가 항목에 대한 구체적인 평가 근거와 사례를 적어 주십시오.

1) 창의적 문제 해결력은 학교 대표로 선발되어 출전한 과학탐구토론대회 과정에서 엿볼 수 있었습니다. 다양한 과학적 탐구를 통해서 문제를 해결하는 모습을 볼 수 있었습니다. 주제가 최근에 가장 이슈가 되고 있는 대안 에너지에 대한 내용입니다. 수업시간에 배운 전자기 유도 현상을 이용하여 자가

발전기를 만들어 내는 과정에서 다양한 창의적인 문제해결력을 엿볼 수 있었습니다. 그 결과 은상이라는 큰 상을 수상하기도 하였습니다. 과학부스 운영 시에도 다른 친구들은 부족하거나 문제에 부딪치면 지도교사인 저를 먼저 찾지만 지원자는 스스로 해결하기 위해 노력합니다.

2) 자기 관리 및 개발 능력은 다른 능력에 비해 다소 떨어집니다. 너무 긍정적인 사고와 급할 것이 없는 성격 탓에 자기 관리와 능력 개발에 소홀한 점이 있습니다. 제 딸에게도 항상 이야기하지만 자기 관리는 여러 가지가 있는데 지적 능력을 함양하는 것이 가장 중요하고 그다음으로 체력과 외모 관리라고 말합니다. 물론 타고난 외모는 부모로부터 물려받은 것이라 어쩔 수 없지만 인상이라든지 체형은 본인의 노력에 의해 얼마든지 바뀔 수 있다는 것이 제 생각입니다. 그런 점에서 보면 지원자에게 있어서 가장 아쉬운 점은 자기 관리 능력인 것 같습니다.

3) 문화 예술적 소양은 노래와 춤을 좋아하고 각종 응원할 때 보여 주는 몸짓을 통해 판단할 수밖에 없으므로 생략하도록 하겠습니다.

사례 3

1. 지원자의 학업 관련 영역이 3학년 전체 계열 학생과 비교하여 아래의 항목 중 어디
   에 해당합니까? 해당하는 칸에 "V" 표시를 해주십시오.

평가항목	평가 불가	미흡 (평균 이하)	보통 (평균)	우수함 (11~20%)	매우 우수함 (2~10%)	탁월함 (상위 1%)
1) 학업성취도 (전 교과)	☐	☐	☐	☑	☐	☐
2) 학업성취도 (관련 교과)	☐	☐	☐	☐	☑	☐
3) 수업참여도	☐	☐	☐	☐	☐	☑
4) 분석능력 및 논리력	☐	☐	☐	☐	☐	☑
5) 창의력	☐	☐	☐	☐	☐	☑
6) 발표력	☐	☐	☐	☐	☐	☑
7) 학업적성	☐	☐	☐	☐	☐	☑
8) 외국어능력	☐	☐	☐	☐	☐	☐

▶ 위 세부평가 항목에 대한 구체적인 평가 근거와 사례를 적어 주십시오(300~1,500자
  이내).

　학생은 수학과 과학에 대한 관심이 남다르다고 생각합니다. 학생은 교내에
서 실시하는 교내수학경시대회에서 전체 학생 가운데 우수상(2위)을 수상하였
습니다. 1학년 학생임에도 불구하고 선배 학생들과 당당히 겨루어 입상할 정도
의 실력도 갖추고 있습니다. 수학 교과목에 나오는 전반적인 내용을 담은 문제

지를 푸는 과정인데, 이를 해결할 정도로 수학에 남다른 실력을 갖춘 우수한 학생입니다. 뿐만 아니라 교내에서 실시하는 '수학골든벨 대회'에서도 수상(5위)할 만큼 수학에 남다른 관심을 가지고 있습니다. 또 1학년 때, 교외에서 실시한 KMC(수학경시대회)에서도 장려상을 수상할 만큼의 실력을 객관적으로 인정받기도 했습니다. 이러한 결과에는 학생의 평소 학습 습관인 분석 능력과 논리력을 갖춘 것이라 판단됩니다.

수학뿐만 아니라 과학에 대한 탐구심도 우수한 학생입니다. 교내에서 실시하는 '연구과제보고서 발표 대회(공동수상 3인)에서 장려상(3위)을 수상했습니다. 연구과제는 '온몸의 털'에 관한 발표를 했습니다. 내용은 인체에서 '털의 기능'을 발표했는데, 털은 독성 물질을 제거하는 기능과 신체와의 마찰을 줄여 주는 기능 등에 대한 연구였습니다. 이는 평소 지나치기 쉬운 신체의 기능을 살피는 태도라고 생각됩니다. 학생의 이러한 활동은 협동심과 탐구심, 그리고 세심한 태도는 21세기가 점점 치밀하고 세분화되어 가는 시대에 꼭 필요한 인재 요건이라 생각됩니다. 교내에서 실시한 '체험 활동 보고서 경진대회'에서 우수상(2위)을 수상하였습니다. 내용은 '무제치 늪의 생태 환경 관찰'이었는데, 특히 답사를 통해 식물 사진을 찍고, 식물에 대해 공부하는 것이었고, 이를 통해 자연 생태의 소중함을 느꼈다고 합니다. 이는 환경을 중시하는 오늘날에 학문을 하고자 하는 학생으로서 지켜야 할 기본적인 소양인 창의성과 발표력이 있다고 판단됩니다.

이처럼 학생은 과학과 수학에 대한 탐구 자세와 기본적인 소양을 갖춘 학생이기에, 미래의 잠재 능력을 발휘할 수 있도록 기회가 주어졌으면 합니다.

2. 지원자의 인성 및 대인관계 영역이 3학년 전체 계열 학생과 비교하여 아래의 항목 중 어디에 해당합니까? 해당하는 칸에 "V" 표시를 해주십시오.

평가항목	평가 불가	미흡 (평균 이하)	보통 (평균)	우수함 (11~20%)	매우 우수함 (2~10%)	탁월함 (상위 1%)
1) 책임감과 성실성	☐	☐	☐	☐	☐	☑
2) 준법성	☐	☐	☐	☐	☐	☑
3) 자기주도성	☐	☐	☐	☐	☐	☑
4) 리더십	☐	☐	☑	☐	☐	☐
5) 협동심	☐	☐	☐	☐	☐	☑
6) 나눔과 배려	☐	☐	☐	☐	☐	☑
7) 문화 예술적 소양	☐	☐	☐	☑	☐	☐

▶ 위 세부평가 항목에 대한 구체적인 평가 근거와 사례를 적어 주십시오(300~1,500자 이내).

　　학생을 오랫동안 보아온 교사로 학생을 한마디로 표현하자면, '성품이 온순하며, 매사에 성실한 학생으로 주어진 일에 최선을 다하고 원만한 성격의 학생'입니다. 특히 교우 간에 신망이 두텁습니다. 2학년 때, 학생이 교실에서 넘어져 왼팔을 크게 다쳐 수술을 했습니다. 이때 병원에 있을 때 많은 급우가 찾아와서 위로를 받았을 만큼 원만한 급우 관계를 유지하였음을 알 수 있었습니다. 또 퇴원 후, 학생의 통원 치료를 받을 때였는데도 항상 웃으며 인사하는 모습을 보았습니다. 1학년 담임 때, 제게 남은 인상 가운데 하나는 학교에서 이루어지는 교과 수업시간에 집중하는 모습을 보았습니다. 또 하나의 기억은 항상 긍정적인 생각을 가지고 생활하는 학생이었다는 점입니다.

　　3학년 동급생이 다리를 심하게 다쳐서 3개월간 목발을 짚고 다녔는데, 급우를 위해 학교 급식 시간에 식기를 드는 것을 도와주었을 정도로 성품이 온순하며, 급우 간에 우정이 돈독한 학생입니다.

3. 위 항목 이외에 지원자를 평가할 때 고려할 만한 사항(지원자의 장점과 단점, 경험과 활동 등)이나 추천하는 이유를 자유롭게 기술해 주십시오(300~1,500자 이내).

1학년 담임이었을 때, 기억에 남은 인상은 학생이 밝게 웃는 모습이었습니다. 이때 수학과 과학에 대해 열심히 공부하는 모습을 보았습니다. 쉬는 시간이면 학생들이 구석구석 휴지를 버려 담임인 저는 늘 신경이 쓰이는 구역이었습니다. 그래서 성실하고 책임감이 있는 학생에게 1층에서 6층까지 계단 청소를 맡겼는데, 누구의 눈치 보지 않고 열심히 청소하는 모습을 보면서 매사에 매우 성실하고 책임감 있는 학생이라고 생각했었습니다. 지금은 3학년 문학 수업을 하고 있는데, 학업 의욕이 떨어지는 시기인데도 불구하고 교과 내용에 대해 지속적인 질문을 하여 탐구심에 대한 학생의 열의를 엿볼 수 있었습니다. 특히 언어 영역과 관련한 각종 문항 제작에 참여한 저로서는 모든 학생에게 많은 정보를 가르쳐 주고 싶었는데, 유독 추천 대상자인 학생만이 적극적이고 열의에 찬 모습을 보면서 학생은 집중력과 스승에 대한 존경심이 있음을 확인하면서 제가 꼭 추천서를 써야겠다는 마음을 먹었습니다. 학생은 수학과 과학에 대한 탐구심과 분석력이 있습니다. 학생이 꿈꾸는 대학에서 열심히 공부하여 사회에 도움이 되는 사람으로 성장할 수 있도록 기회가 주어졌으면 하는 마음입니다.

08 이화여자대학교 합격 추천서

사례1

1. 지원자의 학업 관련 영역에 대한 평가입니다. 다음에 제시한 평가항목 중 지원자
   가 우수성을 보이는 항목 2개를 택하여 평가근거와 구체적 사례를 기술하여 주십
   시오.

평가항목	학습태도 및 수업참여도	이해력 및 분석력	논리적 · 비판적 사고력	창의력	표현력
선택 (해당란에 √표)	☐	☐	☐	☐	☐

　　지원자의 학습태도나 능력은 귀교에서 수학하기에 부족함이 없다고 생각됩니
다. 학습능력에 대한 자료는 생활기록부에 자세히 기술되어 있으므로 지원자의 학
습태도에 대해 기술하도록 하겠습니다. 본교 과학 동아리는 각종 대회에 참가하
여 많은 수상실적을 내고 있습니다. 1학년 때는 학생들의 잠재력을 관찰하고, 2학

년 때는 학교 대표로 각종 대회에 출전을 시키고 있습니다. 뛰어난 학생이 모든 대회에 대표로 참가하는 것이 아니라 부족하더라도 많은 학생에게 대회 참가 기회를 제공하고 있습니다. 여러 대회 중에서 가장 많은 노력과 학생의 창의력 및 연구력을 요구하는 대회가 전국과학전람회입니다. 이 대회에 출전하는 학생은 특별히 여러 과학 선생님과 담임선생님의 추천을 받아 학습태도가 가장 바른 학생을 선발합니다. 19명의 과학 동아리 동기들 중에서 여러 선생님이 공통적으로 추천한 학생이 지원자입니다. 지원자보다 성적이 좋은 학생들도 있었으나, 모두 지원자의 태도를 고려하여 추천된 것입니다. 대회 주제는 지도교사와 상의해서 정하였으나 탐구방법 및 실험은 스스로 설계하여 수행하였습니다. 일정을 스스로 정하고 지도교사가 바쁠 때에는 부모님에게 울산지역을 돌아다니며 채집을 도와 달라고 할 정도로 계획성 있는 준비를 하였습니다. 대회 막바지에 조금 더 훌륭한 논문이 되기 위해 더 좋은 아이디어를 내고 다시 실험을 수행하는 모습에서 미래과학자로서의 창의성을 엿볼 수 있었습니다. 지난 10년 동안 많은 학생을 지도해 보았지만 가장 수월하게 대회를 지도한 학생이 지원자입니다. 그런 지원자의 노력 덕분에 대회 참가 이래로 가장 뛰어난 전국대회 특상이라는 큰 상을 수상하게 되었습니다. 창의력은 과학영재가 지녀야 할 3가지 덕목 중의 하나인데 지원자의 창의력은 과학전람회 수상을 통해 입증되었다고 생각됩니다.

2. **지원자의 인성 및 대인관계에 대한 평가입니다. 다음에 제시한 평가항목 중 지원자가 우수성을 보이는 항목 2개를 택하여 평가근거와 구체적 사례를 기술하여 주십시오.**

평가항목	지도력 (리더십)	예절 및 품성	봉사심	책임감 및 성실성	자율성	협동심
선택 (해당란에 √표)	☐	☐	☐	☐	☐	☐

지원자의 어머니께서는 현재 ○○○여자중학교에 ○○교사로 근무하고 계시며, 울산 청소년 활동 진흥 센터에 교사봉사단으로 활동하고 계십니다. 지원자를 알기 전에 이미 지원자의 어머니와 봉사활동을 통해 친분이 있었고, 봉사활동 우수자로 많은 수상까지 하실 정도로 봉사활동에 적극적이십니다. 또한, 자식을 믿고 성적보다는 다양한 인생 경험을 시키는 남다른 교육철학으로 자녀교육을 시키십니다. 이런 어머니 밑에서 자란 지원자는 남달리 봉사정신이 뛰어나고, 다양한 경험을 통해 여러 가지 다양성을 인정하는 이해심이 넓은 성격을 가지게 되었으리라 생각됩니다. 생물이라는 과목은 다른 과학과목과 달리 생물의 다양성을 인정하고 폭넓게 연구하는 과목이라 생각됩니다. 이런 생물을 연구하기에 적합한 성격을 어렸을 때부터 가정환경을 통해 몸으로 익힐 수 있었습니다. 본교 과학반은 봉사활동으로 전국적으로 유명한 과학 동아리입니다. 매주 양육원이나 지역아동센터를 방문하여 실험수업을 해주는 '사랑의 과학교실'을 운영하고 있습니다. 학생들이 직접 교사가 되어서 아이들에게 설명해 주는 과정을 통해 발표력을 기를 수 있고, 실험을 준비하는 과정 중에서 팀원들끼리의 협동심이 요구됩니다. 실험선정과 재료 준비, 팀원들 각자가 맡은 일 등 지원자는 과학교실 팀장으로서 본인뿐만 아니라 동기와 후배들의 협동심을 기르는 데 기여한 바가 크다고 할 수 있습니다. 최근 과학연구는 본인 혼자만의 힘으로 이루어지는 경우보다는 팀이나 협력체제로 훨씬 더 좋은 결과가 나오는 것으로 알고 있습니다. 이런 측면에서 지원자의 협동심은 앞으로 훌륭한 과학교사로 성장하는 데 손색이 없다는 생각이 듭니다.

3. 위에 기술한 내용 외에 고려할 만한 사항이 있는 경우, 그 내용을 기술하여 주십시오(해당자에 한함).

　위에 기술한 내용 외에 지원자의 장점과 단점에 대해 기술하도록 하겠습니다. 동아리 지도와 과학전람회 지도를 통해 파악한 지원자의 개인적 특성 중 가장 큰 장점은 긍정적 사고와 끈기라고 생각합니다. 1학년 겨울방학부터 준비한 과학전람회 대회는 1학기 중간고사와 지역예선 대회기간이 겹치었습니다. 내신과 대회를 동시에 준비해야 하는 힘든 상황에서도 항상 미소를 잃지 않았으며 실험실에서 밤새워 실험하는 것도 마다치 않았습니다. 충분히 스트레스를 받을 수 있는 상황과 몇 번의 반복되는 실험에도 지치지 않는 끈기와 긍정적 사고는 지원자의 가장 큰 장점이라 생각합니다. 이는 또한 영재로서 가져야 하는 3가지 덕목(지능, 창의력, 과제집착력) 중에 뛰어난 과제집착력을 보이는 것으로 생각합니다. 자신의 의견을 내세우기보다는 다른 사람의 의견을 경청하고 존중하는 태도는 동아리 후배들이 가장 좋아하는 선배가 되기에 충분했습니다. 지원자의 개인적 특성 중 단점은 너무 수줍음이 많고 자신의 의견을 나타내는 데 소극적이라는 것입니다. 가끔씩 던지는 농담이나 가벼운 질문에도 고개를 숙이고 수줍어하는 모습을 볼 수 있었습니다. 그래서 발표력도 키우고 자신감도 키우기 위해 과학전람회 출전을 권하였더니, 의외로 적극적으로 참가를 희망하였습니다. 과학전람회 준비과정에서는 교사의 관여보다는 자신들의 창의력과 탐구수행과정이 자발적으로 이루어져야 하기 때문에 걱정도 하였지만, 자신이 원하고 좋아하는 분야에서는 예상외로 적극적으로 참여하는 모습을 보여 놀라기도 하였습니다. 그래서 지원자의 단점은 자신보다는 타인을 먼저 생각하다 보니 생긴 것이라 생각하게 되었습니다. 봉사활동이나 동아리 활동에서 보여 주는 모습도 항상 남을 배려하는 태도로 행동하는 것이었습니다. 앞으로 과학교사가 지녀야 할 도덕적인 인격을 갖춘 훌륭한 교사로서 성장하는 데 지원자가 지닌 개인적인 특성은 많은 도움이 될 것으로 판단됩니다.

 사례 **2**

1. 지원자의 학업 관련 영역에 대하여 평가하여 주십시오.

평가 불가능	평가항목	평균 이하	평균	우수	특별함 (상위 5~10%)	매우 특별함 (상위 1~5%)	지도한 학생들 중 가장 탁월함 (상위 1%)
☐	학업성취도	☐	☐	☐	☑	☐	☐
☐	학습태도 및 수업참여도	☐	☐	☐	☐	☐	☑
☐	분석능력 및 논리력	☐	☐	☐	☐	☑	☐
☐	이해력	☐	☐	☐	☐	☑	☐
☐	창의력	☐	☐	☐	☐	☐	☑
☐	문장표현력	☐	☐	☐	☐	☑	☐
☐	구술표현력	☐	☐	☐	☐	☐	☑

2. 지원자의 인성 및 대인관계에 대하여 평가하여 주십시오.

평가 불가능	평가항목	평균 이하	평균	우수	특별함 (상위 5~10%)	매우 특별함 (상위 1~5%)	지도한 학생들 중 가장 탁월함 (상위 1%)
☐	책임감 및 성실성	☐	☐	☐	☐	☐	☑
☐	정직성	☐	☐	☐	☐	☐	☑
☐	자율성	☐	☐	☐	☐	☑	☐

☐	정서적 성숙도	☐	☐	☐	☑	☐	☐
☐	지도력 (리더십)	☐	☐	☐	☐	☐	☑
☐	사려성	☐	☐	☐	☐	☑	☐
☐	협동심	☐	☐	☐	☐	☐	☑

3. 종합평가: 본인은 지원자를

추천하지 않습니다	추천합니다	적극 추천합니다	매우 적극 추천합니다
☐	☐	☐	☑

4. 평가항목에 대하여 부가적으로 설명하고자 하는 부분이 있거나, 평가항목 이외의 추천내용이 있다면 양식에 상관없이 A4용지에 작성하여 첨부해 주시기 바랍니다 (추천내용은 추상적인 언어나 미사여구 등의 서술을 지양하고 사실에 근거하여 객관적으로 기술하여 주십시오).

1) 추천자는 2006년 전국 창의력 올림피아드(지금은 대한민국 창의력 올림피아드로 개명) 지도교사로서 지원자를 근접에서 관찰한바, 인성이나 학업능력에 대한 자세한 사항을 기록하는 데 부족함이 없다고 자부합니다. 2006년 여름에 개최된 전국 창의력 올림피아드 대회를 준비하는 과정에서 보여준 지원자의 창의성과 도전적인 적극성은 남다릅니다. 본교의 창의발명반은 10여 년의 역사를 가진 과학 동아리로서 그 활동이 두드러져 전국 각종 대회에서 큰 상을 수상한 바 있습니다. 지원자는 창의발명반 학생은 아니지만 본 대회에 출전하고 싶은 마음에 지도교사인 저에게 찾아와 본인의 창의성과 대본작성의 능력을 믿어 선발해 달라고 요구하는 등 적극성을 가진 학생입니다. 이후 지원자가 보여준 성실성과 대본을 작성하는 지적 능력은 저

희 팀이 전국에서 최고의 팀으로 선정되는 데 주된 역할을 수행했다고 판단합니다. 본 대회는 주제가 주어진 도전과제와 즉석에서 주어지는 현장과제로 나누어 평가하는 대회입니다. 먼저 도전과제에서는 "역사 속으로의 발명여행"으로 지원자는 전주의 전통한지를 소재로 한지 활용 면에서 과거, 현재, 미래를 조명하는 대본을 써 지역의 특산품을 소재로 전통과학의 소중함과 미래의 환경오염 방지할 수 있는 새로운 소재임을 부각시켜 호평을 받았습니다. 특히 모든 소품과 복장을 한지로 제작하자는 아이디어는 저희가 다른 팀과 분명 차별화된 전략이었다고 평가합니다. 평소 의복이나 각종 소품에 관심이 많아 이러한 아이디어를 제시한 것으로 사료됩니다. 이러한 노력으로 본교 가라사니팀은 도전과제에서 최고상인 금상과 도전과제에서 최고상인 장영실상, 그리고 최우수팀으로 선정되어 국외연수를 다녀온 바 있습니다. 지금 추천서를 작성하는 본인은 그때의 감회를 생각하면 지금도 가슴이 벅차오릅니다. 이와 같이 독특한 창의적 사고를 가진 지원자가 귀교와 같이 우수한 여성인제를 육성하는 명문대학에서 수학한다면 미래의 창의적인 인물이 되리라 확신합니다.

2) 지원자는 학급 실장으로서 체육대회, 학교축제, 학급봉사활동에서 보여준 성실성과 남다른 봉사정신은 칭찬할 만합니다. 물론, 추천인은 학생의 좋은 점을 주로 작성하게 마련입니다. 그러나 지원자의 학교생활태도는 다른 급우들로부터 신뢰를 받고 선생님들에게도 좋은 평가를 받는 등 요즘 학생들과 조금은 다른 학생임은 사실입니다. 저희 반은 학기 초 다른 반에 비해 학생들의 잦은 전출입으로 다소 혼란스럽고 단합이 잘 안 되는 반이었습니다. 그래서 저는 학생들을 인솔하여 행려병자들만 수용되어 있는 전주에 있는 엠마오 사랑병원에서 봉사활동을 실시한 바 있습니다. 냄새나고 아이 같은 행동을 하는 노인들에게 지원자는 정말 성심성의껏 보살피는 것을 보았습니다. 특히 대변을 침대에 보고 만지작거리고 있는 할머니의 손을 닦아 주던 모습은 지금도 저에게 잔잔한 감동으로 자리 잡고 있습니다. 더욱

칭찬할 만한 일은 다른 학생들과 달리, 그 후 지속적으로 엠마오 사랑병원에서 봉사활동을 했다는 주변 급우들의 말에 칭찬을 한 일이 있습니다. 이후, 저희 반은 교내 체육대회에서 1등, 학교축제 반 장기자랑에서 1등을 하는 등 담임교사인 저에게 아주 즐거운 추억을 남겨 주었습니다.

3) 지원자는 동급생 학생들보다 한 살이 더 많습니다. 1학년 초, 복학하였을 때 담임으로서 다소 걱정스러웠으나 실장으로 선발되어 보여준 리더십은 매우 우수하다고 평가합니다. 그리고 전국창의력 올림피아드에서 보여준 한지 의상의 아이디어는 매우 창의적이었다고 평가합니다. 무엇보다 지원자는 매우 활동적이며 적극적인 생활태도를 보여 주었으며 주변의 사람들에게 잔잔한 웃음을 주는 좋은 학생으로 평가합니다. 부디 귀교의 의류학부에서 멋진 대학생활을 할 수 있는 기회를 받기를 간절히 기도합니다.

사례 3

1. 지원자의 특별활동 과정을 얼마간 지켜보셨고, 그 과정에서 발휘한 지원자의 장점과 단점은 무엇이었으며, 추천하고자 하는 이유에 대하여 구체적으로 기술해 주시기 바랍니다.

본교는 제29회 전국 학생과학발명품경진대회에서 종합 우수상 및 전국 과학전람회에서 특상 2년 연속 수상 등 창의발명반의 활동이 우수하여 각종 방송 프로그램과 신문에 소개가 된 바 있습니다. 이러한 결실을 얻기까지 지원자가 보여준 적극적인 과학 활동과 창의적 발상은 매우 우수하며 그러한 공로를 인정받아 지원자는 2006년 전라북도 학생 과학대상을 수상하였습니다. 지원자의 주요 활동을 다음 세 가지로 요약하여 평가하고자 합니다.

첫 번째는 과학전람회에서 보여준 독창적인 발상입니다. 본교 창의발명반은 매년 전주한옥마을 탐사활동을 단계적으로 실시하고 있습니다. 전통한지원에 방문했을 때, 전주의 한지산업이 많이 알려진 것에 비해 한지산업이 쇠퇴의 일로를 가고 있다는 한지원 관계자의 말에 지원자는 전통한지에 한약제와 허브, 그리고 광물을 첨가하면 고부가 산업으로 육성될 수 있다는 아이디어를 제공하여 한지원의 도움으로 항균실험, 빛 투과 실험 등의 다양한 실험을 실시하여 좋은 결과를 얻었습니다. 이렇게 제작된 기능성 한지를 과수봉투, 한지등, 포장지로의 활용 실험을 한 후, 제52회 전북 과학전람회에 '기능성 한지의 개발과 이용에 관한 탐구'라는 주제로 발표하여 최고상인 특상을 수상하였고 이를 전국과학전람회 산업 에너지 부문에 출품하여 산업자원부장관상을 수상하였습니다. 이 과정에서 지원자가 보여준 성실한 태도와 독창적인 사고는 본상을 수상하는 데 큰 역할을 하였습니다.

두 번째는 학생 발명품 경진대회에서 보여준 과학적 지식을 생활에 적용하는 창의성의 적용입니다. 과학전람회에서 연구한 기능성 한지를 전통 한지등에 응용, 벌레가 붙지 않는 한지등을 개발하여 제29회 전북학생 발명품 경진대회에 출품하여 금상을 수상하였습니다. 이에 전국대회에 출전할 기회를 얻었으나 생활용품 분야에 1교에 1작품 출품이라는 대회원칙 때문에 참가하지 못한 안타까운 일이 있었습니다. 지원자가 발명한 기능성 한지등은 기존의 전통등에 기능성 한지를 끼우게 식으로 부착하고 현대에 사용하는 일반등을 전통등과 함께 설치한 후 상단에 허브오일을 발생하는 발향기를 설치하였습니다. 본 작품은 전통과 현대가 만나는 훌륭한 작품으로 평가되어 전북과학축전에 전시되어 많은 사람으로부터 호평을 받은 바 있습니다. 이와 같이 지원자가 보여준 창의적 발상의 실생활용품에 적용한 사례는 10년 동안 창의발명반을 지도한 지도교사로서 창의적 적용능력을 높이 평가합니다.

세 번째는 2007 대한민국 과학축전에서 보여준 적극적인 태도와 봉사정신입니다. 본교는 2006년, 2007년에 우리나라에서 가장 큰 과학축제인 대한민국 과학축전에 참가하였고 주변 사람들로부터 호평을 받은 바 있습니다. 2006년도에는 "전통과학 속 과학이야기"라는 주제로 우리 선조들이 발명한 발명품을 제작해 보는 프로그램으로 참여하였고 2007년도에는 '최초의 카메라 옵스큐라'를 재현하여 과학을 사랑하는 많은 학생으로부터 좋은 평을 받은 바 있습니다. 이때 지원자는 2007년 대한민국과학축전에 참가하여 5박 6일 동안 일산 KINTEX에서 과학을 좋아하는 다른 지역의 학생들과 과학에 관한 다양한 주제에 대해 토의하고 부스운영의 문제점에 대한 의견을 나누는 등 적극적인 모습을 보여 주었습니다. 부스운영을 하는 동안 지원자는 뛰어난 언어표현력으로 관람객에게 즐거움을 주는 친화력을 보여 주었습니다. 반면, 강한 내적 신념과 논리적 비판력이 뛰어나 때로는 공격적인 면이 있으나 마음이 여려 상황이 판단되면 재빨리 자신의 처신을 수정하기도 하였습니다. 이와 같이 지원자는 과학에 대한 남다른 애착과 봉사정신이 함양되어 있는 우수한 학생으로 평가합니다.

위와 같은 모든 면에서 지원자를 평가할 때, 과학적 탐구자세가 적극적이고 기본적인 원리나 개념을 중시하며 인지적 지구력을 지니고 있어 우리나라 자연과학의 발달에 당당히 기여할 수 있는 인재로 생각됩니다. 귀교와 같이 우수한 여성과학도를 육성하는 배움의 전당에서 학문적 깊이를 더한다면 미래 한국의 훌륭한 여성 과학도가 되리라 확신하며 그렇게 되기를 간절히 바라는 마음에서 추천합니다.

2. 지원자가 특별활동 과정을 통해 발휘한 잠재력 및 성장 가능성이 지원자의 대학생활 및 장래에 어떠한 도움을 줄 것이라고 생각하시는지 구체적으로 기술해 주시기 바랍니다.

위 학생은 논리적이고 체계적으로 사고하며 분석력이 뛰어납니다. 기본원리에 충실하고 탐구력이 뛰어나며 심리검사연구서에서 평가받은 적성검사 결과 전체적으로 고르게 매우 우수한 지능으로 백분율 1% 미만의 영재급에 해당하는 것으로 판단됩니다(심리검사 소견서 첨부). 지능의 면이나 태도의 면에서 가지고 있는 능력을 발휘한다면 개인의 발전은 물론 자연과학의 미래에 보탬이 될 인재로 성장할 수 있으리라 생각됩니다.

발명부 활동에서 보여준 바에 의하면 자연과학대학에서 자신의 전공 분야에 학문적 깊이를 더하여 대한민국의 여성 고급 과학 인력으로 성장하리라 기대됩니다. 분석력이 뛰어나 실험물리학 분야의 연구에 몰두한다면 풀리지 않는 물리학의 난제를 해결할 수 있을 것으로도 기대됩니다. 기본 원리를 토대로 단계적으로 사고하며 실험 결과를 면밀하게 분석할 수 있는 인재로 성장할 수 있으리라 기대됩니다.

발명부 활동 중에 보여준 친구나 선후배 간의 친화력을 볼 때 오랜 시간 공동의 연구가 필요한 자연과학의 연구에 적절한 성향을 가진 것으로 생각됩니다. 언어능력이 우수하므로 어렵고 딱딱하게만 생각되는 과학의 세계를 일반인에게 쉽게 전달할 수 있는 학문적 성과를 거둘 것으로도 기대됩니다. 적극적인 탐구 자세와 인지적 지구력을 발휘한다면 위 학생은 귀교에서의 대학생활을 통해서 대한민국의 여성 고급 과학 인력으로 성장하리라 기대합니다.

사례 4

1. 지원자의 특별활동 과정을 얼마간 지켜보셨고, 그 과정에서 발휘한 지원자의 장점과 단점은 무엇이었으며, 추천하고자 하는 이유에 대하여 구체적으로 기술해 주시기 바랍니다.

위 학생은 2년 동안 발명부에서 활동하였으며 특히 1학년 때에는 제가 담임을 하기도 하였습니다. 위 학생이 발명부 활동을 하는 동안 계발활동 시간은 물론 주말과 휴일을 이용한 탐구활동을 지켜보았습니다. 각종 대회에 참가하는 작업의 전 과정을 지도하였습니다.

위 학생의 가장 큰 장점은 창의력이 뛰어나고 문제해결을 위한 독창력이 돋보이며 아이디어 발굴을 잘한다는 점입니다. 또한 통계적 근거에 의한 분석력이 뛰어나 실험 결과에 대한 의미 도출을 잘합니다. 침착하여 서두르지 않고 기본적인 원리에 입각하여 단계적으로 일을 진행하며 작업의 마무리도 잘합니다. 발표력이 뛰어나서 대회장에서 연구물을 발표할 때에 전달력이 뛰어납니다.

제52회 전국과학전람회에서 산업 및 에너지 부문의 특상을 받았는데 이 대회를 준비하는 과정에서 천연염료를 활용하여 직접 한지 염색을 하고, 염색한 한지의 항균성 실험을 위하여 전북대학교 분자생물학실험실에서 실험을 통해 염색한 한지의 효용성을 도출해낸 바 있습니다. 또한 백구의 포도밭에서 염색한 한지를 과수봉지로 싸서 실험함으로써 기능성 한지의 실용적 가능성을 도출해 냈습니다. 인문계 고등학교 학생으로서 시간상 많은 제약이 있었으나 적극적으로 관심을 가지고 기능성 한지등을 만드는 전 과정에 참여하는 탐구력을 보여 주었습니다.

2007년 과학축전에서 우리 학교는 카메라 옵스큐라 부스를 운영하였는데 일주일간 봉사활동 및 체험활동으로 참여하여 옵스큐라를 직접 제작하기도 하고 관람객에게 제작방법을 안내하는 활동을 하였습니다. 뛰어난 언어표현력으로 관람객에게 즐거움을 주는 친화력을 보여 주었습니다.

반면, 강한 내적 신념과 논리적 비판력이 뛰어나 때로는 공격적인 면이 있으나 마음이 여려 상황이 판단되면 재빨리 자신의 처신을 수정하기도 합니다.

위 학생은 과학적 탐구자세가 적극적이고 기본적인 원리나 개념을 중시하며 인지적 지구력을 지니고 있어 우리나라 자연과학의 발달에 당당히 기여할 수 있는 인재로 생각되어 귀교에 입학하여 학문적 깊이를 더할 수 있게 되기를 바라는 마음에서 추천하는 바입니다.

2. 지원자가 특별활동 과정을 통해 발휘한 잠재력 및 성장 가능성이 지원자의 대학생
   활 및 장래에 어떠한 도움을 줄 것이라고 생각하시는지 구체적으로 기술해 주시기
   바랍니다.

위 학생은 논리적이고 체계적으로 사고하며 분석력이 뛰어납니다. 기본원리에 충실하고 탐구력이 뛰어나며 적성검사 결과 전체적으로 고르게 매우 우수한 지능으로 백분율 1% 미만의 영재급에 해당하는 것으로 판단됩니다(심리검사 소견서 첨부). 지능의 면이나 태도의 면에서 가지고 있는 능력을 발휘한다면 개인의 발전은 물론 자연과학의 미래에 보탬이 될 인재로 성장할 수 있으리라 생각됩니다.

발명부 활동에서 보여준 바에 의하면 자연과학대학에서 자신의 전공 분야에 학문적 깊이를 더하여 대한민국의 여성 고급 과학 인력으로 성장하리라 기대됩니다. 분석력이 뛰어나 실험물리학 분야의 연구에 몰두한다면 풀리지 않는 물리학의 난제를 해결할 수 있을 것으로도 기대됩니다. 기본 원리를 토대로 단계적으로 사고하며 실험 결과를 면밀하게 분석할 수 있는 인재로 성장할 수 있으리라 기대됩니다.

발명부 활동 중에 보여준 친구나 선후배 간의 친화력을 볼 때 오랜 시간 공동의 연구가 필요한 자연과학의 연구에 적절한 성향을 가진 것으로 생각됩니다. 언어능력이 우수하므로 어렵고 딱딱하게만 생각되는 과학의 세계를 일반인에게 쉽게 전달할 수 있는 학문적 성과를 거둘 것으로도 기대됩니다.

적극적인 탐구 자세와 인지적 지구력을 발휘한다면 위 학생은 귀교에서의 대학생활을 통해서 대한민국의 여성 고급 과학 인력으로 성장하리라 기대합니다.

09 기타 대학교 합격 추천서

사례 **1**
국민대학교

1. 지원자의 학업 관련 영역에 대하여 선택하고, 평가에 고려할 만한 사항이 있는 경우 사례 또는 그렇게 평가한 이유를 기술하여 주십시오.

   1) 학업성취도(전 교과)
   · 평가대상: 계열 전체
   · 평가요소: 보통
   2) 학업성취도(관련 교과)
   · 평가대상: 계열 전체
   · 평가요소: 우수함
   3) 수업참여도
   · 평가대상: 계열 전체

· 평가요소: 매우 우수함

4) 분석능력 및 논리력

· 평가대상: 계열 전체

· 평가요소: 매우 우수함

5) 창의력

· 평가대상: 계열 전체

· 평가요소: 매우 우수함

6) 학습발표력

· 평가대상: 계열 전체

· 평가요소: 우수함

▶ 평가항목 중 구체적 사례를 열거할 수 있는 경우 적어 주십시오.

지원자는 수학과 과학을 좋아합니다. 논리적인 사고를 요하는 경우나 문제 해결 능력이 필요한 경우에 있어 지원자의 재능을 발휘하고 있습니다. 지원자의 수학과 과학 교과의 성취도는 줄곧 2등급을 유지하고 있으며 생물 교과의 경우에는 성취도가 향상되어 3학년 1학기에는 1등급을 받기도 하였습니다. 교내 경시대회에 참가하여 수상을 하기도 하는 등 날로 발전하는 꾸준한 노력형의 학생입니다. 1학년 때에는 우수학생 심화과학반에 선발되어 4개 영역의 과학 교과를 80시간 이수하는 등 과학 분야에서도 재능을 가지고 있습니다. 2학년 때에는 교육부에서 지원하는 상위권 학생들을 위한 수월성 교육 프로그램인 '고교 교육력 제고'에서 생물 분야에 선발되어 심화 생물 수업과 논술 등의 관련 내용을 학습하기도 하였습니다. 또 과학부 활동을 통해 다양한 체험활동과 실험활동을 하였으며 이러한 것들은 지원자에게는 훌륭한 재산이 되었습니다.

2. 지원자의 인성 및 대인관계에 대하여 선택하고, 평가에 고려할 만한 사항이 있는
경우 사례 또는 그렇게 평가한 이유를 기술하여 주십시오.

  1) 책임감
    · 평가대상: 계열 전체
    · 평가요소: 탁월함
  2) 성실성
    · 평가대상: 계열 전체
    · 평가요소: 탁월함
  3) 준법성
    · 평가대상: 계열 전체
    · 평가요소: 매우 우수함
  4) 자기주도성
    · 평가대상: 계열 전체
    · 평가요소: 매우 우수함
  5) 리더십
    · 평가대상: 계열 전체
    · 평가요소: 탁월함
  6) 협동심
    · 평가대상: 계열 전체
    · 평가요소: 매우 우수함
  7) 나눔과 배려
    · 평가대상: 계열 전체
    · 평가요소: 탁월함

▸ 평가항목 중 구체적 사례를 열거할 수 있는 경우 적어 주십시오(입력글자 수: 496/줄 바꿈, 띄어쓰기 포함 500자 이내).

지원자는 어려운 가정환경에서도 항상 밝은 미소를 지니고 생활하는 대견한 학생입니다. 교우들과의 관계도 무척이나 좋아서 1학년 때에는 학급 부반장, 2학년 때에는 과학 동아리 부회장, 3학년 때에는 학급 반장을 할 만큼 친구들에게 신뢰받는 학생입니다. 요즘 반장은 순전히 반 학생들의 지지와 지원이 없으면 아무리 공부를 잘한다 하더라도 선발되기가 힘듭니다. 지원자는 또래 친구들에게 리더십을 인정받는 학생입니다. 1학년과 3학년 때 표창장으로 봉사상을 받을 만큼 학급에 헌신하고 선생님들께도 인정받는 모범적인 학생입니다. 지원자는 주변의 불우한 이웃들을 돌아볼 줄 아는 심성을 지니고 있어 꾸준한 봉사활동도 다니면서 어려운 사람과 아픔을 간직한 이웃에게 도움을 주고 있습니다. 자신도 어려운 환경에서 생활하고 공부해서인지 봉사에 대한 마인드나 더불어 하는 활동들에 있어서 솔선수범합니다. 지금은 지원자가 도움을 줄 수 있는 부분이 작지만 많은 것을 실천하며 행동으로 보여 주고 있습니다.

3. 지원 전공을 고려하여 지원자를 종합적으로 평가 추천해 주십시오(학교생활기록부의 내용을 그대로 풀어서 해설 형식으로 작성 자제).

지원자는 컴퓨터에 재능이 있어 컴퓨터 대회에서 수상도 하였고, 자격증도 취득하였지만 가장 중요한 것은 지원자가 컴퓨터 다루기를 좋아하고 컴퓨터와 함께하는 것을 좋아한다는 것입니다. 지원자는 최근 불거지고 있는 컴퓨터의 보안 문제에 대해 관심이 많습니다. 정의로운 성격을 가지고 있는 지원자에게 비윤리적이고 비도덕적인 해킹이나 개인 정보 유출이란 문제는 심각하게 다가왔던 것 같습니다. 지원자의 성품과 교과 활동적인 면에서 성실하고 꾸준한 타입이기에 무엇을 해도 잘할 것이라는 확신과 믿음이 있습니다.

지원자는 학급 반장으로 저와 자주 많은 대화를 나눕니다. 건전한 사고방식을 가지고 있고, 심성이 고우며 다른 사람들을 돌아볼 줄 아는 지원자는 분명 이 사회를 지탱해 나갈 긍정적인 시민으로 성장할 것입니다. 또 어른이 되어서도 지금처럼 사회의 어두운 곳을 밝히는 하나의 불빛이 될 것이라 믿고 있습니다. 지원자의 이러한 가능성을 보시고 국민대학교에서 더 멋진 어른으로 성장할 수 있도록 기회를 주셨으면 좋겠습니다. 저는 지원자를 강력하게 추천하는 바입니다.

사례 2
한림대학교 의과대학

1. 의예과와 관련하여 지원자가 가지고 있는 평소 소신이나 특기능력, 관심, 열정 등에 대하여 기술하여 주십시오.

지원자는 3학년 처음 면담 때부터 의대를 꿈꾸고 계속 공부를 해왔던 학생입니다. 나중에 알게 된 사실이지만 의공학 관련 전문가가 되고 싶다는 지원자가 수학과 물리에도 능해 잘 어울린다고 생각합니다. 다른 최상위권 학생들에 비해 지원자를 특징짓는 말은 '학문에 대한 겸손함'이라 할 수 있습니다. 그렇게 생각하는 사례는 다음과 같습니다.

첫째, 일단 지원자는 매월 실시되는 자리 교체 시간에 항상 맨 앞자리를 신청합니다. 적극적으로 수업을 경청하겠다는 의지가 잘 느껴지는 부분입니다.

둘째, 1주일에 한 번 정도(생물시간은 1주일에 4시간 수업시간이 배당되어 있음) 질문할 것을 메모지에 적어 수업이 마치고 쉬는 시간이 되면 최대한 정중히 예절 바르게, 하나하나 자신이 이해가 될 때까지 질문하곤 했습니다.

셋째, 슬럼프가 닥쳤을 때 혼자 끙끙거리기보단, 적극적으로 제게 질문하며 해결 방안을 찾곤 했는데, 6월 평가원 모의고사에서 자신의 문제풀이에 생각보다 실수가 많음을 느꼈고, 이를 질문하기에 30분 정도 실수를 줄이는 방법을 알려 줬는데 '정말 많은 도움이 되었습니다. 반드시 실수를 줄이도록 노력하겠습니다'라는 대답을 들었습니다.

넷째, 항상 웃는 얼굴의 소유자입니다. 대화를 나누다 보면 어느새 제 얼굴을 미소 짓게 하는 능력이 있습니다. 항상 여유로움이 느껴집니다.

만약 지원자가 여러 우수한 학생과 겨뤄 한림대 의예과에 진학하게 된다면, 지원자의 꿈인 융합 학문(의학과 공학)에 정진하기 위해 '학문에 대한 겸손함'이 아주 중요한 덕목이 아닐까 생각합니다.

2. 학업능력 이외의 개인적 특성을 구체적인 사례를 들어 기술하여 주십시오.

지원자의 '철저한 자기 관리 능력'은 참 놀랍습니다. 1학기가 지났지만 한 번도 자습시간에 자는 것을 본 적이 없고, 여름방학 보충 때는 한 번도 빠지지 않고 제일 일찍 나와 자리에 앉아 공부를 하고 있었습니다. 매사 열심히 하는 것은 알고 있었지만, 흐트러지지 않고 구체적인 실천을 해 나가는 스타일임을 그때 가장 잘 느꼈습니다.

또한 2학기 학급 회장으로 선출되어 급우들로부터 두터운 신뢰를 얻고 있음을 알 수 있었는데, 이는 급우들이 지원자에게 모르는 것을 종종 묻는 것과 일맥 상통한다고 생각합니다. 겉으로 드러나는 화려한 리더십이나 봉사 정신은 아니지만, 본인이 할 수 있는 범위에서 타인을 최대한 도우려는 지원자의 마음가짐을 헤아려 봤습니다.

그리고 항상 스스로 해야 할 일이라면 궂은일도 마다하지 않습니다. 예를 들어 청소 시간에는 공부할 때처럼 열심히 합니다. 제가 있으나 없으나 신경 쓰지 않고 자기 할 일, 묵묵하게 해 나가는 성품을 가졌다고 생각해 왔고, 한 번도 실망했던 적이 없습니다.

무엇이든 거침없이 성취해갈 수 있는 밑바탕인 '철저한 자기 관리 능력'을 지원자의 잠재력으로 생각하고, 일반적인 모범학생들에 뒤지지 않을 준수한 봉사정신을 지원자의 또 다른 강점으로 생각합니다.

사례 3
중앙대학교

1. 지원자가 지원 모집단위에 적합하다고 판단하는 이유를 다음의 5가지 역량 중 2가지를 근거로 하여 간략하게 설명해 주시기 바랍니다.

지원자는 생물 과목을 무척 좋아합니다. 또 생물 분야에서 본인의 큰 꿈을 이루고 싶어 합니다. 지원자는 위로 누나가 두 명 있는데 큰누나의 나이가 30세입니다. 또 둘째 누나는 28살입니다. 지원자와 나이 차이가 많이 나는 누나들이 있다 보니 자연스럽게 지원자의 성품도 차분하고 어떤 일을 해나가는 데 있어 매우 꼼꼼합니다. 지원자는 3학년이 되어 매일같이 제일 먼저 등교하여 누가 시키지도 않았는데 교실에 떨어진 쓰레기를 치우고 창문을 열어 환기를 시키고 칠판을 닦았습니다. 일찍 와 보니 교실이 전날 야간 자율학습으로 많이 흐트러져 있고, 지저분한 것이 보여서 자신이 그냥 한 일이라고 합니다. 한 학기 내내 그러한 선행이 계속되어 학급의 학생들은 쾌적한 분위기에서 아침을 맞을 수 있었습니다. 이에 전체 학생들의 만장일치로 1학기 선행상을 수상하게 되었습니다.

지원자는 꾸준히 공부를 하는 타입입니다. 단거리의 짧은 승부보다는 장거리의 마라톤에 강점이 있습니다. 학업성취도 또한 3학년으로 갈수록 좋아져 3학년 때의 학업성취도가 가장 높습니다. 이는 지원자의 무한한 가능성을 보여 주고 있는 예입니다. 지원자는 다양한 활동을 통해 과학적 자질을 키웠고 본인의 능력을 여러 활동을 직접 해봄으로써 깨닫게 되었다고 합니다.

지원자의 온화하고 차분한 성격은 본인의 장래 희망을 이루는 데에도 큰 도움이 될 것이며 자신보다 다른 사람을 먼저 생각하는 마음가짐이야말로 지원자의 미래를 밝혀줄 큰 힘이 될 것입니다.

2. 지원자의 평가에 고려할 만한 사항 및 본교에 알려 주고 싶은 사항에 대해 간략하게 기술하여 주시기 바랍니다(학교의 특성과 학생의 환경을 고려하되, 지원자가 다른 학생과 비교하여 상대적으로 부족하거나 개발이 필요한 점을 반드시 포함하여 작성하시길 바랍니다).

지원자는 학급에서도 특이하게 튀지도 그렇다고 얌전을 빼는 그런 성격도 아닙니다. 자신의 일을 스스로 찾아서 하고 준비성이 좋은 성품입니다. 가장 지원자를 자랑스럽게 하는 것은 꾸준히 공부한 결과를 본인 스스로 얻어 내고 있다는 것입니다. 다른 학생들은 학원을 다니며 시간과 돈을 빼앗기고 있지만 지원자는 야간 자율학습 시간을 통해 본인이 세운 계획에 맞춰 성실히 공부해 왔습니다. 아마 그래서 더욱 지원자의 결과가 자랑스러울지도 모르겠습니다.

지원자는 자신의 의지를 강하게 표현하는 타입이 아니라서 장차 연구원으로서 본인에게 주어진 일은 성실하게 잘 수행해 나가겠지만 공동 연구에 있어서 어려움을 겪을지도 모르겠습니다. 남에게 싫은 표현을 잘 하지 못하고 차라리 자신이 조금 손해를 보는 편이 낫다고 생각하여 마음이 안타까울 때도 있습니다. 이제 성장하여 대학도 다니고 군대도 마치고 나면 사회를 보는 눈과 대인관계에서의 적응도 유연해질 거라 생각하고 있습니다. 저는 지원자가 중앙대학교 다빈치형인재 전형에 적합하다고 생각하고 지원자를 강력히 추천합니다.

1. 지원자의 학업 관련 영역이 3학년 전체 계열 학생과 비교하여 아래의 항목 중 어디에 해당합니까? 해당하는 칸에 "V" 표시를 해주십시오.

평가항목	평가 불가	미흡 (평균 이하)	보통 (평균)	우수함 (11~20%)	매우 우수함 (2~10%)	탁월함 (상위 1%)
1) 학업성취도 (전 교과)	☐	☐	☐	☑	☐	☐
2) 학업성취도 (관련 교과)	☐	☐	☐	☐	☑	☐
3) 수업참여도	☐	☐	☐	☐	☐	☑
4) 분석능력과 논리력	☐	☐	☐	☐	☐	☑
5) 창의력	☐	☐	☐	☐	☐	☑
6) 발표력	☐	☐	☐	☐	☐	☑
7) 학업적성	☐	☐	☐	☐	☐	☑
8) 외국어능력	☐	☐	☐	☑	☐	☐

▶ 위 세부평가 항목에 대한 구체적인 평가 근거와 사례를 적어 주십시오(300~1,500자 이내).

    학생은 수학과 과학에 대한 관심이 남다르다고 생각합니다. 학생은 교내에서 실시하는 교내수학경시대회에서 전체 학생 가운데 우수상(2위)을 수상하였습니다. 1학년 학생임에도 불구하고 선배 학생들과 당당히 겨루어 입상할 정도의 실력도 갖추고 있습니다. 수학 교과목에 나오는 전반적인 내용을 담은 문제지를 푸는 과정인데, 이를 해결할 정도로 수학에 남다른 실력을 갖춘 우수한 학생입니다. 뿐만 아니라 교내에서 실시하는 '수학골든벨 대회'에서도 수상(5위)할 만큼 수학에 남다른 관심을 가지고 있습니다. 또 1학년 때, 교외에서 실시한 KMC(수학경시대회)에서도 장려상을 수상할 만큼의 실력을 객관적으로 인정받기도 했습니다. 이러한 결과에는 학생의 평소 학습 습관인 분석 능력과 논리력을 갖춘 것이라 판단됩니다.

수학뿐만 아니라 과학에 대한 탐구심도 우수한 학생입니다. 교내에서 실시하는 '연구과제보고서 발표 대회(공동수상 3인)'에서 장려상(3위)을 수상했습니다. 연구과제는 '온몸의 털'에 관한 발표를 했습니다. 내용은 인체에서 '털의 기능'을 발표했는데, 털은 독성 물질을 제거하는 기능과 신체와의 마찰을 줄여 주는 기능 등에 대한 연구였습니다. 이는 평소 지나치기 쉬운 신체의 기능을 살피는 태도라고 생각됩니다. 학생의 이러한 활동은 협동심과 탐구심, 그리고 세심한 태도는 21세기가 점점 치밀하고 세분화되어 가는 시대에 꼭 필요한 인재 요건이라 생각됩니다. 교내에서 실시한 '체험 활동 보고서 경진대회'에서 우수상(2위)을 수상하였습니다. 내용은 '무제치 늪의 생태 환경 관찰'이었는데, 특히 답사를 통해 식물 사진을 찍고, 식물에 대해 공부하는 것이었고, 이를 통해 자연 생태의 소중함을 느꼈다고 합니다. 이는 환경을 중시하는 오늘날에 학문을 하고자 하는 학생으로서 지켜야 할 기본적인 소양인 창의성과 발표력이 있다고 판단됩니다.

이처럼 학생은 과학과 수학에 대한 탐구 자세와 기본적인 소양을 갖춘 학생이기에, 미래의 잠재 능력을 발휘할 수 있도록 기회가 주어졌으면 합니다.

2. 지원자의 인성 및 대인관계 영역이 3학년 전체 계열 학생과 비교하여 아래의 항목 중 어디에 해당합니까? 해당하는 칸에 "V" 표시를 해주십시오.

평가항목	평가 불가	미흡 (평균 이하)	보통 (평균)	우수함 (11~20%)	매우 우수함 (2~10%)	탁월함 (상위 1%)
1) 책임감과 성실성	☐	☐	☐	☐	☐	☑
2) 준법성	☐	☐	☐	☐	☐	☑
3) 자기주도성	☐	☐	☐	☐	☐	☑
4) 리더십	☐	☐	☑	☐	☐	☐
5) 협동심	☐	☐	☐	☐	☐	☑
6) 나눔과 배려	☐	☐	☐	☐	☐	☑
7) 문화 예술적 소양	☐	☐	☐	☑	☐	☐

▶ 위 세부평가 항목에 대한 구체적인 평가 근거와 사례를 적어 주십시오(300~1,500자 이내).

학생을 오랫동안 보아온 교사로 학생을 한마디로 표현하자면, '성품이 온순하며, 매사에 성실한 학생으로 주어진 일에 최선을 다하고 원만한 성격의 학생'입니다. 특히 교우 간에 신망이 두텁습니다. 2학년 때, 학생이 교실에서 넘어져 왼팔을 크게 다쳐 수술을 했습니다. 이때 병원에 있을 때 많은 급우들이 찾아와서 위로를 받았을 만큼 원만한 급우 관계를 유지하였음을 알 수 있었습니다. 또 퇴원 후, 학생의 통원 치료를 받을 때였는데도 항상 웃으며 인사하는 모습을 보았습니다. 1학년 담임 때, 제게 남은 인상 가운데 하나는 학교에서 이루어지는 교과 수업시간에 집중하는 모습을 보았습니다. 또 하나의 기억은 항상 긍정적인 생각을 가지고 생활하는 학생이었다는 점입니다.

3학년 동급생이 다리를 심하게 다쳐서 3개월간 목발을 짚고 다녔는데, 급우를 위해 학교 급식 시간에 식기를 드는 것을 도와주었을 정도로 성품이 온순하며, 급우 간에 우정이 돈독한 학생입니다.

3. 위 항목 이외에 지원자를 평가할 때 고려할 만한 사항(지원자의 장점과 단점, 경험과 활동 등)이나 추천하는 이유를 자유롭게 기술해 주십시오(300~1,500자 이내).

1학년 담임이었을 때, 기억에 남은 인상은 학생이 밝게 웃는 모습입니다. 이때 수학과 과학에 대해 열심히 공부하는 모습을 보았습니다. 쉬는 시간이면 학생들이 구석구석 휴지를 버려 담임인 저는 늘 신경이 쓰이는 구역이었습니다. 그래서 성실하고 책임감이 있는 학생에게 1층에서 6층까지 계단 청소를 맡겼는데, 누구의 눈치 보지 않고 열심히 청소하는 모습을 보면서 매사에 매우 성실하고 책임감 있는 학생이라고 생각했었습니다. 지금은 3학년 문학 수업을 하고 있는데, 학업 의욕이 떨어지는 시기인데도 불구하고 교과 내용에 대해 지속적인 질문을 하여 탐구심에 대한 학생의 열의를 엿볼 수 있었습니다. 특히 언어 영역과 관련한 각종 문항 제작에 참여한 저로서는 모든 학생에게 많은 정보를 가르쳐 주고 싶었는데, 유독 추천 대상자인 학생만이 적극적이고 열의에 찬 모습을 보면서 학생은 집중력과 스승에 대한 존경심이 있음을 확인하면서 제가 꼭 추천서를 써야겠다는 마음을 먹었습니다.

학생은 수학과 과학에 대한 탐구심과 분석력이 있습니다. 학생이 꿈꾸는 대학에서 열심히 공부하여 사회에 도움이 되는 사람으로 성장할 수 있도록 기회가 주어졌으면 하는 마음입니다.

저자약력

박종석

문학박사
울산대학교 강사, 연수원 논술 강사 역임
전국연합학력평가 언어영역 출제팀장(2009~)
영남권연합학력평가 언어영역 출제팀장(2009~2011)
울산광역시교육청 학습부진아학력평가 출제팀장(2011~)
EBS 수능완성(고3) 실전편 집필(한국교육방송공사, 2012)
EBS 수능특강(고3)/수능완성(고3) 검토(한국교육방송공사, 2011)
전국연합학력평가 언어영역 검토위원(2009~2010)
논술강사 양성 전문 과정 이수(서울시 교육청-교과부 위탁, 2007)
논술 전문가 과정 이수(서울대학교 사범대학, 2008)
서울 대성(노량진)학원 논술 출제위원(2007)
울산광역시교육청 통합논술경시대회 출제팀장(2008)
울산광역시교육청 공교육 논술강사(2008~2011)
울산광역시교육청 강남/강북 영재학급 논술강사(2008~)
울산광역시교육청 지역영재학급 논술강사(2008~)
울산 MBC-TV 〈박종석의 꼼꼼한 책읽기〉 고정 출연(2004)

『조연현평전』(2006)- 동아일보, 서울신문, 부산일보, 연합뉴스(서울) 소개
『대학을 사로잡는 자기소개서, 추천서』(2012, 공저)- 한국일보 인터뷰 소개
『송욱문학연구』(2000)
『송욱평전』(2000)
『한국 현대시의 탐색』(2001)
『작가 연구 방법론』(2003, 문화관광부 우수학술도서 선정)
『비평과 삶의 감각』(2004)
『현대시 분석 방법론』(2005, 제2회 울산작가상)
『정상으로 통하는 논술』(2007)
『통합교과 논술 100시간』(2008, 공저)
『현대시와 표절 양상』(2008)
『송욱의 실험시와 주체적 시학』(2008)
『에고티스트 송욱의 삶과 문학』(2009)
『박종석의 글쓰기 기술』(개정판, 2011)

chpark650@hanmail.net

김철종

경북대학교 국어교육학과 대학원 석사
전국연합학력평가 언어영역 출제(2009~)
EBS 수능특강/수능 300제 검토(2011)
EBS 수능 완성 집필(2012)

김경식

고려대학교 국어교육학과 졸업
전국연합학력평가 언어영역 출제(2010~)
『대학을 사로잡는 자기소개서, 추천서』(2012, 공저)

안세봉

부산대학교 국어교육학과 대학원 석사
전국연합학력평가 언어영역 출제(2009~)
EBS 수능 300제/파이널 검토(2011)
EBS 수능 완성 집필(2012)

권용철

경북대학교 국어교육학과 졸업
전국연합학력평가 언어영역 검토위원(2011)

김일순

부산대학교 국어국문학과 졸업
전국연합학력평가 언어영역 출제위원(2011)

민재식

동아대학교 이학박사
제4회 올해의 과학교사상 수상
전국과학교사협의회 사무국장
청소년과학탐구반(YSC) 울산분원장
대학수학능력시험 모의고사 출제 및 검토위원
2009 개정교육과정 고등학교 과학 연구원
중학교 1 · 2학년 과학교과서 검정 및 심의위원

『EBS Final 생물Ⅰ, 생물Ⅱ』(2010~2012)
『2012 나이스 생물Ⅰ』
『2012 EBS 탐스런 생물Ⅰ』
『2012 연도별 기출문제집 생물Ⅱ』
『2013 수능특강 생물Ⅰ』

전종술

전북대학교 과학교육학과 교육학 박사
2008년 올해의 과학교사상 수상
전북청소년과학탐구회(JYSC) 회장(2009~)
전북대학교 · 전주시교육청 · 전북과학교육원 과학 · 발명영재강사
임용고사(과학) 채점위원
융합인재교육(STEAM) 선도요원 및 검토위원
MBC 〈이슈 투데이〉 출연(2008)–입학사정관 전형(미래과학전형 발명특기자) 다수 합격
2012 TEDx-jeonju 인문학 강의(마음의 법칙)
대한민국창의력올림피아드 2회 대상 수상(2007 · 2011)
전국과학전람회 학생지도 특상, 우수상 7회 연속 수상(2007~2011)
전국학생발명품경진대회 학생지도 단체상 2회 수상과 개인상 다수 수상(2007~)
대한민국학생발명전시회 학생지도 다수 수상(1999~)

허해룡

공주대학교 생물교육학과 졸업
EBS 생물 강사(2002~2011)
방송통신고등학교 교재 편찬 검토 자문위원(2005)
〈MBC 교육이 미래다〉(2006), 〈화제집중〉(2007) 출연
EBS 『수능 특강』, 『10주 완성』, 『파이널』 집필(2007~2012)

명문대가 뽑아주는

대입
자기소개서
추천서

초판발행	2013년 7월 26일
초판 8쇄	2020년 2월 10일

지은이	박종석 · 김철종 · 권용철 · 김경식 · 안세봉
	김일순 · 민재식 · 전종술 · 허해룡 · 김진영
펴낸이	채종준
기 획	이주은
편 집	박은주
디자인	김혜림

펴낸곳	한국학술정보(주)
주 소	경기도 파주시 문발동 파주출판문화정보산업단지 513-5
전 화	031) 908-3181(대표)
팩 스	031) 908-3189
홈페이지	http://ebook.kstudy.com
E-mail	출판사업부 publish@kstudy.com
등 록	제일산-115호(2000.6.19)

I S B N	978-89-268-4431-1 13710 (Paper Book)
	978-89-268-4432-8 15710 (e-Book)

이담Books 는 한국학술정보(주)의 지식실용서 브랜드입니다.